제2판

사회보장법

Social Security Law

최 정 섭

法 文 社

제2판 머리말

2008년 9월에 대학교재로 사회복지법제론을 출판하여 제5판 2쇄까지 발행된 후 2015년 8월 개정판을 내면서 교재명칭을 사회보장법으로 바꾼 지 4년여의 세월이 흐르는 동안 사회보장급여의 이용·제공 및 수급권자 발굴에 관한 법률 등 사회복지관련의 많은 법규가 새로 제정 또는 개정되어 제2판을 출판하게 되었다.

1948년 7월 17일 건국헌법이 탄생하였지만 열악한 경제사정으로 사회보장·사회복지라는 용어조차 규정되지 못하고 있다가 1961년 5월 16일 박정희 장군이 반공을 국시로 하고 빈곤퇴치라는 혁명공약을 실천하는 의지로 1962년 12월 26일 개정한 제6호 헌법에 비로소 인간의 존엄권, 인간다운 생활권 및 사회보장이라는 용어가 국가적 의무로 규정되면서 1963년 11월 5일 사회보장에 관한 법률이 제정되고 그 법이 1995년 12월 30일 사회보장기본법으로 개정된 데 이어 2012년 1월 26일 전부 개정되면서 사회보장이 소득·서비스를 제공하는 사회보험·공공부조·사회서비스를 축으로 하는 평생사회안전망 제도가 확립되었다.

이번 개정판에는 종전의 의료급여법, 기초연금법, 정신보건법을 빼고 사회보장급여의 이용·제공 및 수급권자 발굴에 관한 법률과 2018년 12월 제정된 여성폭력방지기본법을 추가하여, 사회보장제도의 기본법으로 사회보장기본법, 사회복지사업법, 사회보장급여의 이용·제공 및 수급권자 발굴에 관한 법률을, 사회보험법 편에 국민연금법과 국민건강보험법을, 공공부조법 편에 국민기초생활보장법과 긴급복지지원법을, 사회서비스법 편에 아동복지법, 노인복지법, 영유아보육법, 성폭력방지 및 피해자보호 등에 관한 법률, 가정폭력방지 및 피해자보호 등에 관한 법률 및 여성폭력방지기본법을 수록하였다.

2005년부터 현재까지 강의를 할 수 있도록 배려해 주신 극동대학교 설립자이신 류택희 前총장님과 류기일 총장님께 감사드리며, 2008년부터 사회보장법서를 출판해 주신 법문사 사장님과 임직원께도 감사를 드린다.

2019년 6월 20일
저자 최 정 섭

차   례

제 2 부   사회보장기본법, 사회복지사업법, 사회보장급여의 이용·제공 및 수급권자 발굴에 관한 법률

제 2 편   사회복지사업법

제 3 편   사회보장급여의 이용 · 제공 및 수급권자 발굴에 관한 법률

제 3 부 각 론

제 3 편   사회서비스법

제1부

총 론

사회보장법의 개설

제1장
법의 개념과 이념

제1절 법의 개념

 법이란 무엇이냐. 이 문제는 법학에 있어서 가장 기본적인 중심문제로서 고대로부터 많은 학자에 의해서 그 해명이 시도되었으나 오늘날까지도 일치하는 것은 없다. 칸트(1724-1804)가 "법학자는 오늘도 이 법의 개념에 관한 정의를 찾고 있다."라고 한 말은 오늘날에도 그대로이다. 법이란 무엇이냐는 물음에 답하는 것은 법학 최후의 목적이라고 말을 해도 지나치지 않다. 그만큼 법의 개념을 규정하는 것은 어려운 문제이다. 따라서 법의 정의는 생각하는 입장에 의해서 달리 볼 수 있고, 법을 어떻게 정의하고 있는가에 따라 그 학자의 입장을 알 수 있을 정도이다. 그러나 여기서는 입문적 성격에 비추어 표준적인 학설에 따라서 법을 정의한다면, 법이란 조직적 정치권력 특히 국가 권력에 의해서 강행되는 인간사회생활의 규범이다.[1]

1. 인간생활과 사회규범

 희랍의 아리스토텔레스(B.C. 384-322)가 "인간은 본래 사회적 동물"이라고 말한 것과 같이 인간은 고립해서 생활할 수 없고 두 사람 이상이 상호의존의 사회생활을 영위하면서 살아가고 있다. 인간이 사회생활을 하는 것은 인간의 본성이다. 사회생활의 실체는 타인에 의한 생활과, 타인을 위해서 하는 생활과의 총합적인 상호의존의 생활인 반면에 이기적인 반사회적 성격을 갖고 있다. 인간이 타인의 이익을 무시하고 자기의 물질적·정신적인 이익만을 추구하려고 한다면 거기에는 격렬한 생존경쟁이 나오게 되고, 이를 방임하게 되면 만인 대 만인의 투쟁이 되어 약육강식의 세계가 된다. 그러나 인간은 터무니없는 의욕적·감정적인

---

1) 川添利幸, 『法學槪論』, 東京: 文久書林, 1981, 1면.

존재가 아니다. 오히려 의욕이나 감정을 자제하여 타인과의 상호의존의 공동생활을 영위해 감으로서 평화스럽고 행복한 생활을 건설해가려는 이성을 가지고 있다. 따라서 개(個)와 다(多)와의 조화적 결합 즉 사회와 개인과의 조화로 개인의 개성을 살리며, 사회생활을 유지·발전시키 위하여 만들어 낸 것이 질서와 규범이다. 질서가 없는 곳에 인간의 조화적인 결합이 있을 수 없고, 규범 없이 일정의 질서를 유지할 수 없다. 따라서 질서를 저해하는 요소를 제거하여 사회를 지속적으로 유지하고 존속시키기 위한 사회규범이 만들어져 사회생활 관계를 규율하는 준칙이 되고 있다. 이러한 사회규범이 곧 관습규범·도덕규범·종교규범·법규범이라할 수 있다.

2. 법규범의 의미

(1) 법은 규범이다

법규범은 관습규범·도덕규범·종교규범과 같은 사회규범으로서 사회생활을 하는 인간이 준수해야 할 행위나 태도의 규율로서 그 준수가 요청되나, 그 실현은 인간의 자유의사에 달려 있다. 사람을 죽여서는 아니 된다는 법규범에 대하여, 지구가 태양을 공전하고 모든 사람은 죽는다는 것은 자연법이다. 전자는 "Sollen"(당위)의 법칙으로 인간이 만든 즉 예외를 상정하여 만들어져 실현하지 못할지도 모르나, 실현될 것을 기대하는 목적적인 법칙으로서 사실과 불일치임에도 불구하고 타당한 법칙이다. 후자는 "Sein"(존재)의 법칙으로 신이 만든 즉 예외를 상정하지 않고 필연적으로 실현되는 관계를 설명하는 법칙이며, 사실과 일치하기 때문에 타당한 법칙이다.

도덕규범은 선의 실현을 최고의 목적으로 하는 사회규범이다. 칸트는 "법은 도덕의 최소한"으로 법규범의 시원적 사회규범이 된다고 하였다. 도덕은 법규범 이전의 1차적 사회규범이다. 도덕규범은 인성의 내면을 규율하는 것으로서 내면적·자율적·이상적·편면적 규범으로 그 실현의 강제성은 없고 다만 도덕적 비난에 의해서만 지켜지는 규범인데 대하여 법규범은 외면적·타율적·현실적·양면적 규범으로 강제성이 따른다.

관습규범은 일정한 사회에서 오랜 기간 반복되어온 행위가 일정한 규범으로서 인정되어진 관습의 행동양식이다. 관습은 일정한 특정지역이나 특정계층의 사람들 간에 차이가 있다는 점에서 보편성을 지닌 도덕규범과 구별되나, 관습을 위반하면 비난은 따르지만 법적 비난 즉 처벌 등의 강제성은 없다. 관습이 재판으로 적용되어질 때는 관습이 비로소 관습법이 된다.

종교규범은 종교를 가진 사람들은 인간이 삶의 필요에 의해 초인간적 실재와 맺는 신앙관계로서 원시사회는 법과 종교의 미분화 현상이었으나 근세이후 정교분리에 의하여 세속법과 종교법이 분리되었다. 종교적 사회질서를 유지하는 행동으로서 종교규범도 사회규범의 일종이 되나 종교규범도 종교를 믿는 특정인에 한정되며 종교규범을 위반하였다고 하여 법규범과 같은 강제력이나 처벌이 따르지 아니한다. 그러나 사회정의와 평화구현의 측면에서 서로 조화가 필요하다.

(2) 법은 사회규범이다

사회생활은 인간의 본성에서 유래하고 있지만 인간은 이기적·반사회적인 면도 있기 때문에 사회생활을 유지·발전시키기 위해서는 인간의 의사나 행동을 합목적적으로 규제할 필요가 있다. 사회생활이 행해지는 곳에는 반드시 사회생활의 특성에 따라 본질적으로 내재하는 즉 관습, 종교, 도덕, 법 등의 사회규범이 존재하는 것이다. 사회규범은 그 강제력의 강·약이라는 관점으로 보면 일반적으로 관습－도덕－법이라는 순서로 강하다.

(3) 법은 실천규범이다

인간의 인식작용이나 감정작용에 관해서 각기 논리규범이나 심미(審美)규범이 있다. 그러나 이러한 규범은 순정(純正)한 가치규범이다. 법은 종교, 도덕, 관습 등의 가치규범과 함께 사회생활에 있어서 인간의 행동 그것을 규율하는 실천규범이기도 하다.

(4) 법은 행위규범이다

인간의 행위는 일반적으로 의사에 기인하여 발현한다. 그러나 의사만 있고 그 의사가 행위로 옮겨졌을 때 그 외부적인 행위를 규율하는 것이 법규범인 것이다. 내부적 의사는 원칙으로 법의 대상 외이다. 즉 아직 행위로서 발현하지 않고 단지 내부적으로 절도의 의사를 가지고 있는 것만으로는 법규범이 간섭할 수 없는 것이다.

(5) 법은 국가규범이다

법은 종교, 도덕, 관습 등과 함께 사회규범의 일종이다. 그러나 다른 사회규범과 달리 법은 국가적 규범이다. 국가는 가장 규모가 크고 가장 강고한 권력적 사회이다. 법은 국가와 결합해서 존재하는 규범이다.

(6) 법은 강제규범이다

법의 국가적 강제성을 인정하는 긍정설과 인정하지 않는 부정설이 있다. 법과 국가의 관련을 인정해 법을 국가적 규범으로서 국가적 강제성을 인정하는 학자가 많으나 이를 부정하는 학자도 일부 있다.

(7) 법은 재판규범이다

법은 재판의 기준이 되는 규범이 된다. 행위규범이 시민이 지켜야 할 규범이라면 판사가 재판에 적용하는 법은 재판규범이다. 시민이 지키는 법과 재판에 쓰이는 법은 같아야 하는 것이 당연하므로 행위규범과 재판규범은 원칙적으로 동일한 '법규범'을 다른 측면에서 본 것에 불과하다 할 것이다.

(8) 법은 조직규범이다

법은 국가기관의 조직과 그 조직의 권한과 역할을 부여하는 규범이 된다. 법은 국가적 규범으로서 국가를 통치하기 위한 국가기관의 조직과 권한을 창설, 개편, 폐지하는 규범이 된다.

(9) 법은 문화규범이다

법은 국가라는 정치적 공동체의 구성원인 국민의 가치질서와 문화수준의 영향에 따라 정립된다.

제 2 절 법의 이념

법은 어떤 이념이나 목적을 달성하기 위하여 존재한다. 법의 이념이란 법에 의하여 어떠한 가치를 실현하려고 추구하는 목적으로서, 법의 존재이유이며 효력의 근거이고 법의 가치를 평가하는 척도인 것은 틀림없지만 정설은 없다. 그러나 독일의 라드부르흐(Gustave Radburch, 1878-1949) 교수가 법의 이념을 정의(正義), 합목적성(合目的性), 법적 안정성(法的安定性)의 세 가지를 제시하였다. 이 세 가지의 이념은 상관관계와 긴장관계를 갖는다. 정의는 같은 것은 같게 하고 다른 것은 다르게 취급하는 배분적 정의를 의미하지만 같고 다른 것에 대한 지침은 무엇이고, 같게 또는 다르게 취급하는 구체적 방법의 문제가 생긴다. 이 두 가지 문제의 해답이 법의 목적이며 법의 목적은 합목적성을 가져야 한다는 것이다. 그렇다면 무엇이 법의 목적이고 무엇이 합목적성을 갖는 것인가의 문제가 생김에 따라 사회구성원들의 대립과 갈등이 나타나게 되는데, 이러한 대립과 갈등을 정치적 공동체의 단일한 법질서로 이룩할 때 법적 안정성이 나타난다.

1. 정의(正義)실현

법의 이념은 정의이다. 법(jus)은 정의(justitia)와 어원을 같이하는 말로서 양자는 모두 "옳은 것"을 의미한다. 따라서 정의는 "옳은 것", "바른 것"을 의미 하는데, 고대 그리스의 플라톤(B.C. 427-347)은 "각자가 그의 직분을 다 하는 것", 로마시대 키케로(B.C. 106-43)는 "각자에게 그의 몫을 평등하게 주는 것"이라고 하였다. 정의는 인간과 인간, 인간과 사회와의 관계에서 추구해야 할 최고의 가치로서 권리와 의무, 자유와 책임, 포상과 제재 등의 배분과 부여에 있어서 자의적 불평등한 차별을 금지하고 합리적 기준에 의한 공평한 취급을 의미하는 것이다.

아리스토텔레스는 정의를 평균적 정의, 배분적 정의, 일반적 정의의 3종류로 구분하였다. 정의는 평등을 의미한다.

평균적 정의는 사법(私法)질서의 근본인 수평적 평등원리로서 인간의 등가성에 바탕을 둔 수량적 평등이며, 인간의 욕구, 개성이나 능력의 차이와 상관없이 사회적 자원을 똑같이 분배하는 절대적·산술적 평등을 의미한다. 유상계약의 급부와 반대급부, 손해와 배상, 범죄와 형벌 등의 동등 가치의 균형을 유지하는 것을 말한다. 유료노인복지시설의 등가(等價)적용 등이 그 예이다.

배분적 정의는 공법(公法)질서의 근본인 수직적 평등원리로서 인간의 차별성에 바탕을 둔 기하학적 평등이며, 국가와 국민, 단체나 그 구성원간의 관계에서 구성원의 공적이나 능력에 따라 그에 상응하는 명예, 재화 기타 이익을 배분하는 비례적·상대적 평등을 의미한다. 즉 노동에 상응하는 배분의 사회주의적 복리분배의 공정 정의로 볼 수 있다. 세금의 누진적 소득세부과, 국민기초생활보장법의 보충급여 방식인 생계급여, 장애인고용촉진및직업재활법의 장애인의무고용제도 등이 그 예이다.

일반적 정의는 국민으로서 국가의 법을 준수하여 의무를 다하거나 사회구성원인 개인이 사회를 위하여 공동생활의 일반원칙에 따라 의무를 다하는 것을 말한다. 국가 비상시 국가를 위하여 순직하는 것 등이라 할 수 있다.

아리스토텔레스의 평균적 정의는 평등한 입장에 있는 자기끼리의 정의이므로, 그 전체로서의 배분적 정의가 이루어져야 평균적 정의가 실현된다. 따라서 배분적 정의가 정의의 본질적 모습이고 법이념으로서의 궁극적 정의는 배분적 정의에서 찾을 수 있다. 정의는 영구불변의 절대적 개념이 아니고 추상적 개념으로서 민족, 문화, 시대, 정치적 형태, 가치관에 따라 상대주의에 입각한 합목적성 이념으로 구체화 된다.

2. 합목적성(공공복리)

합목적성이라 함은 정의의 내용을 구체화시키기 위하여 요구되는 이념이다. 정의란 추상적·상대적·형식적 이념에 지나지 않기 때문에 그 알맹이를 구체화시키는 데 필요한 수단적 방법의 이념이다. 사회의 목적을 어떤 가치관에 두느냐에 따라 정의의 내용이 결정된다. 라드브루흐는 법의 목적을 세계관의 차이에 근거하여 개인주의, 초개인주의(단체주의), 초인격주의(문화주의)의 세 가지 중 어느 것을 가치의 척도로 삼아 정의를 실현시키느냐의 주관적 태도에 달려 있지만, 결론은 공공복리의 실현에 있다.

개인주의는 개인이 가치의 궁극적인 기준이 되며 단체는 개인의 행복을 위한 수단에 불과하다고 본다. 따라서 모든 개인은 차별없이 똑같이 존중되고 보호되어야 한다는 것이 법의 목적이 되는 것으로 평균적 정의가 핵심이 된다.

초개인주의 또는 단체주의는 단체가 가치의 기준이 되며 개인은 단체를 위한 한 부분으로 된다. 따라서 단체의 이익이 개인의 이익에 우선되어야 한다는 것이 법의 목적이 되는 것으로 배분적 정의가 중요한 평가가 된다.

초인격주의 또는 문화주의는 개인주의와 초개인주의의 중간 정도에 위치하여 법이나 국가의 궁극적 목적은 문화에 봉사하는 것이고, 개인은 단체라는 속에서 문화적 가치 실현에 봉사하는 것이다. 배분적 정의에 의한 개인 간의 차별을 인정하지만 그 차별은 문화업적을 창조하는데 어느 정도의 공헌을 하였느냐에 따라 정하여진다고 한다.

현대 법의 목적은 개인의 자유와 권리를 중시하는 개인주의의 가치와 단체를 중시하는 단체주의의 가치가 상호 대립·모순되는 갈등의 가치관을 조정하여 공공복리를 실현하는데 있다. 따라서 법의 합목적성은 대립되는 가치 중 어느 하나만을 결정하는 선택의 문제가 아니라 사회국가 원리에 따라 개인의 자유와 권리를 최대한 보장하면서 공익의 목적을 실현하는 것이다.

3. 법의 안정성(질서유지)

법의 안정성이라 함은 법에 의하여 보호되는 사회생활의 안정을 말하는 것으로, 사회질서의 유지이다. 괴테(J.W. Goethe, 1749-1832)가 "무질서보다는 불평등의 편이 낫고, 부정의로운 법도 무질서보다는 낫다."고 한 바와 같이, 사회생활에 있어서는 다소의 부정이나 불합리가 있더라도 전체로서의 안정이 요청된다. 법적 안정성은 실정법이 설사 옳지 못하더라도 악법도 법이기 때문에 적용되어야 한다고 하나, 실정법의 옳지 못한 정도가 매우 심각한 경우에는 법률적 불법으로서 더 이상의 법이라고 할 수 없을 것이다. 따라서 정의와 법적 안정성은 어느 한 측면만을 고집할 수 없는 대립적인 관계에 있다. 정의만을 고집하면 무정부주의로 빠질 수 있고, 법적 안정성만 고집한다면 전체주의로 빠질 수 있다. 따라서 정의와 법적 안정성의 조화를 이루어야 할 것인데, 법적 안정성을 확보하기 위해서 법은 ① 내용이 분명하고 명확하여야 하고, ② 법이 쉽게 변경되서는 아니 되며, ③ 내용이 실행 가능하여야 하고, ④ 사람들의 의식과 합치되는 실효성과 타당성이 있어야 한다.

제 2 장
법의 효력

제1절 법의 효력의 의의와 근거

법은 국가사회의 규범으로서 정립되고, 법의 생명력은 그것이 현실사회에서 실현되는 데에 있다. 법이 실현되기 위해서는 그 법이 따를 만하고, 강제력을 발동할 만큼 건강하며, 구체적 사항에 관해서 어떠한 범위에서 적용되고 있는 것인가라는 문제가 따르는데, 이것이 법의 효력에 관한 문제이다. 법이 현실사회에서 실제로 적용되고 있는 근거가 무엇인가 하는 문제와 실제로 법은 시간적, 장소적, 인적으로 한정된 범위 안에서만 적용되고 있는데 문제가 있다. 전자를 법의 실질적 효력이라 하고 후자를 법의 형식적 효력이라 한다.

법의 실질적 효력은 법으로서의 타당성과 실효성이 있어야 한다. 형식적 효력은 제정법의 효력은 제정·시행·개정·폐지에 의해서 끝난다. 불문법은 법적 확신을 얻을 때 효력을 가지며, 그 상실에 의해 효력을 잃는다. 개개 법규의 효력의 근거는 그 효력을 부여한 상위법령으로부터 최종적으로는 최고법규인 헌법에 유래하게 된다.

제2절 법의 실질적·형식적 효력

1. 실질적 효력

법이 효력을 발휘하기 위해서는 타당성과 실효성의 두 가지 요소가 갖추어져야 한다. 법이 타당하다고 하는 것은 사람들이 그러하다고 믿어주는 것이고, 법이 실효성이 있어야 한다는 것은 법이 현실사회에서 실현될 것을 당위로서 요구하는 것이다. 즉 법이 사실로서 행하여지지 않으면 안 된다고 하는 타당성이 있어야 하고, 법이 실제로 사실로서 행해지고 있다는 상태가 존재하여야 실효성이 확보된다. 법은 타당성과 실효성을 모두 가져야 하지만, 때로는 그 양자가 분리되어 불완전한 법이 되기도 한다. 타당성은 있으나 실효성이 없는 경우로서는 반군(叛軍)이 점령하고 있는 지역에 대한 정부의 법이 그 예이며, 반대로 타당성은 없으나 실효성이 있는 경우로서는 독재정권에 의한 기본권을 탄압하기 위한 법이 그 예이다.

2. 형식적 효력

법의 형식적 효력이란 헌법, 법률, 대통령령, 총리령·부령, 조례, 규칙 등의 법형식간에 있어서 효력의 우월관계를 말한다. 법규는 상하의 단계적 구조로 존재하고 있어, 다른 법형식간에 내용이 모순·저촉하는 규정이 있는 경우에는 제정법 전체로서 통일적인 의미를 갖지 않으면 아니 되기 때문에 어느 법규가 우월한가를 정할 필요가 있다. 이 경우에는 상위법령은 하위법령을 우선하여 적용되어, 상위법령에 저촉하는 하위법령은 효력을 잃는다.

3. 법령의 우열관계

국가법은 법의 상하관계의 기본적 체계는 헌법 – 법률 – 명령(시행령·시행규칙)으로 되어 있으며, 지방자치법규는 조례와 규칙이라는 체계로 되어 있다. 법의 우열관계라 함은 법의 효력이 충돌 또는 저촉되었을 경우에, 헌법·법률·시행령(대통령령), 시행규칙(총리령·부령), 자치법규(조례·규칙) 등 법형식간의 순위에 따라 그 효력의 우월관계를 형성한다.

(1) 헌 법

헌법은 국회의결뿐만 아니라 국민투표에 의하여 제정·개정되는 국가 최고법규로서 다른 법령에 대하여 최상위의 형식적 효력을 갖고 있기 때문에 모든 법률, 명령 및 자치법규 등에 우월한 최고 우위의 법이다. 헌법과 국제조약(법규)의 관계에 있어서, 일반적으로 승인된 국제법규는 국내법과 같은 효력을 가진다는 헌법 제6조의 수권 규정에 의하여 국제 국제조약은 헌법의 하위에 있다 할 것이다. 그러나 제2차 세계대전 후 헌법과 국제조약과의 형식적 효력에 관해서는 헌법우위설과 조약우위설이 꾸준히 대립되고 있는 상태이다.

(2) 법 률

법률은 국회의결에 의하여 제정·개정·폐지되며, 헌법의 하위이나 명령이나 자치법규에 우월하다. 국내법과 국제조약이 충돌할 경우 국내법과 국제조약(법규)은 이원론과 일원론의 대립이 있고 일원론은 다시 국제법우위설·국내법우위설·동위설로 나뉜다. 생각건대, 입법사항에 관한 국제조약·국제법규는 법률과 동등한 효력을 가지며, 입법사항과 관계없는 국제조약·국제법규는 명령(행정입법)과 동등한 효력을 갖는다고 볼 것이다. 이는 헌법이 입법사항에 관한 조약을 체결하는 때에는 국회의 동의를 얻도록 하고(헌법 제60조) 있기 때문이다. 국제조약(법규)이 그와 동위의 효력을 가지는 국내법률 또는 명령과 충돌할 경우에는 신법우선의 원칙, 특별법우선의 원칙이 적용된다. 대법원은 국제항공운송에 관한 바르샤바협약이 특별법으로서 일반법인 국내법(민법)에 우선한다고 판시한 바가 있기도 하다.[1]

(3) 명 령

명령은 국회의결 없이 행정부의 대통령이나 국무총리 또는 장관이 법률의 위임에 따라 제정되며, 헌법과 법률의 하위법령이다. 명령에는 대통령이 발하는 시행령으로서 대통령령이 있고, 총리나 각부 장관이 정하는 시행규칙으로서 총리령이나 부령이 있다. 시행령인 대통령령은 헌법과 법률의 하위에 있고, 시행규칙인 총리령·부령 또는 자치법규의 우위에 있다. 예컨대 노인복지법은 헌법의 하위법이지만, 노인복지법시행령과 노인복지법시행규칙 및 자치법규(조례·규칙)의 우위에 있다. 노인복지법시행령은 헌법과 노인복지법의 하위법령이지만 노인복지법시행규칙과 자치법규의 우위에 있다. 노인복지법시행규칙은 자치법규의 우위에 있다.

(4) 자치법규

국회의결 없이 지방자치단체가 자치사무에 관하여 지방자치단체 의회가 제정한 법규를 조례라 하고, 지방자치단체의 장이 헌법, 법률, 명령, 조례의 테두리 내에서 제정한 법규가 규칙이다. 따라서 자치법규인 조례와 규칙은 헌법, 법률, 명령의 하위에 있다. 자치법규 중 조례는 규칙의 상위에 있고 규칙은 조례의 하위에 있다.

---

1) 대판 1986.7.22, 82다타1372.

(5) 기 타

동등의 법규 간에 충돌·저촉하는 경우에는 특별법우선의 원칙 또는 신법우선의 원칙으로 해결한다. 관습법과 성문법간의 형식적 효력에 관해서는 관습법은 보충적 효력을 가지는 것이지만, 법령의 규정에 의해 인정된 관습법이 성문법에 우월하는 경우도 있다.[2]

제 3 절 법의 효력의 범위

1. 시간에 관한 효력

법의 효력은 시행일로부터 폐기일까지 존속한다. 이 존속기간을 시행기간 또는 유효기간이라 한다. 법의 시행과 공포는 구별된다. 공포일과 시행일 사이에는 일정한 기간을 두는 것이 보통인데 이 기간을 주지기간이라 한다. 제정법이 공포가 있는 것으로 인정되는 시기는 관보에 게재된 것으로 인정되는 시기이다. 성문법에 관해서는 그 시행의 때부터 폐지되는 때까지의 그간에 효력을 가지며, 특별한 규정이 없는 한 시행 전의 사항에 관해서는 법이 적용되지 않는다. 이 원칙을 법률불소급의 원칙이라 한다. 이 원칙은 기득권의 침해를 방지하고, 사회생활에 있어서 법적 안정성을 유지하기 위해서이다. 특히 형벌법규의 적용에 관해서는 인권보장의 견지로부터 죄형법정주의를 기초로 하여 헌법에 사후법금지(소급처벌금지)를 규정하고 있다. 그러나 사회생활이나 국가적 필요가 있는 경우에는 부칙이나, 시행법에 경과규정을 두어서 법의 소급효를 정하는 경우도 있는데, 특히 국민에게 이익을 주려는 내용을 갖는 경우(은전이나 감세 등)가 그 예가 된다.

(1) 성문법의 시행과 폐지

1) 공포와 시행

헌법개정에 의한 공포는 공포문의 전문에 헌법개정안이 대통령 또는 국회재적의원 과반수의 발의로 제안되어 국회에서 재적의원 3분의 2 이상의 찬성을 얻고

---

2) **민법** 제1조: 민사에 관하여 법률에 규정이 없으면 관습법에 의하고 관습법이 없으면 조리에 의한다. **민법** 제106조: 법령 중의 선량한 풍속 기타 사회질서에 관계없는 규정과 다른 관습이 있는 경우에 당사자의 의사가 명확하지 아니한 때에는 그 관습에 의한다. **민법** 제185조: 물권은 법률 또는 관습법에 의하는 외에는 임의로 창설하지 못한다. **상법** 제1조: 상사에 관하여 본법에 규정이 없으면 상관습법에 의하고 상관습법이 없으면 민법의 규정에 의한다.

국민투표에서 국회의원선거권자 과반수의 투표와 투표자 과반수의 찬성을 얻은 뜻을 기재하고, 대통령이 서명한 후 국새 및 대통령인을 압날하고 그 일자를 명기하여 국무총리와 각 국무위원이 부서하여 관보에 게재한다.

법률은 국회의 의결을 거쳐 대통령이 서명·공포함으로써 성립한다. 법률공포문의 전문에는 국회의 의결을 얻은 뜻을 기재하고, 대통령이 서명한 후 대통령인을 압날하고 그 일자를 명기하여 국무총리와 관계국무위원이 부서하여 관보에 게재하여야 한다. 국회의장이 공포하는 법률의 공포문의 전문에는 국회의 의결을 얻은 뜻 및 헌법 제56조 제6항의 규정에 의하여 공포한다는 뜻을 기재하고, 국회의장이 서명한 후 국회의장인을 압날하고 그 일자를 명기하여 서울에서 발행되는 2개 이상의 신문에 공고하여야 한다.

대통령령은 전문에 국무회의 심의를 거친 뜻을 기재하고 대통령이 서명한 후 대통령인을 찍고, 그 일자를 명기하여 국무총리와 관계국무위원이 부서한다. 총리령과 부령에는 그 일자를 명기하고 각각 서명 날인한다. 법률과 명령에는 각각 그 번호를 붙여서 공포함으로써 유효하게 성립한다.

헌법개정·법률·명령의 공포는 앞에서 설명한 바와 같이 관보에 게재하거나 신문에 공고하여 행하여야 한다. 법령 등의 공포 또는 공고일은 그 법령 등을 게재한 관보 또는 신문이 발행된 날로 한다. 법령은 공포일로부터 20일이 경과함으로써 효력을 발생한다. 그러나 국민의 권리제한 또는 의무부과와 직접 관련되는 법률·대통령령·총리령 및 부령은 긴급히 시행하여야 할 특별한 사유가 있는 경우를 제외하고는 공포일로부터 적어도 30일이 경과한 날로부터 시행되도록 하여야 한다(법령등공포에관한법률 제13조~13조의2).

지방자치단체의 조례와 규칙은 공포문 전문에 제정하거나 개정하는 뜻을 기재하여 지방자치단체의 장이 서명한 후 직인을 찍고 그 일자를 명기하여 당해 지방자치단체의 공보에의 게재로써 한다. 다만 지방의회의 의장이 공포하는 경우에는 공보나 일간신문에의 게재 또는 게시판의 게시로써 한다. 조례와 규칙의 공포일은 그 조례와 규칙을 게재한 공보나 신문이 발행한 날 또는 게시판에 게시된 날로 한다(지방자치법시행령 제11조~13조).

2) 폐지와 변경

법의 폐지에는 명시적 폐지와 묵시적 폐지가 있다. 전자는 ① 법규정에 시행기간을 미리 정하여 그 시기가 도래한 경우(한시법), ② 새로운 법을 제정하거나 일부를 개정하면서 전법을 폐지 또는 변경하는 명문 규정이 있는 경우가 있다.

후자는 ① 법의 규정이 신법에 저촉되는 경우, ② 특별법에 의하여 일반법의 조문이 사문화되는 경우, ③ 법규정 사항이 사회실정과의 괴리 때문에 완전히 소멸하거나 실효성을 잃은 경우 등이 있다.

3) 법률불소급의 원칙

법률불소급의 원칙은 어떠한 법이든 시행기간 중에 생긴 사항에 대하여만 적용되고 시행기간 전에 생긴 사항에는 적용되지 아니한다는 원칙이다. 법의 소급효를 인정한다면 법적 안정성을 해치고 국민에게 불안감과 법에 대한 불신감을 일으키게 된다. 헌법 제13조 제1항은 "모든 국민은 행위시의 법률에 의하여 범죄를 구성하지 아니하는 행위로 소추되지 아니하며…"라고 규정한데 이어 제2항은 "소급입법에 의하여 참정권의 제한을 받거나 재산권을 박탈당하지 아니한다."라고 소급입법을 제한하고 있다. 그러나 법률불소급의 원칙이 절대적인 것은 아니다. 형법에 있어서 신법이 형사피고인에게 유리한 경우는 예외적으로 신법을 소급하여 적용하는 경우와 같다. 법률불소급의 원칙의 파생원칙으로 사후법제정금지의 원칙과 기득권 존중의 원칙이 있다. 전자는 행위시에는 범죄로 되지 않는 것이 사후에 제정된 법률에 의해 범죄가 된다고 할 수 없는 죄형법정주의이다. 후자는 구법에 의하여 취득한 기득권은 신법의 시행으로 소급하여 박탈하지 못한다는 사유재산권 확립의 원칙에 이바지하는 이론이다.

4) 경과규정

법령의 제정 또는 개·폐가 있을 때 구법시행시의 사항에는 구법을 그대로 적용하고 신법시행 후의 사항에 대하여는 신법이 적용되는 것이 원칙이다. 그러나 구법시행시에 발생한 사항으로서 신법시행 후에도 계속 진행되고 있는 사항에 관하여 구법과 신법 중 어느 것을 적용할 것인가의 문제가 있을 경우, 이를 해결하기 위하여 규정된 것이 경과법인데 법령 개폐시에 명문으로 규정한다. 구규정으로부터 신규정에 이행하는 데에 필요한 경과적 조치를 정한 규정은 경과규정 또는 시제법이라 불리운다. 이 경과규정은 통상 법령의 말미에 부칙으로서 정해지나, 특별시행법이나 시행령으로서 별개의 법령을 제정해서 상세히 정하는 경우도 있다.

(2) 불문법의 시행과 폐지

불문법의 효력은 성문법의 경우와 같이 명확하지는 않으나 그 효력이 발생한 때로부터 소멸의 때까지 효력이 있으며 불소급의 원칙도 행해진다. 불문법의 효력

발생은, 관습법에 관해서는 관습인 관행이 법적 확신을 얻은 때이며, 판례법에 관해서는 그 판례가 확립했다고 인정되는 시기이다. 불문법의 효력의 소멸은 성문법에 의해서 불문법의 폐지를 명정(明定)한다든가, 불문법과 저촉하는 성문법이 제정된 경우는 그 성문법의 시행기일에 소멸한다. 그 이외의 경우는 명백하지 않으나, 관습법은 종래의 판례가 변경되어 이것이 확립했을 때 소멸한다. 판례법에 관해서는 그 내용에 저촉하는 상급법원의 판례가 반복해서 행해졌을 때 소멸하고, 조리는 법으로서의 확신이 사회로부터 없어진 때라고 하고 있다.

2. 사람에 관한 효력

사람에 관한 법의 효력범위는 그 효력이 미치는 시행지역 내에 있는 모든 사람에게 적용된다. 따라서 한 나라의 법은 그 나라의 국민일반에 대해서 행해질 뿐 아니라 그 영역 내에 체류하는 외국인에게도 미치는 것을 원칙으로 한다. 이와는 반대로 그 영역 외에 있는 사람에 대해서는 설령 내국인이라도 효력을 갖지 않은 것이 원칙이다. 내·외국인의 구별은 국적의 유무에 의한다.

(1) 속지주의와 속인주의

법의 효력을 사람이나 장소에 따라 구분하면 속지주의와 속인주의가 있다. 속지주의는 영토를 표준으로 해서 법의 효력범위를 정하려는 것으로서, 일정 국가의 영역 내에 있는 한 사람은 국적의 유무를 불문하고 모두 그 나라의 법을 적용하는 것을 원칙으로 하는 주의이다. 이에 대하여 속인주의는 사람을 표준으로 하여 일정한 국가의 국적을 가진 사람은 그가 타국에 있든 자국에 있든 그의 국적에 속하는 자국의 법을 적용하는 주의이다. 역사적으로 보면, 속인주의로부터 속지주의로 옮겨졌으며, 현재 각국들은 속지주의를 원칙으로 하면서 예외적으로 속인주의를 인정하는 입장을 취하고 있다. 우리나라도 속지주의를 원칙으로 하고, 예외적으로 속인주의를 인정하고 있다.

(2) 치외법권과 면책특권

1) 치외법권

외국인이 현재 체재하고 있는 국가의 권력작용, 특히 법률이나 재판권에 복종하지 않을 수 있는 자격 또는 권리를 말한다. 국제법상의 특권으로서 국가의 원수, 외교사절, 군함, 일정의 지휘관 아래 있는 군대 등이 이 치외법권을 갖고 있다(외교에 관한 비엔나 조약). 속지주의가 제한을 받는 예이다.

2) 면책특권

특수한 신분의 사람에 대하여 법의 효력이 미치지 아니하는 경우가 있는데, 이를 면책특권이라 한다. 예컨대 대통령은 내란 또는 외환의 죄를 범한 경우를 제외하고는 재직중 형사상의 소추를 받지 아니하며, 국회의원은 현행범이 아닌 경우에는 회기중 국회의 동의없이 체포·구금되지 아니하고, 국회의원이 회기 전에 체포 또는 구금된 때에는 현행범이 아닌 한 국회의 요구가 있으면 회기중 석방된다. 속인주의가 제한을 받는 예이다.

(3) 장소에 관한 효력

장소에 관한 법의 효력은 그 국가 영역 전반에 걸쳐서 효력이 미치는 것이 원칙이다. 즉, 한 나라의 법은 원칙적으로 그 국가의 전 영역에 걸쳐 적용된다. 국가의 영역은 주권이 미치는 범위로서 영토·영해·영공을 포함하므로 법은 그 나라의 영역 안에 거주하는 사람이면 내국인이든 외국인이든 모든 사람에게 적용된다.

예외적으로는, 치외법권이 인정되는 지역이라든가 일국내의 점령지, 조차지(租借地) 등의 경우는 타국의 법이 행해지며, 이와 반대로 타국영역내의 자국의 군함, 공선(公船), 군용기, 또는 공해에 있는 자국의 사선에 자국의 법이 적용되는 경우 등이 있다.

제 3 장
법의 해석

1. 법해석의 의의

  법이 실현되기 위해서는 법의 적용을 통하여 이루어진다. 법의 적용은 추상적으로 규정되어 있는 법규정을 사회생활에서 발생하는 구체적 사실에 대하여 해당하는지의 여부를 확정함으로써 법의 내용을 실현하는 것이다. 법이 적용되기 위해서는 먼저 법의 적용대상인 사실의 존재여부 및 그 내용이 확정되어야 하는데, 사실을 확정함에 있어서는 증거에 의하여야 하지만 입증이 어려운 때에는 추정과 간주의 방법이 있다. 이와 같이 구체적 사실을 확정하는 문제를 사실문제라고 한다. 사실이 확정되면 그 사실에 적용할 법규정의 발견과 법의 해석이 필요한데 이를 법률문제라고 한다. 사실에 적용할 법을 발견하기 위하여서는 먼저 법의 의미와 내용을 명확히 알아야 하는데, 법의 의미와 내용이 분명하지 아니하여 그대로 적용할 수 없는 경우가 발생한다. 이러한 경우에 법의 의미와 내용을 명확히 밝혀 확정하는 것이 법의 해석이다.

  법해석은 법의 구체적인 적용을 위해서, 법규의 의미를 체계적으로 이해하고 법의 목적에 따라서 규범의미를 명확하게 하는 이론적·기술적 조작이나, 그 특색은 단지 법문의 문법적 해석이나 기계적·논리적 설명이 아니라, 법규나 실정법체계를 법의 목적이나 이념에 적합하게끔 의미내용을 분명히 하여, 법의 구체적인 정당성을 실현하려는 점에 있다.[1]

2. 법해석의 분류

(1) 유권해석

  유권해석이라 함은 국가기관이 행하는 해석으로서 공권해석이라고도 하며, 공적 구속력을 가진다. 해석기관에 따라 입법해석, 사법해석, 행정해석으로 구분된다.

---

1) 法學硏究會 編, 『法學槪論』, 中敎出版, 1973, 65면.

1) 입법해석

입법해석은 입법기관에 의하여 특정한 법률의 내용 또는 문구의 의미를 분명히 하기 위하여 법령에 규정을 두어 해석하는 것이다. 예컨대 국민기초생활보장법 제2조 제6호에 "최저생계비라 함은 국민이 건강하고 문화적인 생활을 유지하기 위하여 소요되는 최소한의 비용으로서 제6조의 규정에 의하여 보건복지부장관이 공표하는 금액을 말한다."고 규정한 것이 입법해석이다. 이 해석규정도 그 자체가 법규정이므로 해석의 대상이 될 수 있다.

2) 사법(司法)해석

사법해석은 사법권의 담당자인 법원이 판결에 의해서 행하는 해석으로서, 재판해석이라고도 한다. 사법해석은 재판의 심급제도로 인하여 최종적인 대법원의 판결을 통하여 나타나는 해석이 가장 권위를 가진다. 사법해석은 법률상의 구속력은 없으나, 대법원 판결은 해당 사건에 관하여 하급법원을 구속하기 때문에 사실상의 구속력이 있다.

3) 행정해석

행정해석이란 행정기관이 소속기관이나 하급 행정기관에 대하여 법령의 집행이나 시행을 위하여 행하는 해석으로서, 훈령·지시·예규 등의 형태로 행하여지며, 행정기관 내부를 구속한다. 행정해석과 사법해석이 다른 때에는 법원의 사법해석이 우선한다.

(2) 학리해석

학리해석은 법문 자체나 입법취지 등의 학문상의 연구 성과에 의하여 주로 학자나 변호사 등이 학설이나 연구논문의 형태로 행하는 해석이다. 유권해석과는 달리 바로 구속력을 갖지는 않으나, 보통 법의 해석이라 하면 이 학리해석을 의미하고, 모든 유권해석도 학리해석에 기해서 행해지고 있는 것이다. 학리해석은, 크게 문리해석과 논리해석으로 나눈다.

1) 문리해석

문리해석이란 법문의 자구, 문장의 의의를 명백히 함에 의해서 하는 해석이다. 즉 법문의 문자, 문장에 중점을 두는 언어적 해석 방법으로서 법문 전체의 의미를 문리적으로 명백하게 하는 것이다. 법령의 문언(文言)은 입법자가 세심한 주의를 가지고, 그 의도를 정확히 표현하는 가장 적절한 문언으로 쓰여 졌기 때문에 성문법의 해석에 있어서는 우선 문리해석으로 출발하는 제1단계적 해석이다. 그러나 너무 문구와 말의 뜻에만 치우쳐 법이 내재하는 목적이념을 잃게 되는 것이므로 논리해석이 따르게 된다.

2) 논리해석

논리해석이란 법령의 문구에 얽매이지 않고 법령 전체의 구성, 법질서 전체와의 논리적 관련, 입법 규정의 목적, 취지, 다른 법령과의 관계, 법의 연혁이나 외국의 입법 예, 사회실정에 맞는 결과의 구체적 타당성(正義, 공평, 공공의 복지에 적합), 적용결과의 합리성 등을 고려하여, 논리적으로 추론하는 방법이며 사유의 법칙에 따라서 하는 해석이다. 논리해석에는 확장해석, 축소해석, 반대해석, 물론해석, 보정해석, 연혁해석, 비교해석, 목적해석 등이 있다.

① **확장해석** 확장해석은 법문의 문리적 의미가 법의 목적 의미에 비추어 볼 때 너무나 좁다고 생각되는 경우에 법규의 언어적 표현의 의미보다 넓혀서 해석하는 방법이다. 예컨대 "공원 안에 있는 수목을 꺾지 말라"는 언어적 표현을 화초도 포함하는 해석과 같다.

② **축소해석(제한해석)** 축소해석은 법령의 문언을 보통의 의미보다 제한해서 해석하는 것이다. 즉, 법문의 문리적 의미가 너무나 넓기 때문에 입법의 취지에 따라 용어의 의미를 좁혀서 해석하는 방법을 말한다. 예컨대, "차마(車馬)의 통행금지"라 할 때 유모차는 포함시키지 않는 경우나, "배우자에 대하여"라고 할 때 사실혼관계에 있는 자를 포함시키지 않은 경우 등은 축소해석하는 것이다.

③ **보정해석** 변경해석 또는 보충해석이라고도 하며, 법문의 자구가 잘못되었거나 표현이 부정확한 경우에 그 자구를 보정하거나 변경하는 해석을 말한다. 따라서 이 해석은 신중히 하여 입법취지에 어긋나게 보충 또는 변경해서는 아니 된다. 보정해석의 인정 여부에 대하여는 견해가 대립되고 있다. 입법자가 자구의 표현을 잘못 하였는지의 여부가 불확실할 뿐만 아니라 보정을 인정한다면 법의 안정성을 해하는 경우도 있다는 이유에서 보정해석을 반대하는 경우도 있으나, 엄격한 기준을 정하여 법문의 표현이 명백히 잘못되었을 경우에는 허용되어야 할 것이다.

④ **반대해석** 어떤 사항에 관해서 법문이 정하고 있는 요건과 반대의 요건이 존재하는 경우에 법문이 정하는 반대의 효과를 발생할 것으로 해석하는 경우를 말한다. 예컨대 "부양의무자가 없는 경우에 생계급여를 한다"는 규정이 있을 때

"부양의무자가 있는 경우에는 생계급여를 하지 아니한다"고 반대해석을 하는 경우이다.

⑤ **유추해석**   어떤 사항에 관하여 직접적인 명문의 규정이 명기되어 있지 않은 경우에 이와 유사한 사항에 관하여 규정한 법규정을 적용하여 같은 법리의 법적 효과를 인정하는 해석을 말한다. 유추는 준용과 구별되어야 한다. 유추는 법해석의 방법이고 준용은 입법기술상의 방법이라는 점에서 차이가 있다. 준용은 비슷한 사항에 관하여 법규를 제정하는 경우에 중복적으로 규정하는 번거로움을 피하기 위하여 비슷한 법규를 그대로 적용할 것을 규정한 것이다.

⑥ **물론해석**   법문이 규정하는 사항에 관한 입법상의 취지와 사물의 당연한 성질로 미루어 어떤 다른 사항에 관하여는 더 한층 강한 이유로 타당한 경우에 그 법문의 규정이 당연히 적용된다고 해석하는 것을 말한다. 예컨대 "자동차통행금지"의 경우에 대형 중장비 크레인이나 탱크와 같은 것도 통행이 금지된다고 보는 경우이다. 확장해석은 법문의 자구 외로 확장해석하는 것이고, 물론해석은 법문의 자구 중에 다른 사항이 당연히 포함되어 있다고 해석하는 점에서 차이가 있다.

⑦ **준용**   법령의 규정에 "준용한다"라는 말이 때때로 나온다. 준용은 비슷한 사항에 관하여 법규를 제정하는 경우에 중복적으로 규정하는 번거로움을 피하기 위하여 비슷한 법규를 그대로 적용할 것을 규정한 것이다. 준용은 법문에 "…를 준용한다"라고 준용규정에 따라 행하는 것으로서 입법기술상의 방법이고 유추는 입법해석의 방법이다.

제 **4** 장
법의 분류

1. 공법과 사법

종래 법의 분류에 있어서 가장 기본적이 되는 것은 공법(公法)과 사법(私法)의 구별이다. 공법은 국가기관 상호간 또는 국가기관과 개인과의 관계를 규율하는 공적인 것, 즉 국가적·공익적·윤리적·타율적·권력적·비대등적 관계를 규율하는 법인데 반해, 사법은 개인 상호간관계를 규율하는 사적인 것, 즉 개인적·사익적·경제적·자율적·비권력적·대등적 관계를 규율하는 법으로 구분하여 왔으나 현대에 있어서는 국가가 개인과 같은 자격으로서 거래사회에 등장하는 경우가 많아졌기 때문에 이 분류기준은 부적당하게 되었다. 대신, 내용적 구별로서 권력, 복종관계로 규율하는 것을 공법, 평등한 자간의 관계로 규율하는 것을 사법으로 구분하지만 이 기준도 국가권력이 사인 간의 관계에 대폭 간섭하게 된 오늘에는 반드시 모든 경우를 설명할 수 있는 것은 아니다. 통상 공법에 속하는 것으로, 헌법, 행정법, 형법, 민사소송법, 형사소송법이 있고, 사법에 속하는 것으로는 민법과 상법이 있다.

2. 사 회 법

사회법이라는 말은 매우 다의(多義)로서 그 개념은 반드시 명확하지 않다. 그러나 일반적으로 소유권의 절대와 계약의 자유를 기조로 하는 근대시민법질서를 인정하면서, 사회단체적 견지에서 보호·간섭·강제를 수단으로 시장경제를 통제하여 사회적 시장경제로 수정하여, 공법·사법의 중간적 특성을 가지는 제3의 법영역이다. 즉 사회법은 개인의 실질적 평등과 사회적 조화로 복지를 실현하려고 하는 법체계로 이해하고 있다. 사회법의 체계에 포함되는 것은 노동법, 경제법, 사회보장법 등으로 되어 있다. 제2차 세계대전 전까지는 노동법도 사회법으로 구분하였으나 오늘날에는 공법체계에 포함하는 추세이다.

3. 조직법과 행위법

조직법이란 인간행위의 기초 및 수단이 될 조직과 제도를 정하는 법을 말한다. 행위법이란 사회생활에 있어서 인간의 행위 자체를 규율하는 법을 말한다.

4. 강행법과 임의법

강행법이란 당사자의 의사여부에 관계없이 절대적·일방적으로 적용되는 법으로서, 헌법·형법과 같은 대부분의 공법이 이에 속한다. 임의법이라 함은 당사자의 의사에 따라 적용의 유무가 확정되는 법으로서 민법·상법과 같은 사법이 이에 속한다.

5. 보통법(일반법)과 특별법

특별법이라 함은 법의 효력범위가 특별한 사람, 장소, 사물 등에 한하여 규율되는 법이다. 상법, 군법, 공무원법, 소년법, 아동복지법, 노인복지법, 성폭력범죄의처벌및피해자보호등에관한법률, 조례, 규칙 등은 특별법에 속한다. 보통법이라 함은 법의 효력 범위가 국가 전체, 전 국민과 같이 전반에 규율되는 법이다. 민법, 형법, 형사소송법, 사회보장기본법 등은 보통법에 속한다. 그러나 양자의 구별은 절대적인 것이 아니고 상대적이다. 예를 들면, 사회복지사업법은 사회보장기본법의 특별법이 되나 아동복지법, 노인복지법 등에 대하여는 일반법이 된다. 상법은 상사라 하는 특수사항에 관해서만 적용되는 것이기 때문에 민법에 대해서 특별법이다. 또한 주민등록증과 운전면허증이 지방자치단체에서 발급되나 그 효력은 전국에 미친다. 양자를 구분하는 실익은 특별법은 보통법에 우선한다는 원칙이 있기 때문이다.

6. 고유법과 계수법

고유법이란 어느 사회에 있어서 다른 사회의 법 영향을 받지 않고 발달한 법이고, 계수법이란 다른 국가 또는 사회로부터 수입한 법을 말한다.

7. 실체법과 절차법

실체법이라 함은 법을 실현하고자 하는 상태 그 자체의 법, 즉 권리·의무의 발생, 변경, 소멸, 성질, 내용 및 범위 등 그 실체에 관해서 규정한 법을 말한다. 절차법이라 함은 실체법의 실현방법에 관해서 규정한 법을 말한다. 헌법, 민법, 형법, 상법 등은 실체법이고, 형사소송법, 민사소송법, 비송사건절차법, 부동산등기법, 파산법 등은 절차법에 속한다. 그러나 실체법 속에도 절차에 관한 규정이 있고, 절차법 속에도 실체에 관한 조항들이 있다. 실체법과 절차법이 충돌할 경우에는 실체법이 우선한다.

8. 원칙법과 예외법

일정의 사항에 관해서 일반적으로 적용되는 법이 원칙법이고, 특별의 경우에 이 원칙을 배척해서 적용되는 것이 예외법이다. 법문 중, 단서는 거의 예외규정이 많다. 원칙법과 예외법의 구별은 보통법과 특별법의 구별과 달리 하는 것이 통설이다. 즉, 예외법은 어느 특정사항에 있어 원칙법을 적용해서는 좋지 않은 결과가 나올 때, 입법 정책적 견지로부터 원칙법의 적용을 배척하고 이와 전혀 다른 취급을 하려는 것이다. 따라서 원칙법과 예외법의 관계는 한정된 혹은 특정의 사항에 관하는 것으로서, 보통법과 특별법의 구별과 같이 광범위한 것을 기준으로 하는 것이 아니다. 또한 예외법의 원칙에 대한 관계는 보통법과 특별법 간의 보충관계와 같은 것이 아니다.

9. 국내법과 국제법

국내법이라 함은 한 나라의 주권이 미치는 범위 내에서 효력을 가지는 법을 말하며, 국제법이라 함은 국가 상호간 또는 국제조직 간의 국제사회법을 말한다. 국제법의 주체는 국가이며, 개인은 원칙적으로 국제법의 주체가 될 수 없었으나 제2차 세계대전 후 개인도 한정적이나마 국제법의 주체로서 청원권과 소원(訴願)을 낼 수 있는 데까지 발전했다. 1948년 12월 9일, 국제연합 제3총회에서 채택된 집단살해의 방지 및 처벌에 관한 조약(convention on the prevention and punishment of the crime of genocide; 일명 Genocide조약이라 약칭된다.)[1]에서는 집단살해

---

1) Genocide조약은 세계인권선언이 채택된 전날 국제연합에서 채택된 것으로, 제2차 세계대전 후 연합국이 설치한 국제군사재판소가 전쟁범죄에 대하여 "人道에 대한 罪"를 조약화한 것으로서, 나치 독

를 한 자는 국제형사재판소에 의해서 직접 처벌되는 규정을 두고 있다. 이는 개
인도 국제법상의 권리·의무의 주체가 될 수 있음을 말해주고 있다.[2]

일이 행했던 것과 같은 비인도적 행위를 방지하고 처벌할 것을 목적으로 한다. 이 조약은 전시·평시를
불문하고 집단살해는 국제법상의 범죄로, 그 행위자는 국가원수, 공무원, 또는 개인 여하를 불문하고 처
벌한다고 규정하고 있다. 이는 다른 전쟁범죄의 수행과는 관계없이 독립의 국제범죄를 실정법에 의해서
확립한 것으로 주목되고 있다. 小田滋·石本泰雄 編, 解說[條約集], 東京: 三省堂, 1983, 71면; 金東勳,
『解說, ジェノサイド條約』 參照.
  2) 山田 晟, 『法學』(신판), 東京大學出版會, 1982, 68면.

법의 체계와 사회보장법의 범위

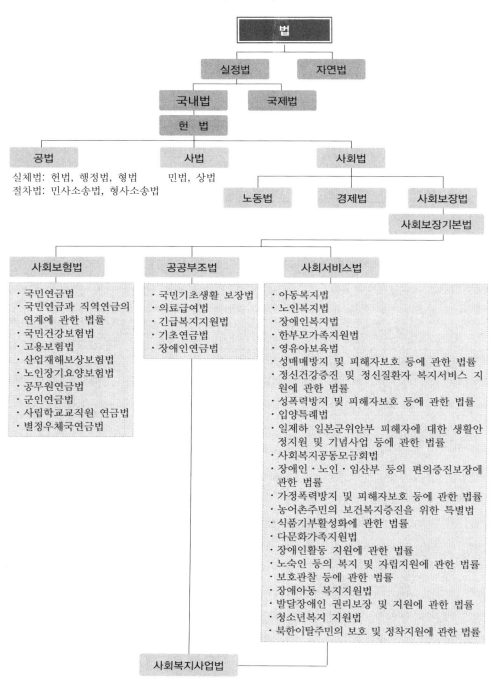

제 2 편

사회보장법의 법원(法源)

제 1 장
법원(法源)의 의의

　　법학상 법원(法源)이라는 말은 그 개념이 명확하지 않아 다음과 같이 여러 갈래로 나누어 쓰이는 경우가 있다.
　　① 법의 존재형식(성문법, 불문법)
　　② 법의 지식에 대한 자료(법전, 판례집, 저서, 논문 등)
　　③ 법을 제정하는 힘(신, 군주, 국민, 국가 등)
　　④ 법의 타당적 근거(신의(神意), 이성, 입법자의 의사, 국민의 법의식, 사회적 합리성 등)
　　그러나 여기서는 법관이 재판의 근거기준으로 활용할 수 있는 법의 인식근거 내지 존재형식으로서의 법원을 설명하고자 한다.
　　사회복지법의 법원(法源)은 사회복지에 관한 실정법의 인식 근거 내지 그 존재형식을 말하는 것으로서, 법이 법으로서 성립하는 기초 내지 근본 이유의 의미와 법이 법으로서 발현(發顯)하는 형식의 의미 즉 법의 존재형식의 의미이다. 따라서 사회복지의 법원은 제정법으로서 헌법, 법률, 명령, 자치법규(조례·규칙), 국제협약 등의 성문법과 제정법의 형식을 갖추지 않은 관습법, 판례법, 조리 등과 같은 불문법이 있다.

제 2 장
성 문 법

성문법이란 일정형식의 문장에 의해서 표현되는 법규범으로서 제정법이라고도 불리운다. 사회복지법의 법원으로서는 국가의 기본법이며 모든 법의 모법인 헌법과 사회보장기본법, 사회복지사업법, 노인복지법, 아동복지법 등과 같이 국회의 의결을 거친 각종 성문형식의 개별 사회복지법이 있고, 국회의 의결을 거치지 아니하고 행정기관이 제정한 명령과 지방자치단체의 자치법규 및 사회복지관련의 국제조약 등이 있다.[1)]

1. 헌   법

헌법은 국가적 공동체의 존재형태와 기본적 가치질서에 관한 국민적 합의를 법규범적인 논리체계로 정립한 국가의 기본법[2)]으로서 국민의 권리와 의무, 국가의 근본조직, 통치기구 및 통치작용 등을 규정한 국가최고의 근본법이다. 헌법 개정은 국회재적의원 3분의 2 이상의 찬성과 국회의원 선거권자 과반수의 투표와 투표자 과반수의 찬성을 얻어야 한다. 1987년 10월 29일 개정된 현행 제10호 헌법은 전문과 10장 130개 조항으로 구성되어 있다. 헌법은 최상위의 법규범으로서, 전문에서 "국민생활의 균등한 향상"을 규정하고, 제10조의 인간의 존엄과 가치·행복추구권을 비롯하여 평등권(제11조), 재산권행사의 공공복리 적합의무(제23조), 인간다운 생활을 할 권리(제34조), 교육을 받을 권리(제31조), 근로의 권리(제32조), 근로3권(제33조), 환경권(제35조), 혼인·가족생활과 모성의 보호와 보건권(제36조), 경제에 관한 규제와 조정(제119조) 등을 규정한데 이어, 국민의 기본권이

---

1) 성문법의 장점: ① 인간의 의사에 의하여 합목적적으로 제정되는 것이기 때문에 법의 이념의 구체화에 적합하고, ② 제정, 변경이 비교적 용이하기 때문에 제 제도를 개혁하는 데 편리하며, ③ 법의 존재와 그 의미내용이 명료하고, ④ 법 생활의 안정을 기할 수 있다. 단점: ① 성문법은 문자, 문장을 가지고 표현되는 것이기 때문에 매우 고정적이 되어 유동하는 사회실정에 즉응할 수 없고, ② 입법이 사회의 요청에 뒤지게 되며, ③ 입법이 복잡하고 기술적으로 되어서 일반국민의 체계적 이해가 어렵다.
2) 권영성, 『헌법학원론』, 법문사, 2007, 3면.

침해되었을 경우의 재판청구권(제27조), 국가배상청구권(제29조), 행정심판청구권(제107조), 위헌법률심판 및 헌법소원심판청구권(제111조) 등을 규정한 것은 사회복지법의 법원이 된다.

2. 법   률

법률은 국회의 의결에 의하여 성립하고, 관보에 공포된 법을 말한다. 법률은 헌법의 하위법이지만 명령이나 자치법규의 상위법이다. 사회보장 및 사회복지와 관련된 사회보험법, 공공부조법, 사회서비스법이 사회복지법규의 법원이 된다.

3. 명   령

입헌민주국가에서의 입법권은 국회에 속하지만 행정국가화, 사회국가화 된 현대사회에서 모든 법규사항을 국회에서만 직접 규정한다는 것은 부적당하고 불가능하다. 따라서 헌법에 근거규정이 있거나 법률의 구체적인 위임이 있는 경우에 한하여, 국회의 의결을 거치지 않고 행정관청에 의하여 제정된 법형식의 행정입법으로 ① 긴급재정·경제명령 및 긴급명령 ② 법규명령인 집행명령과 위임명령 ③ 행정명령(행정규칙)이 있다. 긴급·재정경제명령 및 긴급명령은 헌법 제76조의 규정에 의하여 대통령이 발하는 비상대권적 명령으로서 법률의 효력을 가진다. 법규적 성질을 가지는 법규명령에는 집행명령과 위임명령이 있다. 집행명령은 단순히 법률을 집행하는 내용을 정한 것일 뿐 새로운 법규사항을 담을 수 없는 명령인데 대하여 위임명령은 헌법이나 법률에서 위임된 범위 내에서 새로운 법규사항을 제정한 것이다. 보통 명령이라 할 때 주로 위임명령을 의미한다. 명령은 법규적 효력을 가지고 있기 때문에 행정기관은 물론 일반국민, 법원(法院)과 같은 국가기관에 대해서도 구속력을 가지고 있고 재판규범이 된다. 명령은 헌법이나 법률의 하위법이지만 자치법규의 상위법이다.

위임명령은 제정권자를 표준으로 대통령령, 총리령, 부령으로 나누는데, 대통령령은 시행령이라 하여 법률 다음으로 효력이 있고, 총리령과 부령은 시행규칙이라 하여 시행령의 다음으로 효력이 있다. 위임명령은 일반적·포괄적 위임은 허용되지 아니한다. 따라서 시행령과 시행규칙은 제1조의 목적에서 공통적으로 상위법령에서 위임된 사항을 규정한다는 뜻의 명문규정을 두고 있다. 노인복지법시행령 제1조는 "이 영은 노인복지법에서 위임된 사항과 그 시행에 관하여 필요한 사항을 규정함을 목적으로 한다."라고 규정하고, 노인복지법시행규칙 제1조는 "이

규칙은 노인복지법 및 동법 시행령에서 위임된 사항과 그 시행에 관하여 필요한 사항을 규정함을 목적으로 한다."라고 규정하여 각각 상위법령에서 위임된 사항에 관하여 규정하고 있음을 명확히 하고 있다.

행정명령은 행정규칙이라고도 하며 일반 국민의 권리·의무와 직접 관계없는 비법규사항을 규정하는 것으로 행정조직 내부에서만 효력을 가질뿐 대외적 구속력을 가지지 아니하기 때문에 성문법으로서의 법원(法源)성을 인정하지 않는 것이 통설이긴 하나 법규명령으로서의 효력을 갖는 경우도 있다.

[참고사항]

긴급재정·경제명령 및 긴급명령: 대통령은 헌법 제76조의 규정에 의하여 내우·외환·천재·지변 또는 중대한 재정·경제상의 위기나 국가안위에 관계되는 중대한 교전상태에 있어서 법률의 효력을 가지는 명령을 발할 수 있다. 이 경우 대통령은 지체 없이 국회에 보고하여 승인을 얻어야 한다. 이러한 명령을 법률대위명령이라 할 때, 위임명령이나 집행명령은 법률종속명령이라고 한다.

행정명령: 행정규칙이라고도 하는데, 상급행정기관 또는 상급자가 하급행정기관 또는 하급자에 대하여 법률의 수권 없이 그의 권한 범위 안에서 발하는 일반적·추상적 규율을 말한다. 행정규칙에는 내용적으로 조직규칙, 규범해석규칙, 재량규칙 등이 있고 형식적으로 훈령, 예규, 지시, 일일명령이 있다. 행정규칙은 일반적·추상적 규율인 점에서는 법규명령과 같으나 법령의 수권 없이 발하고 행정조직 내부에서만 구속력을 가진다는 점에서 명령과 다르며 법원성을 인정하지 아니하여 재판규범이 되지 아니한다.[3] 그러나 행정규칙으로 정해질 내용은 보통 고시, 훈령, 예규 등의 형식을 취하지만 때때로 법규명령의 형식을 취하는 경우가 있고, 또는 법규의 적용에 있어 특히 법령상의 불확정개념의 적용에 있어 그 해석이나 적용지침을 정하기 위하여 발하는 규범해석규칙(법령질의, 회시) 등은 실질적인 법령적용의 중요한 준거규준이 되고 있고, 때로는 재산세사무처리규정과 같이 소득세법시행령의 위임을 받아 발한 국세청 훈령 등은 그 형식이 행정규칙으로 되어 있으나 근거법령에 의하여 위임을 받아 제정되었으므로 위임의 한계를 벗어나지 않는 한 대외적 구속력이 있는 법규명령으로서의 효력을 갖는[4] 경우도 있다.

---

3) 대법원 판례는 행정관청이 최종적 권위 있는 법의 해석을 할 수 없기 때문에 그 법원성(法源性)을 부인하고 있다(대판 1990.1.25, 89누3654).

4) 대판 1987.9.29, 86누484.

4. 자치법규

국회의결을 거치지 않고 지방자치단체가 법령의 범위 안에서 제정하는 자치에 관한 규정을 말하는 것으로서, 조례와 규칙이 있다. 조례는 지방의회의 의결에 의해서 제정되는 것이며, 규칙은 법령 및 조례의 범위 안에서 지방자치단체의 장이 그 권한에 속하는 사항을 규정한 것이다. 사회복지전담기구의 사무의 범위·조직 기타 필요한 사항은 당해 시·군·구의 조례로 정하도록 되어 있고, 건강가정지원센터의 조직과 운용에 관하여 필요한 사항은 당해 지방자치단체의 조례로 정하도록 되어 있다. 조례로 제정할 수 있는 사항은 지방자치단체의 고유사무인 자치사무와 개별법령에 의하여 자방자치단체에 위임된 단체 위임사무에 한하며, 지방자치단체의 장에게 위임된 기관위임사무에 관한 사항은 조례제정권이 없다. 조례로 주민의 권리제한, 의무부과 또는 벌칙을 정할 때는 법률의 위임이 있어야 하고, 그 내용이 법령에 위배되지 않는 적법요건을 갖추어야 하며, 적법요건을 준수하지 않으면 하자(흠)있는 조례로 무효가 된다. 현행 지방자치법은 조례위반 행위에 대하여 1천만원 이하의 과태료를 정할 수 있도록 위임되어 있다.

5. 국제조약

조약은 협약, 협정, 약정, 의정서 등 그 명칭에 관계없이 국가와 국가 사이 또는 국가와 국제기구 사이의 문서에 의한 합의를 말한다. 조약과 일반적으로 승인된 국제법규는 국내법과 같은 효력을 가지므로, 그것이 사회복지에 관한 사항을 포함하고 있을 때에는 그 범위 안에서 사회복지법의 법원이 된다. 헌법 제6조는 헌법에 의하여 체결 공포된 조약과 일반적으로 승인된 국제법규는 국내법과 같은 효력을 지닌다고 규정하고 있다. 일반적으로 승인된 국제법규란 우리나라가 당사국이 아닌 조약으로서 국제사회에서 일반적으로 규범성이 승인된 것과 국제관습법을 말한다. 예컨대 ILO의 사회보장의 최저기준의 원칙에 관한 제102호 협약은 비준여부에 상관없이 국제적 기준의 법규가 되는 것이다. 이 외에도 모성의 보호에 관한 ILO의 제103호 협약이나, 우리나라가 비준한 차별금지에 관한 ILO의 제111호 협약 등은 국제법규로 사회복지법의 법원이 된다. 또한 최근에는 국내에 거주하는 외국인에 대한 사회보험의 가입기간의 합산과 보험료의 이중부담을 경감하는 상호주의원칙으로 체결하는 국제협약이 늘어가고 있는 추세에 있는데, 이 같은 국제협약도 사회복지법의 법원이 된다.

제3장
불 문 법

불문법이란 문장형식을 취하지 아니한 법으로서 관습법, 판례법, 조리가 있다. 비제정법이라고도 한다. 성문법주의국가에서는 불문법은 성문법에 대하여 대체로 보충적 효력이 인정되고 있다.

1. 관 습 법

관습이란 사회생활 속에서 일정한 행위가 반복되어 나타나는 행동양식이 사회규범처럼 된 것이 관습인데, 이러한 관습이 법원의 판결에 의하여 확인되었을 때 그 관습이 비로소 관습법이 된다. 관습법은 영·미와 같은 불문법주의 국가에서는 법원의 주종을 이루고 있고, 성문법주의 국가에서도 제정법이 정비에 따라 관습법의 역할이 줄어들고 있지만 법원이 되고 있다.

관습이 관습법으로 성립하기 위해서는 일정한 관습이 존재하고, 관습이 선량한 풍속 기타 사회질서에 위반되지 않고, 법적 확신이 있어야 한다. 법적 확신이란 법원의 판결에 의한 확인이 있어야 함을 의미한다. 관습법은 성문법이 발달하기 전에는 중요한 역할을 하여 왔고, 민법 제1조에서도 민사에 관하여 규정이 없으면 관습법에 의하고 관습법이 없으면 조리에 의한다는 규정을 두고 있다. 따라서 사회보장수급권과 관련된 민사분쟁이 있을 경우에 성문법의 규정이 없으면 관습법이 법원이 된다.

2. 판 례 법

재판의 선례가 누적으로 일관되어 법원이 그 뒤의 재판을 법원으로 인정하였을 때 이를 판례법이라 한다. 판례를 법원으로 인정할 것인가에 대하여 이론이 있지만, 같은 종류의 재판에서 같은 취지의 판결이 내려지고, 3심제를 채택하고 있는 하급법원에서는 대법원의 파기가능성을 예측하기 때문에 같은 종류의 사건에 다른 취지의 명백한 판결을 내리기가 어렵기 때문에 같은 종류의 재판에서 같은 취지의 판결이 내려지게 되고 일반 국민들도 판례에 따라 행동함으로써 판례는 사실상의 구속력을 가지게 된다.

3. 조   리

조리라 함은 사물의 본성 또는 일반원칙을 말한다. 성문의 법규가 없고 관습이나 판례도 없을 경우에 사회통념, 신의성실의 원칙, 선량한 풍속, 공정성, 합리성, 도리 등으로 불리어지는 건전한 이성과 양심을 법규범으로 보충 적용하는 것이 조리이다. 우리 민법은 "민사에 관하여 법률에 규정이 없으면 관습법에 의하고, 관습법이 없으면 조리에 의한다."고 규정하여 조리의 법원성을 인정하고 있다.

제 3 편

사회보장법의 형성과정

제1장
사회보장제도

제1절   사회보장제도의 전개

사회보장제도라 함은 종전의 자혜적 구빈(慈惠的救貧)은 공공부조의 체계로, 상호부조는 사회보험의 체계로 변화되어, 각기 다른 체계의 방빈제도가 통합되어 성립한 총합적 법제도라 할 수 있다. 개인의 빈곤이나 상병(傷病)은 개인의 태만이나 부주의 때문이라고 생각하여 빈곤의 해결은 개인의 책임(생활자조의 원칙)으로 돌려 자혜적 구빈으로 처리하여 오던 것을 국가정책으로 실현하기 시작한 것은 1601년 영국의 엘리자베스구빈법이 제정되면서부터이다. 현대사회의 공공부조제도의 기초가 되는 엘리자베스구빈법은 ① 노동능력이 있는 빈민은 강제노동을, ② 노동능력이 없는 빈민은 원내구조(강제수용), ③ 빈곤아동은 강제 도제(徒弟) 및 입양의 내용을 담고 있다. 그러나 이 법의 명칭이 구빈법이라 하여 빈민구제의 뜻이 담겨 있긴 하지만 자혜(慈惠)에 불과하고 오히려 치안을 목적으로 하는 강제수용이나 강제노동을 시킴으로써 빈민을 통제하고 관리하는 것이었다. 이후 정주법(1662년), 길버트법(1782년), 우애조합장려법(1793년), 스핀햄랜드법(1795년), 개정구빈법(1834년) 등 종래의 구빈제도가 점차 붕괴 수정되면서 19세기에 들어와 인도주의·사회주의 사상이 신장되고 빈곤의 주된 원인은 사회구조와 정책의 문제로 인식, 국가책임의 원리에 의한 공적부조 제도가 탄생하여 1908년 비로소 무기여의 노령연금법(Old Age Pension Act)이 제정되었다. 이와 같은 공적부조는 최저생활을 보장할 수 없었던 독점자본주의 체제에서의 사회보험을 보충하는 역할을 담당하기 위하여 이루어진 것이다.

한편, 독일에서는 1883년 비스마르크(Bismarck)가 질병보험법을 세계 최초의 사회보험법으로 제정하였다. 이는 질병에 걸린 근로자에 대한 무료치료와 질병수당을 지급하는 의료보험제도이다. 비스마르크가 1878년 사회주의자탄압법을 제정하여 채찍에 비유되는 정책으로 사회주의운동 가담자들에 대한 진압을 시도하다

가 당근에 비유되는 정책으로 질병보험법을 제정하게 된 것이다. 이후 재해보호법
(1884년), 폐질및노령보호법(1889년), 제국보험법(1911년), 공적보호법(1924년), 사
회법원법(1953년), 아동수당법(1954년), 연금법개정(1957년), 사회법전(1979년), 질
병보험구조개혁법(1988년), 연금개혁법(1989년), 개호보호법(1994년) 등이 제정·개
정되었다.

　제1·2차 세계대전을 겪으면서 자본주의 체제의 평화적 유지를 도모하기 위한
포괄적 사회보장수립의 요구가 일어나고, 여기에 답하는 1941년 대서양헌장,[1]
1942년의 베버리지(William Beveridge) 보고, 1944년 ILO(국제노동기구)의 필라델
피아 선언[2]에서 소득보장 및 의료보호에 관한 권고를, 1948년 제3차 국제연합총
회에서 사회보장의 권리 및 보충급여로서의 사회보장법을 제시한 세계인권선언[3]
을 비롯하여 ILO에서 1952년 제35차 총회에서 사회보장최저기준협약,[4] 1962년
사회보장의 외국인균등대우협약을 채택하였다.

제 2 절　각국의 사회보장제도

1. 영국의 사회보장제도

　영국의 사회보장제도는 요람에서 무덤까지라는 말로 표현될 정도로 사회보장
제도가 가장 체계적으로 정비된 국가이다. 영국은 제2차 세계대전으로 인한 사회
적 혼란과 문제를 해결하기 위하여 1941년 베버리지(William Beveridge)를 위원장
으로 하는 사회보험및관련서비스에관한부처간위원회(Interdepartmental Committee
On Social Insurance and Allied Services)를 설립하였다. 1942년 사회보장개혁이

---

　1) 루스벨트-처칠수상의 선언. 공포와 결핍으로부터의 자유를 슬로건으로 제시하고 사회보장권을 기
본권으로 인정.
　2) 1944년 5월, 필라델피아선언은 국제노동기구(ILO)의 설립취지와 목적을 확인한 것이었다. 그것은
"노동은 상품이 아니다", "표현과 결사의 자유는 진보를 위해 불가결한 요건이다", "일부의 빈곤은 사회
전체의 번영에 위협이 된다."고 하여 1919년 4월, 제1차대전 후, 베르사이유 평화회의에서 국제연맹산
하 준 독립기구로 설립된 ILO의 설립취지와 목적을 재확인한 것으로 ① 근로조건의 개선(ⓐ 생활수준
의 향상, ⓑ 완전고용, ⓒ 단체교섭의 승인, ⓓ 노사협조)과 ② 정의사회 확립을 통해 세계의 항구평화
공헌에 기여하기 위해 제2차대전 후 1964년 12월, UN의 전문기관으로 편입되었다. 李乙珩, 人權의 國
際的 保護, [法學論叢 第5輯] 崇實大學校 法學硏究所, 1986, 5면.
　3) 보편적 사회보장권의 선언과 함께 보충급여로서의 사회보장법을 제시하고, 충분한 생활수준의 보
유권, 곤궁할 때의 생활보장권, 모성과 유약(幼弱)자의 특별보호와 원조수급권을 천명함.
　4) 사회보장최저기준조약: 사회보장급여를 의료급여, 질병급여, 실업급여, 노령급여, 업무상재해급여,
가족급여, 출산급여, 폐질급여, 유족급여의 9개로 규정함.

담긴 "사회보험및관련서비스"에 관한 베버리지보고서에서 빈곤은 더 이상 개인의 것이 아닌 사회경제적 요소로서 국가적 책임에 의한 정책을 제시한 것이 계기가 되어 이를 구체화하기 위하여 1945년부터 1948년에 걸쳐 제정된 6개의 법, 즉 가족수당법(Family Allowances Act), 국민보건서비스법(National Health Service Act), 국민보험산업재해법(National Insurance-Industrial Injuries Act), 국민보험법(National Insurance), 아동법(Children Act), 국민부조법(National Assistance Act)이 제정되어 영국 사회보장제도의 근간을 이루는 법이 되었으나 사회보장에 관한 급여는 결코 충분한 것은 아니었다. ① 가족수당법(1945년)은 15세 미만의 아동이 2인 이상의 가정에 전액 국고부담으로 양육비를 지급하고, 재학중인 15-18세의 아동, 15세 이상의 비근로 아동들이 있는 경우에는 가족수당과 아동소득공제를 제공하였다. ② 국민보건서비스법(1946년)은 병원의 국영화와 의료서비스의 무차별·무료제공 혜택을 규정하여 의료의 사회화를 이룩하였다. ③ 국민보험산업재해법(1946년)은 피용자의 업무상 재해 또는 직업병에 급부하였으며 부양가족에도 급부토록 하였다. 보험료는 노사의 반씩 부담으로 균일갹출하고 최저생활수준 이하의 연금을 균일하게 지급하는 규정을 하였다. ④ 국민보험법(1946년)은 영국사회보장법의 중심을 이루는 법으로 피보험자의 질병, 실업, 출산, 퇴직연금, 사망시의 수당 및 보조금 등을 급부케 하였다. 또한 노령자, 과부, 고아에게도 수당, 보조금 및 연금 등을 급부토록 하였다. ⑤ 아동법(1948년)은 보호자가 없는 아동(고아, 부랑아)과 양친이 부양능력이 없는 아동의 복지로서 양육비 급부를 행하였다. ⑥ 국민부조법(1948년)은 사회보험의 가입능력이 없는 빈곤자에 대하여 최저생활을 보장하기 위한 구제제도이다.

사회보장제도의 국가책임을 강조한 베버리지(W. Beveridge) 보고서는 사회문제의 5대 악은 궁핍(want), 질병(disease), 나태(idleness), 무지(ignorance), 불결(squalor)인데, 이와 같은 사회문제에 대한 사회보장정책으로 소득보장·의료보장·교육보장·주택보장·고용보장을 제시하면서, 이 가운데 사회보장의 궁극적인 목표는 궁핍 해소라고 하였다. 궁핍의 원인은 실업·질병·노령·사망 등에 의한 소득의 중단 및 상설과 특별한 지출에 있는데 이에 대처하기 위해서는 ① 기본적 수요의 충족을 위한 사회보험과 ② 사회보험의 가입능력이 없는 자에 대해서는 국민부조를 ③ 이를 초과하는 개개인의 개별적 수요는 자발적 저축에 기대해야 한다고 하였다. 베버리지는 사회개혁을 함에 있어서 첫째, 모든 개혁안은 과거의 경험을 충분히 살리고 국부적 이해관계에 매달리지 말 것. 둘째, 사회보장보험의 구성은 사회개혁에 대한 종합정책의 일환으로 취급되어져야 한다. 충분하게 발전된 사회보험은 소득보장에 도움이 되며 빈곤을 줄일 수 있다. 셋째, 사회보장보험은 국가와 개인 간의 협력에 의해서 달성되어져야 한다는 것을 강조하였다. 베버리지보고서의 핵심은 사회보험인데 이에 대한 기본원칙으로 ① 대상자를 강제 가입시켜 균일갹출·균일급여를 적용하는 균일 평등원리, ② 급여는 자력(自力)조사 없는 권리로 인정되어야 하며 최저생활수준에 입각한 정액을 받을 수 있어야 하고, ③ 노동자에 국한하지 않고 전 국민을 대상으로하는 포괄성의 원리를 기본으로 하고 있다. 궁핍을 해소하기 위한 전제조건으로서 ① 완전고용을 유지하고, ② 포괄적인 보건의료보장제의 확립, ③ 균일급부의 원리로 대체할 수 없는 특정한 세대(世帶)에 대한 아동수당의 제도적 보장을 요구하고 있다. 베버리지보고서는 최저생활수준 보장을 권리로 규정하여, 생존권을 사회보장으로 받아들여 구빈법(救貧法)에서 행하던 자력(自力)조사에 의한 차별감을 근본적으로 전환시켰을 뿐만 아니라 임금노동자로 한정되었던 적용범위를 전국민을 대상으로 하는 포괄성의 원리도 획기적인 제도라 할 수 있다. 반면에 균일 갹출에 의한 균일 부담의 보험료는 저소득층에 오히려 부담을 주었다.

2. 미국의 사회보장제도

미국은 New Deal정책의 일환으로서 1935년 사회보장법(The Social Security Act)을 세계 최초로 제정하였다. 지방분권과 개인주의 성향이 강하기 때문에 연방정부가 중앙관리를 하는 사회보험제도의 도입이 늦어졌다. 1776년 독립 후 산업혁명의 물결은 노동자들의 대도시 집중화와 경기침체에 의한 노동자와 빈민이 증가되면서 사회문제가 되자, 19세기 전까지는 주정부에 의한 구빈시설을 설치하여 원내구조를 하였다. 1911년 워싱턴주에서 노동자재해보상법이, 일리노이주에서는 모자부조법이 제정되어 다른 주까지 파급되는 정도였고, 영국이나 독일과 같은 사회보장제도의 활동력은 없었다. 사회보장법이 제정된 후 1953년에는 사회보장청(社會保障廳)이 보건교육후생성(保健教育厚生省)으로 승격되었다. 그러나 미국에서는 민간의 자선적인 사회사업이나 사회시설이 골고루 보급되어 국가제도로서의 사회보장은 비교적 간소하고, 종합성을 결하고 있어 의료보험제도도 미흡하다. 그러나 노령 및 유족연금제도가 있으며, 국고보조를 병용하여 주 정부에 의해서 운영되는 실업보험제도나 공적부조제도가 있다. 연방예산이 점하는 사회보장비율은 낮다. 노령연금은 노사 쌍방, 실업보험은 근로자의 근로소득으로 재원이 조달되는 철저한 자기부담 갹출제도(개인주의의 원칙)를 취하여 정부부담은 없다. 때문에 노령·유족연금의 지급이 낮아 생활난이 심하였으나 현재는 많이 개선되고 있으나, 유럽 제 국가의 사회보장제도에는 못 미치고 있다.

3. 스웨덴의 사회보장제도

스웨덴은 200년 가까이 전쟁을 하지 않은 나라로서 자원이 풍부하고 협동조합운동이 활발하며 사회연대의식이 높은 나라다. 그러나 인구밀도가 낮아 노령화의 경향이 현저한 이 나라에서는 인구증가 정책이 취해져 아동복지 및 가족복지를 발달시켜 왔다.

인구노령화에 대하여서는 노령연금·노인 홈 등의 제도를 진보시켜, 노인 천국이라고 말할 수 있을 만큼 높은 수준의 보장이 되고 있다. 국민연금제도는 노령·신체장애자·과부 등에 지급되고 있다. 노령연금제도는 1913년 보험요금적립식의 전국민 강제연금이 개시되어 1948년에는 국고보조(공비부담은 75%)가 인정되었다. 수급자격은 67세로 연금액은 지역차를 두어 현실생계비는 즉시 지급하게끔 되어 있다. 건강보험은 1946년 국민건강보험법에 의거하여 의료급여와 상병수당으로 되어 있으며 거의 전 국민이 적용을 받고 있다. 보험료는 소득의 2% 이하로서 일반세와 함께 징수된다. 산재보험은 피용자에 대한 강제보험으로서 재원은 사용자가 부담하고, 장애연금·장애일시금·유족연금·사망일시금 등이 지급된다. 가족수당제도는 16세 미만의 자녀가 있는 스웨덴 거주자의 전 가족이 대상으로서, 재원은 전액 정부부담이다.

4. 러시아의 사회보장제도

러시아는 1895년 레닌에 의해서 사회보장의 기본적 틀이 나오고 사회민주당에 의해서 일찍부터 사회보장의 확립이 구체적 문제로서 취급되었다. 19세기말 이래 적극적인 준비를 거쳐 1917년의 사회주의 혁명과 때를 맞추어 본격적인 사회보장제도의 확립을 위한 정책이 나왔다. 그 후 사회보험과 사회보장이라는 제도를 중심으로 하여 행해지고 있으며, 전 국민을 대상으로 하고 비용은 근로자로부터 징수하지 않고 전액 국고부담이 특색이었다. 사회보험업무는 일체 노동조합이 운영하며 보험료는 고용하는 측이 전액 부담한다. 근로자의 임금에서 공제하는 것은 금지되어 있다. 사회보험의 적용범위 외의 사람들은 보건성이 주관하여 국가의 일반회계로부터 지출하고 시설수용, 부조금 지급, 직업보도 등이 행해졌었다.

의료부조는 병이나 재해, 출산, 가족간호 등으로 노동능력이 없는 자에게는 수당지급, 보조금(교육)이 지급된다. 또 노령연금(직종, 근속연수가미), 폐질연금 등을 지급한다. 휴식의집 등의 보건시설도 사회보장의 일환이었다. 그러나 1980년대 대 개혁에 의하여 많은 제도가 신축성 있게 조정되어가고 있는 중이다.[5]

5. 일본의 사회보장제도

일본은 사회보장을 "질병·부상·분만·폐질·사망·노령·실업·다자(多子) 기 타 곤궁 의 원인에 대하여, 보험방법 또는 공적부조로 경제보장의 길을 강구하여 생활이 빈궁한 자에 대해서는 최저한도의 생활을 보장함과 함께 공중위생 및 사 회복지의 향상을 도모하여 모든 국민이 문화적 사회의 성원다운 생활을 할 수 있 게끔 하는 것"이라고 하고 있다. 일본의 사회보장은 영국의 사회보장제도를 기본 적으로 모방하여 만들어졌고. 그 구체적 내용은 사회보험, 공적부조, 공중위생 및 사회복지 향상으로 정의하여 사회복지의 개념이 사회보장의 하부개념으로서의 일 부로 자리매김하고 있다.

사회보험에는 연금보험·의료보험·고용보험·재해보험이 포함된다. 이것이 사회보장제도의 중핵을 이루고 있다. 공적부조란 건강하고 문화적인 최저한도의 생활을 유지할 수 없는 자를 보호하는 생활부조를 중심으로 한 각종의 수당, 예 컨대 아동부양수당, 특별아동 부양수당, 복지수당, 국민연금법에 의한 수당 및 기 타의 수당이다. 공중위생 및 의료복지로서는 결핵, 정신장애, 중독 등의 대책, 병 원·보건소·건강센터 등의 지역 위생의료의 환경, 정비·운영이 포함된다. 사회 복지는 여기서 협의의 사회복지 개념으로 한정되어진 아동, 노인, 모자, 신체장애 자, 정신박약자에 대한 대책이 그 내용이 된다.

6. 사회보장제도에 대한 국제적 동향

사회보장제도에 관한 국제적인 동향을 보면 ILO가 1952년 사회보장의 최저기 준에 관한 ILO 제102호 협약을 비롯하여, 1962년 사회보장에서 내외국인의 균등 대우에 관한 ILO 제118호 협약, 1982년 사회보장권리 유지에 관한 협약 등이 있 으며, 특히 육지와 떨어진 해상에 고립되어 제한된 선박에 승무하는 선원에 관한 것으로 1946년 선원의 연금에 관한 ILO 제71호 협약과 선원의 건강진단에 관한

---

5) 1980년대 개혁 이전의 러시아근로자의 물질생활은 임금 및 사회보장에 의해 완전히 보장되어 있 었다. 타국의 국민생활과 비교할 때 이 점이 주의해야 할 점이다. 지난 스탈린 헌법의 사회보장은 생존권 이나 사회보장 규정의 방법이 자본주의 헌법과 달라서 사회주의 건설 발전의 입장으로부터 규정되어 노동 권, 휴식권, 교육권과 나란히 사회보장을 받을 권리를 규정하였다. 제120조는 주요한 구체적인 예이다.

ILO 제73호 협약, 1976년 상선의 최저기준에 관한 ILO 제147호 협약, 1987년 선원의 사회보장에 관한 ILO 제165호 협약 및 1996년 선원의 근로시간 및 선박정원에 관한 ILO 제181호 협약 등이 있다.

근로자의 입장에서 주목되는 것은 1953년 비엔나 국제사회보장회의에서 채택된 사회보장 강령 그리고 이것을 발전시킨 1961년의 모스크바에서 개최된 제5회 세계노동조합대회에서 채택된 사회보장헌장이다.

이 사회보장헌장에서는 근로자의 사회보장을 충족되게 할 원칙으로서 ① 진정한 사회보장제도는 법률에서 보장된 기본적인 사회적 권리를 확인하는 것을 토대로 할 것(권리의 완결성원칙). ② 사회보장을 필요로 하는 모든 근로자의 계층에 속하는 자가 이용할 수 있을 것(대상의 보편성 원칙). ③ 근로자의 생활을 위협할 위험이 있는 모든 사고에 대해서 적용할 것(적용의 포괄성 원칙). ④ 사회보장제도는 현금 및 현금 급부에 의해서 정상적인 생활수단을 보장하고, 전액 무료의 의료가 보장되어야 하되 필요 충분한 것이어야 할 것(의료의 사회화원칙). ⑤ 사회보장에 대한 권리는 인종, 국적, 종교, 성, 연령 등에 의해서 차별되지 않을 것(무차별보장의 원칙). ⑥ 사회보장의 재원은 고용주 또는 국가 혹은 그 양자가 부담할 것(근로자의 무기여원칙). ⑦ 사회보장의 관리는 노동조합 또는 기타 요보장자의 대표의 참가하에 행해질 것(민주성의 원칙) 등의 7개 원칙을 들고 있다. 끝으로 강조할 것은 국민이 제대로 사회보장을 요구할 수 있도록 하기 위해서는 국민이 주권자라고 하는 민주주의원리가 지방자치단체에도 확산되고 지켜져 발전해 가지 않으면 안 된다는 것이다. 사상·신조·학문·언론·집회 및 결사의 자유나 근로3권이 지켜지지 않으면 안 된다는 것이다.

7. 우리나라의 사회보장제도

우리나라는 1948년 7월 17일 건국헌법이 공포되었으나 사회보장이나 사회복지라는 용어조차 규정되지 못하고 제19조에 "노령, 질병 기타 근로능력의 상실로 인하여 생활유지의 능력이 없는 자는 법률이 정하는 바에 의하여 국가의 보호를 받는다."는 규정이 있었음에도, 이에 대한 실천적·구체적 입법이 제정되지 못하고, 1944년 3월 1일 조선총독부령 제12호의 조선구호령에 의하여 극빈자의 구호사업과 무의탁자에 대한 수용보호가 미약하게 실시되었다.

1961년 5월 16일 반공과 빈곤퇴치를 혁명공약으로 집권한 박정희 장군의 경제개발 5개년계획과 함께 1962년 12월 26일 공포된 제3공화국 헌법 제8조에 모든 국민은 인간으로서의 존엄과 가치를 가지며 이를 위하여 국가는 국민의 기본적 인권을 최대한으로 보장할 의무를 진다. 제30조에 ① 모든 국민은 인간다운 생활을 할 권리를 가진다. ② 국가는 사회보장의 증진에 노력하여야 한다. ③ 생활능력이 없는 국민은 법률이 정하는 바에 의하여 국가의 보호를 받는다고 하여 비로소 "인간의 존엄권, 인간다운 생활권, 사회보장"이라는 용어가 규정된 이 시기를 사회보장제도의 법적 성립시기로 볼 수 있다. 이에 따라 1963년 11월 5일 사회보장에관한법률이 제정되어 사회보장을 "사회보장에 의한 제급여와 무상으로 행하는 공적부조"라고 정의하였다. 이후 고도의 경제성장을 하면서 18년이 지난 1980년 10월 27일 공포된 제5공화국 헌법 제9조에 "모든 국민은 인간으로서의 존엄과 가치를 가지며 행복을 추구할 권리를 가진다. 국가는 개인이 가지는 불가침의 기본적 인권을 확인하고 이를 보장할 의무를 진다"는 규정을 두어 종전의 규정에 "행복추구권"을 추가 규정하였고, 제32조에서 ① 모든 국민은 인간다운 생활을 할 권리를 가진다. ② 국가는 사회보장·사회복지의 증진에 노력할 의무를 진다. ③ 생활능력이 없는 국민은 법률이 정하는 바에 의하여 국가의 보호를 받는다는 규정을 두어, 사회보장의 용어에 "사회복지"의 용어를 추가 규정한데 이어, 1987년 10월 29일 개정 공포된 제10호 헌법은 제10조에서 모든 국민은 인간으로서의 존엄과 가치를 가지며 행복을 추구할 권리를 가진다. 국가는 개인이 가지는 불가침의 기본적 인권을 확인하고 이를 보장할 의무를 진다는 규정과 함께 제34조는 ① 모든 국민은 인간다운 생활을 할 권리를 가진다. ② 국가는 사회보장·사회복지의 증진에 노력할 의무를 진다. ③ 국가는 여자의 복지와 권익향상을 위하여 노력하여야 한다. ④ 국가는 노인 및 청소년의 복지향상을 위한 정책을 실시할 의무를 진다. ⑤ 신체장애자 및 질병·노령 기타의 사유로 생활능력이 없는 국민은 법률이 정하는 바에 의하여 국가의 보호를 받는다. ⑥ 국가는 재해를 예방하고 그 위험으로부터 국민을 보호하기 위하여 노력하여야 한다는 사회보장수급권규정과 함께 재산권행사의 공공복리적합의무(제23조) 및 국민생활의 균등한 향상(전문) 등 경제에 관한 규정(제119조)을 두어 사회적 시장경제질서에 의한 사회국가로 발전하였다.

1995년 12월 30일 사회보장에관한법률이 사회보장기본법으로 전면개정되어 사회보장제도를 사회보험·공공부조·사회복지서비스·관련복지의 4개 체계의 제도로 구분하여 개별복지법이 제정되었다. 2012년 1월 26일 사회보장기본법이 평생사회안전망 제도로 전면개정, 생애주기에 걸쳐 보편적으로 충족되어야 하는 기본욕구와 특정한 사회위험에 의하여 발생하는 특수욕구를 동시에 고려하여 소득·서비스를 보장하는 맞춤형 사회보장제도를 수립하였다. 1차 평생사회안전망으로 사회보험제도, 2차 평생사회안전망으로 사회서비스제도, 3차 평생사회안전망으로 공공부조제도라는 3개 체계의 제도로 구분하여 구체적인 개별 사회복지법이 제정·개정되고 있다.

제 2 장
사회복지제도

제 1 절 사회복지법의 형성

　근대사회 성립 이전의 사회복지의 형성은 자선적·박애적 구제(救濟)제도로 사회적 제도의 장치가 없이 사회구성원들이 스스로 서로 동정하여 도와 주는 소위 자연 발생적·정서적 동기에 의하여 보호·구제·원조를 하는 것이었다. 자선이란 영어로 Charity이다. 어원은 라틴어로 Chritas로서 경제적·도덕적·신체적 어려움에 있는 이웃이 정상적인 보호자에 의한 도움이 없을 때 이를 도와주고 보호를 해 주는 것이다. 이 활동은 유럽 기독교 사회의 초대교회 때부터 이미 조직적으로 행해지고 있었다. 이와 같은 자선운동은 많은 실패를 거듭하면서도 중세에는 수도원이나 도시의 성당들이 중심이 되어 활발히 행해졌으나, 산업사회의 발전과 함께 공적 사회복지 조직화에 의한 구제제도가 모색되기 시작하면서 실정법으로서의 개별 사회복지법이 제정·개정되기 시작하였다.

제 2 절 구미(歐美) 사회복지법의 역사

1. 구빈법(救貧法)의 전개

1) 노동자법(Statute of Laborers)

　영국에서 1351년 에드워드(Edward) 3세가 제정한 법이다. 이 법은 임금의 상한선을 정하고, 실업자는 고용주의 고용제의를 반드시 받아들이고, 소속교구를 떠날 수 없도록 하는 한편, 근로능력 있는 걸인에게는 자선행위를 금지시키면서 위법자에 대하여는 귀나 코를 절단하여 불구자로 만들고 낙인을 하거나 노예선으로 보내거나 교수형까지 처할 정도로 엄하였다. 이 법은 1388년 빈민법(Poor Law

Act)으로 구체화되어 빈민구제 및 통제로써, 임금상승의 원인이 되는 노동자의 이주를 금지하였다.

2) 걸인·부랑인 처벌에 관한 법(Act concerning Punishment of Beggars & Vagabonds)

1531년 국왕 헨리(Henry) 8세가 제정한 법이다. 이 법은 시장 또는 치안판사들로 하여금 보호해야 할 노인과 근로능력 없는 걸인들의 상황을 조사케 하고, 노인과 근로능력이 없는 걸인들은 제한된 구역 내에서만 구걸할 수 있도록 허락하고 등록을 하도록 하고, 부랑자와 건장한 자가 걸식행위를 한 경우에는 채찍의 태형으로 벌을 준 후 고향으로 추방시켜 강제노역을 하도록 하였다.

3) 건강한 부랑자 및 걸인의 처벌에 관한 법(Act for Punishment of Study Vagabonds and Beggars)

1536년 헨리 8세가 제정하였다. 이 법은 정부의 후원하에 최초의 공공구호계획에 의하여 기틀이 마련된 빈민법으로서 ① 빈민 또는 걸인이 한 곳에 3년 이상 거주하면 거주지 교구에 등록하여야 한다. ② 교구는 교회에 자선상자를 설치하도록 하여, 교구민들의 자발적인 현금 등의 기부로 노동능력 없는 빈민들을 보호하도록 하였다. ③ 노동능력이 있는 빈민은 일을 하도록 하였다. ④ 5－14세의 빈곤 아동들은 노동에 종사하지 않는 경우에는 도제를 하도록 하고, 이를 거부할 경우에는 태형 등의 신체형의 벌을 주었다. ⑤ 부랑인이 두 번째 잡히면 태형과 동시에 귀를 절단하고, 세 번째 잡히면 사형까지의 벌을 가하기도 하였다.

4) 부랑자의 처벌 및 빈민과 노동불능자의 구제에 관한 법률

헨리 8세가 사망한 후 1547년 의회가 부랑자의처벌및빈민과노동불능자의구제에관한법률을 제정하였다. 이 법은 노동능력 있는 부랑자가 3일 이상 일을 거부할 경우에는 가슴에 V(Vagabond)자의 낙인을 찍고, 그래도 일을 하지 않을 경우에는 S(Slave)자의 낙인을 찍어 노예로 삼는, 이른바 '피의 입법'이다.

5) 장인법(the Statute of Artificers)

1562년 찰스 2세가 제정하였다. 이 법은 임금·노동시간·도제제도를 법으로 명시하고 노동능력 있는 부랑인은 중노동을 시키고, 12－60세의 걸인들은 종으로 고용하는 것을 허용하였다.

6) 빈민구제법(Poor Relief Act)

1576년 엘리자베스(Elizabeth) 1세가 제정하였다. 노동능력자는 작업장에 보내어 강제노역을, 노동능력 없는 빈민은 자선원의 원내구조를, 나태한 빈민은 교정원으로 보내는 대신, 노동능력이 있는 빈민이 빈민구제를 원할 때는 반드시 근로를 할 수 있도록 함으로써 근로연계복지제도를 시행하였으나 1601년 엘리자베스구빈법이 제정되기까지는 실효를 거두지 못하였다.

2. 엘리자베스구빈법(Elizabeth Poor Law of 1601)

1601년 엘리자베스 1세가 제정한 법이다. 15세기 말 이후 시행하여 왔던 빈민통제적 법령들을 집대성하여 1598년 마련한 초안을 빈민구제를위한법(An Act for the Relief of the Poor)으로 제정되었던 것으로서, 엘리자베스구빈법(Elizabeth Poor Law of 1601) 또는 구구빈법(Old Poor Law)이라고도 한다. 이 법은 구빈(救貧)의 책임이 교회가 아닌 국가(지방정부)에게 있음을 최초로 인정하였다는 점과 공공부조제도의 기초가 되었다는 점에 큰 의의가 있다. 그러나 법령의 실제 내용은 빈민의 구제보다 오히려 빈민을 통제하고 관리하기 위한 법이었다.

이 법은 빈민을 ① 노동능력자, ② 노동무능력자, ③ 요보호아동으로 분류하고, 다음과 같은 6개 원칙을 내용으로 하고 있다.

① 노동능력이 있는 빈민에게는 일을 주거나 강제적으로 노동을 하도록 한다(강제노동).

② 노동능력이 없는 빈민은 구빈원 또는 자선원에 수용하여 제한된 구제를 하거나, 원외구조의 현물급여로 구제한다(원내구조).

③ 자활할 수 없는 빈민아동에게는 24세까지 도제(徒弟)와 입양을 시켜야 한다(강제도제).

④ 국가는 의무 있는 국민으로부터 빈민부조를 위한 구빈세를 거출하여야 한다. 구빈세의 부과 및 빈민의 구제는 치안판사의 감독하에 행하여져야 한다.

⑤ 구빈세의 부과 및 빈민의 구제는 치안판사의 감독하에 행하여져야 한다.

⑥ 건장한 부랑인의 걸식은 형벌에 의하여 억압하지 않으면 아니 된다.

3. 개정구빈법 이전의 구빈법

1601년에 제정된 엘리자베스구빈법은 시민혁명(1648년) 후에도 서민들이 자본의 밑에서 저임금으로 순순히 일을 하게끔 억압하는 기능은 하였으나, 구빈비가 교구주민의 부담으로 이뤄졌기 때문에 징세의 절약이 요구되는 한편 산업혁명과 함께 수반된 빈곤의 악화를 해결하려는 구빈법들이 제정되었다.

1) 정주법(the Settlement Act of Charles II)

찰스(Charles) 2세가 1662년 제정한 법이다. 빈민의 도시유입을 막기 위하여 빈민의 소속 교구를 분명히 하고 교구에 정착하여 거주할 수 있는 자격을 규정하였다. 농촌노동자의 이농을 막아 노동인력을 확보하기 위한 방책이었다. 즉 농업자본가의 이익을 위한 것이긴 하였으나 빈민의 주거선택과 거주이전의 자유를 침해하는 것이었다.

2) 냇치벌법(Sir Edward Knatchbull's Act of 1725)

조지 1세가 1725년 제정한 법으로서 작업장조사법(Workhouse Test Act) 또는 작업장심사법이라고도 한다. 이는 노역장을 구원억제(救援抑制), 즉 빈곤자와 실업자도 일할 기회를 주면 국부의 원천이 될 수 있다고 보아, 노역장 수용을 거부하는 자는 구제받을 수 있는 자격을 박탈하는 제도이다. 빈민을 직접 구제하는 대신 빈민 스스로가 근로의욕을 갖게 하여, 노역장 수용을 받아들일 수밖에 없을 정도로 절망적인 사람들에게만 구제차원에서 노역장을 제공하는 노역장 조사의 시초가 되었으나 노역장은 제2의 연옥이나 다름이 없었다.

3) 길버트법(Gilbert Act)

조지 3세가 1782년 제정한 법이다. 일종의 작업장 개선운동과 구빈세 경감을 위해, 교구의 구빈연합을 통해 효율적인 구빈행정을 시도한 제도로써, 교구연합과 함께 교구연합에 최초로 현대의 사회복지사에 해당하는 유급 구빈사무원을 채용하고, 노동능력이 있는 근면한 빈곤자에 대해서는 자신의 집에서 공공부조를 받게 되는 원외구제(院外救濟: outdoor relief) 또는 일자리를 알선하고, 노동능력이 없는 빈민에게는 현금급여를 실시하되, 특히 노인, 병자, 고아, 모자 등과 같이 노동능력이 없는 자에 한해서 제한적으로 원내구조를 실시하였다.

4) 우애조합장려법(An Act for the Encouragement and Relief of Friendly Society)

조지 3세가 1793년 제정한 공제조합장려법이다. 노동자나 농민의 자발적인 상호부조 차원에서 우애조합들이 상호협력하여 빈곤에 대처하는 공제활동제도로서, 원시적인 사회보험 기능을 하였다.

5) 스핀햄랜드법(Speenhamland Act of 1795)

조지 3세 때 스핀햄랜드의 버크서카운티(Berkshire County)의 행정장관이 1795년 제정한 법이다. 임금보충방안으로 급여수당척도제를 도입하여, 당시의 빵 가격과 가족 중 아동의 수에 따른 생활비를 고려하여 노동임금의 부족분을 보충해 주는 것으로서 현대의 가족수당이나 최저생활보장의 기반을 이루었다고 볼 수 있다. 일명 '버크셔빵법'이라고도 한다.

4. 개정구빈법(Poor Law Amendment, 1834)

영국의회는 1834년 윌리암 4세의 왕명구빈법조사위원회의 권고로 잉글랜드와 웨일즈의빈민들에대한법의관리개선과개정에관한법(An Act for the Amendment and Better Administration of the Law Relating to the Poor in England and Wales)으로서 개정구빈법(Poor Law Amendment, 1834) 또는 신구빈법(New Poor Law)이라고 하는 법을 제정하였다. 이 법은 스핀햄랜드법의 임금보조수당제도와 길버트법의 원외구조제도를 폐지하여 노동능력이 있는 빈민의 원외구조를 금지하는 것이었다. 이 법의 입법배경은 아담 스미스(Adam Smith)의 국부론(1776년)에서 "국가는 국민생활에 간섭하지 않고, 시민의 경제활동은 자유에 맡긴다."는 자유방임주의적 경제사상의 대두와 함께 맬서스(Malthus)의 인구론(1790년)에서 "식량은 산술급수적으로 증가하는데 대하여 인구는 기하급수적으로 증가하여 과잉인구증가로 인한 식량부족은 자연법칙이므로 인구조절의 권장이 필요하다"는 이론으로 구빈사업의 위태로움을 지적하였다. 즉 빈민에 대한 구제는 구제에 의한 의존심을 높여 빈민을 증가시켜 사회를 위태롭게 한다는 것이다. 이러한 사상은 빈곤이나 부는 개인의 나태나 근면에서 비롯되기 때문에 빈부의 책임은 개인이 지도록 자유에 맡겨야 한다는 것이다. 이와 같이 빈민법에 대한 비판의 소리가 높아지자 스핀햄랜드법의 임금보조수당제도와 길버트법의 원외구조제도를 폐지하고 사회적·경제적 사정을 반영하여 제정되었다. 이 법은 빈민구제의 책임은 국가에 있다는 것을 인정하면서도, 빈곤의 원인은 근본적으로 개인의 도덕적 문제나 나태 때문이라고 인식하였다. 따라서 이 법은 빈곤을 해소하기 위한 사회의 구조적 개혁을 시도하거나 제도적인 빈민구제법이라기보다는 사회통제적이고 잔여적인 빈민구제법으로서 주요 내용은 다음과 같다.

① 열등처우의 원칙(Principle of Less Eligibility)이다. 구빈의 대상이 되는 빈곤자의 생활수준은 어떠한 경우에도 자활하는 임금근로자의 최저기준 이하가 아니

면 아니 된다. 피구제자의 구제수준을 최하급 자활노동자의 생활수준보다 낮은 수준으로 한다는 것으로서 현대의 공공부조제도의 보충급여 방식과 같다 할 것이다.

② 원외구조 금지 및 작업장수용의 원칙(Principle of Workhouse System)이다. 노약자, 질병자 등 예외적인 경우에만 제한적으로 원외구조를 허용하고 노동능력이 있는 빈민에게는 원외구제를 금지하고 작업장을 재건하여 수용하고, 수용을 거부하는 자에게는 어떠한 원조도 하지 않는 제도이다. 이는 스핀햄랜드법에서 시행하던 임금보조, 아동수당 및 가족수당제도를 폐지하고 길버트법의 원외구조제도를 폐지하여, 노동능력이 있는 빈민의 원외구조를 금지하는 것이다.

③ 균일처우의 원칙이다. 피구제자에게 주어지는 구제는 중앙행정기관인 빈민법위원회에 의하여 전국적으로 통일되었다.

④ 구빈행정의 통일원칙(Principle of National Uniformity)과 작업장조사의 원칙(Workhouse Test)이다. 구빈행정을 지방정부가 아닌 국가적 중앙행정기관을 설립하여 구빈행정을 통일시켰다. 따라서 구빈처우의 지나친 다양성과 자격조사를 노역장에서 단순조사를 실시함으로써 구제작용의 다양성과 불확실성을 배제하는 작업장조사의 원칙을 세웠다.

5. 독일의 사회복지법

독일은 1871년 국가가 통일되면서부터 급속한 경제성장과 함께 산업화의 발달에 따른 노동자의 도시집중화 현상이 나타나면서 물가상승, 열악한 노동조건, 주택난 등의 사회적·경제적 불만이 노동운동과 함께 사회주의운동으로 발전되면서 사회적 혼란을 초래하였다. 사회적 혼란을 막기 위하여 비스마르크(Bismarck)는 당근과 채찍의 이중정책을 펴, 1873년 채찍정책으로 사회주의탄압법을 제정하여 노동운동 가담자에 대한 탄압을 하였으나 오히려 사회주의운동은 전진하였다. 이러한 상황에 직면하자 당근정책으로 '요보호자의 보호확대'라는 칙령에 따라 질병보험법(1883년)과 재해보험법(1884년)을 제정하여 계급투쟁을 완화할 뿐만 아니라 사회주의단체와 근로자단체를 이간시켜 근로자대중을 장악하려는 이중정책을 취하였다. 질병보험법과 재해보험법은 1885년에 철도·우편·전신·운수교통과 농업근로자에게 적용되고 1889년에는 폐질및노령보험법이 만들어진다. 1911년에는 질병보험법, 재해보험법, 노령및폐질보험법을 통합하여 제국보험법을 제정하였다. 이후 1924년 기존의 여러 종류의 빈민구제제도를 재조정하여 빈민구호 대신 공적보호라는 용어로 바꾸어 공적보호법이 제정되면서 날로 사회보장 관련의 법들이 생성되고 있다.

1) 함부르크(Hambrug) 구빈제도

1788년 함부르크시에서 제정한 구빈제도이다. 교회의 무질서한 자선활동을 배제하고, 무직자·구직자·걸인 및 부랑자의 수를 줄이기 위하여 시를 각 구로 분할하여 감독관을 배치하고 중앙국이 이를 통할관리 하였다. 초기에는 문전구걸금지, 요보호자의 구제, 빈민직업학교 및 병원건립, 갱생을 위한 통합적인 제도로 효과를 보았지만 인구의 집중과 요구호자의 증가에 따른 재원과 상담원의 부족으로 붕괴되었다. 관리운영의 잘못으로 오히려 더 많은 수의 빈민을 증가시켰다는 평가이다.[1]

2) 엘버펠드(Elberfeld) 구빈제도

1852년 엘버펠드시에서 1788년 실시하였던 함부르크 구빈(救貧)제도를 수정·발전시킨 전형적 구빈제도이다. 시(인구 14만)를 546구역으로 나누고 각 구에 1인의 보호위원을 둔다. 1구의 평균인구는 300인이며 구내에 4인 이상의 빈곤자가 포함되지 않도록 했다. 각 지구에는 명예직 구빈위원을 두어 빈민구제 담당관 역할을 하면서 빈민의 상담 및 방문조사와 생활상태를 조사케 하였는데, 이 제도의 특징은 위원 1인당 대상자 수를 아주 적게 하여 케이스워크적 방법으로 세심한 구제를 하였다. 이는 후에 영국 자선조직협회 설립에 많은 영향을 미쳤다.

3) 주소지보호법

1870년에 제정된 법이다. 빈곤층에 대한 주소지 보호의 원칙이 정해지고, 주별로 구빈조합을 창설하였다.

4) 사회주의자탄압법

1873년 비스마르크가 채찍과 당근정책에 의하여, 채찍에 해당하는 즉 사회주의운동 가담자들을 진압하기 위하여 제정한 법이다. 이 법은 사회복지와 관련된 내용의 규정은 없지만, 사회주의운동에 가담하지 아니하는 근로자들을 회유하기 위한 당근정책으로서의 질병보험법과 같은 사회보장법을 제정하는 계기가 되었다.

5) 질병보험법

1883년 비스마르크가 근로자의 질병에 관한 보험으로 제정한 법률이다. 질병

---

1) 『사회복지정책론 1급사회복지사 문제집』, 나눔의 집, 2007, 72면.

에 걸린 노동자에 대한 무료치료와 질병수당을 지급하는 의료보험제도로서, 사회
보험법 가운데 제일 먼저 제정한 법이다. 이 보험은 광산 · 공장 · 철도 · 수공업
등에 종사하는 모든 저소득 노동자를 강제 적용 대상으로 하였다. 보험료는 노동
자가 2/3, 사용자가 1/3을 부담하였다.

6) 재해(산재)보험법

1884년 제정된 사회보험으로서, 광산 · 공장 · 건설업 등에 종사하는 저소득 노
동자에게 의무적으로 가입하게 하고, 노동자에게 업무상 재해가 발생할 경우에는
사용자가 전적으로 책임질 것을 규정한 법이다.

7) 노령 및 폐질보험법

1889년 제정된 사회보험으로서, 연간 2천 마르크 미만 또는 저소득 노동자를
의무적으로 가입하게 하여, 연금재원을 노동자와 사용자가 각각 50%씩 부담케 하
였다. 70세에 달한 노동자에게는 노령연금을 지급하고, 노동불능 노동자에게 폐질
연금을 지급토록 하는 것을 규정하고 있다.

8) 제국보험

1911년 질병보험법 · 재해보험법 · 노령및폐질보험법을 통합하여 제정한 사회보
험법이다.

위에 열거한 사회복지법 이외에도 공적보험법(1924년), 사회보험의구성에관한
법률(1934년), 수공업자보호법(1938년), 사회법원법(1953년), 아동수당법(1954년),
사회법전(1970년), 질병보험구조개혁법(1988년), 연금개혁법(1989년), 개호보호법
(1994년) 등이 새로이 제정 · 개정되었다.

6. 민간의 사회복지실천운동

영국은 1760년경부터 시작한 산업혁명에 의한 자본주의사회가 확립하면서 눈
부신 경제발전과 번영의 시대를 맞이하였으나, 그와 함께 자본가계급과 근로자계
급간에 빈부의 격차가 커지면서 자유경쟁으로부터 탈락한 빈민, 철저한 저임금과
열악한 노동조건하에서의 빈궁노동자, 공장제 기계생산에서의 인간성의 소외 등
을 낳게 했다. 그 때문에 도시에는 빈민가가 생기고 가난한 자와 범죄자가 늘어
나는 사회적 병리현상은 사회문제의 심각성을 드러내는 한편, 자본주의의 모순에
대항하는 사회주의가 대두하면서 빈곤은 단지 개인 본인의 태만이나 무능력에 의

한 것만이 아니라는 인식이 퍼지기 시작하여 인도주의적 박애사상을 가진 사람들에 의한 사회개량운동, 사회조사운동 등이 조직적으로 활발하게 일어나 현대 사회복지실천의 기초를 마련하였다.

1) 차티스트(Chartist)운동

1830년경 영국에서 노동자들에 의하여 일어난 사회개량운동이다. 이 운동은 노동자들에 대한 보통선거권과 무기명투표권을 요구함과 동시에 의원들의 세비폐지 및 재산자격 등의 정치적 요구권을 관철하기 위한 운동이었으나 실패로 돌아갔다. 그러나 차티스트운동을 계기로 노동자들은 정치적 목적으로부터 경제적 조건의 구체적 개선의 수단으로 전향할 수 있었다.

2) 자선조직협회(COS)

1869년 런던에 처음으로 설립된 단체로서, 빈곤의 원인은 비민의 성격이나 생활방식에 있다는 점을 강조하며, 공공부조제도를 반대하면서 사회개량운동을 한 자선조직협회(COS: The Charity Organization Society)이긴 하나, 현대 사회복지실천의 초석이 되어 사회사업방법 및 전문적 사회사업으로 승화시킨 기초가 되었다. 이는 종전의 인도주의적 자선사업이 무계획적·무차별적·비조직적·비전문적으로 이루어져 구제가 중복되거나 구제에서 누락되는 문제가 발생하게 되자, 요구제자를 자선단체에 등록시키고 또한 자선단체 간의 연락기관을 설치하여 구제의 중복을 방지하여 서비스 제공의 효과성을 향상시켰다. 현대의 지역사회사업의 발전계기가 되었다고 할 수 있다. 자선조직협회는 빈민에 대한 ① 우애방문(Friendly visiting), ② 조사(Investigation), ③ 등록(Registration), ④ 협력(Cooperation)의 네 가지 요소의 일을 수행하여 구제의 중복을 피하고 효과성과 효율성을 높였다. 그러나 이 자선협회는 원조의 대상을 "가치 있는 자"에 한정하여 도덕적·종교적 교화를 통해 "물고기를 주지 말고 물고기 잡는 방법을 가르친다"는 슬로건과 같이 빈곤에 대한 개인적 책임을 강조하면서 공적구빈제도를 반대하였다. 이와 같은 자선협회의 사회개량운동은 빈곤을 개인의 도덕적 결함으로 간주하여 사회적 책임을 간과하였으나 자선활동은 사회복지실천의 초석이 되었고, 1877년 미국에도 전파되어 급속히 각지에 퍼져 활발히 발전해 갔다.

3) 인보관운동(Settlement House Movement)

1884년에 인보관이 설립되어 인보관운동(Settlement House Movement)이 전개되었다. 이 운동은 근로자의 실업증가와 인구의 대도시 집중화에 의한 슬럼화 현상 즉 빈민촌의 열악한 환경이 도시문제해결의 사회문제로 되면서, 빈민가에 대한 조사를 수행하던 사무엘 바네트(Samuel Barnett)와 후계자들이 아놀드 토인비(Arnold Toynbee)를 기리기 위하여 East London의 빈민가에 세계 최초로 인보관(Settlement House)을 설립하였는데 이것이 토인비 홀(Toynbee Hall)이다. 인보관운동은 빈민지구를 실제로 조사하여 그 지역의 생활상태를 파악하여 구제의 필요가 있는 사람에게 원조를 해 주는 사업을 전개하였다. 지역사회에 직접 나가 빈민과 함께 생활하면서 지역사회 환경의 개선 및 개혁과 빈민의 도덕적 교화에 힘써, 정신향상의 전개와 함께 아동위생, 보건교육, 소년 소녀들에 대한 기술교육, 문맹퇴치 및 성인교육을 하였지만 개인의 변화보다는 사회적 환경의 변화에 더 무게를 둠으로써 사회복지실천의 초석이 되었다. 이 운동도 미국으로 파급되어 1886년 코이트(Stanton Coit)가 뉴욕에 최초의 인보관인 Neighborhood Guild를 설립한데 이어 1889년 아담스(Jane Addams)와 스타(Elen Gates Starr)가 시카고에 Hull House를 설립하여 사회교육과 지역복지의 활동을 전개하였다. 1886년부터 1889년에 걸쳐 인보관운동을 기반으로 "런던시민의 생활과 노동"의 조사가 행해진 결과, 런던의 근로자계급의 3분의 1이 빈곤이고 그 빈곤 원인의 8할은 고용상태와 저임금이라는 사회적 원인인 것을 밝혀내었다. 또한 요크시의 조사에서도 근로자의 생애 중 3번의 빈곤이 될 가능성이 있다는 라이프 사이클(life cycle)의 분석과 함께 빈곤은 개인적 나태나 부도덕에 의한 것이 전무하다고는 할 수 없으나 주원인은 사회적 요인에 의한 것이라는 생각이 지배적이다.[2]

7. 19·20세기의 사회복지법

20세기에 들어와 자본주의 사회를 단지 자유방임주의로 두는 것은 문제가 있다는 인식이 들기 시작하였고, 특히 몇 번의 경제공황을 경험한 영국에서는 사회주의 사상도 대두하여 노동운동이 활발하여져 빈곤으로부터 해방을 하기 위한 사회보장제도 확립의 필요성을 절감하게 되었다. 따라서 급속히 증가한 실업자의 대책을 포함하여 1834년 이래의 개정빈민법도 검토하기에 이른다. 1905년에는 "구빈및실업구제에관한왕립위원회"가 설립되어 빈민법의 개선을 강조하고 생존권 보장으로서의 기본원칙을 세우는 것을 제창하였다. 이러한 사정이 반영되어 20세기 초기에는 실업노동자법(1905년), 학교교육법(1906년), 노령연금법(1908년), 최저임금법(1909년), 국민보험법(1911년), 실업보험법(1921년), 미망인고아노령갹출연금법

2) 仲村·三浦·阿部 編, 『社會福祉敎室』, 東京: 有斐閣, 1978, 43-44면.

(1925년), 지방정부법(1929년), 실업법(1934년), 가족수당법(1945년), 국민보험산업
재해법(1946년), 국민보건서비스법(1946년), 국민부조법(1948년) 등이 제정되었다.
구빈법은 그 후 1929년 지방정부법이 구빈위원회를 폐지함으로써 형식적으로 구
빈법은 폐지 되었으나 실질적으로 완전히 폐지된 것은 1948년 국민부조법이 제정
된 때이다. 1929년의 대공황에 의해 실업자가 증가함에 따른 생활문제의 어려움,
치료, 예방에 관한 제 대책을 국가의 책임이라는 요구가 강해지자 1934년에 실업
법을 제정한데 이어 1942년에는 베버리지(William Beveridge)보고서가 나왔다. 베
버리지 보고서는 국민생활에 불행을 가져오는 5대악을 궁핍(want)·질병(disease)·불
결(squalor)·무지(ignorance)·나태(idleness)로 규정하였다. 또한 모든 국민에 대
하여 '요람에서 무덤까지'의 사회보장을 위한 3대 전제조건으로 ① 완전고용, ②
포괄적 서비스, ③ 가족수당(아동수당)의 필요성을 강조하면서 여러 위험별로 나누
어진 사회보험을 하나의 사회보험 체제로 운영할 것을 주장하면서 그 운영 원칙
으로 ① 행정의 통합화, ② 적용범위의 포괄화(노동자에 자영자를 포함), ③ 기여의
균일화(균일기여·균일갹출), ④ 급여의 균일화, ⑤ 급여의 적절성, ⑥ 대상의 6분
류화(노인·아동·자영자·피용자·주부·무직자)를 주장하였다. 이에 따라 1945년
사회보장성이 설립되어 가족수당법(1945년)이 제정된데 이어 국민부조법(1948년)
등의 제정에 의해 일단 요람에서 무덤까지의 사회보장 체제가 완성되었다.

영국의 사회보장제도는 일련의 국가적 규모에 의한 사회복지의 완성을 지향하
는데 대하여 미국은 당초 영국의 사회적 여러 제도와 전통을 배웠으나 미국의 민
주주의를 기초로 한 사회개량주의가 급속히 확대되어 1910년대부터 1920년대에
걸쳐서 민간에 의한 사회시설, 사회사업기관, 사회입법 등이 많이 나왔다. 1913년
이후는 각 도시에서 공동모금활동도 활발하여 병원, 요양소, 보건부사업(保健婦事
業)등도 보급되었다. 이상과 같은 각 기관에서 전적으로 종사하는 직원의 증가에
따라 기능이 분화하고 종래의 자선적인 방법에도 전문성·공공성이 강조되면서
전문기술로서의 Social Work가 생성하여 정신의학이나 심리학에도 영향을 주면서
발전했다. 한편 1929년에 시작되는 대공황에 의해 실업자는 급속히 증가하고 국
민생활의 파괴를 심화시켜 갔다. 이 위기적 상황의 극복을 지향하여 1935년에는
New Deal 정책의 일환으로서 사회보험, 공적부조, 보건 및 복지서비스를 내용으
로 하는 세계최초의 사회보장법이 제정되었다.

제 3 장
한국 사회보장법의 형성과정

우리나라 사회보장법의 형성은 1948년 7월 17일 공포된 헌법에서부터 찾아야한다. 따라서 이 책에서는 일제강점기부터 현대에 이르기까지의 사회보장법의 변천과정을 살펴본다. 고조선시대부터 조선시대까지의 사회보장제도로 구체화된 개별 사회복지제도 및 사회복지법의 변천과정은 사회복지법제론 제4판(최정섭, 법문사, 2011. 8.) 제3편 제3장을 참고하기 바란다.

1. 일제강점기(1910~1945년)

한국을 침략한 일본은 1910년 8월 29일 강압에 의한 한일합병 조약과 함께 우리나라에 1912년 조선총독부를 두어 내무부 지방국 제2과에서 사회복지에 관한 사무를 관장하였으나 ① 근대적 사회복지이념이라기보다 징병 및 노무징용을 강요하고 황민사상 주입을 위한 식민정책의 일환으로서 은혜적·자선적·형식적 구빈사업에 불과하였고, ② 급여에 있어서도 일본인과 한국인에 대한 현격한 차별대우를 하였으며, ③ 적용대상은 노동능력 유무를 기준으로 구분처우를 하여, 이재민이나 노동무능력 빈민에 대한 구호사업, 농촌·화전·토막빈민에 대한 대책사업, 노동능력 있는 도시빈민에 대한 직업소개 정도 등의 복지사업을 하였다.

(1) 구호법(救護法)

1847년 일본에서 휼구규칙(恤救規則)이 제정되어 시행되어 오다가 1929년 구호법(救護法)이 새로이 제정되어 시행하였으나 한국에서는 새 구호법을 시행하지 않고 생업 또는 현물급여 등 한정된 구조를 하였다.

(2) 은사이재구조기금관리규칙

1914년 조선총독부령 제35조의 규정에 의하여 이재구조에 관한 규칙을 제정하여 재해구호자금의 이자금으로 이재민에게 식량이나 의류를 지원하는 제도를 두었다.

(3) 은사진휼자금 궁민구조규정

1916년 일본 대장왕이 20만엔을 은사진휼자금을 배정하여 이 자금의 이자로 독신 폐질·중병·불구자, 60세 이상의 무의탁 노유병약자에게 식량이나 식량대금을 지급하였다. 또한 은사진료, 시료, 실비진료, 특종진료 등의 구료사업을 하는 제도를 두었다.

(4) 행려병인구호자금관리규칙 및 군사원호법

1917년 임시은사기금으로 자금을 조성하여 그 이자로 무의탁 행려병자, 사망인 또는 그 동반자를 구호하였다. 같은 해에 군사원호법을 제정하였다.

(5) 방면위원규정

1927년 빈민문제의 사회적 심각성에 따라 빈민의 생활실태를 조사하고 그 진상을 상세히 파악하여 빈곤의 원인과 그 사정에 따라 적정한 선도, 구제방법을 강구하고 생활향상을 도모하기 위한 제도이다.

(6) 조선구호령

1944년 3월 1일 조선총독부 제령 12호로 제정된 조선구호령은 일본이 본토에서 시행하고 있던 구호법(1929년 제정)[1]과 전시재해구호법(1942년 제정)을 원용하여 모자보호법과 의료보호법을 부분 종합하여 제정한 법이긴 하나 장기적인 계획 하에 이루어진 것이 아니고 그때 그때의 시혜적 차원에서 이루어졌으며, 빈민구호 대상자의 수와 급여도 일본 본토와 현격한 차이(본토는 총인구의 0.3%, 한국은 0.008% 수준)가 나는 등 형식적인 구빈사업에 불과하였다. 그러나 이 조선구호령은 국민의 빈곤에 대하여 국가의 보상의무를 선언하였다는 점과 우리나라 최초로 도입된 근대적 의미의 공공부조제도로서 국민기초생활보장법의 전신인 생활보호법의 모태가 되었다고 할 수 있는데 그 내용을 다음과 같다.

1) 적용대상

① 65세 이상의 노약자, ② 13세 이하의 유아, ③ 임산부, ④ 불구폐질, 상이, 기타 정신 또는 신체장애로 인하여 노무를 하기에 장애가 있는 자.

---

1) 1847년 제정된 휼구규칙(恤救規則)을 폐지하고 구호법으로 개정함.

2) 급여의 내용

급여의 내용은 생활부조, 의료부조, 조산부조, 생업부조 등이다.

3) 운영의 원칙

① 신청주의에 의하여 실시하고, 신청대상자에 대한 자산조사를 거쳐야 한다.

② 구호는 거택보호를 원칙으로 하되 예외적으로 구호시설수용, 위탁수용을 할 수 있다.

③ 재정은 국가가 2분의 1을 부담하되, 읍면의 부담에 관한 것은 그 12분의 7 이내를 보조할 수 있다.

(7) 대한민국임시정부헌법

일제 식민지하에서 1919년 4월 11일 우리민족이 제정한 대한민국임시정부헌법은 전문에서 "자주독립의 복리"를 지향한다는 규정과 제3조에서 "대한민국의 인민은 남녀·귀천 및 빈부의 계급이 없고 일체 평등하다."는 규정을 명시하였다.

2. 미군정시대의 사회복지입법(1945~1948년)

일제 식민시대로부터 해방되어 대한민국이라는 독립국가가 형성될 때까지 (1945년 9월 8일부터 1948년 8월 15일)의 사회적 혼란기를 미국의 군정하에서 질서를 유지하였다. 이 시기의 구호제도는 보건후생부가 관장하여 일제시대의 구호제도를 전반적으로 계승하여 그 연장선상에서 임시적 성격의 통제 및 온정주의적 구호사업을 실시하였다. 일반적인 구호사업으로 시설구호, 공공구호, 응급구호 및 이재민 구호가 있었고, 귀환전재민과 월남피난민의 수용구호사업과 주택구호사업, 실업구제사업 등이 있었다. 후생국보3호, 후생국보3A호 및 후생국보3C호를 제정하였다.

(1) 후생국보3호

1946년 1월 12일 제정된 후생국보3호의 C항은 조선구호령과 유사한 공공구호를 규정하고 있다. 구호의 대상으로 65세 이상 된 자, 6세 이하의 부양할 소아를 가진 모, 13세 이하의 소아, 불치병자, 분만의 도움을 요하는 임산부, 정신적·육체적 결함이 있는 자로서 구호시설에 수용되지 않고, 가족이나 친척의 보호가 없고, 노동할 수 없는 자로 규정하고 그 구호의 내용으로는 식량, 주택, 연료, 의류,

의료, 매장 등으로 분류하고 있다.

(2) 후생국보3A호

1946년 1월 14일 제정된 후생국보3A호는 이재민과 피난민에 대한 구호를 규정하고 구호내용은 식량, 의류, 숙사, 연료, 주택부조, 긴급의료, 매장, 차표제공 등을 들 수 있다.

(3) 후생국보3C호

빈민과 실업자에 대한 구호규칙으로서 거택구호를 할 경우 세대인원에 대한 지급 한도액을 규정하고 있다.

(4) 미성년자노동보호법

1946년 9월 18일 아동노동법규를 제정하여 ① 14세 미만의 상공업체 고용금지, ② 16세 미만의 중공업체 · 유해업체 종사금지, ③ 1일 8시간 이상 노동금지 등을 시행함으로써 노동에 의한 성장기의 어린이를 보호하기 위한 입법이 마련되면서 1947년 5월 16일 미성년자노동보호법이 공포되어 미성년자에 대한 유해 · 위험과 과중한 업무로부터의 건전한 발육과 정당한 이익을 보장하도록 하였다.

3. 정부수립 후의 사회복지입법

(1) 정부수립과 1950년대(제1 · 2공화국)

1945년 해방에 이어 1948년 7월 17일 헌법을 공포하고 8월 15일, 제1공화국이 탄생한다. 근대적 한국을 지향하여 정치 · 경제 · 사회 · 문화 등의 크나큰 변혁과 기대 속에 출범한 제1공화국은 건국헌법 전문에서 "국민생활의 균등한 향상을 기하고 자유와 행복을 확보할 것을 결의"함으로써 복지국가의 지향을 선언하고, 제5조는 "대한민국은 정치 · 경제 · 사회 · 문화의 모든 영역에 있어서 각인의 자유 · 평등과 창의를 존중하고 보장하며, 공공복리의 향상을 위하여 이를 보호하고 조정하는 의무를 진다."고 규정한데 이어 제16조는 국민의 교육권과 초등교육의 무상의무교육을, 제17조는 국민의 근로권과 근로조건의 법률화 및 여성근로에 대한 특별보호를 규정하였다. 또한 제19조는 "노령 · 질병 · 기타 근로능력의 상실로 인하여 생활유지의 능력이 없는 자는 법률의 정하는 바에 의하여 국가의 보호를 받는다."고 하여 공공부조에 관한 규정을 두고 있다. 제28조는 "국민의 자유와 권리를 제한하는 법률의 제정은 질서유지와 공공복리를 위하여 필요한 경우에 한한다"고 규정하고 있다. 이러한 일련의 규정들은 사회복지실천의 의지를 담고 있었으나, 당시 국가경제의 뒷받침이 어려워 이에 관한 실천적이고 구체적인 사회복지법을 제정하지 못하였을 뿐만 아니라 대부분이 외국원조에 의한 응급구호적 조치를 하였을 뿐이다. 이 시기 사회복지와 관련된 법령으로는 1949년 4월 30일 대한적십자사조직법이 제정되어 동란 및 천재지변의 이재민 구제·의료·사회구호사업이 시행될 수 있었고, 1950년 2월 27일 고아와 피난민 등의 요구호자들이 급증함에 따른 피수용시설의 운용·인권·수용자에 대한 후생시설 요건을 규정하는 후생시설설치기준령이 제정되고, 1950년 4월 14일 군사원호법, 1951년 4월 12일 경찰원호법, 1952년 10월 4일 보사부 훈령으로 후생시설운영요강, 1953년 5월 10일 근로기준법이 제정되고 1956년 어린이헌장이 제정되는 정도였다. 따라서 공공부조의 실질적인 실천은 외국 민간원조단체가 주축이 되어 고아원, 양로원 등 수용보호시설을 중심으로 하는 미국식의 사회사업 개념이 도입되었다.

(2) 1960년대(제3공화국)

국민소득이 76불에 불과했던 1961년 5월 16일 박정희 장군이 반공을 국시로 하고 빈곤퇴치라는 혁명공약으로 같은 해 7월 3일 국가재건최고회의 의장으로 취임하여 제3공화국의 출범을 위하여 1962년 12월 26일 개정한 제6호 헌법 제8조에 "모든 국민은 인간으로서의 존엄과 가치를 가지며 이를 위하여 국가는 국민의 기본적 인권을 최대한으로 보장할 의무를 진다."고 규정한 데 이어 제30조에 ① 모든 국민은 인간다운 생활을 할 권리를 가진다. ② 국가는 사회보장의 증진에 노력하여야 한다. ③ 생활능력이 없는 국민은 법률이 정하는 바에 의하여 국가의 보호를 받는다고 규정함으로써 우리나라 사회보장제도의 기반이 성립되고, 1963년 11월 5일 사회보장에 관한 법률이 제정되었다. 1963년 12월 17일 제5대 대통령으로 취임한 박정희 대통령의 경제개발 5개년계획과 새마을운동이 활성화되면서 1964년 11월 30일 1억불, 1967년 10억불이라는 무역경제가 성장하고 한일청구권협정, 베트남전의 국군파병, 서독으로부터의 차관, 1968년 2월 1일 경부고속도로 착공 등 기간산업이 발달되면서 빠른 속도로 경제가 성장하였다. 이 시기에 사회복지법으로는 1960년 1월 1일 공무원연금법이 제정되어 우리나라 사회보험법의 효시가 되었고, 그 이듬해인 1961년 9월 30일 갱생보호법, 1961년 11월 1일 군사원호법, 1961년 11월 9일 윤락행위등방지법이 제정되었다. 1961년 12월 30일 생활보호법이 제정됨으로써 1944년 3월 1일 일본이 제정하였던 조선구호령이 폐지되고 실정법으로서의 공공부조제도가 실시되었다. 1961년 12월 30일 아동복리법, 1962년 1월 10일 선원보험법, 1962년 3월 30일 재해구호법, 1962년 4월 30일 국가유공자특별원호법, 1963년 1월 28일 군인연금법(공무원연금법에서 분리), 1963년 11월 5일 산업재해보상보험법, 1963년 12월 16일 의료보험법, 1968년 7월 23일 자활지도사업에관한임시조치법이 제정되었다.

(3) 1970년대(제4공화국)

1970년대는 국제적으로 월남전에 의한 미·소 중심으로 냉전화되어 있던 양극화 체제가 완화되고 국내적으로는 3선개헌안의 통과와 함께 박정희 대통령이 제7대 대통령으로 취임한 제4공화국은 산업화와 민주화가 끊임없이 충돌하는 시기였다. 1962년부터 정부주도로 실시된 경제개발5개년계획은 계속되어 수출주도형의 고도 경제성장을 이루게 되었으나 경제성장과정에서 저임금에 의한 소득분배의 불균형과 부익부빈익빈 현상은 일부 사회계층의 소외감과 농촌의 공동화(空洞化)를 초래하고 산업화에 의한 환경오염 등의 사회문제가 야기되었다. 따라서 이 시기에는 경제개발과 함께 사회적 가치를 중시함으로써 경제개발과 사회적 통합을 아울러 정책으로 전환하는 면모를 볼 수 있다. 이 시기에는 1970년 1월 1일 사회복지사업법이 제정되고 1973년 12월 30일 사립학교교원연금법, 1973년 12월 24일 국민복지연금법, 1976년 12월 22일 기존의 의료보험법(1963년 제정)을 전면 개정, 1977년 12월 31일 의료보호법, 1977년 12월 31일 공무원및사립학교교직원의료보호법이 제정되었다.

(4) 1980년대(제5공화국)

1979년 10·26사태 후 대통령선거인단에 의한 간접선거에 의하여 전두환 장군이 1980년 9월 1일 제11대 대통령으로 취임하여 제5공화국이 출범한다. 제5공화국 정부는 그동안 군사정권으로 지속되어온 정통성의 시비, 경제성장정책에 의한 소득분배의 불균형과 부익부빈익빈의 현상, 도농(都農)간의 격차가 심화되면서 상대적 소외감으로 사회가 분열되고, 산업화와 도시화에 의한 핵가족화, 산업재해, 환경오염 등의 사회문제가 심각하게 대두되면서 사회통합이 절실히 요구되는 시기였다. 따라서 1962년부터 지속되어온 제5차 경제개발계획을 제5차 경제사회개발계획으로 변경하여 민주주의의 현실화, 정의사회구현, 교육혁신 및 복지사회 건설 등을 국정지표를 지향하여 정부기구의 축소를 단행하고 개방화정책과 남북간의 상호교류를 시도하였다. 1980년 10월 27일 개정한 제9호 헌법 제9조는 "모든 국민은 인간으로서의 존엄과 가치를 가지며 행복을 추구할 권리를 가진다. 국가는 개인이 가지는 불가침의 기본적 인권을 확인하고 이를 보장할 의무를 진다."

라고 규정하여 종전의 규정에 "행복추구권"을 추가 규정하고, 제32조 제2항에서
는 "국가는 사회보장·사회복지증진에 노력할 의무를 진다"라고 하여 "사회복지"
라는 용어가 추가 규정되면서 1980년 12월 31일 사회복지사업기금법, 1961년 4월
13일 기존의 아동복리법(1961년)을 아동복지법으로 전면개정, 1981년 6월 5일 심신
장애자복지법 및 노인복지법, 1984년 12월 31일 진폐의예방과진폐근로자의보호등에
관한법률, 1986년 12월 31일 국민연금법·최저임금법·보호관찰법이 각각 제정되었
고, 1987년 12월 4일 남녀고용평등법이 제정되었다. 이와 같이 새로운 사회복지법이
제정되었으나 보호대상자들에 대한 자활·자립, 치료·예방, 고용촉진 등의 인간다운
생활보장이나 사회통합적인 계층간의 갈등을 해소하기 위한 실질적인 역할은 미흡하
였다고 볼 수 있다. 따라서 경제성장에 부응하는 사회복지개혁의 필요성에 따라
1987년 10월 29일 개정 공포되어 현재까지 이르는 제10호 헌법 제34조는 ① 모든
국민은 인간다운 생활을 할 권리를 가진다. ② 국가는 사회보장·사회복지증진에 노
력할 의무를 진다. ③ 국가는 여자의 복지와 권익향상을 위하여 노력하여야 한다. ④
국가는 노인 및 청소년의 복지향상을 위한 정책을 실시할 의무를 진다. ⑤ 신체장애
자 및 질병·노령 기타의 사유로 생활능력이 없는 국민은 법률이 정하는 바에 의하
여 국가의 보호를 받는다. ⑥ 국가는 재해를 예방하고 그 위험으로부터 국민을 보호
하기 위하여 노력하여야 한다라고 규정함으로써 사회복지에 대한 국가의 책임과 사
회복지의 수급권을 규정함으로써 사회복지의 실천의지를 확고히 하고 있다. 1988년
1월 1일 국민연금제도가 도입되고 그 해 2월 25일 노태우 대통령의 제6공화국이 출
범하여 1989년 4월 1일 모자복지법, 1989년 12월 20일 장애인복지법이 제정되면서
사회복지의 구체적·실천적 사회복지법이 새로이 제정·개정되어 갔다.

(5) 1990년대

제13대 노태우 대통령의 제6공화국에 이어 1993년 2월 25일 제14대 김영삼
대통령의 문민정부와 1998년 2월 25일 제15대 김대중 대통령의 국민정부가 출범
하는 동안 정치적 민주화와 함께 지방자치제가 실시되고 남북고위급회담이 개최
되기도 하였다. 그러나 1995년 8.9%의 경제성장률에 실업률 1.8%의 수준으로 완
전고용의 경제발전이 1998년에는 경제성장률이 −5.8%로 떨어지면서 1999년 2월
의 실업률이 8.7%가 되어 실업자의 수가 178만 5천명에 이르는 대량실업이 발생
함으로써 대량빈곤에 의한 빈부격차의 갈등, 가정파탄, 노숙인 증가와 더불어 산
업화 도시화로 야기되었던 핵가족화와 노인인구의 증가, 청소년의 비행문제, 환경
오염 등의 사회문제가 심각하게 대두되었다. 따라서 사회문제화된 사회복지 대책

의 입법이 구체적 실질적으로 제정되는 계기가 되었다. 이때의 주목할 만한 사회복지정책으로 김영삼 문민정부는 1994년 21세기위원회에서 사회복지정책의 발전전략을 제시하고, 보건사회부를 보건복지부로 개칭하였고 "삶의 질 세계화"를 위한 사회복지개혁안을 제시하는 등 사회복지 노력을 경주하였다. 김대중 국민정부는 IMF위기 과정에서 생산적 복지, 적극적 노동시장정책 등을 국가의 주요정책으로 채택하여 실질적 사회복지정책의 확대를 꾀하였고, 의약분업과 의료보험제도의 통합, 국민기초생활보장제도의 전면실시를 하였다.[2] 이때의 사회복지법으로는 1991년 1월 14일 영유아보육법, 1991년 8월 10일 사내근로복지기금법, 1991년 12월 31일 청소년기본법과 고령자고용촉진법, 1993년 6월 11일 일제하일본군위안부에대한생활안정지원법, 1993년 12월 27일 고용보험법과 고용정책기본법, 1994년 1월 5일 성폭력범죄의처벌및피해자보호등에관한법률·보호관찰등에관한법률, 1995년 1월 6일 농어민과 농어촌지역 자영자에게, 1999년 4월 1일부터 도시지역 거주자에게 국민연금제도가 확대되고 1995년 12월 30일 사회보장기본법(1963년 제정된 사회보장에관한법률의 전면개정·폐지), 1995년 12월 30일 정신보건법, 1997년 3월 7일 청소년보호법, 1997년 3월 27일 사회복지공동모금법, 1997년 4월 10일 장애인·노인·임산부등의편의증진보장에관한법률, 1997년 12월 31일 국민의료보험법, 가정폭력방지및피해자보호등에관한법률, 1998년 2월 20일 임금채권보장법, 1999년 2월 8일 국민건강보험법, 1999년 9월 7일 국민기초생활보장법이 각각 제정되었다.

(6) 2000년대

1998년 2월 25일 출범한 김대중 국민의 정부에 이어 2003년 2월 25일 제16대 노무현 대통령의 참여정부와 2008년 2월 25일 제17대 이명박 대통령이 집권하였다. 이 시기는 국제적으로 정보화, 디지털화에 의한 지구경제화와 함께 지식산업, 서비스산업, 환경산업, 에너지산업 등 첨단산업이 발달하면서 각국의 경쟁력이 심화되었고 국내적으로는 2000년 6월 13일과 2007년 10월 2일에 김대중 대통령과 노무현 대통령이 각각 북한의 김정일 국방위원장과 남북 정상회담이 이루어져 북한 주민에 대한 원조 및 남북경제협력 교류가 이루어지면서 1998년 11월 18일 시작한 금강산관광에 이어 2004년 2월 10일 개성공단이 가동되고 끊임없는 경제적 지원이 활발하였으나 북한은 이산가족의 상봉조차 인색할 정도로 평화적 통일과는 거리가 먼 종전대로 평행노선을 지향하면서 우리의 경제적 지원의 결과는

---

2) 황인옥 외, 『사회복지법제론』, 2006.

북한의 핵무기 개발의 원동력에 일익이 되었다고 볼 수 있다. 2006년 2월 23일 한·미 FTA협상이 출범하여 2007년 5월 25일 협상 내용이 공개되면서 이명박 정부 집권 초기 2008년 5월 민주노총과 MBC방송국이 주축이 되어 광우병 빌미로 국민을 선동하면서 미군철수와 한·미 FTA협정 체결을 반대하는 촛불시위가 계속되었다. 2008년 7월에는 금강산관광이 중단되었다. 이 시기의 10년 동안에도 국내는 대량실업 및 비정규직문제, 이혼증가와 저출산율에 의한 가족체계의 불안정, 급속도의 고령화 증가 등에 의한 사회문제는 사회복지의 대책도 다양화 추세로 증가되었다. 이 시기의 사회복지법은 2001년 1월 12일 장애인고용촉진및직업재활법, 2001년 5월 24일 기존의 의료보호법과 사회복지공동모금법을 의료급여법과 사회복지공동모금회법으로 각각 개정하였고, 2002년 1월 국민건강보험재정건전화특별법을 제정하여 국민건강보험법의 재정적자의 조기해소와 재정수지의 균형을 이루도록 하는 특례법을 제정하고, 2004년 2월 9일 건강가정기본법, 2005년 12월 23일 긴급복지지원법, 2006년 3월 24일 식품기부활성화에관한법률, 2007년 4월 25일 기초연금법, 2007년 4월 27일 노인장기요양보험법이 제정되었다. 또한 2007년 10월 17일 '모·부자복지법'의 법명을 '한부모가족지원법'으로, 2007년 12월 21일 '남녀고용평등법'의 법명을 '남녀고용평등과일·가정양립지원에관한법률'로 개정하였다. 2008년 3월 21일 다문화가족지원법, 2008년 3월 21일 중증장애인생산품우선구매특별법, 2009년 2월 6일 국민연금과직역연금의연계에관한법률이 각각 제정되었다.

(7) 2010년대

2008년 2월 25일 집권하여 중도노선을 지향한 이명박 정부는 민노총의 광우병 시위에 이어 2010년 3월 26일 북한의 천안함 폭침사건과 같은 해 11월 23일 연평도 포격사건을 겪었고, 2011년 11월 22일 한·미 FTA협정이 국회에서 비준되고, 같은 해 12월 수출 5,578억불, 수입 5,245억불로 무역 실적이 1조불을 넘기면서 2018년 실적이 1조 1,405억불이 되었다. 2013년 2월 25일 박근혜 정부가 집권하여 2016년 2월 10일 개성공단을 폐쇄하였다. 이 때부터 남북교류가 끊어졌지만 국가안보적으로 안정되고 OECD 회원국으로서 10위권의 경제대국으로 성장하였다. 그러나 정치적 사회복지 포퓰리즘이 심화되고 그에 따른 국민의 복지욕구가 더 커지고 노동쟁의가 반복되었다. 2014년 4월 16일 여객선 세월호 전복사고의 빌미로 민주노총과 JTBC 방송을 비롯한 언론이 주축이 되어 "박근혜 탄핵, 미군철수, 사회주의가 답이다. 이석기 석방" 등의 구호가 난무하는 촛불시위의 위력과 여당인 새누리당과 야당인 더불어민주당 등의 야합에 의하여 마침내 박근혜 대통령이 탄핵되고 2017년 5월 10일 문재인 정부가 출범하여 여야가 바뀌었다. 문재인 정부는 집권 초기부터 원자력가동 중단에 이어 한반도 평화통일 정책에 주력하며 국방력의 축소와 북한에 대한 경제적 지원, 빈부격차 및 실업대책으로 최저임금 상승, 대기업에 대한 경영 간섭, 무상복지정책, 정치적 목적으로 연동형 선거제도 및 공수처 설치를 위하여 제1야당인 자유한국당은 배제하고 정의당과 바른미래당 등과 같은 야당과의 야합에 의한 패스트트랙으로 정치적·경제적·국 가안보적 혼란이 초래되고 지방자치단체도 사회복지 포퓰리즘이 심화되면서 집권 2년이 지난 2019년 4월 현재 실업자 수가 124만 5,000명이 될 정도로 실업률이 높아졌다. 이 시기에 제정된 사회복지법은 2010년 4월 12일 장애인연금법, 2010년 4월 15일 성폭력방지및피해자보호등에관한법률, 2011년 1월 4일 장애인활동지원에관한법률, 2011년 3월 30일 사회복지사등의처우및지위향상을위한법률, 2011년 6월 7일 노숙인등의복지및자립지원에관한법률, 2011년 8월 4일 장애아동복지지원법, 치매관리법, 사회서비스이용및이용권관리에관한법률, 2014년 1월 24일 주거급여법, 2014년 1월 28일 아동학대범죄의처벌등에관한법률, 2014년 5월 20일 기초연금법(2007년 4월 25일 제정된 기초노령연금법의 전면개정·폐지), 발달장애인권리보장및지원에관한법률, 2014년 12월 30일 사회보장급여의이용제공및수급권자발굴에관한법률, 2015년 12월 29일 장애인·노인등을위한보조기기지원및활용촉진에관한법률, 장애인건강권및의료접근성보장에관한법률, 2016년 5월 29일 한국인 원자폭탄피해자지원을위한특별법, 2018년 3월 27일 아동수당법, 2018년 12월 24일 여성폭력방지기본법이 각각 제정되었다.

제 4 편

사회보장법의
개념과 체계

제 1 장
사회보장과 유사개념

제1절 사회보장과 사회복지

복지는 독일어의 Wohlen(원한다, 바란다)과 fahren(옮긴다)의 합성어 Wohlfahrt 로부터 나온 "바람직한 상태로 돌아간다"는 의미를 가진 것이고, Welfare의 영어 도 건강·안락·행복의 상태를 의미하는 well-being과 거의 같은 의미를 갖는다. 이러한 의미의 사회복지는 사회구성원이 평안하고 만족스럽게 잘 지내는 행복한 상태를 말한다. 프리드랜더(Friedlander)는 "복지란 국민의 복지를 도모하고 사회 질서를 원활히 유지하는 데 반드시 필요하다고 생각되는 사회적 욕구를 충족시키 기 위한 입법·프로그램·급여와 서비스를 포함하는 제도"라고 정의하고 있다. 일본은 1950년 사회보장제도심의회의 사회보장제도에관한권고 중에서 "사회복지 란 공적부조의 적용을 받고 있는 자, 신체장애자, 아동 기타 원호육성을 요하는 자가 자립하여 그 능력을 발휘할 수 있게끔 필요한 생활지도·갱생보도 기타의 원호육성을 행하는 것을 말하는 것이다."라고 정의하고 있다.

우리나라는 1962년 12월 26일 개정된 제6호 헌법에 인간의 존엄과 가치권, 인 간다운 생활권이라는 용어와 함께 "사회보장"이라는 용어가 처음 도입되고 그 로 부터 18년이 지난 1980년 10월 27일 개정된 제9호 헌법에 행복추구권이라는 용 어와 함께 "사회복지"라는 새로운 용어가 추가로 규정되었다. 2012년 1월 26일 제정된 사회보장기본법은 사회보장을 "출산·양육·실업·노령·장애·질병·빈 곤 및 사망 등의 사회적 위험으로부터 모든 국민을 보호하고 국민 삶의 질을 향 상시키는데 필요한 소득·서비스를 보장하는 사회보험·공공부조·사회서비스라 고 규정하였다. 그러나 사회복지 용어에 대한 정의가 없기 때문에 사회보장과 사 회복지의 용어의 의미가 혼용되어 사용되기도 한다. 사회보장기본법은 사회보장이 모든 국민을 사회적 위험으로부터 보호하고 삶의 질을 향상시키는 데 필요한 소 득·서비스를 보장하려는 상위체계로서의 목적적 개념이고 이 목적을 성취하기 위한 하위체계의 목표가 사회보험·공공부조·사회서비스이고, 이에 따라 사회보험 제도로 국민 국민연금법·국민건강보험법 등, 공공부조제도로 국민기초생활보장법·의료급여법 등, 사회서비스제도로 아동복지법·노인복지법 등과 같은 실정법으로서의 사회복지법이 제정되어 사회보장제도를 구구체화 하고 있다. 이러한 관점에서는 사회보장이 사회복지의 상위체계로서의 목적적 개념이 되기 때문에 사회복지법은 사회보장법의 하위체계라 할 수 있다.

퍼니스와 틸턴(Furniss & Tilton)은 복지국가 유형을 적극국가(Positive State), 사회보장국가(Social Security State) 및 사회복지국가(Social Welfare State)로 구분하고, 사회보험제도만 유지하는 국가를 적극국가, 사회보험과 공공부조 제도를 결합하여 모든 국민의 최저생활을 보장하는 국가를 사회보장국가, 사회보험이나 공공부조 제도는 물론 계층 또는 집단 간의 평등을 극대화하려는 국가를 사회복지국가라고 하였다. 이러한 관점으로 미루어볼 때 사회보장(Social Security)이란 사회보험이나 공공부조의 시책으로 국민의 최저생활을 보장해 주는 개념이라 할 수 있는데 대하여, 사회복지(Social Welfare)는 전통적인 사회보험이나 공공부조적 시책의 차원을 넘어 사회서비스 시책까지 세워 보건, 교육, 고용, 주거, 환경, 상담, 재활, 돌봄, 사회참여 등의 분야에서 인간다운 생활보장과 삶의 질이 향상되도록 지원하는 개념이라 할 수 있다. 우리나라는 사회보장이라는 제도적 목적 아래 사회보험·공공부조·사회서비스 체계의 목표로 국민연금법, 국민기초생활보장법, 노인복지법, 장애인복지법 등의 사회복지법이 제정되고 있는 사회복지국가이다.

제 2 절 사회복지와 사회정책

사회정책이란 자본주의제도의 유지존속을 전제로 전체사회를 위한 권위적 가치의 배분을 위한 목표, 가치 및 행동노선을 담은 국가적 사업계획이라 할 수 있다. 노동문제의 조정에서 발달되어 온 사회정책은 결국 인간다운 생활을 보장하기 위한 결과임을 볼 때, 현대의 사회정책이라 하면 국민의 인간다운 생활을 보장하는 사회복지를 목적으로 추진되는 정책의 총칭이라 할 수 있다. 자본주의의 발전에 따라 전개된 사회정책의 형태를 보면 ① 산업혁명기의 여성과 아동노동의 보호를 위한 공장법의 전개 ② 근로자의 단결권에 관한 노동입법의 전개를 거치면서 ③ 질병·재해·노령·실업 등으로 근로자의 소득이 감소·중단 또는 상실되었을 때 소득을 보장하는 사회보험의 전개 ④ 사회보험의 가입능력이 없는 자에 대한 공공부조의 전개가 국가의 사회정책으로 전개되어 오고 있다.

따라서 사회복지정책은 자본주의 경제의 재생산기구로부터 탈락하여 경제질서로부터 소외된 사회구성원에게 인간다운 생활을 할 수 있도록 최저생활을 보장하고 국민 삶의 질을 향상시킬 수 있도록 제도와 여건을 조성하고, 그 시행에 있어 형평과 효율의 조화를 기함으로써 복지사회를 실현시키려는 목적이라 할 수 있다. 현재 우리나라의 사회복지정책은 생애주기에 걸쳐 보편적으로 충족되어야 하는 기본욕구와 특정한 사회위험에 의하여 발생하는 특수욕구를 동시에 고려하여 소득·서비스를 보장하는 맞춤형 사회보장 정책으로 1차적 사회안전망으로 사회사회보험정책, 2차적 사회안전망으로 공공부조정책, 3차적 사회안전망으로 사회서비스정책을 시행하고 있다.

제 3 절 사회복지(Social Welfare)와 사회사업(Social Work)

사회사업(Social work)[1]이란 사회복지실천 활동에 있어서 전문적 방법의 기술을 의미한다. 사회복지는 법제·정책적 체계의 개념을 가지고 있으나, 사회복지의 실천은 급부(현금, 현물, 증서, 서비스)를 받는 대상자와 사회사업 종사자인 Social Worker 간의 관계를 통해서 구체적으로 현실화된다. 서비스는 과학적 지식과 기술이 뒷받침된 전문적 원조의 실천 활동인데, 이것을 Social Work라 한다. 따라서 사회복지란 제도적 체계와 실천방법의 기술(Social Work)이 표리일체가 되어 만들어진 형태라고 말할 수 있다. 사회복지제도는 대상자가 갖는 욕구를 만족시켜 문제해결에 도움이 되게끔 서비스하는 실천활동의 방법이나 구조를 말하고, 사회사업의 전문적 방법의 기술이란 대상자를 처우하는데 case work, group work, community-organization 등을 쓰는 것을 말한다. social work는 원조서비스를 받는 자가 그 원조에 의하여 내면적으로 성숙하여 보다 좋은 사회관계를 가져 인간적으로 성장하도록 하는 것이다. 사회보험이나 공공부조와 같은 제도적 사회복지와는 달리 사회사업은 서비스는 대상별·환경별·특수욕구에 따라 전문적 기술적 실천방법이 요구된다.

---

1) social work는 번역하면 사회사업이 되나 이 말은 역사적 제도의 개념으로서의 사회사업과 혼동하기 쉽기 때문에 영어 그대로 쓰는 경우가 많다. social work를 보다 협의로 한정해서 쓰는 경우에는 사회복지실천의 방법론을 의미하고 있다. 그 중에서도 case work, group work, community organization과 같이 사회복지 고유의 방법론을 전체적으로 통합해서 부를 경우는 social work가 많이 쓰여진다. 仲村優一·三浦文夫·阿部志郎 編, 『社會福祉敎室』, 東京: 有斐閣, 1978, 8면.

제 **2** 장
사회복지법의 개념

사회복지법은 사회보장정책이나 제도를 구체화한 실정법인 국내법으로서 사회법에 속한다. 사회복지법은 이념적인 인간다운 생활권(생존권)을 실현하고 사회보장제도의 목적을 달성하기 위하여 국민의 사회보장수급권과 국가 및 사회의 책무를 구체적으로 규정한 법체계로서 다음과 같이 구분할 수 있다.

1. 협의의의 사회복지법

협의의 사회복지법은 소극적·한정적 사회복지에 관한 법을 의미한다. 윌렌스키와 르보(Wilensky & Lebeaux)의 잔여적 개념과 로마니신(Romanyshyn)의 한정적 정의에 따른 사회복지에 관한 법이다. 한정적 사회복지란 지금 당장 현저하게 삶이 어렵게 되어 개인이나 가족의 노력만으로는 정상적인 사회생활을 영위할 수도 없고 회복할 수도 없는 상태가 되어 삶 자체가 파괴될 정도에 이른 경우에만 한정하여 국가가 개입하여야 한다는 입장이다. 개인과 그 가족(Family system)의 삶에 대한 책임은 1차적으로 가족과 시장경제체계(Market system)에서 얻어야 한다는 원칙을 바탕으로 하고 그것으로 해결되지 못할 경우에, 2차적으로 국가와 사회적 공동체의 책임과 노력으로 해결하려는 사회복지제도이다. 따라서 사회복지는 최소한의 복지를 지향하며, 일시적·대체적·보충적·비상대책적인 기능으로서 생활보호사업, 공공근로, 노숙자 보호, 무료급식, 상담, 재활치료 등을 한시적으로 하다가 요보호자가 사회적 기능을 회복하게 되면 개입을 중단하게 된다. 이러한 개념의 사회복지법은 공공부조 제도의 국민기초생활보장법·의료급여법·긴급복지지원법·장애인연금법과 사회서비스 제도의 영유아보육법·장애인복지법·아동복지법·노인복지법·한부모가족지원법 등이다.

2. 광의의 사회복지법

광의의 사회복지법은 적극적 보편적 사회복지에 관한 법을 의미한다. 윌렌스키와 르보(Wilensky & Lebeaux)의 제도적 개념에 따른 사회복지법이다. 이 제도는 협의의 사회복지법이 소수의 한정적·보충적 지원을 하는 2차적 사회안전망인데 대하여, 광의의 사회복지법은 1차적인 사회안전망으로서 사전에 계획된 절차에 따라 지원을 하는 것이다. 즉 국민 또는 사회의 구성원 모두를 대상으로 하는 보편적이면서 영속적·제도적 장치로 국민의 공동 노력으로 보편적 욕구를 충족시키고 사회문제를 해결하기 위한 공동체적 책임을 규정한 법이다. 이 개념의 사회복지법은 국민 모두가 자활·자립은 물론 삶의 질을 향상시킬 수 있도록 일자리·고용창출 등의 제도와 여건 등을 수립시행함은 물론 장래의 사회적 위험을 보험방식으로 대처하여 국민건강과 소득을 보장하는 사회보험제도로서의 국민연금법·국민건강보험법·고용보험법·산업재해보상보험법·공무원연금법·군인연금법 등이 있다.

3. 평생사회안전망 제도

사회복지법의 기본이 되는 사회보장기본법이 2012년 1월 26일 전면개정되어 2013년 1월 27일부터 시행되었다. 이 법은 종전에 사회보장을 사회보험·공공부조·사회복지서비스·관련복지제도로 규정하였던 것을 사회보험·공공부조·사회서비스제도로 개정하고 평생사회안전망 제도를 신설하였다. 평생사회안전망이란 출산·양육·실업·노령·장애·질병·빈곤 및 사망 등의 생애주기에 걸쳐 보편적으로 충족되어야 하는 기본욕구와 특정한 사회위험에 의하여 발생하는 특수욕구를 동시에 고려하여 소득·서비스를 보장하는 맞춤형 사회보장제도를 말하는 것으로써 1차적 사회안전망은 사회보험제도, 2차적 사회안전망은 공공부조제도, 3차적 사회안전망은 사회서비스제도라 할 것이다.

제 3 장
사회보장법제의 체계와 분류

1. 시책·목적에 의한 분류

(1) 보호법제

이미 어떠한 요보호상태(要保護狀態)에 있는 것을 대상으로 하여 그 요보호상태로부터의 회복을 목적으로 하는 것으로서, 급부목적과 인적 대상별로 다음과 같이 나눌 수 있다.

1) 공공부조법제

생활유지의 능력 부족으로 빈곤하기 때문에 최저생활을 보장하는 것을 목적으로 하는 급부의 형태로서 국민기초생활보장법, 의료급여법, 기초연금법, 긴급복지지원법, 장애인연금법 등이 이에 속한다.

2) 구조법제

자연적 재해의 피해자, 기타 응급적 구조를 필요로 하는 요보호상태에 있는 자에 대해서 응급적인 원조를 신속히 행하는 목적의 법제로서 재해구호법 등이 있다.

3) 원호법제

사회보상 또는 국가보상에 의한 법제이다. 전쟁 또는 재해 등과 같은 국가적 또는 사회적 활동을 개인이 행하다가 희생한 전상병자, 전몰자(戰歿者), 의사상자(義死傷者)와 같이 생명·신체 등의 손해를 입은 희생자와 유족에 대한 국가보상의 법제로서 국가유공자등예우및지원에관한법률, 독립유공자예우에관한법률, 의사상자예우에관한법률, 광주민주화운동관련자보상등에관한법률, 범죄피해자구조법 등이 있다.

4) 육성법제

신체적·정신적 내지 사회적으로 미성숙한 자 혹은 능력상실·감퇴 기타 장애상태에 있는 요보호자에게 일어나는 불이익이나 생활상의 곤란을 도와주고 정상적인 생활을 할 수 있도록 지원하거나 자립할 수 있도록 필요한 서비스의 제공을 목적으로 하는 법제로서 아동복지법, 노인복지법, 장애인복지법, 정신보건법, 한부모가족지원법 등이 있다.

5) 갱생법제

비행·범죄 등 사회적 일탈행위에 의하여 반사회적이라고 지목되는 행동에 의하여 사법적 처분을 받아 갱생보호를 필요로 하는 자에 대해서 성격교정이나 환경조정 등의 수단에 의하여 사회복귀를 목적으로 하는 법제로서 소년법, 보호관찰법 등이 있다.

(2) 원조법제

저소득자나 저소득에 빠질 가능성이 있는 자에 대해서 그 가능성을 제거 혹은 감소하기 위하여 필요한 원조를 행하여 자립·자활조장을 목적으로 하는 법제로서 한부모가족지원법, 장애인복지법, 아동복지법, 국민기초생활보장법, 의료급여법, 일제하일본군위안부피해자에대한생활안정지원및기념사업등에관한법률 등이 있다.

(3) 관리통제조직법제

위에서 설명한 보호법제나 원조법제는 사회복지사업의 직접적 기능에 관한 것인데 대하여, 관리통제조직법제는 사회복지사업의 조직이나 지도·감독·조성 등에 관한 것으로서 간접적으로 사회복지사업의 적절한 운영을 돕는 것을 목적으로 하고 있는 법제로서 사회복지사업법과 사회복지사업법의 적용을 받는 노인복지법, 아동복지법, 장애인복지법 등 26개 법률이 해당된다고 할 것이다.

(4) 기타의 법제

보건, 주거, 교육, 고용 등의 분야에서 인간다운 생활이 보장될 수 있도록 지원하는 복지제도의 법제로서 공해예방·배제, 쾌적한 주거생활권 등을 보장하는 법, 최저임금법, 건강가정기본법, 남녀고용평등과 일·가정 양립지원에 관한 법률, 근로기준법, 장애인고용촉진법, 자원봉사활동기본법 등이다.

2. 사회보장기본법에 의한 분류

(1) 사회보장기본법

이 법은 헌법 제34조 제2항에 "국가는 사회보장·사회복지의 증진에 노력할 의무를 진다."는 규정을 실현하기 위하여 제정된 사회보장 및 사회복지법제의 기본적 지침이 되는 법률이다. 사회보장에 관한 국민의 권리와 국가와 지방자치단체의 책임을 정하고 사회보장제도에 관한 기본적인 사항을 규정함으로써 국민의 복지증진에 기여함을 목적으로 한다. 이 법은 사회보장의 정의를 "출생, 양육, 실업, 노령, 장애, 질병, 빈곤, 실업, 사망 등의 사회적 위험으로부터 모든 국민을 보호하고 국민 삶의 질을 향상시키기는 필요한 소득·서비스를 보장하는 사회보험, 공공부조, 사회서비스"라고 규정하여, 사회보험법·공공부조법·사회서비스법 체계로 구분하고 있다.

(2) 사회보험법

이 법은 국민에게 발생하는 사회적 위험을 보험방식에 의하여 대처함으로써 국민건강과 소득을 보장하기 위한 법이다. 국민연금법·국민건강보험법·산업재해보상보험법·고용보험법·노인장기요양보험법·공무원연금법·군인연금법·사립학교교직원연금법·별정우체국직원연금법 등이 있다.

(3) 공공부조법

이 법은 국가와 지방자치단체의 책임하에 생활유지능력이 없거나 생활이 어려운 국민의 최저생활을 보장하고 자립을 지원하기 위한 법이다. 국민기초생활보장법·의료급여법·기초연금법·장애인연금법·긴급복지지원법 등이 있다.

(4) 사회서비스법

이 법은 국가·지방자치단체 및 민간부문의 도움을 필요로 하는 모든 국민에게 상담·재활·직업소개 및 지도·사회복지시설 이용 등을 제공하여 정상적인 사회생활이 가능하도록 지원하기 위한 법이다. 사회복지서비스에 관한 법으로는 일반법으로서 사회복지사업법이 있고, 개별법으로서 아동복지법·노인복지법·장애인복지법·한부모가족지원법·영유아보육법·성매매방지 및 피해자보호 등에 관한 법률·정신보건법·성폭력방지 및 피해자 보호 등에 관한 법률·입양촉진 및 절차에 관한 특례법·일제하 일본군위안부 피해자에 대한 생활안정지원 및 기념사업 등에 관한 법률·사회복지공동모금회법·장애인, 노인, 임산부 등의 편의증진보장에 관한 법률·가정폭력방지 및 피해자보호 등에 관한 법률·농어촌주민의 보건복지증진을 위한 특별법·식품기부활성화에 관한 법률·다문화가족지원법·장애인활동 지원에 관한 법률·노숙인 등의 복지 및 자립지원에 관한 법률·보호관찰 등에 관한 법률·장애아동 복지지원법 등이 있는데 이 개별법들은 사회복지사업법에 대한 특별법이 된다.

제 4 장
사회보장법의 지위와 타법과의 관계

1. 의   의

사회보장법은 공법이나 사법(私法)도 아닌 제3의 독자적 법체계인 사회법으로 분류되고 있다. 사회법이란 공법과 사법의 양자의 중간에서 양자의 특성을 동시에 갖고 있는 법 영역으로 20세기 초까지는 노동법, 경제법, 사회보장법 및 환경법을 사회법의 범주 내에서 다루어 왔으나 20세기 중반부터 선진국법계에서는 노동법은 공법 내지 국제공법[1]이라 하여 공법의 범주에 넣고 있는 추세에 있으나 우리나라는 아직 사회법의 범주에 넣고 있다. 따라서 사회복지법과 인접하여 밀접한 관련이 있는 법체계를 살펴보고자 한다.

2. 헌법과 사회보장법

헌법은 독일어 Verfassung과 영어 Constitution을 번역한 헌장(憲章), 국헌(國憲) 등으로 표현되기도 한다. 헌법이라 함은 국가적 공동체로서의 존재형태와 기본적 가치질서에 관한 국민적 합의를 법규범적 논리체계로 정립한 국가의 기본법으로서,[2] 국가의 통치조직과 통치작용의 원리를 정하고 국민의 기본권을 보장하는 국가의 최고법[3]이다. 우리 헌법은 국민주권주의·자유민주주의·법치주의·사회국가·문화국가·국제평화주의를 기본원리로 하고 있다. 헌법은 정의사회를 실천하는 사회국가를 지향하여 ① 전문에서 국민생활의 균등한 향상을 선언하고, ② 인간의 존엄과 가치·행복추구권(제10조), ③ 평등권(제11조), ④ 인간다운 생활권과 사회보장수급권(제34조)을 규정함과 동시에 사회적 시장경제질서를 유지하기 위한 ⑤ 재산권행사의 공공복리적합의무(제23조), ⑥ 경제에 관한 규제와 조정

---

1) 橫田喜三郎 동경대 국제법 교수는 그의 저서 『ILO와 결사의 자유』라는 저서에서 '노동법은 국제 공법'이라고 규정하고 있다.
2) 권영성, 『헌법학원론』, 법문사, 2007, 3면.
3) 김철수, 『헌법학개론』, 박영사, 2003, 12면.

등의 경제규제의 규정을 함으로써, 이러한 규정들이 사회보장법의 주된 법원이 되고 있다. 사회보장법은 최고법인 헌법에서 보장된 인간다운 생활권과 그 사회보장수급권을 구체적으로 실천하기 위하여 사회보험법, 공공부조법, 사회서비스법의 3분류로 구분하여 구체적 개별 사회복지법을 새로이 제정 또는 개정하게 된다.

1987년 10월 29일 개정된 현재의 제10호 헌법 제34조는 ① 모든 국민은 인간다운 생활을 할 권리를 가진다. ② 국가는 사회보장·사회복지증진에 노력할 의무를 진다. ③ 국가는 여자의 복지와 권익향상을 위하여 노력할 의무를 진다. ④ 국가는 노인 및 청소년의 복지향상을 위한 정책을 실시할 의무를 진다. ⑤ 신체장애자 및 질병·노령 기타의 사유로 생활능력이 없는 국민은 법률이 정하는 바에 의하여 국가의 보호를 받는다. ⑥ 국가는 재해를 예방하고 그 위험으로부터 국민을 보호하기 위하여 노력하여야 한다고 규정하고 있다. 사회권적 기본권의 핵심적·이념적 규정인 인간다운 생활권을 실현하기 위하여 제2항부터 제6항까지의 사회보장수급권을 규정함으로써 이 수급권규정을 실현하는 사회보장기본법, 한부모가족지원법, 청소년보호법, 노인복지법, 국민기초생활보장법, 장애인복지법, 재해구호법 등이 제정되어 수급권자에게는 사회보장급여청구권이 구체화된다.

3. 노동법과 사회보장법

노동법은 근로자들의 생존권 및 생활향상을 위하여 근로자들의 노동관계를 규정한 법이다. 사회보장과 노동관계는 밀접한 관계를 맺고 있어 20세기 초에는 생존권적 기본권은 노동기본권으로 생각되었으나 제2차 세계대전 후 사회보험(Social Insurance)과 공적부조(Public Assistance), 사회사업(Social Work)의 통합법제로서의 사회복지법은 독자의 법역(法域)으로 생각하게 되면서 노동법분야에서 문제가 되던 질병보호, 재해보호, 실업자보호 등이 사회보장법의 분야로 제도적으로 발전 정비되었던 것이다. 사회보장법과 노동법은 실직자나 그 가족의 빈곤을 해소하고 인간의 생존권 보장을 확보하기 위한 이념은 같으나, 노동법은 노동자와 노동조합을 대상으로 하고 노동자와 사용자간의 계약관계에 초점을 두고, 계약자유의 원칙에 국가개입으로 수정·보완한 법으로써 적극적인 소득분배의 원리가 아닌데 대하여, 사회보장법은 노동자뿐만 아니라 국민전체를 대상으로 하고 특정 개개인의 생활안정에 초점을 두고 계약자유의 원칙을 근본적으로 수정한 법으로써 보험료의 차등부과·조세에 의한 공공부조 등 적극적인 소득재분배를 지향하고 있다는 점에서 다르다.

4. 행정법과 사회보장법

행정법은 행정의 조직·직무·작용·절차 및 구제에 관한 국내공법으로서 행정주체의 조직·권한 및 기관 상호관계에 관한 규율 및 행정주체 상호간 또는 행정주체와 사인 간의 공법상의 법률관계에 관한 규율을 총칭한다. 행정법에 의한 사회행정은 행정주체가 개인이 인간다운 생활권을 영위할 수 있도록 최저생활을 보장함으로써 공공복리를 증진하기 위하여 행하는 사회보험, 공공부조, 사회복지서비스·관련복지제도의 급부행정작용인데,[4] 이는 사회보장법에 의해 규율되는 사회보장행정이다. 그러므로 사회보장행정을 규율하는 구체적 실정 사회복지법은 기본적으로 행정법의 특성을 지니고 있는데, 행정법에서는 사회보장행정을 행정작용법의 일부인 급부행정으로 보고 있다. 사회보장행정도 국가의 행정관청에 의한 행정행위로 실현된다는 유사점은 가지고 있으나, 행정법은 국가행정의 모든 분야, 즉 사회보장행정 분야까지도 규율대상으로 하고 있는데 대하여, 사회보장법은 사회보장행정 분야만 규율하고, 사회자원의 할당의 원칙과 수급권자의 입장을 중점적으로 규율하고 있기 때문에 사회보장법은 행정법의 특별법의 지위에 있다.

5. 조세법과 사회복지법

조세라 함은 국가 또는 지방자치단체가 그 경비에 충당할 재원을 확보하기 위하여 법률의 규정에 의하여 직접적인 반대급부 없이 일반 자연인이나 법인에게 강제적으로 징수하는 금전 또는 재물과 같은 경제적 부담을 말한다. 조세법과 사회복지법은 입법의 목적이 다르지만 사회보장법에 의하여 시행되는 빈부계층의 자원배분과 누진적인 재분배정책은, 조세법상의 누진적 소득제도에 의해 징수한 조세를 재원으로 한 사회복지제도를 통해 실현된다. 따라서 조세법상의 소득공제제도와 조세감면제도 등은 소득의 재분배 측면에서 소극적이긴 하지만 적극적인 사회보장법의 급여제도와 거의 유사한 기능이다. 사회보험에서의 기여금과 직접세인 소득세는 부과기준과 징수방법 등의 양태가 유사하지만, 조세는 국가경영의 재원확보를 위하여 구체적인 반대급부 없이 조세를 강제 징수하여 불특정다수의 국민을 위한 비용으로 쓰이고, 조세를 납부한 국민은 개별적·구체적인 요구를 할 수 없는데 대하여, 사회보장법은 특정인을 대상으로 사회보장급여를 제공하고, 국민연금과 같은 보험료를 납부한 국민은 개별적·구체적인 보장을 요구할 수 있다

---

4) 김남진, 『행정법 I』, 법문사, 2006, 23면; 『행정법 II』, 447면.

는 차이가 있다.

6. 민법과 사회보장법

사회보장법은 공법과 사법(私法)의 특성을 공유하고 있는 사회법이다. 사회보장법은 사법(私法) 중에서도 민법과 밀접한 관계가 있다. 민법상의 권리주체・권리객체・권리변동관계의 사항은 사회보장법률 관계에도 적용된다. 사회보장법에는 "민법의 규정을 준용한다."는 민법의 준용규정이 많을 뿐만 아니라, 민법의 친족상속법에 의한 부양의무와 사회복지법상의 부양의무자 및 수급자의 자격기준 등은 밀접한 관계가 있고, 또한 제3자와의 관계를 인정하고 있다는 점이 유사하나, 민법은 개인 당사자 간의 법률관계이고 사법적인 요소가 강한데 대하여, 사회보장법은 국가와 개인간의 법률관계이고 공법적인 요소가 강한 차이점이 있다.

7. 경제법과 사회보장법

경제법이란 경제정의를 실현하는 법으로서 헌법 제119조는 "… 균형 있는 국민경제의 성장 및 안정과 적정한 소득의 분배를 유지하고, 시장의 지배와 경제력의 남용을 방지하며, 경제주체간의 조화를 통한 경제의 민주화를 위하여 경제에 관한 규제와 조정을 할 수 있다."라고 규정하고 있다. 이를 구체적으로 실현하기 위하여 독점규제및공정거래에관한법률, 물가안정에관한법률, 약관의규제에관한법률, 소비자보호법 등 경제에 관한 규제와 조정에 관한 법률이 경제법이다. 경제법이나 사회복지법은 사회적 시장경제질서를 유지하여 사회복지정책을 실현시키는 밀접한 관계를 가지고 있다. 따라서 사회적 시장경제질서를 유지하여 실질적인 민주화와 법앞의 평등으로 경제적인 약자의 최저생활을 보장하고 국가의 적극적 개입을 추구하는 공법과 사법의 혼합적인 점은 유사하나, 경제법은 경제정책 입법으로서의 성격이 강한데 대하여, 사회보장법은 사회정책 입법으로서의 성격이 강하다는 차이가 있다.

8. 책임보험법과 사회보장(사회보험)법

책임보험법은 자동차손해배상보장법과 같이 사보험(私保險) 중에서 남의 신체나 재산에 손해를 입힐 가해자로서의 가능성이 있는 주체에게 의무적으로 보험에 가입시켜 손해배상을 공동으로 대처하기 위한 법이다. 사회보험과 책임보험은 양자 모두 일정한 조건을 가진 자가 의무적으로 보험에 가입하여야 하고, 궁극적으로 피해자에 대한 보장이나 보호를 하여야 한다는 점은 유사하나, 책임보험은 민간보험자에 의하여 운영되고, 보험료를 가입자만 부담하며, 책임관계를 규명하여 그에 대한 배상을 목적으로 하는데 대하여, 사회보험법은 국가의 책임에 의한 국가기관이나 공단과 같은 공법인이 운영하고, 보험료는 사용자·근로자·정부의 3자가 부담하거나 근로자·사용자 또는 근로자·정부의 2자가 부담하며, 보험급여의 조건만 되면 수급권이 생기며 권리성이 강하다는 차이점이 있다.

제 5 편

사회보장법의
법률과 행정관계

제 1 장
사회보장법관계의 주체와 객체

　　사회보장법관계라 함은 사회보장과 관련된 법률관계를 말한다. 법률관계란 법주체 상호간의 권리·의무의 관계를 말한다. 행정상 성립되는 법률관계는 행정주체와 국민간에 빚어지는 법률관계, 행정주최와 공무원간에 빚어지는 법률관계, 행정주체 상호간에 맺어지는 법률관계가 있다. 사회보장법관계에 있어서의 당사자라 함은 구체적 개별 사회복지법 행위의 주체와 객체간의 권리와 의무관계에 있는 자를 말한다. 사회복지법의 법률관계에 있어서 사회복지의 행정권을 행사하고, 그의 법적 효과가 궁극적으로 귀속되는 당사자를 사회복지행정의 주체·사회복지행정권의 주체 또는 사회복지법의 주체라고 한다. 사회복지행정권의 주체는 국가·지방자치단체 또는 공공단체가 대표적이긴 하나, 사인도 사회복지행정권을 부여받으면 사회복지행정의 주체가 될 수 있다. 이에 대하여 사회복지행정의 객체라 함은 사회복지행정의 주체에 의한 공권력행사의 상대방을 말하는데, 보통 자연인과 사법인(私法人)이 객체가 되나 때로는 공법인(公法人)이 객체가 되는 수도 있다. 따라서 사회복지행정주체와 사회복지행정객체의 관계는 보통 전자가 우월한 지위에 있지만 항상 명령하고 후자가 복종하는 관계만 있는 것이 아니고, 오히려 상호간에 권리와 의무를 나누어 가지며 협력관계에 있기도 하고, 사법(私法)관계의 당사자가 되는 경우에는 국가와 사인 간의 대등한 지위가 되는 경우(국고)도 있다. 특히 사회복지법은 개인의 실질적 평등과 사회적 조화로 복지를 실현하기 위한 사회법이기 때문에 공법관계와 사법관계가 어우러져 규정되고 있으면서도 사회정의의 공공성이 높기 때문에, 사회복지의 주체가 단일하지 않고 국가·지방지치단체·공공기관·법인·종교단체·민간단체·개인 등 다원적 구조로 다양하게 구성되어 있다. 사회복지의 이러한 특성을 고려하여 사회복지법의 주체를 공적사회복지주체와 사적(민간)사회복지주체로 구분하여 볼 때, 공적사회복지주체에는 국가·지방자치단체·공공조합(공법상의 사단법인)·영조물법인·공재단(공법상의 재단)·특수공법인·공무수탁인이 있고, 사적(민간)사회복지주체에는 사회복지법인·

비영리법인·종교단체·민간단체 및 개인이 있으나, 이 장에서는 공적사회복지주체와 사적사회복지주체의 주축을 이루고 있는 사회복지법인과 비영리법인만을 검토하고자 한다.

제1절 공적사회복지주체

1. 국　가

국가는 시원적으로 존재하는 지배권과 법인격을 가지는 가장 대표적인 행정주체에 속한다. 국가의 행정권한은 대통령을 정점으로 하는 국가행정조직을 통하여 행사된다. 국가를 위해 실질적으로 행정사무를 담당하고 수행하는 기관을 행정기관이라 한다. 행정주체는 자기의 이름으로 행정권을 행사하고 그 법적 효과가 자기에게 귀속되는 데 대하여, 행정기관은 행정주체를 위해 일정한 권한을 행사하고 그 법적효과는 기관이 아닌 행정주체에 귀속하는 차이가 있다. 행정기관에는 행정청(관청)·보조기관·보좌기관·자문기관·의결기관·집행기관이 있다. 예를 들면 행정기관인 보건복지부장관이 사회복지행정의 의사와 결정을 외부에 표시하여 그 법적 효과가 발생하면 그 효과는 보건복지부장관에게 귀속되는 것이 아니고 행정주체인 국가로 귀속된다.

2. 지방자치단체

지방자치단체는 지방자치행정의 주체로써, 주민의 복리에 관한 사무를 처리하고 재산을 관리하며, 법령의 범위 안에서 자치에 관한 규정(조례·규칙)을 제정할 수 있다. 지방자치단체는 일정한 지역에 대한 지배권을 가지는 지역단체인 점에서 다른 공법인과 구별된다. 지방자치단체는 공법인이며 특별지방자치단체(서울특별시·광역시·도)와 보통지방자치단체(시·군·구)가 있다. 지방자치단체는 의결기관인 지방의회가 있고 집행기관으로서 지방자치단체의 장, 보조기관 등이 있다. 지방자치단체는 특히 조례의 의하여 사회복지전담공무원이 배치되고, 직접 삶의 현장에서 공공부조나 사회적서비스를 집행하고 실천하는 중요한 역할을 수행한다.

3. 공공조합(공법상의 사단법인)

특수한 사업을 수행하기 위하여 일정한 자격을 가진 사람(조합원)에 의하여 구성된 공법상의 사단법인을 말하며, 의료보험조합·농지개량조합·상공회의소·변호사회·한국사회복지사협회 등이 이에 속한다. 의료보험조합은 의료보험법에 의하여 국가가 해야 할 의료보험사업을 대신 행하고 있는 공익적 성격을 지닌 특수법인으로서 조합과 그 직원과의 관계는 사법상의 근무관계가 아닌 공법상의 특별관계이고, 그 조합의 직원에 대한 징계처분의 취소를 구하는 소송은 행정소송에 속하며,[1] 조합의 구성원 모두가 주체가 된다.

4. 영조물법인

영조물이라 함은 특정한 공적목적에 계속적으로 봉사하도록 정해진 인적·물적수단의 종합체에 법인격이 부여되면 영조물법인이 된다. 영조물에는 이용자는 있으나 구성원은 없고, 영조물의 운영자 및 직원 역시 구성원이 아니다. 구성원이 없는 점이 공공조합과 다른 점이다.[2] 국공립학교·국립병원·도서관·철도와 같은 영조물이 있고 행정주체의 사용에만 제공되는 교도소 및 소년원 등이 있다. 우리나라 영조물법인은 법인체로서의 영조물은 드문 상태이며 대부분 국가나 지방자치단체에 의해 직영되고 있는 영조물법인으로는 한국방송공사·한국은행·서울대학교병원·적십자병원·과학기술원·서울특별시지하철공사·인천국제공항공사 등이 있다.

5. 공재단(공법상의 재단)

공재단이라 함은 국가나 지방자치단체의 출연된 재산을 관리하기 위하여 설립된 공공재단이다. 한국학술진흥재단·한국정신문화구원·한국노동연구원·한국보건사회연구원 등이 이에 속한다.

6. 특수공법인

국가가 공공목적을 위하여 특별법을 제정하여 비영리적으로 운영하는 법인이다. 처음부터 재산을 전제로 하여 설립되는 공재단과는 달리 무자산으로 설립되는 것이 특징이나, 무자산으로 설립된 이후 특별법의 목적에 따라 기금을 조성하거나 자산을 취득하여 운영된다. 국민연금공단·국민건강보험공단·근로복지공단·한국산업인력관리공단·한국보훈복지의료공단 등이 그 예이다.

---

1) 대판 1995.6.9, 94누10870.
2) 사단은 구성원과 독립하여 단체 그 자체가 주체가 된다. 조합은 구성원 모두가 주체가 된다.

7. 공무수탁사인

사인은 행정객체로서의 지위를 가지는 것이 보통인데, 때로는 사인도 일정한 범위에서 자신의 이름으로 독자적으로 공권력을 행사할 수 있는 권한을 부여받는 경우가 있는데 이를 공무수탁사인이라 하며, 그 한도에서 행정주체의 지위를 가진다.

여기서 사인이라 함은 자연인은 물론 사법인 또는 법인격 없는 단체를 말한다. 별정우체국의 체신업무, 상선 선장의 경찰사무·호적사무, 사립대학교 총장의 학위수여, 공공사업 시행자로서의 토지수용권자가 그 예이다. 고용보험사무조합이나 산재보험사무조합도 국가의 공권을 부여 받아 사업주의 대리인으로서 보험사무의 처리를 대행해 주고 보험혜택에 대한 상담을 제공하는 것은 공적사회복지의 주체가 된다. 그러나 사인 또는 사업인이 그의 직원으로부터 국민연금보험료나 국민건강보험료를 원천징수하는 경우는 공무수탁사인이라기보다는 오히려 법률에 근거하여 국가 등에 의하여 의무를 부담하는 것으로 보아야 할 것이지 행정처분을 한 경우라고는 할 수 없다.[3]

제 2 절   사적(민간)사회복지주체

1. 법   인

(1) 법인의 의의

법인이라 함은 자연인에 의하여 목적을 달성하기 어려운 사업을 수행할 수 있게 하기 위하여 사람의 결합이나 특정한 재산에 대하여 자연인과 마찬가지로 법률상의 권리·의무의 주체로서 권리능력, 행위능력, 불법행위능력(책임능력)이 있는 지위를 인정한 것이다. 권리의 주체로서 사람인 자연인이 있다. 사람은 사회생활을 하면서 어떤 공동목적의 달성을 위해 단체를 구성할 수 있다. 이 경우 구성원 모두를 권리·의무의 주체로 할 수 있고, 구성원과는 독립된 주체로서 단체자체를 권리·의무의 주체로서의 지위를 부여하여 할 수도 있다. 전자를 조합이라 하고 후자를 법에 의하여 인격이 창출되었다는 점에서 자연인에 대비하여 법인이

---

3) 원천징수의무자는 자동적으로 확정된 세액을 수급자로부터 징수하여 과세관청에 납부하여야 할 의무를 부담하고 있으므로 그의 원천징수 행위는 법령에서 규정된 징수 및 납부의무를 이행하기 위한 것에 불과한 것이지, 공권력의 행사로서의 행정처분을 한 경우에 해당되지 아니한다(대판 1990.3.23. 89누4789).

라 한다. 민법은 조합을 법인으로 규율하지 않는다. 법인에는 사단법인과 재단법인이 있다. 전자는 일정한 목적을 위하여 결합한 '사람의 단체'에 법인격이 부여된 법인이고, 후자는 일정한 목적에 바쳐진 '재산'이라는 실체에 법인격이 부여된 법인이다. 사단이나 재단에 법인격을 준 법인제도의 목적은 법률관계의 처리를 편리하고 명확히 하고, 법인의 재산과 구성원의 재산구분 및 그 책임의 분리를 기하기 위함이다. 따라서 법인은 권리·의무의 주체로서 다음과 같은 특성을 보여준다. ① 법인은 권리·의무의 주체이지만 스스로 행동할 수 없기 때문에 대표이사와 같은 기관을 두도록 하여 그 기관의 행위를 곧 법인의 행위로 간주하는 방식을 취하고 있고, ② 법인은 구성원의 가입·탈퇴가 있더라도 그에 영향을 받지 않고 그 동일성이 유지되고, ③ 법인의 재산은 구성원의 재산과는 달리 독립된 법인 자체의 재산이 된다.

사회복지법인은 사회복지사업법에 의하여 사회복지사업을 수행하기 위하여 ① 기본재산을 출연하고, ② 정관을 작성하여, ③ 시·도지사의 허가를 받아 성립되고 ④ 주된사무소의 소재지에 등기를 함으로써 성립되는 비영리적 공익적 법인으로서, 재단법인으로 설립되는 것이 주류를 이루고 있으나 사단법인으로도 설립된다.

(2) 법인의 종류

법인의 종류는 법인의 내용·성격·목적 등에 따라 다음과 같이 분류한다.

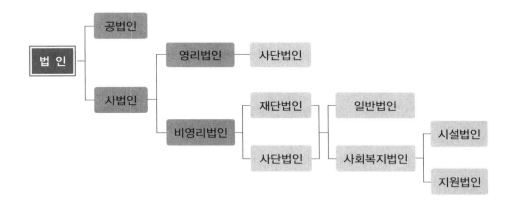

1) 내국법인과 외국법인

내국법인은 대한민국법에, 외국법인은 외국법에 준거하여 설립된 법인이다. 사회복지사업법에서 규정하고 있는 사회복지법인이나 민법에서 규정하고 있는 비영리법인은 내국법인에 대해서만 규정하고 있다. 그러나 WTO의 시장개방요구에 따라 외국의 사회복지법인들이 국내에 유입된다면 그에 따른 관련법규의 제정·개정이 필요할 것이다.

2) 공법인과 사법인

공법인(公法人)은 특정한 공공목적을 위하여 특별한 법적 근거에 의하여 설립된 법인으로서, 설립목적이 법으로 정해져 있고 목적달성에 필요한 한도에서 행정권이 부여되어 공과금면제 등의 특례가 주어지는 대신 국가의 특별한 지도·감독을 받는다. 공법인에는 국민연금관리공단, 국민건강보험공단, 근로복지공단이 그 예에 속한다. 사법인(私法人)은 사법(私法) 즉 민법이나 상법에 의하여 설립되고 규율되는 법인이다. 민법상의 법인은 비영리법인으로서 비영리사단법인과 비영리재단법인이 있고, 상법상의 법인은 영리법인이다. 사법인은 그 내부의 법률관계에 국가 또는 공공단체의 강제적 권력작용이 가해지지 않는다.

3) 영리법인과 비영리법인

사법인 중에서 상법에 의하여 규율되는 법인은 영리법인이고 민법에 의하여 규율되는 법인은 비영리법인이다. 비영리법인은 사단법인과 재단법인으로 구분된다. 영리법인은 상사회사설립의 조건에 좇아 사원의 경제적 이익을 도모함을 궁극적 목적으로 하여 설립된 법인으로서 사단법인만이 영리법인이 될 수 있고, 재단법인은 영리법인이 될 수 없다.[4] 사회복지법인 중 영리를 목적으로 하는 법인의 예로 유료노인복지시설과 유료노인전문병원이 있다. 유료노인복지시설은 개별법인 노인복지법에 의하여 시장·군수·구청장에게 신고사항이고, 유료노인전문병원은 의료법에 의한 의료기관을 설치할 수 있는 자에 한하여 시·도지사의 허가사항으로 되어 있다.

4) 사단법인과 재단법인

민법은 비영리법인으로서 사단법인과 재단법인을 인정하고 있다.

사단법인은 일정한 목적을 위하여 결합한 사람의 단체에 법인격을 부여한 것으로 단체의 의사에 의하여 자율적으로 활동한다. 사람이라고 하는 구성원 단체에 법인격이 부여되어 있지만 구성원과는 독립하여 단체자체가 그 주체가 된다는 점에서 구성원 모두가 주체가 되는 조합[5]과 구별된다. 사단법인은 상사회사에 관한

---

4) 민법 제39조: 영리를 목적으로 하는 사단은 상사회사설립의 조건에 좇아 이를 법인으로 할 수 있다.

규정을 준용한다. 한국사회복지사협회, 전국재해구호협회, 한국변호사회, 의사회 등이 그 예이다. 재단법인은 일정한 목적에 바쳐진 재산이라는 실체에 법인격을 부여한 것으로서 설립자의 의사에 의하여 타율적으로 운영되며 영리법인이 될 수 없다. 한국복지재단, 삼성복지재단, 홀트아동복지회, 사립학교, 사회복지법인 등이 그 예이다.

(3) 법인의 기관

법인은 권리주체이기는 하지만 자연인처럼 법인 자체로 활동할 수가 없기 때문에 법인의 의사를 결정·집행하기 위한 기관이 필요하다. 사회복지사업법에 의하여 설립되는 법인의 기관으로는 7인 이상의 이사와 2인 이상의 감사가 있어야 한다. 재단법인은 출연된 재산에 의해 존재하며 설립자의 의사에 구속되어 타율적으로 활동한다. 사단법인은 사원총회를 필수기관으로 하여 정관변경이 자유롭고 사원이 없게 되는 때는 해산사유가 되며, 사원총회의 결의에 의한 해산이 인정된다. 재단법인은 구성원인 사원이 없기 때문에 사원총회가 존재하지 않아 정관변경이 엄격하고, 사원총회의 결의에 의한 해산이 있을 수 없다. 법인의 설립행위로서 정관을 작성하여야 하는데, 특히 재단법인은 정관작성 외에 재산출연이 있어야 한다.

1) 사원총회

사원총회는 사단법인에만 있는 필수기관으로서, 사원으로 구성되는 최고의사결정기관이다. 정관변경과 임의해산은 사원총회의 전속권이다. 사원총회는 통상총회와 임시총회가 있되, 매년 1회 이상 통상총회를 소집하여야 한다. 임시총회는 이사가 필요하다고 인정한 때, 감사결과를 위해 필요하다고 인정한 때, 총사원의 5분의 1 이상이 청구하는 때 한다. 사원은 사단법인의 구성요소이나 기관은 아니다. 사원은 법인의 사업에 참여하는 권리, 즉 사원권을 가지는데, 공익권(결의권, 소수사원권, 사무집행권)과 자익권(이익배당권, 시설이용권, 잔여재산분배청구권)이 있다. 영리법인에서는 자익권, 비영리법인에서는 공익권이 중심이 된다. 사단법인의 사무는 정관으로 이사 또는 기타 임원에게 위임된 사항 이외에는 총회의 결의에 의한다(민법 제68조). 총회의 결의는 민법 또는 정관에 다른 규정이 없으면 사원과 반수의 출석과 출석사원의 과반수로써 결의한다. 각 사원의 결의권은 평등하며 서면이나 대리인을 통하여 행사할 수도 있다.

---

5) 사람이라고 하는 구성원 단체임은 사단과 같으나 조합은 구성원 모두가 주체가 된다. 민법은 조합을 법인제도로 규율하지 아니한다.

2) 이 사

이사는 사단법인이나 재단법인의 필수기관으로서 법인의 모든 사무를 집행할 뿐만 아니라 이사는 각자 법인을 대표한다. 이사는 선량한 관리자의 주의로 그 직무를 행하여야 하며, 그 임무를 해태한 때에는 법인에 대하여 연대하여 손해배상책임을 진다. 이사의 선임·해임·퇴임에 관한 사항은 사단법인이나 재단법인 공히 정관의 필요적 기재사항으로 정관에 의해 정해진다. 이상의 성명과 주소는 등기사항으로서 등기하지 않으면 제3자에게 대항할 수 없다. 민법상 이사의 수와 그 임기는 특별한 제한은 없으나, 사회복지사업법에 의하여 설립되는 사회복지법인의 이사는 대표이사를 포함한 7인 이상의 이사를 두어야 하고, 그 임기는 3년으로 하되 연임할 수 있다. 이사는 법인대표의 권한과 사무집행의무가 있다. 이사는 여러 사람이 있어도 각자 법인을 대표하는 권한이 있고, 법인의 모든 사무를 집행한다. 이사가 여러 사람인 경우에는 정관에 정한 규정이 없으면 이사의 과반수로 결정한다.

① **임시이사** 법인의 이사가 없거나 결원으로 인하여 손해가 생길 염려가 있는 때에 이해관계인이나 검사의 청구에 의하여 임시이사로 직무를 수행시킬 수 있도록 되어 있으나, 사회복지사업법에 의한 사회복지법인인 경우에는 관할 시·도지사가 지체 없이 이해관계인의 청구 또는 직권으로 임시이사를 선임하여야 한다.

② **특별대리인** 법인과 이사의 이익이 상반되는 사항에 관하여는 검사나 이해관계인의 청구에 의하여 법원이 선임하는 특별대리인이 법인을 대표한다.

3) 이사회

이사회는 이사로서 구성되는 법인의 최고의사결정기관으로서 그 권한, 소집방법 등은 정관으로 정하여진다. 사회복지사업법상 이사회의 구성에 있어서 대통령령이 정하는 특별한 관계에 있는 자가 이사현원의 5분의 1을 초과할 수 없다. 이사는 시설장은 겸할 수 있으나 그 외의 직은 겸할 수 없다.

4) 감 사

감사는 법인의 재산상태나 이사의 업무집행을 감사하는 기관으로서 사회복지사업법에 의하여 설립되는 사회복지법인은 2인 이상의 감사를 반드시 두어야 하며 임기는 2년이나 연임할 수 있다. 감사는 법인의 이사·법인이 설치한 사회복지시설의 장 또는 그 직원을 겸할 수 없다. 감사의 결원이 있는 때에는 2월 이내에 보충하도록 규정하고 있다.

(4) 법인의 설립

1) 법인설립의 법정주의

사회복지법인을 설립할 경우에는 법인 법정주의 원칙에 따라 사회복지사업법의 규정에 의하여 보건복지부장관의 허가를 받아 설립하도록 하고 있으나, 시장·군수·구청장을 경유하여 시장·도지사의 허가를 받아 설립되고, 주된 사무소의 소재지에 설립등기를 하여야 성립한다. 이와 같이 법인을 설립하고자 하는 경우에는 공법인·사법인, 영리법인·비영리법인, 사단법인·재단법인 등 법인의 성격과 내용에 따라 입법주의를 달리하고 있다.

2) 입법주의의 종류

① **허가주의** 법인설립에 관하여 행정관청의 허가를 필요로 하는 제도이다. 허가는 행정관청의 자유재량행위이기 때문에 법인설립의 허가를 받지 못한 이유로 행정쟁송을 할 수 없다. 주로 비영리법인의 경우에 허가주의를 택하고 있다. 사회복지법인은 사회복지사업법에 따라 법인설립을 신청하고자하는 자는 시·군·구청장을 경유하여 시·도지사의 허가를 받아야 한다. 다만, 사회복지사업의 목적사업이 2개 이상의 시·도에 걸치는 법인은 시·도지사를 거쳐 보건복지부장관의 설립허가를 받아야 한다.

② **인가주의** 법률이 정한 요건을 갖추고 행정관청의 인가를 얻음으로써 법인이 설립되는 제도이다. 허가는 적법요건으로서 재량행위인 반면, 인가는 제3자의 법률행위를 보충하여 법률상의 효력을 완성시켜 완전히 유효하게 만들어 주는 행정주체의 동의행위로써 법률이 정한 요건을 갖추면 인가를 해주어야 한다. 인가는 일종의 보충행위로 타인을 위한 행정행위가 된다. 고용보험사무조합, 산업재해보상보험사무조합 등이 그 예이다.

③ **준칙주의** 법인설립에 관한 요건을 미리 법률로 정해 놓고, 그 요건만 충족되면 당연히 법인의 설립을 인정하는 제도이다. 주로 각종 영리법인(회사)이나 노동조합 등의 설립이 그 예이다. 법인설립에 관하여 허가나 인가를 받을 필요가 없지만, 그 법인의 조직과 내용을 공시하기 위한 등기나 등록을 법인의 성립요건으로 하여, 설립요건을 갖춘 후 관계 행정관청에 신고하도록 되어 있다.

④ **특허주의** 국가 정책이나 공익적 차원에서 특별한 법률을 제정하여 설립하는 제도로서, 한국은행, 국민건강보험공단, 국민연금공단, 근로복지공단 등이 그 예이다.

⑤ **강제주의** 법인의 설립을 국가가 강제하는 제도로서 변호사회, 약사회, 한

국사회복지사협회 등이 그 예이다. 한국사회복지사협회는 사회복지에 관한 전문지식과 기술을 보급하고 사회복지사의 자질향상을 위한 교육훈련 및 사회복지증진을 도모하기 위하여 설립된 사단법인이다.

⑥ **자유설립주의** 법인설립에 관하여 아무런 제한이 없는 제도이나, 대한민국은 이 제도를 취하지 않고 있다.

2. 사회복지법인

사회복지법인이라 함은 사회복지사업법에 규정된 사회복지사업을 수행하기 위하여 사회복지사업법에 따라 시·도지사의 허가를 받아 설립된 법인이다. 사회복지사업법은 헌법 제34조의 인간다운 생활권을 확보하고 사회보장수급권 및 사회복지증진을 실현하기 위하여 구체적으로 제정된 입법이다. 사법(私法)이 아닌 사회법으로서의 사회복지사업법에 의하여 설립된 사회복지법인은 사회복지사업의 수행 주체가 되고, 사회복지시설의 설치·운영비의 국가지원을 받는 대신 지도·감독을 받는다. 법인에 대한 적용법규도 사회복지사업법을 적용하고, 동법에 규정하고 있지 아니한 사항에 관하여 공익법인의설립·운영에관한법률을 적용하고, 이에 대한 적용법규가 없을 경우에 비로소 민법의 법인에 관한 규정을 준용하도록 하고 있다. 또한 대부분의 사회복지시설의 복지조치에 대한 이의 또는 불복이 있을 경우에는 복지조치를 한 기관에 이의신청·행정심판·행정소송제도가 있음을 미루어 볼 때 사회복지법인은 비영리적·공익적 특수법인이다.

제2부 제2편 사회복지사업법에서 상세 설명한다.

제 3 절   사회보장수급권의 주체와 객체

사회보장 주체에 의한 공권력행사의 상대방을 사회보장행정의 객체라 한다. 사회보장 수급권에 대한 객체는 자연인 수급권자나 수급자가 됨이 보통이나, 법인이나 민간단체가 될 수 있다. 사회보장법관계의 주체와 객체의 관계는, 항상 전자가 명령하고 후자가 복종하는 식의 명령관계로서 이해되어서는 안 되며, 오히려 상호간의 권리와 의무를 나누어 가지며, 협력관계에 있다고 할 것이다. 사회보장수급권의 측면에서는 사회보장수급권의 주체는 사회보장수급권자인 국민이 되고 그 상대방은 국가 또는 지방자치단체와 같은 행정기관이 된다.

제 2 장
사회보장법관계의 특질

1. 의   의

사회보장법관계는 국민의 인간다운 생활권보장과 사회복지증진이라는 공익목적의 실현을 위하여 사회보장주체에 대하여 일반 사법(私法)관계와는 다른 특수성이 인정된다. 실정법인 개별 사회복지법들은 그 목적을 효율적으로 달성하기 위하여 사회복지 주체 및 객체에 대하여 권리를 주거나 의무를 부과하고 그 실행을 위한 행정행위 또는 처분에 상응하는 구속력과 같은 특수한 효력을 발생케 하는 내용들이 있다.

2. 사회보장법관계의 특질

(1) 행정의사의 공정력

사회복지주체의 행정행위는 그 성립에 흠결이나 하자가 있더라도 그 하자가 중대하고 명백하여 무효가 되지 않는 한 권한 있는 행정기관이나 법원에 의하여 취소될 때까지는 유효한 행위로 통용된다. 따라서 하자있는 행정행위의 효력을 부인하기 위해서는 사회복지주체의 상대방이 행정쟁송을 제기하여야 한다.

(2) 구성요건적 효력

사회복지행정주체의 행정행위가 유효하게 존재하는 이상 다른 국가기관은 그의 존재를 존중하며 스스로의 판단의 기초 내지 구성요건으로 삼아야 하는 구속을 받는데, 이를 행정의사의 구성요건적 효력이라 한다.

(3) 행정의사의 존속력

사회복지의 행정행위가 일단 행하여지면 행정주체의 행위를 존속시키는 것을 제도화한 것으로서 불가쟁력과 불가변력으로 나누어진다. 불가쟁력이란 행정쟁송의 제기기간이 경과하였거나 심급을 다 거친 후에는 더 이상 쟁송으로 다툴 수 없는 제도로서, 법률관계를 가능한 빨리 확정하여 법적 안정성을 기하는 데 있다. 불가변력이란 행정기관의 준사법적 행위나 개인에게 이익을 부여하는 수익적 행정행위 등은 그것을 행한 행정주체라 할지라도 그 내용을 임의로 변경·소멸시킬 수 없는 제약을 받는 경우를 말한다.

(4) 권리·의무의 상대성

사법(私法)관계에 있어서는 권리자와 의무자의 관계가 상호 반대의 이해관계를 가지는데 대하여, 사회복지법 관계에 있어서의 권리와 의무는 균등한 국민생활의 향상과 인간다운 생활을 보장하기 위한 사회통합적 공익이 인정되는 점에서 상대적 관계에 있다고 할 수 있다.

(5) 행정의사의 강제력

사회복지법규를 위반하거나 사회복지행정행위에 의하여 과해진 의무를 이행하지 않는 경우에 행정주체가 행정행위의 실효성을 확보하기 위하여 자력으로 그 의무를 강제로 이행시키거나 제재를 가하는 경우로서, 자력강제력과 제재력이 있다. 자력강제력이라 함은 사회복지주체가 상대방이 의무를 이행하지 아니할 경우에 법원이나 다른 기관의 힘을 빌리지 아니하고 스스로의 힘으로 의무이행을 강제할 수 있는 것을 말한다. 사회복지사업법을 비롯한 노인복지법 등의 개별법에 의하여 작위나 급부의무를 과하는 것으로 법인이나 시설의 폐쇄 등이 그 예라 할 수 있다. 제재력(制裁力)이라 함은 사회복지법에 위반하는 자에게 행정벌[1] 및 그 밖의 제재를 과할 수 있게 함으로써 확보하는 수단으로 사회복지법의 각 개별법에 규정된 벌칙조항과 과태료 처분 조항이 그 예이다.

(6) 권리구제수단의 특수성

위법·부당한 사회복지의 행정행위로 인하여 권리·이익을 침해받은 자는 행정심판법이나 행정소송법이 정하는 바에 의하여 구제받을 수 있는 특수한 구제제도로 손해보전제도와 행정쟁송제도가 있다.

손해보전(損害補塡)이라 함은 사회보장법관계에서 개인이 불이익을 입은 경우 적법원인에 의한 때에는 손실보상제도에 의하여, 위법원인에 의한 때에는 국가배

---

1) 행정벌이라 함은 행정법상의 의무위반에 대하여 일반 통치권에 근거하여 과하는 제재로서의 벌로써, 행정형벌과 행정질서벌이 있다. 전자는 형법에 의한 형을 과하는 것이고, 후자는 과태료를 과하는 것이다.

상제도에 의하여 구제를 받게 되는 것을 말한다.

행정쟁송(行政爭訟)이라 함은 사회복지법률관계에 관한 이의·분쟁이나 의문이 있는 경우에 행정청이나 법원에 의하여 권리구제를 받기 위한 제도를 행정쟁송이라 한다. 행정쟁송에는 행정심판과 행정소송이 있는데, 전자는 행정기관에 의하여 심리·재결되는 행정적구제 제도이고, 후자는 법원에 의하여 심리·판결되는 사법적(司法的) 구제제도이다. 사법적 구제제도에는 행정소송을 비롯한 민사소송이나 헌법소원까지도 있다.

제 3 장
사회복지행정의 기본원칙

제 1 절   사회복지행정의 징표

① 사회복지행정은 인간의 존엄과 가치를 실현하기 위한 최저생활보장과 삶의 질을 향상시키는 형성작용이다.

② 사회복지행정은 사회국가원리에 의한 사회정의와 사회통합을 실현하기 위한 자유, 평등, 공공복리를 구현하는 작용이다.

③ 사회복지행정은 적극적·동태적·미래지향적이다. 사회복지행정은 사회적 시장경제원리에 의한 사회국가적 공익목적을 위하여 사회복지요구조사 및 사회복지계획·실천을 위하여 미래지향적·능동적·적극적으로 활동한다.

④ 사회복지행정은 개별적 사안에 대하여 구체적 조치를 행하는 작용이다. 일반적·추상적 규율로 정립된 개별 구체적 사회복지법은 사회복지행정을 통하여 비로소 구체적이고 현실적인 공익목적을 실현시킬 수 있다.

⑤ 사회복지행정은 실정법인 사회복지법을 실천하기 위한 합리적 의사결정과 협동적 관리작용을 하면서 포괄적인 지도와 통제(입법·사법·여론통제)를 받으며 행해지는 한편 독자적 활동영역(재량·판단)도 확보한다.

⑥ 사회복지행정은 그의 임무를 수행하기 위하여 다양한 행위형식과 수단을 사용한다. 법규명령·행정행위·행정강제 등의 행위형식과 수단뿐만이 아니라 확약·계획·계약·비공식 행정작용 및 행정지도와 같은 다양한 행위형식과 수단이 확대되고 있다.

⑦ 사회복지행정은 구체적 사회복지법에 의한 사회복지청구권에 대하여 소득·서비스를 제공하는 급부행정이다. 인간의 존엄권에 상응하는 인간다운 생활권을 실현하기 위하여 제정된 사회보험청구권, 공공부조청구권, 사회서비스청구권에 대하여 현금, 현물, 상담·재활, 돌봄, 정보의 제공, 시설의 이용, 역량개발, 사회참여 지원 등의 급여를 제공한다.

제2절 사회복지행정의 기본원칙

1. 사회국가의 원칙

헌법은 사회국가원리를 지도이념으로 하고 있다. 사회국가라 함은 모든 국민이 인간다운 생활을 할 수 있도록 사회정의를 실현하는 국가 즉 모든 국민에게 인간다운 생활의 기본적 수요를 충족시킴으로써 건강하고 문화적인 생활을 영위할 수 있도록 하는 것이 국가의 책임이면서, 그것에 대한 요구가 국민의 권리로서 인정되어 있는 국가를 말한다.[1]

(1) 인간의 존엄과 가치존중 및 삶의 질 향상

모든 국민은 인간으로서의 존엄과 가치를 가지며 행복을 추구할 권리를 가지고 있다. 국가는 국민의 천부적 권리를 보장하기 위하여 건강하고 문화적인 생활을 할 수 있는 최저생활을 보장하고 삶의 질을 향상시키기 위한 역할을 하여야 한다.

(2) 사회정의 실현 · 사회적 통합

국가는 국민생활의 균등한 향상과 생존권적 기본권을 보장하기 위하여 개인의 재산권과 경제에 관한 규제와 조정을 통한 사회적 시장경제질서가 확립되어 노사 · 빈부격차의 갈등을 해소하여 사회적 약자에 대한 보호와 국가적 공동체로서의 구성원 모두가 공평성에 입각한 사회적 연대성과 우애성으로 사회적 통합의 기능을 수행하여야 한다.

2. 급부행정의 원칙

사회복지행정은 급부행정이다. 급부행정이란 국가나 지방자치단체 등의 행정주체가 사회적 공공복리를 증진시키기 위하여 적극적으로 공공재화나 서비스를 제공하는 행정이다. 사회적 공동체의 구성원인 국민에게 발생하는 질병, 장애, 노령, 실업, 사망 등의 사회적 위험을 예방하고 빈곤을 해소하며 국민생활의 질을 향상시키기 위한 사회보험, 공공부조, 사회복지서비스 및 관련제도에 의하여 그에 상

---

1) 판례: 헌재 2002.12.18. 2002헌마52.

응하는 사회보장수급권이 발생한다. 즉 사회보장수급권자는 사회보장수급권의 종류에 따라 국가·지방자치단체 또는 공공기관 또는 단체로부터 현금·현물 또는 사회복지시설의 이용과 같은 경제적·물질적 급여를 받거나 상담·재활과 같은 비물질적 심리적 급여를 제공받게 된다. 이와 같은 사회보장의 급부행정은 비권력적 행위일 경우도 있고 권력적 행위일 경우도 있다.

3. 보충성의 원칙

사회보장급여는 수급자 자신의 책임으로 자립·자활하는 것을 전제 원칙으로 하고, 자신의 자립·자활능력이 부족할 경우에 보충하는 원칙이다. 자본주의사회에서의 생활유지책임은 자기 또는 부양의무자의 책임이다. 이러한 생활유지 책임을 다하였음에도 불구하고 실패하였을 경우에 국가가 최후로 보충성의 원리에 따라 지원하는 것이다. 이러한 경우 급여의 수준은 자립·자활할 수 있을 정도의 건강하고 문화적인 최소한의 생활이 유지되어야 하고, 수급자에게 수치심이나 인격의 손상을 주지 않아야 한다.

4. 법률적합성의 원칙

법치국가에서의 행정은 헌법과 법률에 의하여 기속되며 법률적합성의 원칙이 적용된다. 사회복지법에 의하여 집행되는 사회복지행정도 법률에 적합하게 행하여야 한다. 법률적합성의 원칙은 ① 법률의 법규창조력, ② 법률우위의 원칙, ③ 법률유보의 원칙으로 구분된다.

(1) 법률의 법규창조력

법률의 법규창조력이라 함은 국민의 권리·의무관계에 구속력을 가지는 법규범, 즉 법규를 창조하는 것은 국민의 대표기관인 국회의 전속적 권한에 속한다. 따라서 사회복지에 관한 권리나 의무를 규율하는 사회복지법은 반드시 국회의 의결에 의하여 제정한 법률만이 법규로서의 구속력을 가지며, 행정부는 법률의 구체적 수권이 있는 경우에만 명령을 제정할 수 있다.[2]

(2) 법률우위의 원칙

법률우위의 원칙이라 함은 행정의 법률에의 구속성을 의미한다. 따라서 사회보

---

2) 예외적으로 국가비상시 대통령은 법률의 효력을 가지는 긴급명령을 발할 수도 있다(헌법 제76조).

장행정은 어떠한 경우에도 법률에 위반되는 조치를 하여서는 안 된다. 여기서 법률이라 함은 헌법·법률·명령·조례·규칙 등의 성문법뿐만 아니라 관습법 등의 불문법을 포함한 모든 법규범을 의미하지만 행정규칙은 포함되지 않는다. 이 원칙에 의하여 국민건강보험료가 체납된 경우에는 법률이 정한 요건에 해당되므로 납부자의 의사나 공무원의 자의적 합의에 의하여 감면하는 것은 허용되지 않는다. 법률우위의 원칙은 행정의 모든 영역에 적용되므로 사회복지행정에도 적용된다.

(3) 법률유보의 원칙

법률유보의 원칙이라 함은 행정이 법률의 수권에 의하여 행해져야 함을 의미한다. 법률우위의 원칙은 행정작용이 현존하는 법률에 위반하여서는 안 됨을 요구하는 소극적인 원칙인데 대하여, 법률유보의 원칙은 적극적으로 행정작용을 위하여 법률의 근거를 요구한다. 여기서 법률이라 함은 국회의 의결절차에 따라 제정된 형식적 의미의 법률만을 말하고 국회의 의결을 거치지 않은 명령이나 불문법은 포함되지 않는다.

법률유보에 대한 실정법 규정의 예로 ① "… 자유 또는 권리는 법률에 의하지 아니하고는 제한되지 아니한다."라는 규정과 ② "생활능력이 없는 국민은 법률이 정하는 바에 의하여 국가의 보호를 받는다."라는 규정의 예가 있다. ①의 경우를 기본권제한적 법률유보라 하고 ②의 경우를 기본권구체화적 법률유보라 한다. 행복추구권, 평등권, 자유권적 기본권은 구체적 입법을 기다릴 필요 없이 직접 실현할 수 있는 직접적 효력을 가진 기본권이므로, 이에 관한 법률유보는 기본권제한적 법률유보이고, 청구권적 기본권·정치권적 기본권·사회권적 기본권은 법률에 의하여 비로소 그 권리의 행사절차나 내용이 구체화되기 때문에 이에 관한 법률유보는 기본권구체화적 법률유보이다. 사회보장 행정이 법률유보의 원칙이 적용되어야 한다는 원칙은 국가로부터의 사회보장수급권에 대한 침해를 방지하고 공정한 급여 또는 배려를 확보하기 위한 것이다. 그런데 사회보장행정에 대한 법률유보원칙을 고집한다면 사회보장의 급여가 절실히 요청되고 있음에도 불구하고 법률이 제정되어 있지 않은 경우에 법률의 근거가 없다는 이유로 사회보장급여가 제공되지 못한다면, 사회정의를 실현하는 사회보장 행정이 경직되거나 행정기관의 행정수행 가능성이 부인되는 문제가 발생하게 된다. 따라서 사회보장급여가 절실히 요구되는 사회보장의 급부행정은 행정권이 법률이 아닌 조직법과 예산 등에 근거하여 사회보장급여 행정행위를 하는 것은 모순되는 것은 아니므로, 사회복지급부행정의 영역에 있어서는 법률유보가 언제나 필수적인 것은 아니라는 비판이 가해지기도 하는데 필자도 이에 동조하는 바이다.

5. 평등의 원칙

평등의 원칙이란 사회복지행정행위를 함에 있어서 특별한 합리적 사유가 없는 한 상대방인 국민을 공평하게 처우하여야 한다는 말로써, 동일한 사실관계에 대하여 동일한 법적 효과를 부여하여야 함을 의미한다. 사회복지의 급부행정에 있어서는 '불공평한 수익의 금지'나 '평등한 분배의 제공'이 평등원칙의 본질적 내용이다. 국민기초생활보장법상의 급여는 생활빈곤이라는 객관적 요건만 있으면 급여를 받을 자격이 법적으로 평등하게 된다는 원리이고, 급여수준은 소득인정액이나 생활여건 등에 따라 차등적으로 지급될 수 있다.

6. 과잉금지의 원칙

비례성의 원칙이라고도 표현되는데, 행정주체가 구체적인 목적을 실현함에 있어서 그 목적 실현과 수단 사이에 합리적인 비례관계를 의미한다. 사회복지의 급여는 국민의 세금이나 사회보험의 기여금으로 수급권자의 인간다운 생활권 및 자립·자활을 조장하기 위하여 보충성의 원칙으로 제공되는 급부행정을 수행하는 것이다. 따라서 사회보장급여의 수준과 내용은 수급권자나 그 부양자가 자립·자활할 수 있을 정도의 적정한 것이어야 한다. 과잉의 사회복지는 오히려 개인의 자립의지와 창의력을 떨어뜨리고 도덕적 해이와 함께 공동체적 구성원들에게도 부당한 불이익을 주게 된다. 과잉금지의 원칙은 사회복지의 급여뿐만 아니라 수급권 결정을 위한 자산조사와 같은 사회복지 행정행위에도 적용된다. 과잉금지의 원칙은 ① 적합성의 원칙, ② 필요성의 원칙, ③ 상당성의 소원칙을 수반한다.

(1) 적합성의 원칙

사회보장의 목적달성을 위하여 행정기관이 취한 조치나 수단이 목적달성에 적합한 것이어야 함을 의미한다.

(2) 필요성의 원칙

행정조치는 행정기관이 의도하는 목적달성을 위해 필요하고도 최소한의 것이어야 한다는 것을 의미한다.

(3) 상당성의 원칙

좁은 의미의 비례성의 원칙이라고도 하는데, 어떤 행정조치가 설정된 목적 실현을 위하여 필요한 경우라 할지라도 그 행정조치를 취함에 따른 불이익이 그 것에 의해 달성되는 이익보다 큰 경우에는 당해 행정조치를 취해서는 안 된다는 것이다. 행정조치에 대한 불이익과 그를 정당화시키는 이유의 중요성을 비교형량함에 있어서 기대가능성의 한계가 지켜져야 한다. 행정조치에 의하여 달성하려는 공익보다 관계자의 불이익이 크다면 상당성의 원칙에 위배되는 것으로 위법이 된다.

7. 신뢰보호의 원칙

신뢰보호의 원칙이란 국민이 행정기관의 행정행위에 대한 신뢰가 보호받을 만한 것인 때에는 행정권은 그에 반하는 행위를 하여서는 아니 됨을 의미한다. 사회보장급여와 같은 급부적 행정작용의 적법성이나 존속성을 정당하게 신뢰하고 있는 사람의 이익을 보호하는 것을 의미한다. 신뢰보호의 원칙은 위법한 행정행위에 대한 취소제한, 적법한 행정행위의 철회제한 등의 법리가 도출된다. 신뢰보호의 원칙은 법적안정성이라는 법치국가원리에 근거를 두고 있는 법원칙의 하나로보아야 할 것이다.[3]

8. 신의성실의 원칙

신의성실의 원칙은 민법에서 발전된 것이나 사회법인 사회복지법의 법원칙에도 적용되어, 법의 흠결·공백이 있는 경우에 그 공백을 메워주는 원칙이 된다. 행정절차법 제4조 제1항은 "행정청은 직무를 수행함에 있어서 신의에 따라 성실히 하여야 한다."고 규정하고 있다. 따라서 구체적 실정법으로 사회복지법을 집행하는 공무원의 행정행위는 물론 사회보험의 사용자·근로자, 사회보장수급권자 등도 신의성실의 원칙에 따라야 한다.

9. 부당결부금지의 원칙

사회보장행정을 수행함에 있어서 행정행위와 실체적인 관련이 없는 반대급부와 결부시켜서는 안 된다는 것을 말한다. 예컨대 사회복지법인의 위법 부당한 방법의 설립행위, 또는 사회보장급여의 지급사유가 발생하지 않았음에도 발생한 것

---

3) 김남진·김연태, 앞의 책 I, 46면.

처럼, 혹은 낮은 정도의 급여를 높은 정도의 지급사유가 발생한 것처럼, 또는 급여의 지급일을 부당하게 장기화시키는 등의 행정행위가 결탁되어서는 아니 된다.

10. 효과성·효율성의 원칙

급부행정으로서 제공되는 사회복지 서비스나 프로그램이 사회복지의 욕구나 문제해결에 효과적이어야 하고, 사회복지 자원의 한계성에 따른 최소한의 자원으로 최대의 효과를 거두도록 하여야 한다.

제 4 장
권한의 위임 및 위탁

1. 권한의 의의

행정청이 행정주체를 대표하여 의사를 결정하여 그 의사를 외부에 표시할 수 있는 범위를 행정청의 권한 또는 관할이라고 한다. 행정청의 권한에 관한사항은 국민의 권익에 중대한 영향을 미치므로, 행정청의 권한은 행정권한 법정주의에 따라 ① 사무의 내용에 따른 사항적 한계, ② 지역적 범위에 따른 지역적 한계, ③ 인적 범위에 따른 대인적 한계, ④ 권한행사의 형식에 따른 형식적 한계를 법률로 정하고, 권한에 관한 세부적인 사항은 명령으로 위임하고 있다. 권한의 위임은 법령으로 정해진 권한을 다른 기관에 이전하는 효과를 가지므로 법적 근거를 요한다. 일반적인 법적 근거로서는 국가에 있어서는 정부조직법으로 정하고, 지방자치단체의 경우에는 지방자치법에서 정하고 있으며, 법률유보의 원칙에 따른 특정한 권한 행사에 있어서는 구체적 실정법인 개별 사회복지법에 의해 정해진다. 따라서 사회복지사업법, 노인복지법, 국민기초생활보장법과 같은 개별 사회복지법에 의하여 행정청의 권한이 정해지고 그 권한의 일부를 하급행정청이나 다른 행정기관 또는 사인에게까지 이전되기도 한다.

2. 권한의 위임

'권한의 위임'이라 함은 행정청이 법령에 근거하여 그의 권한의 일부를 다른 행정기관에 이전하여 수임기관이 그 위임받은 권한을 자기의 이름과 책임으로 행사하게 하는 것을 말한다. 권한의 위임은 다음의 개념과 구별된다.

(1) 내부위임

내부위임은 행정청이 그의 특정사항에 관한 권한을 실질적으로 하급행정청 또는 보조기관에 위임하면서, 대외적으로는 위임자의 명의로 권한을 행사하게 하는 것을 말한다. 따라서 내부위임에서는 대외적으로 권한의 이전이 없는 점에서 권한의 위임과 구별되며, 수임자의 명의로 권한을 행사하게 되면 위법이 된다.

(2) 위임전결

행정청 내의 의사결정 내지는 권한의 일부를 보조기관에 실질적으로 위임하되, 대외적인 권한 행사는 행정청의 명의로 하는 점에서 내부위임과 같이 권한의 위임과 구별된다. 내부위임은 상하 행정청간에 행해지는 것이 보통인데, '전결'은 행정청과 보조기관에 행해지는 차이점이 있다.

(3) 촉 탁

행정사무의 처리와 관련하여 등기·소송에 관한 사무처리를 위탁하는 것을 특별히 '촉탁'이라 하는데, 이 역시 행정청의 권한을 이전하는 것이 아니므로 권한의 위임과 구별된다.

(4) 권한대리(직무대행)

행정청의 권한은 스스로 행함이 원칙이지만 질병·여행과 같은 사고가 있는 경우에 다른 행정기관이 대행하는 경우와 같이, 행정청의 권한의 전부 또는 일부를 다른 행정기관이 피대리청을 위한 것임을 표시하여 자기의 이름으로 행하고, 그 행위는 피대리청의 행위로서의 효과를 발생하는 것을 말하는 것으로서 단순히 권한대리 또는 직무대행이라고도 한다. 행정청과 그의 보조기관 사이에 행하여지는 것이 보통이다.

(5) 권한의 위탁

권한의 위임은 상하관계에 있는 기관 사이의 권한의 위임인데 대하여 권한의 위탁은 대등관계에 있는 기관 사이에서의 권한의 위임을 의미한다. 권한의 위탁의 경우에 위탁기관은 하급기관이 아닌 수탁기관으로 보아 지휘감독권이 없다고 보는 경우가 많으나, 행정권한의위임및위탁에관한규정이 권한의 위탁의 경우에도 권한의 위임에서와 같이 위탁기관이 수탁기관을 지휘·감독할 수 있다고 규정하고 있을 뿐만 아니라, 특히 사회복지사업법을 비롯한 개별 사회복지법에 의하여 설립된 사회복지법인이나 단체 등에 대한 권한위탁은 수탁기관에 대하여 보고·제출·조사·감독·정지·폐쇄까지 할 수 있는 지휘·감독권이 있는 경우가 많다.

3. 위임의 효과

권한이 위임되면 위임청은 위임사항을 처리할 수 있는 권한이 상실됨과 동시에 위임을 받은 수임기관의 권한으로 된다. 따라서 위임사항은 수임기관의 권한으로서 수임기관의 이름으로 처리하며, 그 권한행사의 효과는 수임기관 자체에 귀속한다. 그러므로 위임된 사항에 관한 행정쟁송의 피고도 수임청이 된다. 그러나 지방자치단체에 위임된 기관위임사무에 대한 효과는 위임기관에 귀속됨과 동시에 배상책임도 위임기관이 종국적 책임을 진다.

4. 위임기관의 지휘 · 감독

위임청의 하급기관 또는 보조기관에 위임한 경우에는 위임청은 행정조직법상의 지휘 · 감독권을 가지는 지위에 있는 것이므로 위임사무에 관한 지휘 · 감독권을 가진다. 하급기관이 아닌 법인 또는 단체에 대하여 사회복지사업법이나 국민연금법과 같은 사회복지법에 의하여 보건복지부장관이나 시 · 도지사가 권한을 위탁한 경우, 공익실현을 위하여 엄격한 지휘 · 감독권뿐만이 아니라 사무처리의 취소 · 정지 · 폐쇄의 권한까지도 가지는 경우가 많다.

5. 위임에 따르는 비용

수임사무의 처리에 드는 비용은 위임기관이 부담하는 것이 원칙이다. 국가사무를 지방자치단체 또는 그 기관에 위임하는 경우에 그 소요되는 경비의 전부를 국가가 지방자치단체에 교부할 것을 규정하고 있다. 사회복지법에서는 위임청인 국가가 비용의 전부 또는 일부를 부담한다는 규정이 많이 있다.

6. 권한위임의 형태(상대방)

(1) 보조기관 및 하급행정청에 대한 위임

보조기관(장관이 국장에게 위임하는 경우)이나 하급행정청(국세청장이 세무서정에 위임하는 경우)에 대한 위임은 위임기관이 수임기관의 동의를 요하지 아니한다. 위임청은 수임기관에 대한 상급기관이므로 상급기관으로서 수임기관에 대하여 지휘 · 감독권을 가지므로 수임사무에 대하여도 상급기관으로서 지휘 · 감독을 할 수 있다.

(2) 지방자치단체의 기관에 대한 위임

지방자치단체는 자치사무인 고유사무 이외에, 국가(중앙행정기관)나 다른 공공단체가 법령에 의하여 그 권한의 일부를 지방자치단체에 위임한 사무와 지방자치단체의 장 또는 기타의 집행기관에 위임한 사무가 있다. 전자의 위임사무를 단체위임사무라 하고 후자의 위임사무를 기관위임사무라 한다.

단체위임사무는 국가 또는 다른 지방자치단체 등의 사무를 위임받은 것이므로 위임받은 지방자치단체는 자기 책임하에 단체위임사무를 단체의 자주적인 책임하에 처리하고 그 효과도 위임받은 지방자치단체에 귀속되기 때문에 고유사무와 마찬가지로 지방의회(조례)가 관여하고, 국가는 합법성·합목적성에 관한 통제는 가능하나 감독은 위법·부당에 대한 교정적 감독에 그치며, 피해자에 대한 배상책임관계에 있어서 지방자치단체는 사무의 관리주체로서 피해자에 대하여 종국적 배상책임을 진다. 단체위임사무에 관한 경비부담은 원칙상 국가가 부담하여야 하지만, 지방자치단체가 이해를 가지는 경우에는 개별법에서 이해관계의 정도에 따라 지방자치단체가 일부 부담하는 것으로 규정할 수도 있다. 단체위임사무의 예는 하천법에 의한 하천의 보수공사와 유지위임사무, 도로법에 의한 도로수선 및 유지위임사무, 도세(道稅)징수위임사무 등 예외적인 경우에 한정되어 많지 않다.

기관위임사무라 함은 국가 또는 다른 지방자치단체 등으로부터 지방자치단체의 장에게 위임된 사무를 말하는 것으로서 그 사무의 성질은 국가사무이며, 지방자치단체의 집행기관은 기관위임사무를 수행하는 경우에는 지방자치단체의 기관이 아니라 국가기관의 지위를 가지게 되어 위임자와 수임자는 상급행정기관과 하급행정기관의 관계를 형성하므로 기관위임사무의 효과는 위임기관인 국가나 다른 지방자치단체에 귀속된다. 따라서 지방의회가 관여할 수 없는 것이 원칙이지만, 지방자치단체에서 기관위임사무의 비용을 부담하는 경우에는 그 비용의 통제에 관하여 지방의회가 관여할 수 있다. 위임되는 사무의 소속여하에 따라 합법성·합목적성에 관한 통제가 가능할 뿐만 아니라 국가 사무의 경우에는 위임자(주무부장관)와 광역자치단체장이, 자치단체의 경우에는 위임자인 자치단체의 장이 지도·감독권을 가지며, 피해자에 대한 배상책임관계에 있어서 기관위임사무의 관리주체는 국가 또는 기관위임사무를 위임한 광역자치단체이므로 피해자에 대한 배상책임은 궁극적으로 위임자가 최종적인 배상책임자가 되고, 따라서 국가배상을 한 지방자치단체는 국가 등에게 구상을 할 것이므로 종국적인 배상책임은 국가가 진다. 사회복지사업법상에서 사회복지법인의 설립은 보건복지부장관으로 되어 있

으나 대통령령에 의하여 사회복지법인의 주된 사무소의 소재지를 관할하는 시·
도지사에게 그 권한을 위임한 것은 기관위임의 좋은 예이다.

(3) 법인·단체 또는 개인에 대한 위임

정부조직법 제6조 제3항의 규정에 의하여 행정기관은 법령으로 정하는 바에
따라 그 소관사무 중 조사·검사·검정·관리 업무 등 국민의 권리·의무와 직
접 관계되지 아니하는 사무를 지방자치단체가 아닌 법인·단체 또는 그 기관이나
개인에게 위탁할 수 있다. 지방자치법 제104조의 규정에 의하여 지방자치단체의
장은 조례나 규칙으로 정하는 바에 따라 그 권한에 속하는 사무의 일부를 관할
지방자치단체나 공공단체 또는 그 기관(사업소·출장소를 포함)에 위임하거나 위탁
할 수 있고, 그 권한에 속하는 사무 중 조사·검사·검정·관리업무 등 주민의
권리·의무와 직접 관련되지 아니하는 사무를 법인·단체 또는 그 기관이나 개인
에게 위탁할 수 있되, 지방자치단체의 장이 위임받거나 위탁받은 사무의 일부를
다시 위임하거나 위탁하려면 미리 그 사무를 위임하거나 위탁한 기관의 장의 승
인을 받아야 한다. 행정권한의위임및위탁에관한규정 제11조의 규정에 의하여 행
정기관은 법령이 정하는 바에 따라 그 소관사무 중 조사·검사·검정·관리업무
등 국민의 권리·의무와 직접 관계되지 아니하는 사무를 민간위탁할 수 있다고
규정하고 있을 뿐만 아니라 사회복지사업법을 비롯한 각종 사회복지법의 개별법
에서 국가나 지방자치단체의 권한을 법인·단체 또는 개인에 대하여 위탁하는 규
정을 두고 있다.

제6편

국제법과 사회보장

제 1 장
사회보장관련 국제기관

인간의 존엄과 가치에 상응하는 인간다운 생활권을 보장하기 위한 정책이 현대 사회국가의 기본이념으로 보편화되어 있는데다가, 국경 없는 경제교류의 현상과 함께 근로자들의 국제적 이동 추세가 날로 증가하고 있다. 이와 더불어 국제적인 노동조합의 사회복지운동이 크게 영향을 미치면서 사회복지의 기준을 마련하기 위한 국제기구가 만들어지고 그에 따라 사회보장에 관한 각종 협약과 조약들이 제정되고 있다.

(1) 국제연합(The United Nations; UN)

국제연합은 제2차 세계대전 후 1945년 10월 24일 전쟁을 방지하고 평화를 유지하기 위한 목적으로 결성된 국제기관이다. 국제연합은 항구적인 세계평화와 정치·경제·사회·문화 등 모든 분야에서 국제협력을 증진시키는 역할을 한다. 우리나라는 1991년 9월 17일 북한과 동시 가입되었다. 국제연합은 총회에서 주요선언이나 권고협약을 채택함으로써 사회복지분야뿐 아니라 여러 분야에 국제적인 기준을 설정하고 있다. 현재 회원국은 193개국이다.

(2) 국제노동기구(International Labour Organization; ILO)

국제노동기구는 UN 산하기관으로서 1919년 6월 베르사이유 평화조약이 조인됨으로써 노동조건을 개선하여 사회정의를 확립하고 나아가 세계평화에 공헌하기 위하여 설립된 국제기구로 근로조건의 국제적 기준을 설정하는 것이 본래의 임무였으나 제2차 대전 후에는 UN의 경제사회이사회와 협력하여 근로조건뿐 아니라 사회복지에 대하여도 활발한 활동을 전개하고 있다. 우리나라는 1991년 12월 9일 152번째로 회원국이 되었으나 2019년 4월 현재 ILO협약 189개 중 29개의 협약만 비준한 상태인데, ILO협약 제87호(결사의 자유 및 단결권보호협약)와 제98호(단결권 및 단체교섭권협약)의 국회비준 여부에 대한 갈등이 심화되고 있다.

(3) 세계보건기구(World Health Organization; WHO)

세계보건기구는 보건분야의 유엔전문기구로 1948년 국제보건사업의 지도조정, 회원국정부의 보건 부문 발전을 위한 원조제공, 전염병과 풍토병 및 기타 질병 퇴치활동, 보건관계 단체 간의 협력관계 증진 등을 목적으로 발족되었다. 현재도 전염병이나 기타 질병예방, 환경위생, 영양 등에 대하여 국제적인 조사·보급 활동을 행하고 있고, 약품법의 통일이나 국제위생조약의 채택뿐 아니라 특히 장애인 복지와 관련해 많은 활동을 하고 있다.

(4) 국제사회보장협회(International Social Security Association; ISSA)

국제사회보장협회는 ILO 제10차 총회의 결의에서 질병보험에 관한 협약을 처음 채택하여 1927년 각국의 질병보험기금에 관한 국제적조직으로 설립되었으나, 현재는 사회보장에 관하여 조사·연구·국제세미나 등 ILO와 밀접한 관계를 갖이면서 국제사회보장의 발전을 시도하고 있다. 우리나라는 1979년 의료보험협회가 가입하면서 현재 국민연금공단과 국민건강보험공단이 가입되었다.

(5) 유럽협의회(Council of Europe)

유럽회의는 1949년 회원국들의 사회보장제도를 발전시키기 위해 설립되어, 1961년 사회보장의 권리를 기본적인 사회적 권리로 규정하는 유럽사회헌장(European Social Charter)을 채택하였다. 그 내용은 최소한 ILO의 사회보장최저기준조약수준으로 사회보장제도를 유지해야 한다고 선언하였다. 또한 1964년 유럽사회보장법전(European Code on Social Security)도 제정하였다

(6) 유럽경제공동체(European Economic Community; EEC)

유럽경제공동체는 1957년 로마조약에 의해 설립된 서유럽 국가들의 경제협력기구로써 사회보장에 관하여 활발한 조사 및 연구 활동을 하고 있다. 1958년 '해외이주근로자의사회보장에관한규칙'을 제정하였다.

(7) 국제사회복지협의회(International Council of Social Welfare; ICSW)

국제사회복지협의회는 1928년에 창립되었으며 사회복지에 관한 정보교환·경험교류·연구토의와 국제적인 협력관계의 형성을 목적으로 하는 사회복지에 관한 국제적 협의체이다. 본부는 빈에 있으며 주요 사업으로 2년에 1회씩 열리는 국제사회복지회의·지역회의·세미나의 개최, 각종 정보자료의 간행 등이다. 민간조직

이지만 국제연합의 자문기관이다.

(8) 경제협력개발기구(Organisation for Economic Cooperation and Development; OECD)

경제협력개발기구는 1948년 4월 16일 서유럽국가를 회원국으로 설립한 국제기구로서 회원국 간의 경제·사회발전을 모색하고 세계경제의 문제에 공동으로 대처하기 위한 정부간 정책논의 및 협의기구이다. 이 기구는 GATT, ILO, IAEA, WHO 등 각종 국제기구와 밀접한 관계를 구축하면서 통상·관세의 완화, 노동시장의 임금규제철폐, 교육제도 개방, 외국인노동자 규제의 철폐 등 경제·사회분야 정책 전반에 걸쳐 수시 논의 및 협력을 추진하고 있다. 우리나라는 1996년 가입하였다.

제2장
사회보장에 관한 국제적 선언

1. 인권선언문(Déclaration des droits de l'homme et du citoyen)

인권선언문은 라파예트가 기초하여 1789년 8월 26일 결의·공포한 '인간 및 시민의권리선언'의 약어이다. 전문(前文) 및 17조로 되어 있는데, 제1조에서 "인간은 나면서부터 자유로우며 평등한 권리를 가진다"라고 하여, 인간의 자유와 권리의 평등을 내세우면서 압제에 대한 저항권·주권재민·사상 및 언론의 자유·소유권불가침 등 인간의 기본권과 근대시민사회의 정치이념을 담고 있다. 이 인권선언은 1891년의 권력분립을 담은 프랑스 헌법을 비롯하여 그 후 세계 여러 나라의 헌법 및 정치에 큰 영향을 미친다.

2. 대서양헌장(Atlantic Charter)

대서양헌장은 1941년 8월 13일 미국의 루스벨트 대통령과 영국의 처칠 수상이 연합국 공동의 전쟁목표와 국제연합의 이념적 기초를 제시한 공동선언이다. '공포와 결핍으로부터의 자유'(freedom from fear and want)라는 슬로건을 제시, 서방국가들로 하여금 사회보장에 관한 권리를 국민의 기본권으로 인정하였다.

3. 필라델피아선언

1944년 필라델피아선언은 국제노동기구(ILO)의 필라델피아 총회에서 채택된 ILO의 목적에 관한 선언으로서, 소득보장에 관한 권고, 의료보호에 관한 권고, 군대 및 전시고용으로부터 풀려난 자에 대한 소득보장 및 의료에 관한 권고를 채택하고 다음과 같은 원칙을 명확히 하고 있다. ① 노동은 상품이 아니다. ② 표현과 결사(結社)의 자유는 진보를 위해 불가결한 요건이다. ③ 일부의 빈곤은 사회전체의 번영에 있어 위험이 된다. ④ 어려움을 해결하기 위해서는 정부·노동자·사용자·대표들이 계속적이고 협조적인 국제적 노력을 기울여야 한다.

4. 세계인권선언(Universal Declaration of Human Rights)

유엔은 제2차 세계대전이 끝난 후 1948년 12월 10일 제3차 국제연합총회에서 인권의 존중과 평화확보를 위하여, 기본적 인권존중을 그 중요한 원칙으로 하는 국제연합헌장의 취지에 따라 보호해야 할 인권을 전문과 본문 30개의 구체적 조항으로 규정하였다. 그 중 21조까지는 시민적·정치적 성질의 자유권적 기본권을 규정하고, 경제적·사회적·문화적 성질의 생존권적 기본권, 사회보장에 대한 권리, 노동권 및 단결권에 관하여 상세한 규정을 하고 있다. 이 선언은 법적인 구속력은 없지만 현재까지도 모든 국가가 달성해야 할 인권존중의 상징적인 기준이 되고 있다. 특히 이 선언은 보편적으로 사회보장을 받을 권리를 선언하면서 보충급여로써 사회보장방법을 제시하고, 모성과 유약(幼弱)은 특별한 보호와 원조를 받을 권리가 있다고 천명하였다.

5. 사회보장헌장(International Social Security Charter)

1961년 세계노동조합연맹(World Federation of Trade Union)의 제5차 회의에서 사회보장에 관한 노동조합의 입장을 밝힌 것으로서, 사회보장을 노동자의 권리라고 선언한 헌장이다. 노동능력이 감소되거나 일시적 또는 영구적으로 상실된 경우에 노동자에 대한 완전한 생계보장과 불의의 사회적 재앙에 대비한 노동자의 보호 및 예방적 대책 마련을 사회보장의 목적으로 하고 있다. 사회보장에 관한 근로자 무기여 원칙, 의료와 사회화 원칙, 완결성의 원칙, 포괄성의 원칙, 무차별보장의 원칙 등 사회보장에 관한 기본원칙을 선언하였다.

6. 유럽사회보장법전

1964년 서유럽의 17개국으로 구성된 유럽협의회(CE)에서 사회보장에 관한 최고기준에 해당하는 유럽적 수준으로 설립시킨 사회보장조약이다.

제3장
국제기구의 사회보장협약

1. 국제인권규약(A, B)

국제인권규약(International Convenants on Civil & Political Rights)은 1948년 12월 10일 선포한 세계인권선언(Universal Declaration of Human Right)을 실현하기 위하여, 1966년 12월 16일 제21차 국제연합총회(UN)에서 민족자결권과 자연의 부(富) 및 자원에 대한 영구적 권리에 관하여 별의 금지를 채택한 조약이다. 세계인권선언은 도의적 구속력은 지녔으나 법적 구속력이 없었던 것에 반하여, 국제인권규약은 체약국의 입법실시를 의무화 하는 구속력이 있다. 국제인권규약은 A규약과 B규약으로 구분되어 있는데 모두 제1조에 민족자결권과 자연의 부(富) 및 자원에 대한 영구적 권리에 관하여 규정하고 있음이 특징이며, A규약은 생존권적 기본권을 대상으로 규정되어 1976년 1월에, B규약은 자유권적 기본권을 전제로 규정되어 1976년 3월에 발효되었다. 우리나라는 1990년 4월에 A·B규약의 체약국이 되었으나, 상소권의 보장 및 결사의 자유[1]에 대한 사항에 대해서는 가입을 유보하고 있다.

(1) 국제인권 A규약

A규약은 경제적·사회적·문화적 권리에 관한 규약으로써 생존권적 기본권을 대상으로 노동기본권(근로의 권리와 안전하고 건강한 노동환경), 사회보장권, 생활수준(신체적·정신적 건강)의 향상, 교육권 등을 각 체약국이 그들의 입법조치로써 실현하여 달성할 것과, 이의 실시상황을 UN에 보고할 것을 의무화하였다.

(2) 국제인권 B규약

B규약은 자유권적 기본권을 전제로 하여 시민적·정치적 권리에 관한 규약으

---

1) 군사법원법의 비상계엄하에서의 일정 범죄에 대한 단심제 허용규정 및 공무원에 대한 결사의 자유권 제한.

로써, 체약국이 이를 존중할 것을 의무화하였으며 이 내용의 실시를 확보하기 위하여 인권심사위원회 및 필요에 따라 특별조정위원회를 설치할 것과, 선택의정서 참가국에 대해서는 개인이 인권심사위원회에 직접 청원할 수 있는 길을 열어 놓았다.

2. 아동에 관한 권리선언 및 협약

(1) 아동권리에 관한 제네바선언(Declaration of Geneva)

1924년 국제연맹에서 채택된 선언으로 그 내용은 다음과 같다. ① 아동의 정상적인 발달을 위하여 물질적 · 정신적으로 필요한 수단이 아동에게 제공되어야 한다. ② 배고픈 아동은 음식을, 병든 아동은 도움을, 탈선한 아동은 교화를, 고아와 집 없는 아동은 보호와 구제를 받아야 한다. ③ 아동은 재난발생시 가장 먼저 구제되어야 한다. ④ 아동은 생계를 유지할 수 있어야 하고, 모든 형태의 착취로부터 보호되어야 한다. ⑤ 아동은 인류를 위하여 자신의 능력을 발휘할 수 있도록 양육되어야 한다.

(2) 아동의 권리선언

1959년 유엔이 채택한 선언으로서 "아동은 충분한 성장을 위하여 애정과 물질적인 안정 속에서 설장할 권리가 있으며 부모와 사회는 그 책임을 진다."고 규정함으로써 아동과 청소년의 권리신장에 획기적인 기여와 함께 아동을 인권이나 자유의 주체로 파악하였다.

(3) 아동권리협약(Convention on the Rights of the Child; CRC)

1989년 11월 20일 유엔에서 채택되어 1990년 9월 2일부터 발효된 국제적인 인권조약으로서, 우리나라는 1991년 12월 20일부터 이 협약을 적용하기 시작하였다. 유엔아동권리협약은 18세 미만의 모든 아동에게 평등하게 적용되며 아동을 단순한 보호대상이 아닌 존엄성과 권리를 지닌 주체로 보고 이들의 생존, 발달, 보호에 관한 기본 권리를 명시하여 아동의 최선의 이익을 지향하면서도 부모의 지도를 존중한다는 점이 특징이다. 이 협약은 전문과 54개 조항으로 구성되어 아동의 생존권, 발달권, 보호받을 권리, 참여권, 고문 및 형벌금지, 불법해외이송 및 성적학대 금지 등의 사항을 규정하고 있으며 협약가입국은 이 협약에서 인정된 권리를 실현하기 위해 최대한의 입법 · 사법 · 행정적 조치를 취하도록 의무화하고 있다. 가입국 정부는 가입 뒤 2년 안에, 그 뒤 5년마다 어린이의 인권상황에 대한 국가보고서를 제출해야 한다.

① **생존의 권리** 적절한 생활수준을 누릴 수 있는 권리로서, 안전한 주거지에서 살아갈 권리, 충분한 영양을 섭취하고 기본적인 보건서비스와 기본적인 삶을 누리는 데 필요한 권리.

② **보호의 권리** 모든 형태의 방임·처벌·폭력·고문·징집·부당한 형사처벌·과도한 노동·약물과 성폭력 등 유해한 것으로부터 보호받을 권리.

③ **발달의 권리** 교육을 받을 권리, 여가를 즐길 권리, 문화생활과 정보를 얻을 권리, 생각과 양심·종교의 자유를 누릴 권리 등 잠재능력을 최대한 발휘시키는 데 필요한 권리.

④ **참여의 권리** 자신의 의견표현과 자신의 삶에 관한 문제에 대한 발언권을 가지며, 단체가입과 평화적 집회에 참여할 수 있는 자유를 주어 국가와 지역사회 활동에 참여할 수 있는 권리.

3. 장애인에 관한 권리선언

(1) 장애인 권리선언(Declaration on the Rights of Disabled Persons)

1975년 12월 9일 제30차 UN총회에서 채택되었다. 장애인들의 권리보호를 위한 공통된 기초와 준거로 사용되도록 한 내용으로서 다음과 같다.

① 장애인(disabled person)이라 함은 신체적 또는 정신적 능력 면에서 선천적 또는 후천적 결함으로 인하여 정상적인 개인적 또는 사회적 생활을 스스로 완전히 또는 부분적으로 영위할 수 없는 사람을 의미한다.

② 장애인들은 이 선언에 제시된 모든 권리를 향유할 수 있어야 한다.

③ 장애인들은 인간으로서 존엄성이 존중받을 권리를 타고난다.

④ 장애인들은 다른 사람과 동등한 시민권과 정치권을 가진다.

⑤ 장애인들은 자립하도록 하기 위해서 만들어진 시책을 활용할 자격을 가지고 있다.

⑥ 장애인들은 필요한 모든 치료, 서비스, 교육, 훈련, 기술적 원조를 받을 권리를 가진다.

⑦ 장애인들은 경제적·사회적 보장을 받을 권리가 있다.

⑧ 장애인들은 국가계획에서 고려될 특별요구를 가진다.

⑨ 장애인들은 가족생활을 할 권리가 있다.

⑩ 장애인들은 착취와 규제와 처우에서 보호되어야 한다.

⑪ 장애인들은 적절한 법적 원조를 받을 수 있어야 한다.

⑫ 장애인들과 그들이 가족들 및 지역 사회에게 모든 적절한 수단을 통해 이 선언에 포함된 권리를 충분히 알릴 수 있어야 한다.

(2) 정신장애인권리선언

1971년 12월 20일 유엔 총회에서 채택된 선언으로서, 정신지체를 가진 장애인에 대하여 사회정의와 평등의 원칙과 함께 제반 권리의 보장을 각국이 정책으로 전개하여야 한다는 방향성을 제시하고 있다.

4. 노인을 위한 유엔원칙(United Nations Principles for Older Persons)

1991년 12월 16일 유엔에서 채택되었다. 그 주요 내용은 다음과 같다.

(1) 독립(Independence)

① 노인은 소득의 보장과 함께 가족·지역사회의 지원 및 자조를 통하여 적절한 식량·물·주거·의복 및 건강의 보호를 받아야 한다.

② 일할 수 있는 기회를 제공받거나, 다른 소득을 얻는 기회를 가져야 한다.

③ 직장으로부터 은퇴 또는 퇴직하는 시기의 결정에 참여할 수 있어야 한다.

④ 적절한 교육과 훈련 프로그램을 이용할 수 있어야 한다.

⑤ 개인의 선택이나 변화하는 능력에 맞추어 안전하고 적합한 환경에서 살 수 있어야 한다.

⑥ 가능한 오랫동안 가정에서 살 수 있도록 해야 한다.

(2) 참여(Participation)

① 노인은 사회적 관계망을 유지하고 노인복지에 직접 영향을 미치는 정책의 형성과 실시에 적극적으로 참여하며, 노인의 지식과 기술을 젊은 세대와 함께 공유하여야 한다.

② 지역사회에 도움이 되는 기회를 찾고 개발하여야 하며, 노인의 관심과 능력에 알맞은 자원봉사자로서 봉사할 수 있어야 한다.

③ 노인을 위한 사회운동과 단체를 만들 수 있어야 한다.

(3) 보호(Care)

① 노인은 각 사회의 문화적 가치체계에 관한 각 사회의 제도에 따라 가족과

지역사회의 보살핌과 보호를 받아야 한다.

② 신체적·정신적·정서적 안녕의 최고 수준을 유지하거나 되찾도록 도와주고 질병을 예방하거나 그 시작을 지연시키는 건강보호를 받을 수 있어야 한다.

③ 독립성과 보호를 증진시키는 사회적 법률적인 서비스를 받을 수 있어야 한다.

④ 안전한 환경에서 보호나 재활서비스 등의 케어를 받을 수 있어야 하며, 사회적·정신적 격려를 제공하는 적정 수준의 시설보호를 이용할 수 있어야 한다.

⑤ 보호시설이나 치료시설에서 거주할 때도 그들의 존엄, 신념, 욕구와 사생활을 존중받으며, 자신이 받는 건강보호와 삶의 질을 결정하는 권리도 최대한 존중받는 것을 포함하여 인권과 기본적인 자유를 누려야 한다.

(4) 자아실현(Self-fulfillment)

① 노인은 자신의 잠재력을 최대한 신장하기 위한 기회를 추구하여야 한다.

② 사회의 교육적·문화적·정신적 여가에 관한 자원을 이용할 수 있어야 한다.

(5) 존엄(Dignity)

① 노인은 착취와 육체적·정신적 학대로부터 자유로워야 하며 존엄을 가지고 안전한 생활을 할 수 있어야 한다.

② 연령·성별·인종이나 민족적인 배경, 장애나 또는 그 밖에 지위에 상관없이 공정하게 대우받아야 하며, 경제적인 기여와 관계없이 평가되어져야 한다.

5. 국제노동기구(ILO) 협약

국제사회복지협약은 1919년 6월 28일 조인된 베르사이유 평화회의에서 체결된 파리평화조약 중 제13편 "노동조항"에 따라 설립된 국제노동기구(ILO)에 의해 주도되고 있다. 우리나라는 1991년 12월 9일 152번째 회원국이 되었고, 1996년에는 비상임이사국이 되었으나 우리나라가 비준한 ILO협약은 24개뿐이지만, ILO의 사회보장의최저기준에관한 제102호 협약, 모성보호에관한 제103호 협약, 상선의최저기준에관한 제147호 협약 등은 비준을 하지 않았지만 비준여부와 상관없이 국제적 기준의 법규가 되어 국제법규로서 사회복지법의 법원이 되고 있다.

ILO 협약 비준현황(24개)

협약번호 (채택년도)	협 약 명 주 요 내 용	비준일
제73호 (1946)	건강검진(선원) 협약	1992. 12
	해상근무에 대한 적격성을 입증하는 권한 있는 기관이 발급한 건강증명서를 소유한 경우에만 선박 내에 고용될 수 있음	
제81호 (1947)	근로감독 협약	1992. 12
	공업 및 상업부문 사업장에서 근로조건과 근로자 보호에 관한 법규정 집행을 보장하기 위한 근로감독 체계 제공	
제122호 (1964)	고용정책 협약	1992. 12
	경제성장과 발전을 촉진하고 생활수준을 향상시키고 인력수요를 충족시키는 한편 실업 및 불완전 고용을 해소하기 위하여 완전 고용을 촉진하는 적극적인 정책 추진	
제142호 (1975)	인적자원 개발 협약	1994. 1
	고용과 밀접하게 관계된 직업지도 및 직업능력개발에 관한 포괄적이고 조화된 정책과 프로그램을 채택하고, 특히 공공취업알선기관을 통하여 정책 시행	
제100호 (1951)	동등보수 협약	1997. 12
	사용자가 근로자에게 직·간접적으로 혹은 현금·현물의 형태로 지불하는 최저임금, 급료, 그 밖의 모든 형태의 추가급여가 남녀 차별 없이 동등 지불 의무	
제150호 (1978)	노동행정 협약	1997. 12
	비준국은 적절히 조율된 효율적인 노동행정, 기능, 책임체계를 조직해야 함	
제160호 (1985)	노동통계 협약	1997. 12
	회원국은 기본적인 노동통계를 정기적으로 수집·편집·출판하여야 함	
제111호 (1958)	차별(고용과 직업) 협약	1998. 12
	직업능력개발·고용·특정직업에의 접근·고용계약과 조건 등에 있어 모든 형태의 차별을 철폐할 목적으로 국가정책을 결정·추진함으로써 기회와 처우의 평등을 촉진하여야 함	
제138호 (1973)	최저연령 협약	1999. 1
	아동노동의 효율적인 철폐를 보장하고, 또한 취업의 최저연령을	

	연소자의 심신의 완전한 발달에 가장 적합한 수준까지 점진적으로 높일 것을 규정, 특히 취업 최저연령은 어떤 경우에도 15세 미만이어서는 안됨	
제144호 (1976)	삼자협의(국제노동기준) 협약	1999. 11
	국제노동기구 관련활동을 하는데 있어 정부·사용자·근로자 대표 사이의 효율적인 협의를 보장하기 위한 절차적 조치를 취해야 함	
제159호 (1983)	직업재활과 고용(장애인) 협약	1999. 11
	장애인과 일반 근로자간의 동등한 기회원칙을 토대로 직업소개, 직업능력개발, 취업 및 기타 고용에 관련된 적절한 서비스를 장애인들에게 제공해야 함	
제19호 (1925)	균등대우(재해보상) 협약	2001. 3
	산업재해 발생시 내·외국인 근로자를 차별하지 않고 동등하게 보상하여야 함	
제156호 (1981)	가족부양 의무 근로자 협약	2001. 3
	모든 근로자는 가족부양의 의무로 인하여 고용·승진 등 모든 경제활동에서 차별 금지	
제182호 (1999)	가혹한 형태의 아동노동 협약	2001. 3
	18세 미만 아동에 대한 가혹한 노동을 금지함	
제26호 (1928)	최저임금의 결정제도 협약	2001. 12
	임금이 예외적으로 낮은 산업에 종사하는 근로자를 보호하기 위하여 최저임금제도 유지를 규정함	
제131호 (1970)	최저임금 결정 협약	2001. 12
	부당한 저임금으로부터의 근로자 보호를 위한 최저임금제 시행을 규정함.	
제88호 (1948)	고용서비스 협약	2001. 12
	무료의 공공직업안정기관 유지를 규정함	
제135호 (1971)	근로자 대표 협약	2001. 12
	근로자 대표에게 불이익을 주지 않을 것을 규정함	
제170호 (1990)	화학물질 협약	2003. 4
	작업장에서의 화학물질 사용에 있어 안전유지를 위한 규정 및 사용자와 근로자간 협력 등 규정	
제53호 (1936)	관리자의 자격증명서 협약	2003. 4
	상선에 승무하는 선장과 직원의 최저연령, 자격 등 규정	

제162호 (1986)	석면협약	2007. 4
	직업상 유해한 석면에 노출되는 근로자의 건강 보호에 관한 협약	
제185호 (2003)	선원신분증명협약	2007. 4
	선원신분증명서의 내용, 형태 및 유요한 신분증명서의 효력 등에 관한 협약	
제155호 (1981)	산업안전보건협약	2008. 2
	산재 예방을 위해 산업안전보건 및 작업환경에 관한 국가정책의 수립·시행시, 노사 대표와 협의를 거칠 것 등	
제187호 (2006)	산업안전보건증진체계협약	2008. 2
	노사 대표기구와의 협의에 의한 국가적 차원의 산재예방체제 구 축과 산재예방 정책·프로그램을 통한 지속적 산업안전보건정책 의 증진선원신분증명서의 내용, 형태 및 유효한 신분증명서의 효 력 등에 관한 협약	

① 사회보장최저기준에 관한 협약(1952년, 102호)

이 협약은 사회보장의 중심이 되는 급여의 적용범위, 급여의 종류와 수준, 보험료 납부자와 수혜자의 권리보호, 사회보장의 비용부담, 관리운영상의 행정관리 문제 등에 대해 회원국이 준수해야 할 최저기준을 제시하고, 사회보장급여를 의료급여·질병급여·실업급여·노령급여·업무상재해급여·가족급여·폐질급여·출산급여·유족급여의 9개로 규정하였다.

② 모성보호에 관한 협약(개정)(1952년, 103호)

③ 내외국인의 균등대우 협약(1962년, 118호)

비준국은 사회보장의 적용범위 및 수급권에 있어서 자국의 영토 내에 있는 다른 모든 비준국 국민에 대하여 자국의 사회보장법규에 의하여 자국민에게 주어지는 것과 동등한 대우를 해 줄 것을 규정하고 있다.

④ 업무상재해 조약(1964년, 121호) 및 권고

⑤ 폐질·노령·유족급여 조약(1967년, 128호) 및 권고(1967년, 131호)

⑥ 의료 및 질병급여 조약(1969년, 130호) 및 권고(1969년, 134호)

⑦ 노령근로자 권고(1980년, 162호)

⑧ 사회보장 수급권 유지에 관한 조약(1982년, 157호) 및 권고(1983년, 167호)

제4장
우리나라와 외국과의 사회보장협약

국제법(國際法)이라 함은 국가 상호간 또는 국제조직 간의 국제사회법을 말한다. 국제법의 주체는 국가이며, 개인은 원칙적으로 국제법의 주체가 될 수 없었으나 제2차 세계대전 후 개인도 한정적이나마 국제법의 주체로서 청원권과 소원(訴願)을 낼 수 있는 데까지 발전했다. 1948년 12월 9일 국제연합 제3차 총회에서 채택된 집단살해의방지및처벌에관한조약(convention on the prevention and punish-ment of the crime of genocide: 일명 Genocide조약)에서는 집단살해를 한 자는 국제형사재판소에 의해서 직접 처벌되는 규정을 두고 있다. 이는 개인도 국제법상의 권리 의무의 주체가 될 수 있음을 말해주고 있다. 국제법은 보통 국제조약·협약·협정·약정·의정서 등 그 명칭에 관계없이 국가와 국가 사이 또는 국가와 국제기구 사이의 문서에 의한 합의로 이루어지는 법규이다. 헌법 제6조는 ① 헌법에 의하여 체결·공포된 조약과 일반적으로 승인된 국제법규는 국내법과 같은 효력을 가진다. ② 외국인은 국제법과 조약이 정하는 바에 의하여 그 지위가 보장된다고 규정하고 있다.

일반적으로 승인된 국제법규란 우리나라가 당사국이 아닌 조약으로서 국제사회에서 일반적으로 규범성이 승인된 것과 국제관습법을 말한다. 예컨대 우리나라가 비준한 ILO의 차별금지에관한 제100호 및 111호 협약은 물론, ILO의 사회보장의최저기준의원칙에관한 제102호 협약, 모성보호에관한 제103호 협약, 상선의 최저기준에관한 제147호 협약 등은 비준여부와 상관없이 국제적 기준의 법규가 되어 국제법규로서 사회복지법의 법원이 되고 있다. 이와 같은 국제협약은 국회의 동의를 거치는 경우와 국회의 동의 없이 체결되는 경우가 있는데, 사회보장에 관한 국제협약은 대부분 상호주의 원칙에 입각하여 체결되기 때문에 국회의 동의 없이 행정부가 단독으로 외국정부와 정부 간의 협정으로 이루어지고 있다. 근로자의 국제적 이동이 날로 증가하는 추세에 따라 국가마다 외국에 체류 중인 자국민의 사회보장을 확보하기 위하여 상호주의원칙에 의한 사회보장협정이 증가하고 있다. 특히 사회보험과 같은 경우 보험료의 납부의무에 관하여 협정 당사국 간의 협약에 따라 협정 당사국 국민이 상대국으로의 이동이 있을 경우 상대국의 사회복지법에 의한 자국민과 동등대우 및 권리를 보장받도록 하기 위하여 협약체결 당사국간에 ① 이중가입의 배제, ② 가입기간의 합산, ③ 동등대우, ④ 급여송금의 보장 등의 목적을 가지고 있다. 우리나라의 사회보장협정은 주로 보험료의 "이중부담 면제"와 "가입기간합산"이 주류를 이루고 있다. 이중가입을 배제하여 보험료의 이중부담을 면제하기 위한 목적은 외국의 경우에는 연금보험료율이 우리보다 높기 때문에 그 부담이 크고, 대부분 반환일시금제도가 없어 커다란 손해를 입을 경우가 있기 때문이다. 가입기간의 합산은 연금혜택을 받을 수 있는 기회를 확대하기 위해서이다. 예컨대 우리나라에서 국민연금에 9년을 가입하고, 미국 연금에 13년을 가입한 자는 우리나라 최소가입요건(10년)으로 인한 연금을 받을 수 없지만, 가입기간이 총 22년이 인정되어 22분의 9년치로 계산된 액수의 연금을 받을 수 있게 된다.

우리나라는 현재 이란을 포함한 12개 국가와 사회보장협정을 체결한 상태이고, 프랑스, 벨기에, 필리핀, 호주는 협약을 체결하였으나 미발효 중이며, 덴마크 등과 교섭이 이루어지고 있다. 우리나라의 사회보장협정체결 현황은 다음의 표와 같다.

우리나라의 사회보장협정체결 현황

체결대상국	협정 내용	서명일	발효일
몽골	국민연금법 · 고용보험법 · 고용보험 및 산업재해보상보험의 보험료징수등에 관한 법률	2006년 5월 6일	2007년 3월 1일
헝가리	국민연금법(가입기간합산) · 고용보험법 일부	2006년 5월 12일	2007년 3월 1일
우즈베키스탄	국민연금법(보험료면제)	2005년 5월 10일	2006년 5월 1일
일본	국민연금법(보험료면제)	2004년 2월 17일	2005년 4월 1일
중국	연금가입상호면제를 위한 잠정조치협정에 관한 교환각서(보험료면제)	2003년 2월 28일	2003년 5월 23일
독일	국민연금법(가입기간합산) · 고용보험법 일부	2000년 3월 10일	2003년 1월 1일
이탈리아	국민연금법(보험료면제)	2000년 3월 3일	2005년 4월 1일
네덜란드	국민연금법(보험료면제)	2002년 7월 3일	2003년 10월 1일
미국	국민연금법(가입기간합산) · 산업재해보상보험법 일부	2000년 3월 13일	2001년 4월 1일
영국	국민연금법(보험료면제)	1999년 4월 20일	2000년 8월 1일
캐나다	국민연금법(가입기간합산)	1997년 1월 10일	1999년 5월 1일
이란	사회보험료의 포괄적 면제	1977년 5월 11일	1978년 6월 10일
프랑스	국민연금법. 산업재해보상보험법. 국민건강보험법(가입기간합산)	2006년 6월	2007년 6월

❖ 협정서명국(미발효국)

  벨기에: 2005년 7월 5일 서명, 국민연금(가입기간합산)

  필리핀: 2005년 12월 15일 서명, 국민연금(가입기간합산)

  호 주: 2006년 12월 6일 서명, 국민연금(가입기간합산)

❖ 협정교섭국

  덴마크, 스위스, 아일랜드, 퀘벡, 오스트리아, 체코, 스페인, 불가리아, 슬로바키아, 폴란드

제7편

인간다운 생활권

제 1 장
헌법상 기본권

제1절 기본권의 의의

　헌법은 국민의 자유와 권리를 보장하기 위하여 인간의 존엄권을 모든 기본권의 이념적 핵으로 하면서, 인간의 존엄성에 상응하는 인간다운 생활권을 제34조 제1항에 규정하고 이 인간다운 생활권을 실현하기 위하여 제2항부터 제6항까지의 사회보장수급권을 규정함으로써, 이 규정에 따라 구체적으로 제정된 법이 사회보장기본법, 노인복지법, 아동복지법, 국민기초생활보장법 등의 사회복지법이다. 이와 같은 구체적인 개별 사회복지법에 의하여 사회보장수급권자는 사회보장급여청구권이 보장되는 것이다.

　헌법상 인간다운 생활권을 규정한 사회권적 기본권과의 관계를 알아야 사회보장제도를 올바로 이해 할 것이다. 1987년 10월 29일 개정된 현행의 제10호 헌법은 전문과 제10장 130개 조항, 부칙 6개 조항으로 구성되어 제1장 총강, 제2장 국민의 권리와 의무, 제3장 국회, 제4장 정부, 제5장 법원, 제6장 헌법재판소, 제7장 선거관리, 제8장 지방자치, 제9장 경제, 제10장 헌법개정으로 편성되어 있다.

　헌법상 기본권에는 ① 인간의 존엄과 가치·행복추구권(제10조), ② 평등권(제11조), ③ 자유권(제12조-제22조 인신·사생활·정신), ④ 경제권(제23조 재산·직업선택·소비자권리), ⑤ 정치권(제24·25조), ⑥ 청구권(제26조-30조 청원·재판·배상·보상), ⑦ 사회권(제31조-제36조 인간다운생활·교육·근로·근로3권·환경·혼인·가족·모성·보건)적 기본권이 있으나, 국민의 자유와 권리는 헌법에 열거되지 않은 이유로 경시되지 않는데 자기결정권, 일조권, 수면권 등이 있다.

　국민의 기본적 의무로서는 ① 납세, ② 국방, ③ 교육, ④ 근로, ⑤ 환경보전, ⑥ 재산권행사의 공공복리적합(소유권행사의 사회성)의 의무가 있다.

제 2 절 기본권의 내용

1. 인간의 존엄과 가치 · 행복추구권

(1) 인간의 존엄과 가치 존중권

헌법 제10조 전단에 "모든 국민은 인간으로서의 존엄과 가치를 가지며"라고 한 규정은 건국 헌법에서는 규정도 되지 못하고 1962년 12월 26일 개정된 제6호 헌법에 비로소 입법된 포괄적 기본권으로서 헌법상 최고의 객관적 규범이며 국가 공권력은 물론 개인 간에도 존중해야 하는 권리이다. 인간의 존엄과 가치 존중은 윤리적 · 도덕적 · 초국가적 자연법원리를 의미하며, 실정헌법에 규정되어 있기 때문에 법규범성까지 가지고 있다. 따라서 모든 기본권의 이념적 근원이며 최고의 가치로서의 중핵이 되며 목적적 기본권이기 때문에 헌법에 열거된 기본권은 물론 열거되지 아니한 기본권[1]까지도 인간의 존엄과 가치를 추구하는 목적과 수단이라는 유기적 관계에 있는 포괄적 기본권이다. 헌법 제37조 제2항의 "국민의 자유와 권리는 국가안전보장, 질서유지 또는 공공복리를 위하여 필요한 경우에 한하여 법률로서 제한할 수 있으며…"라는 기본권 제한 규정이 있으나, 법률로써 기본권을 제한하는 경우에도 인간의 존엄과 가치권은 침해할 수 없는 본질적 내용이며 헌법개정절차에 의해서도 폐지될 수 없는 조항이다. 따라서 인간의 존엄과 가치는 구체적인 주관적 공권은 아니지만 국가가 인간으로서의 존엄과 가치를 침해하는 경우에는 불법행위가 되어 위헌 · 무효와 더불어 피해에 대한 손해배상을 청구할 수 있는 대국가적 방어권의 성격도 있다.[2] 그리고 모든 인간에게 주어진 인격주체성을 의미하므로 국민뿐만 아니라 외국인에게도 적용되지만 법인에게는 적용되지 아니한다.

(2) 행복추구권

헌법 제10조 후단의 "행복을 추구할 권리"는 1980년 10월 27일 개정된 제9호 헌법에서 비로소 규정된 기본권으로서 물직적 풍요와 정신적 만족을 동시에 추구할 수 있는 권리로서 자유권적 성격과 사회권적 성격을 아울러 가지는 기본권 전

---

1) 열거되지 않은 기본권(제37조)의 예: 생명권, 평화적 생존권, 휴식권, 수면권, 일조권, 스포츠권 등.
2) 권영성, 『헌법학원론』, 법문사, 2007, 376면.

반에 관한 총체적·포괄적 기본권이다. 행복추구권은 인간으로서의 존엄과 가치를 실현하기 위한 수단으로서 소극적·방어적 권리(신체의 자유, 양심의 자유)로서의 성격과 적극적 권리(재판청구권, 근로3권)로서의 성격적인 양면성이 있다. 따라서 대국가적 효력과 제3자적 효력을 아울러 가지고 있기 때문에 국가나 사인에 의하여 행복추구권이 침해되거나 방해받을 경우에는 그 침해를 이유로 침해행위 배제청구나 침해예방청구 또는 손해배상청구를 할 수 있다. 행복추구권은 자연법사상을 바탕으로 한 생래적 권리로서 인간의 존엄과 가치를 존중하는 불가분의 관계이기 때문에 자연인이면 국민뿐만 아니라 외국인도 향유할 수 있는 포괄적 권리이다. 그러나 행복추구권은 타인의 행복추구권을 방해하지 아니하는 한도 내에서만 보장되는 내재적 한계가 있기 때문에 반국가적·반사회적·반도덕적 행위로 나타날 경우에는 제37조 제2항의 기본권 제한규정에 따라 국가안전보장, 질서유지, 또는 공공복리를 위하여 제한할 수 있다.

2. 평등권적 기본권

평등권은 생래적·천부적 권리이며 민주주의를 실현하는 국법질서의 구성요소가 되는 권리로서, 국가로부터 부당하게 차별대우를 받지 아니함은 물론 국가에 대하여 평등한 처우를 요구할 수 있는 개인의 주관적 공권이며, 기본권 전반에 공통적으로 작용되는 권리이다. 평등권은 헌법 전문에서 "모든 영역에 있어서 각인의 기회를 균등히 하고 … 안으로는 국민생활의 균등한 향상을 기하고"라고 규정한데 이어, 제11조에서는 "모든 국민은 법 앞에 평등하다. 누구든지 성별·종교 또는 사회적 신분에 의하여 정치적·경제적·사회적·문화적 생활의 모든 영역에 있어서 차별을 받지 아니한다."는 규정은 사회정의 실현, 기회의 균등한 제공 및 국민생활의 모든 영역에 있어서 차별을 받지 아니하는 평등한 향상을 규정하고 있는 것이다. 평등의 원칙은 법을 적용함에 있어서 모든 인간을 원칙적으로 평등하게 다루어야 한다는 법원칙으로서 그 중심내용은 기회균등과 자의의 금지이다.

헌법은 평등권의 주체를 국민으로만 명시하고 있으나 국제법과 호혜주의원칙에 따라 결정된다. 평등권은 자연인만이 아니라 법인이나 법인격 없는 단체도 그 주체가 되며, 법앞의 평등에서 법의 의미는 성문법과 불문법, 국내법과 국제법을 가리지 않고 헌법, 법률, 명령, 규칙 등 모든 법규범을 말한다. 평등의 본질은 평균적 정의에 입각한 절대적 평등과 배분적 정의에 입각한 상대적 평등으로 구분되는데, 전자는 모든 인간을 모든 점에서 무차별적·등가적 원칙에 따라 균등하게 대하는 것으로서 현실적이지 못하나, 국민기초생활보장법에 의하여 수급권자에게 제공되는 공공부조제도는 이 원리를 부분적 기초로 삼고 있다. 후자는 모든 인간을 평등하게 대하되 합리적 근거[3]와 정당한 이유에 의하여 차별이 허용되는 것이다. 일정 규모 이상의 사업체에 대한 장애인의무고용제도와 같은 것은 상대적 평등론에서 인정되는 제도이다. 평등의 의미는 생활영역에 따라 변용될 수 있는데 정치적 영역에서는 절대적 평등이 보다 중시되고 사회적·경제적 영역에서는 상대적 평등이 보다 중시된다. 평등권은 헌법은 제37조 제2항의 규정에 의하여 국가안전보장·질서유지·공공복리를 위하여 필요한 경우에 한하여 법률로써 제한할 수 있으나 본질적인 내용은 침해할 수 없는 기본권이다.

3. 자유권적 기본권

자유권이라 함은 개인의 인신(생명, 신체)·정신(양심, 종교, 언론출판, 집회결사, 학문예술)·사생활(주거, 거주이전, 통신)의 자유로운 영역이 국가권력의 간섭이나 침해를 받지 아니할 소극적·방어적 공권이며 초국가적인 인간의 권리이다. 초국가적 권리라 할지라도 자유가 무제한적·이기적인 것이 될 수 없기 때문에 절대적 자연권을 의미하는 것이 아닌 상대적 자연권에 지나지 않는다. 개인의 진정한 자유를 실현하기 위해서는 생존권의 보장이 전제조건이다. 자유권이 소극적 권리인데 대하여 사회권은 적극적 권리성을 가지고 있다. 사회복지에서의 평등과 자유는 상충하는 개념이 아니고, 평등 없는 자유가 없으며 자유 없는 평등이 있을 수 없는 상호보완적인 개념이다.

4. 경제권적 기본권

근대시민법에서는 소유권절대의 원칙·계약자유의 원칙·과실책임의 원칙 등의 자본주의사회의 자유방임 즉 경제적 자유와 권리를 보장하는 것이었으나, 19세기 중엽을 지나면서 경제적 자유방임주의에 의한 빈곤·실업·질병 등의 사회적 위험에 직면하자, 국가의 경제적 자유방임주의에 대한 수정이 불가피하게 되었다. 이러한 기반 위에 1919년 바이마르 헌법 제151조에서 경제생활의 질서는 모든 국민에게 인간다운 생활을 보장하기 위한 정의의 원칙에 적합한 한계 내에서 개인의 경제적 자유는 보장된다는 규정과 제153조에서 소유권은 보장하되 그 내

---

3) 합리적 근거: ① 인간의 존엄성존중의 헌법 최고의 원리, ② 정당한 입법목적(공공복리)의 달성, ③ 수단의 적절성이라는 세 가지 복합적 요소를 기준으로 하여 판단한다. 권영성, 앞의 책, 389면.

용과 한계는 법률로 정하며, 소유권의 행사는 공공복리에 이바지하여야 한다는 규정을 함으로써, 개인의 재산권 행사에 대한 제한이 세계적으로 파급되면서 근대시민법의 3대 원칙이 소유권의 사회성 원칙, 계약공정의 원칙, 무과실 책임의 원칙에 의한 다양한 사회권적 기본권이 형성되었다. 우리나라도 1962년 12월 26일 개정된 제6호 헌법에 인간의 존엄과 가치 · 인간다운 생활 · 사회보장의 용어가 도입되면서 경제적 약자에 대한 사회보장 정책이 확대 · 강화되어 직업선택의 자유와 함께 최근에는 소비자의 권리까지 새로운 경제적 권리로 강조되고 있다. 헌법 제23조는 ① 모든 국민의 재산권은 보장된다. 그 내용과 한계는 법률로 정한다. ② 재산권의 행사는 공공복리에 적합하도록 하여야 한다. ③ 공공필요에 의한 재산권의 수용 · 사용 또는 제한 및 그에 대한 보상은 법률로써 하되 정당한 보상을 지급하여야 한다고 규정하고 있다.

5. 정치권적 기본권

정치권적 기본권에는 정치적 자유권, 참정권 및 정치적 활동권이 포함된 권리이다. 정치적 자유권은 국민이 국가기관의 구성과 국가의 정치적 의사 형성과정에 직 · 간접으로 참여하는 권리로서, 정치적 의견을 자유로이 표명하거나 출판의 자유, 집회시위의 자유, 결사의 자유가 보장되어야 한다. 참정권은 국민이 국정에 참여하거나 국가기관을 구성하는 권리로서 권리성만 있고 의무성은 없으며, 일신전속권이며 대리행사는 인정되지 아니한다. 현행 헌법상의 직접참정권으로서는 ① 헌법개정안에 대한 국민표결권, ② 국가안위의 중요정책에 대한 국민표결권, ③ 주민투표권과 주민소환권이 있고, 간접참정권으로서는 ① 선거권, ② 공무담임권(피선거권)이 있다. 정치적 활동권은 적극적이고 포괄적인 정치적 활동으로서 ① 정당의 결성 및 당내 활동권, ② 투표나 선거활동권, ③ 환경보호나 공해방지 등의 주민운동권 · 시민운동권 및 저항권 등을 들 수 있다.

6. 청구권적 기본권

청구권적 기본권이라 함은 기본권보장을 위한 기본권이다. 국민이 국가에 대하여 일정한 행위를 적극적으로 청구할 수 있는 주관적 공권으로서, 권리나 이익을 확보하기 위한 수단적 성질의 기본권이며, 국가적 급부(급여)나 서비스를 청구함을 내용으로 하는 기본권이며 행사절차에 관한 구체적 입법이 있을 경우에 비로소 행사할 수 있는 불완전한 구체적 권리[4]이다. 청구권적 기본권에는 다음과 같은 유형이 있는데, 사회복지법에 의한 사회보장수급권과 상당한 관련이 있기 때문에 상설한다.

(1) 청원권

헌법 제26조는 ① 모든 국민은 법률이 정하는 바에 의하여 국가기관에 문서로 청원할 권리를 가진다. ② 국가는 청원에 대하여 심사할 의무를 진다라고 규정하고 있다. 청원권이라 함은 국가기관에 대하여 일정한 사항에 관하여 이의, 의견이나 희망을 진술하여 그에 대한 사항을 처리하는 제도로써, 자유권과 청구권의 복합적 성격을 동시에 가지고 있는 권리(다수설)이다. 청원권의 주체는 국민이지만, 외국인과 법인에게도 인정된다.

청원사항은 입법사항으로 되어 있으나 국가기관이나 공공기관의 권한에 속하는 사항이면 모두가 청원의 대상이 될 수 있으나 ① 재판의 간섭, ② 재판·행정심판·감사·수사·중재·조정 등 다른 구제절차에 의하여 진행 중인 것, ③ 국가원수의 모독, ④ 허위사실·중상모략사항, ⑤ 사인간의 사항, ⑥ 청원인의 인적사항 및 청원내용의 불명확, ⑦ 타인의 모해를 목적으로 한 허위사실 등의 청원은 할 수 없다(청원법 제5조 및 제10조). 청원의 대상기관은 헌법상 국가기관으로 되어 있으나 청원법은 국가기관(국회·법원·중앙행정기관 등), 지방자치단체와 그 소속기관, 법령에 의한 행정권을 가지고 있거나 행정권한을 위임 또는 위탁받은 법인·단체 또는 그 기관이나 개인으로 규정하고 있다(청원법 제3조).

청원은 청원인의 성명·직업·주소를 반드시 기재하고 청원의 이유와 취지를 명시하여 서명날인한 문서로 하여야 하되, 국회나 지방의회에 청원을 하려는 자는 의원의 소개를 얻어 청원서를 제출하여야 한다. 청원서는 청원사항의 주관 관서나 처분관서에 제출하되 이중청원은 금지된다. 청원을 접수한 관서가 청원내용의 주관에 속하지 아니한 경우에는 주관관서로 이송하여야 하고, 청원수리기관은 심사와 처리결과를 청원자에게 통지할 의무는 있으나 그에 대한 재결이나 결정의 의무는 없다. 사회보장수급권의 실체적 권리나 수속적 권리의 실현을 위하여 청원권을 행사할 수 있음은 물론이다.

(2) 재판청구권

헌법 제27조는 모든 국민은 헌법과 법률이 정한 법관에 의하여 법률에 의한 재판을 받을 권리를 보장하고 있다. 국민의 기본권이 침해되지 않도록 하기 위한

---

4) 권영성, 앞의 책, 588면.

사전예방대책과 사후구제절차가 있다. 기본권의 사후구제절차는 행정절차적 보장과 사법절차적 보장이 있는데, 사법절차적 보장이 재판청구권이다. 재판청구권에는 민사재판·형사재판·행정재판·헌법재판 등의 권리가 있다. 사회복지와 관련된 행정작용의 위법·부당으로 인하여 권익이 침해된 경우 행정쟁송에 의하여 구제받을 수 있다. 행정쟁송은 대부분 이의신청·행정심판·항고소송으로 이루어지는데, 행정쟁송은 심판기관의 성격에 따라 행정심판과 행정소송으로 나누어진다. 전자는 행정기관에 의하여 심리·재결되는 행정쟁송이며, 후자는 법원에 의하여 심리·판결되는 행정쟁송이다. 예컨대 국민건강보험의 보험급여 및 보험급여비용에 관한 공단의 처분에 이의가 있는 경우에는 공단에, 요양급여비용 또는 요양급여 평가의 적정성에 대하여 이의가 있는 자는 건강보험심사평가원에 각각 1차적으로 이의신청을 할 수 있고, 공단이나 건강보험심사평가원의 결정에 불복이이 있는 자는 보건복지부의 건강보험분쟁조정위원회에 심사청구를 할 수 있다. 이 경우 1차적인 이의신청이나 2차적인 건강보험분쟁조정위원회의 심사청구결정에 불복이 있는 자는 행정소송법이 정하는 바에 의하여 행정소송을 제기할 수 있도록 하고 있다. 대부분의 사회복지법에 의한 불이익의 구제수단이 이러한 행정심판전치주의를 택하고 있는데, 법원의 행정소송 전에 건강보험분쟁조정위원회와 같은 행정기관의 2차적인 심사결정을 행정심판이라 한다.

(3) 국가배상청구권과 국가보상청구권

국가배상청구권이라 함은 공무원의 직무상 불법행위 또는 영조물의 설치·관리의 하자로 인하여 손해를 받은 국민이 국가 또는 공공단체에 대하여 배상을 청구할 수 있는 공권적 청구권이다. 국가보상청구권이라 함은 적법한 또는 무과실의 공권력발동에 의한 권익을 침해당한 국민이 국가에 대하여 보상을 청구할 수 있는 권리로써 손실보상청구권과 형사보상청구권이 있다.

(4) 범죄피해자구조청구권

헌법 제30조는 "타인의 범죄행위로 인하여 생명·신체에 대한 피해를 받은 국민은 법률이 정하는 바에 의하여 국가로부터 구조를 받을 수 있다."라는 규정을 하여 본인에게 귀책사유가 없는 타인의 범죄행위로 말미암아 생명을 잃거나 신체상 피해를 입은 국민 또는 그 유족이 가해자로부터 충분한 피해배상을 받지 못한 경우에 국가에 대하여 일정한 보상을 청구할 수 있는 권리이다. 범죄피해자구조청구권의 본질은 범죄의 예방과 진압책임이 국가책임이라는 측면과 사회국가 이념에 따른 사회보장적 측면의 복합적 성격의 제도로서 국가배상적 사회보장청구권이다.[5] 구조금은 유족구조금과 장해구조금이 있으며 구조금을 지급받고자 하는 자는 범죄피해의 발생을 안 날로부터 2년 이내 또는 범죄피해 발생일로부터 5년 이내에 관할 범죄피해구조심의회에 신청하여야 하며, 구조금의 수령권은 양도·담보·압류로 제공할 수 없고 2년간 행사하지 아니하면 소멸한다.

7. 사회권적 기본권

헌법 제31조부터 제36조까지가 사회권적 기본권이다. 이 중에서 "모든 국민은 인간다운 생활을 할 권리를 가진다."는 헌법 제34조 제1항의 규정은 사회권적 기본권의 이념적 핵심적 규정이며, 같은 조 제2항부터 제6항까지는 수단적 사회보장수급권을 규정한데 이어, 사회권적 기본권의 이념적 규정인 인간다운 생활권을 실현하기 위한 수단적 권리로서 제31조(교육을 받을 권리), 제32조(근로의 권리), 제33조(근로3권), 제35조(환경권), 제36조(혼인·가족생활·모성보호·보건권)의 규정을 두고 있다. 다음 장에서 자세히 설명한다.

---

5) 권영성, 앞의 책, 626면.

제 2 장
사회권적 기본권과 인간다운 생활권

제1절   사회권적 기본권의 배경

1. 사회권적 기본권의 의의

사회권적 기본권이라 함은 사회권적 기본권, 수익권적 기본권, 생활권적 기본권, 생존권적 기본권이라고도 하는데, 안전과 자유와 행복을 추구하는 단체주의적 사회정의의 실현을 목적으로 하는 사회국가(복지국가)에서 모든 국민이 인간다운 생활을 보장하기 위하여, 국가에 대하여 일정한 급여나 서비스를 요구할 수 있는 권리를 말한다. 사회권적 기본권의 이념은 인간의 존엄권에 상응하는 인간다운 생활을 보장하는 것이고, 사회권적 기본권의 내용은 인간다운 생활을 할 수 있는 국가적 사회보장급여 및 사회서비스이며, 사회권적 기본권의 실현형태는 헌법적 보장과 함께 헌법적 보장을 실현하는 구체적 입법이 마련되어야 한다. 인간다운 생활권이라 함은 단순히 생물학적 유기체로서의 물질적으로 생명을 보전하고 건강을 유지할 수 있는 정도의 권리만이 아니고 건강하고 문화적인 최소한의 생활을 할 수 있는 권리를 의미한다.

2. 사회권적 기본권의 종류

현행 헌법이 규정하고 있는 사회권적 기본권으로 ① 제31조(교육을 받을 권리), ② 제32조(근로의 권리), ③ 제33조(근로 3권), 제34조(인간다운 생활권), 제35조(환경권), 제36조(혼인과 가족생활·모성보호 및 보건권)을 규정하고 있다.

사회권적 기본권 중에서 특히 제34조 제1항의 인간다운 생활을 할 권리는 제10조의 인간의 존엄과 가치에 상응하는 건강하고 문화적인 생활을 영위할 수 있는 주된 생존권으로서, 사회권적 기본권의 이념 내지 목적이며 총체적 규정으로서의 중핵이 된다.

3. 사회국가와 사회적 시장경제질서

(1) 사회국가의 개념

사회국가라 함은 안전과 자유와 행복을 추구하는 단체주의적 사회정의의 실현을 위하여 모든 국민에게 인간다운 생활의 기본적 수요를 충족시킴으로써 건강하고 문화적인 생활을 영위할 수 있도록 하는 것이 국가의 책임이면서, 그것에 대한 요구가 국민의 권리로서 인정되어 있는 국가를 말한다.

(2) 사회국가의 발전

막스 베버(Max Weber, 1864-1920)는 국가를 독점적 강압력, 통일적 권위 및 제반 법률적·행정적 장치를 기초로 하여 일정한 영토와 그 영토내의 주민을 배타적으로 지배하는 정치적 공동체라고 정의하였다. 처음 소극국가 또는 약탈국가로 형성된 국가는 원형적 국가로서 정체되어 있는 것이 아니고 정치집단의 의도 또는 시민사회와의 상호공존 및 협상에 의한 국민적 합의에 따라 국가형태는 지속적·역동적으로 변화하여, 약탈국가에서 야경국가로, 야경국가에서 발전국가로, 발전국가에서 민주국가로, 민주국가에서 사회국가(복지국가)형태로 발전해 오는 동안, 사회적으로는 중세봉건사회(5세기-16세기)에서 근대시민사회(17세기-20세기)로, 근대시민사회에서 현대(복지)사회(20세기 중엽이후)로 변천해 왔다.

1789년 프랑스 대혁명 이후 18·19세기는 자유와 평등을 바탕으로 하는 개인주의적 근대시민사회로 발달하였다. 근대시민사회는 자본주의적 자유시장 경제질서 체제로써, 개인의 경제활동에 관해서는 자유(방임)주의 시대로서 사적자치의 3대원칙인 ① 소유권절대의 원칙, ② 계약자유의 원칙, ③ 과실책임의 원칙이 강조되었기 때문에 개인에 대한 재산권행사의 불가침을 보장하는 것이었다. 그러나 자본주의가 고도로 발달하면서 19세기 말부터 20세기 초까지 거치는 동안 자유시장경제에 의한 대기업들의 독점적 시장지배와 이에 대항하는 근로자들의 대치가 심화되고, 가격기구의 인위적 조작과 자원의 불합리적 배분과 빈익빈부익부 현상에 의한 소득불균형의 사회적 갈등·대립이 사회문제로 야기되면서 대다수의 국민이 부자유·불평등에 빠지게 되었다. 20세기 중엽에 이르러서는 개인경제 활동에 대하여 중립성을 지키던 국가가 근대시민사회의 자본주의적 자유시장경제 체제의 형식적인 자유와 평등을 실질적으로 해결하기 위한 모색을 하게 되었다. 그 모색 중의 하나는 자본주의적 자유시장 경제질서의 기존틀을 유지하면서 근대시민법인 사적자치의 3대원칙이 ① 재산권행사의 공공복리 적합원칙(소유권행사의 사회성 원칙), ② 계약공정의 원칙, ③ 무과실책임(집합적책임)의 원칙으로 수정된 사회국가로 발전하여 사회적 시장경제 질서체제로 대체되었다.

다른 하나는 자본주의적 자유시장 경제질서를 전면적으로 배제하고 사회혁명의 방법을 채택한 사회주의적 공산국가로 발전하여 계획경제 질서체제로 대체되었다.

따라서 사회권적 기본권 및 사회보장법은 근대시민국가의 자본주의적 자유시장 경제질서 체제가 사회국가의 사회적 시장경제 질서체제로 발달하는 과정에서 형성되어진 권리 및 법이다.

(3) 사회적 시장경제질서와 사회주의적 계획경제질서

사회적 시장경제 질서는 사유재산제의 보장과 자유경쟁을 기본원리로 하는 자유시장 경제질서를 기본으로 하되, 사회복지·사회정의·경제민주화 등을 실현하기 위하여 부분적으로 사회주의적 계획경제를 가미한 제3의 경제질서를 말한다. 1919년 바이마르헌법공화국을 비롯한 자본주의 국가유형의 자유시장 경제질서 체제에 계획경제 질서체제를 가미한 사회국가들이 이에 속한다. 사회적 시장경제질서의 가치기준은 ① 독과점의 배제, ② 공정거래, ③ 재화의 공정배분, ④ 사회적 수요에 상응하는 생산, ⑤ 저소득층에 대한 국가의 적극적 분배정책, ⑥ 경제적 불평등요인을 제거함으로써 사회개량적 사회통합을 그 내용으로 하고 있다. 이 내용들을 실현시키기 위한 구체적인 방법으로 제도화된 것이 ① 사회보장제도의 강화, ② 사회정책적 조세제도 시행, ③ 적정임금 보장제, ④ 최저임금 보장제, ⑤ 완전고용제, ⑥ 생산제의 부분적 유상 국유화 정책, ⑦ 재산권행사의 공공복리적합 의무제 등이다.

사회주의적 계획경제 질서는 1848년 마르크스와 엥겔스(K.H. Marx & F. Engels)에 의한 공산당 선언에 이어 1917년 러시아의 프롤레타리아(Proletriat) 혁명을 통하여 자본주의적 자유시장 경제질서를 전면적으로 배제하는 사회혁명의 방법을 채택한 사회주의국가의 경제질서 체제를 말한다. 구소련을 비롯한 공산주의 국가가 이에 속한다. 사회주의적 계획경제 질서는 인간에 의한 인간의 경제적 착취의 배제와 전체인민의 복리와 수요의 충족을 그 이념으로 하는 이상사회(理想社會)를 건설하기 위하여 ① 사유재산제도의 전면부인, ② 생산수단의 사회화, ③ 직업선택의 부자유, ④ 이윤추구의 불인정, ⑤ 전면적인 계획경제, ⑥ 공동생산 및 공동분배를 특징으로 하고 있으나, 개인의 이윤추구동기가 없었기 때문에 열심히 일하지 아니하는 해이풍조의 만연으로 구소련을 중심으로 공산주의 국가가 붕괴되기에 이르렀다. 이처럼 사회주의 경제의 결함이 노출되면서 사회주의 국가에서도 사회주의 장점은 살리면서 자본주의의 부분적 장점을 수용·가미하여 수정하거나 개량하려는 경제개편이 시도되고 있는바, 이것이 수정사회주의적 경제질서이다.[1)

제 2 절 사회권적 기본권의 법적 성격

헌법재판소도 사회권적 기본권의 통제규범성과 재판규범성을 인정[2]하고 있지만, 사회권적 기본권에 관한 학설은 프로그램 권리설과 법적 권리설로 나누어지고, 법적권리설은 추상적 권리설과 구체적 권리설로 구분되어 추상적 권리설이 다수설이긴 하나, 헌법학자 권영성 교수는 불완전한 구체적 권리설를 주장하고 있는데 필자도 이 설에 동조하는 바이다.

1. 프로그램 권리설

사회권적 기본권이 헌법상에 규정되어 있지만 이 규정은 구체적·현실적 권리가 아니라 단지 프로그램(강령) 규정에 지나지 않는다는 학설이다. 즉 국가의 정책목표 내지 정치적 강령을 선언하여, 입법권자에게 입법의 방침을 제시한 것에 불과할 뿐 입법권자에 대한 구속력도 없기 때문에 입법권자의 재량에 의한 반사적 이익만을 기대한다. 그러므로 국가에 대한 의무이행의 재판청구도 할 수 없으며, 입법의 태만을 헌법위반이라 하여 사법적(司法的) 구제를 구할 수도 없다.

2. 법적 권리설

사회권적 기본권은 헌법상에 규정된 권리이기 때문에 국민이 국가에 대하여 법적으로 요구할 수 있는 권리를 부여한 것이고, 국가는 법적 이행의무를 가지고 있다는 학설로써, 사회권적 기본권을 헌법규정에 의하여 직접 청구할 수 있는가 혹은 입법이 없는 경우에 입법을 강제할 수 있는가에 따라 추상적 권리설과 구체적 권리설로 구분된다.

---

1) 권영성, 앞의 책, 168면 참조.
2) 헌재 1997. 5. 29. 94헌마33.

(1) 추상적 권리설

사회권적 기본권은 헌법상에 직접 구체적인 권리를 규정하고 있지는 않기 때문에 추상적이긴 하나 법적 권리이며, 국가의 의무이행이 사법적 절차에 의하여 강제될 수 없을지라도 국가는 사회권적 기본권보장을 위한 입법 또는 기타 필요한 조치를 강구할 추상적 의무를 진다는 학설이다.

(2) 구체적 권리설

사회권적 기본권은 헌법에 보장된 권리이기 때문에 그것을 구체화하는 입법이 없다하더라도 직접 효력을 가지는 규정이고 구체적 권리로서 사회권적 기본권을 보장하고 있다는 학설이다. 따라서 국민은 국가에 대하여 사회권적 기본권 실현에 관한 구체적 입법이 없거나 있더라도 그 내용이 불충분한 경우에는 법률의 제정이나 개정을 요구할 수 있음은 물론 국가에 대하여 구체적이고 현실적인 권리로서 주장할 수 있다고 한다. 이에 대하여 제1설은 위헌청구의 대상은 되지 않는다는 견해가 있는가 하면, 제2설은 헌법소원으로 사법적 구제를 구할 수 있다는 견해로 나누어진다.

3. 불완전한 구체적 권리설

사회권적 기본권은 자유권적 기본권처럼 직접 효력을 가지는 완전한 의미에서의 구체적 권리일 수는 없다 할지라도, 정치권적 기본권이나 청구권적 기본권의 일부와 동일한 수준의 불완전하나마 구체적인 권리로서의 성격을 가진다는 것이다. 사회권적 기본권의 구체적 실현적 내용은 직접 헌법규정에 의하여 확정되는 것이 아니라, 헌법규정을 실현시키는 구체적인 입법에 따라 결정된다. 사회국가를 지향하는 국가에서의 사회권적 기본권에 대한 헌법규정은 재판규범이 되면서, 국가(입법자)에 대하여 사회권적 기본권 실현을 구체화할 입법의무를 부과한 것이기 때문에 입법자가 사회권적 기본권실현에 필요한 구체적 입법을 태만히 하거나 그 내용이 위반된 경우에는 헌법소원을 제기할 수 있고, 헌법재판소는 헌법불합치결정과 함께 입법촉구결정을 할 수 있다는 것이다.[3] (다음 제8편 제5장 제3절 헌법소원제도 참조)

---

3) 권영성, 앞의 책, 634면.

제3절 사회권적 기본권 실현을 위한 헌법 규정

1. 의 의

1987년 10월 29일 개정되어 현재에 이르는 제10호 헌법은 사회국가원리를 지향함으로써 사회권적 기본권을 보장하고 있다. 사회권적 기본권을 실현하기 위한 헌법규정을 분류해 보면 ① 사회권적 기본권의 이념적 전제 및 목적규정, ② 사회권적 기본권의 기본방향 규정, ③ 사회권적 기본권을 실현하기 위한 국가적 과제의 규정, ④ 사회권적 기본권의 종류를 규정하고 있다. ①의 규정으로 헌법 제10조의 인간의 존엄과 가치·행복추구권을, ②의 규정으로 전문에서의 기회균등과 제10조의 평등권을, ③의 규정으로 재산권행사의 공공복리적합의무(제23조) 및 경제에 관한 규제와 조정(제119조) 등을, ④의 규정으로는 사회권적 기본권의 이념 내지 목적이 되는 인간다운 생활권(제34조)과 그 수단적 권리로서 교육권, 근로권, 근로3권, 환경권, 혼인·가족·모성·보건권을 규정하고 있다.

2. 사회권적 기본권의 이념적 전제 및 목적 규정

헌법 제10조의 "모든 국민은 인간으로서의 존엄과 가치를 가지며, 행복을 추구할 권리를 가진다. 국가는 개인이 가지는 불가침의 기본적 인권을 확인하고 이를 보장할 의무를 진다."라고 규정하고 있다. 인간의 존엄과 가치권·행복추구권은 사회권적 기본권을 비롯한 모든 기본권의 이념적 전제이며, 목적을 명시한 것으로써 당연히 사회권적 기본권에도 적용된다. 따라서 인간의 존엄과 가치권·행복추구권은 사회권적 기본권의 이념적 전제이며 목적이다.

3. 사회권적 기본권의 기본방향 규정

헌법 전문에서 "모든 영역에 있어서 각인의 기회를 균등히 하고 … 국민생활의 균등한 향상을 기하고"라고 선언한데 이어 제11조에서는 "모든 국민은 법 앞에 평등하다…"라고 하여 차별금지의 사유로 성별·종교·사회적 신분을, 차별금지의 영역으로 정치적·경제적·사회적·문화적 생활의 영역을 규정함으로써, 사회정의 실현, 기회의 균등한 제공, 국민생활의 모든 영역에 있어서 차별을 받지 아니하는 평등한 향상을 규정하고 있다. 이러한 기회균등과 평등권의 조항은 사회권적 기본권을 실현함에 있어 기본방향을 지도하고 있는 규정이다.

4. 사회권적 기본권을 실현하기 위한 국가적 과제의 규정

(1) 재산권행사의 공공복리적합 의무 규정

헌법 제23조는 ① 모든 국민의 재산권은 보장된다. 그 내용과 한계는 법률로 정한다. ② 재산권의 행사는 공공복리에 적합하도록 하여야 한다. ③ 공공필요에 의한 재산권의 수용·사용 또는 제한 및 그에 대한 보상은 법률로써 하되, 정당한 보상을 지급하여야 한다라고 규정하였다. 이 규정은 재산권의 공공복리적 상대화와 사회화를 규정하여 사회정의 실현을 위한 사회국가적 정책을 실현하기 위한 것이다. 더불어 제121조(농지의 소작금지), 제126조(사기업의 국·공유화 또는 통제 등 금지) 등을 규정함으로써 사회국가 실현을 위하여 필요한 경우 사유재산제도의 수정까지 가능하도록 한 것이다.

(2) 경제에 관한 규제·조정에 관한 규정

헌법 제119조 제2항에서 "국가는 균형있는 국민경제의 성장 및 안정과 적정한 소득의 분배를 유지하고 시장의 지배와 경제력의 남용을 방지하며, 경제주체간의 조화를 통한 경제의 민주화를 위하여 경제에 관한 규제와 조정을 할 수 있다."는 규정과 함께 제122조(국토이용·개발·제한), 제123조(농·어촌 종합개발, 지역균형), 제124조(소비자보호), 제125조(무역의 육성), 제126조(사기업의 국·공유화, 통제) 등의 규정을 두어 사적자치의 원칙을 제한하여 빈부격차의 갈등을 해소하고 평등을 시도하려는 사회적 시장경제질서를 확립하여 사회권적 기본권을 실현시키기 위한 국가적 과제를 분명히 하고 있다.

제4절 인간다운 생활을 할 권리

1. 의   의

인간다운 생활을 할 권리라 함은 인간의 존엄성에 상응하는 건강하고 문화적인 최소한도의 생활을 영위할 권리를 말한다. 인간다운 생활을 할 권리는 1919년 바이마르헌법 제151조에서 "경제생활의 질서는 인간다운 생활을 보장하는 것을 목적으로 하는 정의의 원칙에 합치하여야 한다."는 세계 최초로 명문규정이 세계적으로 파급되어 국제연합이 1948년 채택한 세계인권선언에서는 "인간의 존엄성에 상응하는 생활", 1966년 채택한 경제적·사회적·문화적 권리에 관한 협약에서는 "상당한 생활조건을 가질 권리"로서 표현되고 있다. 우리 헌법은 1962년 12월 26일 개정된 제6호 헌법 제8조에 "모든 국민은 인간으로서의 존엄과 가치를 가지며 이를 위하여 국가는 국민의 기본적 인권을 최대한으로 보장할 의무를 진다."라는 규정과 함께 제30조에 ① 모든 국민은 인간다운 생활을 할 권리를 가진다. ② 국가는 사회보장의 증진에 노력하여야 한다. ③ 생활능력이 없는 국민은 법률이 정하는 바에 의하여 국가의 보호를 받는다. 라고 하는 규정을 신설하였다. 이후 1987년 10월 29일 제9차 개정을 거친 현행의 제10호 헌법에서도 인간다운 생활을 할 권리가 사회권적 기본권의 이념적 핵심적 권리가 된다.

2. 다른 사회권적 기본권과의 관계

(1) 인간다운 생활권의 헌법규정(제34조)

① 모든 국민은 인간다운 생활을 할 권리를 가진다.

② 국가는 사회보장, 사회복지의 증진에 노력할 의무를 진다.

③ 국가는 여자의 복지와 권익의 향상을 위하여 노력하여야 한다.

④ 국가는 노인과 청소년의 복지향상을 위한 정책을 실시할 의무를 진다.

⑤ 신체장애자 및 질병, 노령 기타의 사유로 생활능력이 없는 국민은 법률이 정하는 바에 의하여 국가의 보호를 받는다.

⑥ 국가는 재해를 예방하고 그 위험으로부터 국민을 보호하기 위하여 노력하여야 한다.

(2) 인간다운 생활권과 다른 사회권적 기본권과의 관계

헌법 제34조 제1항에서 규정한 '인간다운 생활을 할 권리'는 제10조에서 규정한 인간의 존엄권에 상응하는 건강하고 문화적인 최소한의 생활을 영위할 수 있는 권리이며, 일련의 사회권적 기본권의 이념 내지 목적이며 총칙적 규정이다. 따라서 제34조 제2항부터 제6항까지의 규정은 인간다운 생활권을 보장하기위한 사회보장수급권 규정이 되면서, 다른 사회권적 기본권 즉 교육권(제31조), 근로권(제32조), 근로3권(제33조), 환경권(제35조), 혼인·가족·모성·보건권(제36조)과 함께 인간다운 생활권을 실현하기 위한 수단적인 사회권적 기본권이 된다.

3. 인간다운 생활권의 법적 성격

(1) 학 설

1) 프로그램 권리설

인간다운 생활권에 대한 헌법규정은 모든 국민이 건강하고 문화적인 생활을 할 수 있도록 하는 것을 국가의 책무로 선언한 것에 불과한 것이지 개개인을 위한 구체적이고 현실적 권리를 보장한 것은 아니라는 것이다.

2) 추상적 권리설

인간다운 생활권은 권리이기는 하지만, 단지 국가에 대하여 인간다운 생활에 필요한 조치를 요구할 수 있는 추상적 권리일 뿐, 구체적 입법이 없는 한 국민 개개인은 인간다운 생활권에 대한 보장을 구체적 권리로서 주장할 수 없다는 것이다.

3) 구체적 권리설

인간다운 생활권은 구체적 권리이므로 국민 개개인은 인간다운 생활권의 보장에 관한 구체적 입법이 없거나 그에 관한 입법이 불충분 또는 불완전한 경우에 법률의 제정 또는 개정을 요구할 수도 있고, 직접 국가에 대하여 인간다운 생활권의 규정(제34조 제1항)에 따라 구체적이고 현실적인 권리로서 주장할 수 있다는 것이다.

4) 불완전한 구체적 권리설

사회권적 기본권의 법적성격에서 본바와 같이 인간다운 생활의 구체적 실현은 헌법규정 만으로 확정되는 것이 아니라, 헌법에 규정된 사회보장수급권 규정을 실현시키는 구체적인 입법이 존재할 때 비로소 구체적 권리가 인정된다는 권영성 교수의 학설에 필자도 동조한다.

(2) 판 례

국가가 인간다운 생활을 보장하기 위한 헌법적인 의무를 다하였는지의 여부가 사법적 심사의 대상이 된 경우에는 국가가 생계보호에 관한 입법을 전혀 하지 아니하였다든가 그 내용이 현저히 불합리하여 헌법상 용인될 수 있는 재량의 범위를 명백히 일탈한 경우에 한하여 헌법에 위반된다고 할 수 있다. 인간다운 생활을 할 권리로부터는 인간의 존엄에 상응하는 생활에 필요한 최소한의 물질적 생활의 유지에 필요한 급부를 요구할 수 있는 구체적인 권리가 상황에 따라서는 직접 도출될 수 있다고 할 수 있어도, 동 기본권이 직접 그 이상의 급부를 내용으로 하는 구체적인 권리를 발생케 한다고 볼 수 없다고 할 것이다. 이러한 구체적 권리는 국가가 재정형편 등 여러 가지 상황들을 종합적으로 감안하여 법률을 통하여 구체화 할 때에 비로소 인정되는 법률적 권리라고 할 것이다.[4] 즉 헌법 제34조 제1항의 인간다운 생활을 할 권리가 최소한의 물질적인 생활의 유지에 필요한 급부 이상을 요구할 수 있는 구체적인 권리를 직접 발생케 한다고는 볼 수 없고 이러한 구체적 권리는 국가가 재정형편 등 여러 가지 상황들을 종합적으로 감안하여 법률을 통하여 구체화할 때에 비로소 인정되는 법률적 차원의 권리로서 입법자에게 광범위한 입법재량권이 인정된다.[5]

4. 인간다운 생활의 수준

헌법 제34조 제1항이 규정한 "인간다운 생활"은 헌법 제10조에서 규정한 인간의 존엄과 가치의 유지에 상응하는 건강하고 문화적인 생활을 말한다. 따라서 인간이 생존하는 데 필요한 최소한의 물질적인 생활의 충족만이 아니라 그 이상의 건강하고 문화적인 생활을 할 수 있는 권리가 보장되어야 한다. 그러나 인간다운 생활이나 건강하고 문화적인 생활의 수준이란 불확정적·추상적·상대적인 개념으로서 그 나라의 문화적·역사적·사회적·경제적 여건에 따라 상이하기 때문에 국민전체의 소득수준과 생활수준, 국가의 재정적 규모와 정책 등 복잡 다양한 요소를 함께 고려하여 결정하여야 할 것이다. 인간의 존엄성을 침해할 정도로 생활의 기준을 설정하는 법률은 위헌법률로 될 것이고, 이러한 법률에 대해서는 위헌제소를 청구할 수 있을 것이다. 일단 사회의 경제적 수준(최저생계비·최저임금) 등에 의하여 인간의 존엄성에 상응하는 최소한의 건강하고 문화적인 생활의 수준에 따라 사회보장급여의 수준이 결정되었다면, 사회보장급여는 예산의 유무에 따라 좌우될 것이 아니라 건강하고 문화적인 생활을 할 수 있는 수준에 적합한 예산편성을 할 수 있어야 진정한 인간다운 생활권이 보장된다 할 것이다.

판례: 인간다운 생활이란 그 자체가 추상적이고 상대적인 개념으로서 그 나라의 문황의 발달, 역사적·사회적·경제적 여건에 따라 어느 정도는 달라질 수 있는 것이고, "최소한 한도의 조치" 역시 국민의 사회의식의 변화, 사회·경제적 상황의 변화에 따라 가변적인 것이므로, 국가가 인간다운 생활을 보장하기

---

4) 헌재 1997. 5. 29. 94헌마33.
5) 헌재 1998. 2. 27. 97헌가10 등 병합.

위한 생계급여의 수준을 구체적으로 결정함에 있어서는 국민 전체의 소득수준과 생활수준, 국가의 재정규모와 정책, 국민 각 계층의 상충하는 갖가지 이해관계 등 복잡 다양한 요소를 함께 고려해야 한다.[6]

5. 인간다운 생활권의 주체 및 효력

(1) 주 체

인간다운 생활권의 주체는 국민이다. 이때의 국민은 자연인만이 포함되고 법인은 포함되지 아니한다. 외국인에게는 인정되지 아니하나 국가의 재정사정 및 상호주의 원칙에 의한 사회보장협약 등으로 국민과 동등한 대우를 해주는 것이 바람직하며, 현실적으로도 국민연금법·고용보험법 등의 관련 규정에 의한 보험료의 이중가입 면제, 가입기간의 합산, 급여의 송금보장 등과 같은 협약 당사국이 늘어나고 있다.

(2) 효 력

인간다운 생활권은 생존권적 측면과 자유권적 측면의 성격을 가지고 있다. 생존권적 측면으로서는 법적 권리로서 대국가적 구속력을 가진다. 자유권적 측면에서는 사인 간에 있어서도 간접적인 효력이 인정되는 경우가 있다. 인간다운 생활권은 사회보장기본법·국민기초생활보장법·국민연금법 등과 같은 사회복지법과 같은 구체적 입법을 통하여 구체적으로 형성되는 것은 당연하다. 그러나 이와 같은 구체적 입법이 없는 경우에 개개의 국민이 헌법을 근거로 직접 권리보장의 청구를 할 수 있는가의 문제가 있으나, 헌법은 헌법소원제도를 인정하고 있고, 헌법재판소법도 공권력의 행사 또는 불행사로 인하여 국민의 기본권이 침해된 경우에 헌법소원을 인정하고 있기 때문에 생존권침해의 인용결정이 있는 때에는 국가(입법자)는 입법을 해야 할 의무가 있고, 국민의 구체적 침해배제청구권도 인정된다 할 것이다.

---

6) 헌재 2004. 10. 28. 2002헌마328.

제 **8** 편

사회보장수급권

제1장
사회보장수급권의 법적 성격

1. 의의 및 개념적 요소

헌법 제34조는 ① 모든 국민은 인간다운 생활을 할 권리를 가진다. ② 국가는 사회보장·사회복지의 증진에 노력할 의무를 진다. ③ 국가는 여자의 복지와 권익의 향상을 위하여 노력하여야 한다. ④ 국가는 노인과 청소년의 복지향상을 위한 정책을 실시할 의무를 진다. ⑤ 신체장애자 및 질병·노령 기타의 사유로 생활능력이 없는 국민은 법률이 정하는 바에 의하여 국가의 보호를 받는다. ⑥ 국가는 재해를 예방하고 그 위험으로부터 모든 국민을 보호하기 위하여 노력하여야 한다는 규정을 하고 있다. 제1항의 인간다운 생활권은 모든 사회권적 기본권의 이념적·총체적·핵심적 규정이고, 제2항부터 제6항까지의 규정은, 사회권적 기본권의 핵심적 규정인 제1항의 인간다운 생활권을 실현시키기 위한 사회보장수급권 규정이면서 다른 사회권적 기본권(교육권, 근로권, 근로3권, 환경권, 혼인·가족·모성·보건권)과 함께 수단적 규정도 된다. 그러나 이 사회보장수급권이 구체적인 권리로 실현되기 위해서는 그에 상응하는 구체적 입법 즉 사회복지법이 제정되어야 한다. 따라서 사회보장수급권이 행사되기 위해서는 ① 출산, 양육, 실업, 노령, 장애, 질병, 빈곤 및 사망 등의 사회적 위험에서 ② 사회적 보호를 요하는 상태에 놓이게 되어 ③ 인간다운 생활의 보장이나 삶의 질의 향상이 필요하고 ④ 이에 따른 소득이나 서비스를 제공할 수 있는 구체적 사회복지법이 존재하여야 한다.

2. 사회보장수급권의 법적 성격

① 사회보장수급권은 인간다운 생활을 보장하거나 삶의 질을 향상시키기 위한 수단적·핵심적 사회권적 기본권이다.

② 사회보장수급권은 사회적공동체 구성원인 개개인의 권리로서, 자유권적 기본권과 경제적 기본권으로서의 성격도 가지고 있다.

③ 사회보장수급권은 불완전하나마 구체적 권리이므로, 국가가 사회보장실현의 의무를 이행하지 아니하는 경우에는 국가기관에 의한 헌법침해를 이유로 법적 책임을 추궁할 수 있어야 한다.[1]

④ 사회보장수급권은 국가의 적극적 급부와 적극적 개입에 의하여 현실적으로 실현될 수 있는 국가의 적극적 개입요구권이다.

⑤ 사회보장수급권에 의한 급부는 국가의 재정 및 국민소득 수준 등에 의존하는 경향이 크다.

⑥ 사회보장수급권은 국가가 적극적으로 사회보장급여를 실행할 수 있는 관련 사회복지법이 존재하여야 구체적 권리가 실현된다.

---

1) 권영성, 앞의 책, 646면.

제 2 장
사회보장수급권의 주체 및 상대방

1. 사회보장수급권의 주체

사회보장수급권의 주체는 자연인으로서의 모든 국민이다. 외국인은 원칙적으로 사회보장수급권의 주체가 될 수 없다. 다만 국내에 거주하는 외국인에 대하여는 상호주의 원칙에 의한 국제협약 및 관계법령이 정하는 바에 따라 예외적으로 인정된다.

2. 사회보장수급권의 상대방

(1) 국   가

사회보장수급권의 내용이 되는 사회보장급여의 의무자는 국가이다. 국가는 지방자치단체를 포함한 모든 국가기관을 의미한다. 국가기관 중에서 사회보장수급권에 대한 제1차적 사회보장책임은 입법기관이고, 제2차적인 책임은 입법기관이 제정한 구체적인 사회복지법을 집행하는 집행권이 있는 국가기관이다. 집행권에는 공권력 주체로서의 집행권과 국고로서의 집행권도 포함된다.[1]

(2) 사회보장기관

국가가 아닌 국민건강보험공단. 국민연금공단과 같은 공공단체 또는 사회복지법인과 같은 민간조직도 국가에 의하여 승인, 위임 또는 위탁된 사회보장매개기관이면, 공적조직이든 사적조직이든 사회보장수급권의 상대방으로서 사회보장수급의 책임이 있다.

---

1) 권영성, 앞의 책, 649면.

(3) 국민(개인)

사회보장기본법 제7조는 "모든 국민은 자신의 능력을 최대한으로 발휘하여 자립·자활할 수 있도록 노력하여야 하고, 경제적·사회적·문화적·정신적·신체적으로 보호가 필요하다고 인정되는 사람에게 지속적인 관심을 가지고 이들이 보다 나은 삶을 누릴 수 있는 사회환경 조성에 서로 협력하고 노력하여야 하며, 사회보장급여에 필요한 비용의 부담, 정보의 제공 등 사회보장정책에 협력하여야 한다."라고 규정하고 있다. 국가나 지방자치단체의 사회보장책임은 1차적으로 개인이 최대한으로 노력을 하였음에도 자립·자활을 할 수 없을 경우에 2차적으로 소득·서비스를 보장하는 것을 의미한다. 개인의 자립·자활의 노력과 성실한 납세의무 등 사회적 급부의무를 개인이 부담함으로써 개인도 사회보장수급권의 상대방이 된다.

제3장
사회보장수급권의 구조와 내용

1. 사회보장수급권

헌법 제34조 제1항에 모든 국민은 인간다운 생활을 할 권리를 가진다는 사회권적 기본권의 이념적 권리를 실현하기 위하여 제2항에 국가는 사회보장·사회복지 증진에 노력할 의무를 진다. 제3항에 국가는 여자의 복지 및 권익향상을 위하여 노력하여야 한다. 제4항에 국가는 노인 및 청소년의 복지향상을 위하여 정책을 실시할 의무를 진다. 제5항에 국가는 재해를 예방하고 그 위험으로부터 모든 국민을 보호하기 위하여 노력하여야 한다는 사회보장수급권을 규정하고 있다. 사회보장수급권을 실현하기 위하여 사회보장기본법은 사회보장을 출산, 양육, 실업, 노령, 장애, 질병, 빈곤 및 사망 등의 사회적 위험으로부터 모든 국민을 보호하고 국민 삶의 질을 향상시키는 데 필요한 소득·서비스를 보장하는 사회보험제도, 공공부조제도, 사회서비스제도로 구성하고 법 제9조는 "모든 국민은 사회보장에 관한 '관계법령'이 정하는 바에 의하여 사회보장의 급여를 받을 권리(사회보장수급권)를 가진다."는 규정을 하고 있다. '관계법령'이란 사회보험법으로서 국민연금법·국민건강보험법·고용보험법·산업재해보상보험법·공무원연금법 등이고, 사회서비스법으로서 노인복지법·아동복지법·장애인복지법·영유아보육법·정신보건법·다문화가족지원법·치매관리법·최저임금법·재해구호법 등이고, 공공부조법으로서 국민기초생활보장법·의료급여법·기초연금법·긴급복지지원법·장애인연금법 등이다. 이와 같은 구체적 사회복지법에 의한 급여나 서비스의 청구권을 사회보장수급권이라 한다.

2. 사회보장수급권의 규범적 구조

사회보장수급권은 모든 국민의 인간다운 생활을 보장하기 위하여 국가가 헌법 제34조 제2항부터 제6항까지의 다양한 사회보장증진의무를 부담하면서, 국민은 그에 상응하는 사회보장수급권을 보장받고 있다. 이와 같은 사회보장수급권을 실현하기 위한 권리는 실체적 권리, 수속적 권리 및 절차적 권리로 구분할 수 있다.

사회보장수급권의 규범적 구조

(1) 실체적 권리

실체적 권리란 모든 국민이 인간다운 생활을 할 수 있도록 헌법에 규정된 사회보장수급권 규정과 사회보장기본법상의 사회보장수급권을 실현하기 위하여 제정된 구체적 사회복지법에 의하여 실질적으로 소득이나 서비스의 급여를 받을 수 있는 권리인 사회보장급여청구권을 말한다. 국민기초생활보장법, 노인복지법과 같은 사회복지법은 수급요건, 수급권자, 수급기준, 급여의 종류, 재원조달, 전달체계, 수급권의 보호와 제한 등이 구체적으로 규정되어 있다. 헌법 및 사회보장기본법상의 사회보장수급권으로 사회보험수급권, 공공부조수급권, 사회서비스수급권이 있고, 이들 사회보장수급권을 실질적으로 행사할 수 있는 사회보장급여청구권은 ① 사회보험의 국민연금법, 국민건강보험법, 산업재해보상보험법, 고용보험법, 노인장기요양보험법, 기초연금법, 공무원연금법, 군인연금법, 사립학교교직원연금법 등, ② 공공부조의 국민기초생활보장법, 의료급여법 등, ③ 사회서비스의 노인복지법, 아동복지법, 한부모가족지원법, 장애인복지법 등에 의하여 실체적 권리가 생긴다.

(2) 수속적 권리

수속적 권리란 사회보장급여가 결정되기 이전에 사회보장급여를 받기 위하여 거쳐야 하는 일련의 수속과정에서 수급권자는 행정권의 재량권 행사에 의하여 권리가 침해되지 않고 공정한 대우를 받을 권리와 함께 신의성실·신뢰보호·부당결부금지의 원칙이 준수되어야 한다. 수속적 권리는 수속 전 단계와 수속단계로 나누어 볼 수 있다. 수속 전 단계의 권리에는 사회보장급여와 관련된 ① PR 및 정보제공 요구권, ② 상담·조언 요구권, ③ 사회복지기관 이용권이 있다. 수속단계의 권리에는 ① 신청단계, ② 조사단계, ③ 결정단계, ④ 실시단계가 있다.

(3) 절차적 권리

절차적 권리란 실체적 권리와 수속적 권리를 보장하고 실현하기 위하여 의무와 강제를 구체적으로 실현하는 권리를 말하는데 ① 사회보장급여쟁송권, ② 사회보장급여입법청구권, ③ 사회보장급여행정참여권이 있다.

1) 사회보장급여쟁송권

사회보장급여청구권이 행정기관에 의하여 위법 또는 부당한 조치로 침해되었을 경우의 구제를 신청하는 권리를 말한다. 행정상의 법률관계에 관한 분쟁이나 의문이 있는 경우에 행정청이나 법원에 의하여 권리구제를 받기 위한 제도를 행정쟁송이라 한다. 행정쟁송에는 행정심판과 행정소송이 있는데 전자는 행정기관에 의하여 심리·재결되는 행정적 구제제도이고, 후자는 법원에 의하여 심리·판결되는 사법적 구제제도이다. 사법적 구제제도에는 행정소송을 비롯한 민사소송이나 헌법소원까지도 있다. 미약하지만 사회복지와 관련된 입법과 행정참여에 영향을 미치는 청원권과 옴부즈만제도도 있다.

2) 사회보장급여행정참여권

사회보장급여행정 과정에 수급권자·수급대상자 또는 국민들이 참여할 권리를 말한다. 사회복지행정에는 경제적·물질적 급여뿐만이 아니라 상담·재활·돌봄·역량개발·시설이용·사회참여 등과 같은 물질적·전문적·기술적인 다양한 내용들이 포함되어 있고 행정권재량의 범위가 넓다. 따라서 행정권재량의 남용을 막고 공평하고 민주적인 사회복지 급여를 실천할 수 있도록 사회복지 대상자와 국민들이 직·간접적으로 참여할 수 있는 제도이다.

3) 사회보장급여입법청구권

헌법상 인간다운 생활권을 보장하기 위한 사회보장수급권 규정을 실현하기 위해서는 급여를 제공할 수 있는 구체적인 법률이 제정되어야 한다. 그럼에도 불구하고 구체적인 법률이 제정되지 않았거나 제정된 법률의 내용이 불충분한 경우에 청원권 내지 헌법소원에 의하여 구체적 입법이나 개정을 청구할 수 있는 권리를 말한다.

제 4 장
사회보장수급권의 보호 및 제한

사회보장수급권이 국민의 인간다운 생활을 영위하기 위하여 헌법상 보장된 권리이지만, 획일적 기준을 마련하기가 어려운 취약성을 가지고 있고 무제한적인 사회보장급여도 바람직하지 않기 때문에 국가의 특별한 정책적 배려가 있어야 한다. 사회보장수급권은 제한되거나 정지될 수 없는 것이지만 보충성의 원리에 따라 요보호자가 자립·자활할 수 있을 정도로 지원하는 선에서 그쳐야 하는 보호와 제한이 어우러져 시행되어야 한다. 사회보장급여가 수급권자의 위법 부당한 행위로 인하여 사회보장급여제도를 방해하고 악화하게 하는데도 요보호상태임을 이유로 급여를 지급한다는 것은 사회정의실현에도 반하는 것이다. 또한 국가가 안전보장, 질서유지와 같은 위기에 직면하여 급여를 제한할 수밖에 없는 경우도 발생할 수 있다. 그러나 사회보장급여를 제한 또는 정지하는 경우에는 법률로써 하되 그 제한 또는 정지의 목적에 필요한 최소한으로 그쳐야 한다.

1. 사회보장수급권의 보호

(1) 급여 및 보호수준의 보장

사회보장급여의 수준은 최저생계비와 최저임금 등을 고려하여 결정하고, 보호수준은 수급권자와 그 부양가족이 인간다운 생활을 하며 자립할 수 있게끔 최소한도의 건강하고 문화적인 생활을 할 수 있을 정도의 적정한 사회보장급여를 보장하여야 한다. 사회보장급여는 미흡한 것도 문제지만 과잉의 사회보장급여도 바람직한 것이 아니다.

(2) 일신전속권의 보장

사회보장수급권은 인간다운 생활을 유지시키기 위한 목적이 있는데다, 공권적 요소를 지닌 사회권이기 때문에 수급권은 수급권자에게 귀속시켜야 하는 일신전속권으로 보호되어야 한다. 따라서 수급권은 타인에게 양도하거나 담보로 제공할 수 없으며, 타인에게 임의로 승계할 수 없다. 다만, 국민연금의 유족급여의 경우에는 유족에게 승계할 수 있다. 또한 수급권자의 채권자는 수급권을 압류하거나 자기의 채무와 상계할 수도 없다.

(3) 조세·공과금의 부과금지

사회보장급여는 인간다운 생활권의 실현을 구체화하기 위하여 국가의 정책적 보호로 제공되는 급여이기 때문에, 급여로써 지급된 금액에 대하여는 조세특례제한법이나 조례가 정하는 바에 따라 조세나 공과금을 감면하거나 부과하지 못하게 함으로써 사회보장수급권을 보호하고 있다.

(4) 불이익변경의 금지

사회보장급여가 일단 결정되면 일단 기득권적 성격을 가지고 있는 사회보장수급권에 대하여 정당한 이유 없이 불이익하게 변경될 수 없다.

(5) 비밀의 보호

사회복지 업무에 종사하는 자는 사회보장수급권과 관련하여 알게 된 개인의 비밀을 관계법령이 정하는 바에 의하여 누설하여서는 아니 된다.

2. 사회보장수급권의 제한

(1) 과잉급여의 제한

사회보장수급권은 인간다운 생활권의 실현을 구체화하기 위한 권리로써 보호되어야 하지만, 보충성의 원리에 따라 요보호자의 자력으로 생활능력을 조장하는 범위에서 지원하는 선에서 그쳐야 한다. 미흡한 사회보장급여도 문제지만 과잉의 사회보장급여도 바람직한 것은 아니다.

(2) 헌법규정에 의한 제한

헌법 제37조 제2항에 "국민의 자유와 권리는 보장되지만 국가안전보장·질서유지·공공복리를 위하여 필요한 경우에 한하여 법률로써 제한할 수 있다."고 규정하여 사회권적 기본권을 제한할 수 있다. 그러나 그 제한은 반드시 법률유보사항이고 필요한 최소한으로 하여야 하되, 자유권적 기본권에 대한 제한기준이 국가안전보장·질서유지·공공복리인데 대하여 사회권적 기본권은 주로 국가안전보장과 질서유지이다.

(3) 법률불소급 원칙의 예외적 제한

국가의 재정상태가 극도로 악화된 경우에는 예외적으로 이미 확정된 사회보장
수급권에 대하여 최소한의 범위 내에서 법률의 형식으로 제한이 가능하다고 본다.

(4) 차등제한

사회보장수급권을 제한하는 경우에 국민연금과 같이 개인의 노력이나 금전적
기여를 통하여 취득한 사회보험청구권(연금수급권, 산업재해보상보험수급권)은 차등
제한이 허용되지 아니하나, 국가에 의하여 일방적으로 행해지는 공공부조청구권은
합리적 범위 내에서 차등제한이 가능하다고 본다.

(5) 이중급여의 제한

사회보장급여의 수급권자가 동일한 수급사유로 다른 사회보장급여를 받게 되
는 때에는 한쪽 급여를 지급하지 않거나 지급이 정지된다.

(6) 수급권의 악용 및 남용의 제한

사회보장급여의 지급사유·조건 및 수급기간 등을 고의 또는 악의 있는 행위
로, 지급사유가 없었음에도 불구하고 지급사유가 발생한 것과 같이 급여를 지급
받거나, 낮은 정도의 급여사유를 높은 정도의 급여 사유로 꾸미거나 수급기간을
허위나 부당하게 연장시켜 위법·부당한 급여를 받는 경우에는 수급권을 제한·
정지 또는 지급하지 아니할 수 있고, 구상권을 행사할 수 있다.

(7) 부당이득의 제한

허위 기타 부정한 방법으로 위법하게 사회보장급여를 받은 부정수급자는 그가
받은 급여액은 부당이득이 되기 때문에 그 급여액을 반환 또는 배상하여야 한다.

3. 사회보장수급권자의 의무

(1) 비용부담의무

국민건강과 소득을 보장하기 위한 사회보험의 가입자 및 사용자는 보험료를
납부할 의무가 있다.

(2) 이용자부담금의 부담의무

사회복지서비스나 복지조치에 필요한 비용의 일부 또는 전부를 부담하는 비용징수에 의하여, 수급권자가 부담할 비용이 있다.

(3) 행정협조 의무

사회복지수급 행정에 따른 신고·보고·자료제출·질문조사 등의 행정사무에 관한 협력의무가 있다.

4. 사회보장수급권의 소멸

(1) 사　망

사회보장수급권은 일신전속권이기 때문에 수급권자가 사망하면 그 수급권은 소멸한다. 다만, 국민연금의 유족급여는 유족에게 승계할 수 있다.

(2) 소멸시효

개별 사회복지법에 시효에 관한 규정이 있는 경우에는 그 시효에 의하여 수급권이 소멸하고, 사회복지법에 시효에 관한 규정이 없는 경우에는 민법규정(제162조 이하)에 의하여 시효가 소멸한다. 산업재해보상보험법상의 보험급여에 대한 수급권의 시효는 3년, 고용보험법상의 장려금·지원금·실업급여·육아휴직급여·산전후 휴가급여의 수급권 시효는 3년, 공무원·군인연금·사립학교교직원연금법에 의한 단기급여의 시효는 각각 1년, 장기급여의 시효는 각각 5년이다.

(3) 수급권의 포기

사회보장수급권은 포기할 수 있고, 포기하면 수급권은 소멸한다. 그러나 포기를 취소할 수 있다. 그러나 수급권의 포기가 타인에게 피해를 주거나 사회보장에 관한 관계법령에 위반되는 경우에는 이를 포기할 수 없다.

제 5 장
사회보장수급권의 구제제도

제1절 행정쟁송제도

1. 행정쟁송

　　행정심판과 행정소송을 통틀어 행정쟁송이라 한다. 사회보장수급권의 절차적 권리로서 사회보장수급권의 처분에 대하여 이의가 있거나 불복이 있는 경우에는 행정쟁송제도에 의하여 구제를 받을 수 있다. 행정쟁송에는 행정기관에 의하여 심리·재결되는 행정심판과 법원에 의하여 심리·판결되는 행정소송이 있다. 전자는 행정기관의 위법 또는 부당한 처분에 의하여 국민의 권리나 이익이 침해된 경우에 그 침해를 구제하고 행정의 전문성·편의성을 기하고 적정한 운영을 기할 목적으로 심리·재결하는 절차를 말한다. 후자는 법원에 의한 행정소송으로서 3권분립에 의한 구제수단으로 행정소송을 비롯한 민사소송과 헌법소원이 있다. 사회보장수급권과 관련된 위법·부당한 처분에 대하여 이의가 있거나 불복이 있는 경우에는 행정소송을 제기하기에 앞서 당해 행정기관과 상급행정기관에 이의신청 또는 심사청구나 재심사를 거치도록 하고 있는 경우가 있는데, 이 제도를 행정심판전치주의라고 한다. 국민연금법·고용보험법·산업재해보상보험법에서는 재심사의 경우 행정심판법을 준용하도록 규정하고 있다. 이 장에서는 사회복지법이 규정하고 있는 행정심판에 의한 행정구제제도를 살펴보기로 한다.

2. 행정심판의 이유

　　법원의 행정소송에 앞서 행정기관에 이의신청이나 심사청구를 구하게 하는 행정심판제도를 둔 데에는 다음과 같은 이유가 있다.
　　① 행정심판은 행정처분을 한 행정기관으로 하여금 자율적 행정통제와 함께 행정권 스스로의 적법성과 타당성을 보장하기 위한 자기통제 기능 내지 행정감독

의 제도적 의미가 있다.

② 현대사회는 산업발달에 의한 고도의 전문성과 기술성이 요구되고 있는데, 행정기관은 법원에 비하여 그러한 전문성과 기술성이 적합하게 조직되어 있으므로 행정쟁송의 일차적인 단계에서라도 행정기관으로 하여금 분쟁을 심판하도록 함으로써 법원의 능력을 보충하고 법원 및 당사자간의 시간과 노력을 절약하여 그 부담을 덜어주는 의미를 가진다.

③ 행정의 능률을 보장하기 위한 목적이다. 사법절차에 의한 행정사건의 심판은 심리절차의 공정과 신중으로 인하여 충분한 권익구제를 도모할 수는 있으나, 상당한 시일이 소요되어 능률성을 저해할 수 있는바, 사법절차에 앞서 신속·간편한 행정심판을 거치게 함으로써 행정사건에 관한 분쟁을 신속히 해결할 수 있도록 하여 행정능률에 기여한다.

3. 행정소송과 행정심판과의 관계

행정소송이란 법원이 행정사건 또는 행정처분 대하여 정식의 소송절차에 의하여 행하는 재판이다. 행정청의 위법한 처분 또는 공권력의 행사·불행사 등으로 인한 국민의 권리나 이익의 침해를 구제하고 공법상의 권리관계 또는 법적용에 관한 다툼을 해결하기 위한 소송절차로서, 권리구제기능과 행정통제기능을 함께 가지고 있다. 행정소송법은 행정소송 가운데 취소소송[1]은 법령의 규정에 의하여 당해 처분에 대한 행정심판을 제기할 수 있는 경우에도 이를 거치지 아니하고 제기할 수 있도록 하고 있으나, 다른 법률에 당해 처분에 대한 행정심판의 재결을 거치지 아니하면 취소소송을 제기할 수 없다는 규정이 있는 경우가 있다. 이와 같이 행정심판을 먼저 거치도록 한 제도를 행정심판전치주의라고 한다. 그러나 행정심판을 먼저 거치도록 한 경우에도 다음에 해당하는 사유가 있는 때에는 행정심판의 재결을 거치지 아니하고 취소소송을 제기할 수 있다.

① 행정심판청구가 있은 날로부터 60일이 지나도 재결이 없는 때

② 처분의 집행 또는 절차의 속행으로 생길 중대한 손해를 예방하여야 할 긴급한 필요가 있는 때

③ 법령의 규정에 의한 행정심판기관이 의결 또는 재결을 하지 못할 사유가

---

1) 취소소송이라 함은 행정청의 위법한 처분 등을 취소 또는 변경하는 소송으로서, 항고소송의 중심을 이루고 있다. 재결의 취소·변경은 당해 재결자체에 고유한 위법이 있음을 이유로 하는 경우에만 인정된다. 취소소송은 보통 취소원인의 하자 있는 처분이나 재결에 대해서 제기하는 소송인데, 처분의 무효선언을 구하는 의미에서의 취소소송도 판례상 인정되고 있다(권영성, 앞의 책, 649면).

있는 때

④ 그 밖의 정당한 사유가 있는 때

⑤ 동종사건에 관하여 이미 행정심판의 기각재결이 있은 때

⑥ 서로 내용상 관련되는 처분 또는 같은 목적을 위하여 단계적으로 진행되는 처분 중 어느 하나가 이미 행정심판의 재결을 거친 때

⑦ 행정청이 사실심의 변론종결 후 소송의 대상인 처분을 변경하여 당해 변경된 처분에 관하여 소를 제기하는 때

⑧ 처분을 행한 행정청이 행정심판을 거칠 필요가 없다고 잘못 알린 때

4. 행정심판과 행정소송의 차이점

① 행정심판은 행정기관이 담당하고, 행정소송은 법원이 관장한다.

② 심리절차에 있어서 행정심판은 구술심리 또는 서면심리에 의하나, 행정소송은 구술심리에 입각하고 있다.

③ 행정소송은 위법성(적법성)만이 심판의 대상이 되는데, 행정심판은 적법성 및 합목적성(위법성과 부당성)까지 심판의 대상이 된다.

④ 행정심판은 의무이행 심판이 인정되는데 대하여, 행정소송은 부작위의 위법확인소송만이 인정된다.

5. 행정심판과 이의신청의 차이점

① 행정심판은 원칙적으로 처분청의 직근 상급행정기관이 재결청이 되는데 대하여, 이의신청은 위법 또는 부당한 처분 등으로 권익을 침해한 처분청에 대하여 그 재심사를 구하는 절차이다.

② 행정심판은 모든 위법 또는 부당한 행정처분 등에 대하여 인정되지만, 이의신청은 개별법에 의한 일정한 행정처분 등에 대해서만 인정된다.

③ 동일한 행정처분에 대해서 이의신청과 행정심판이 함께 인정되고 있는 경우에는 양자가 전심·후심의 관계에 있는 것이 보통이다.

제 2 절 사회복지법상의 행정심판제도

사회복지법의 개별법에 의한 권리구제와 관련되는 구제절차는 보통 ① 이의신

청과 심사청구(국민건강보험법, 노인장기요양보험법), ② 심사청구와 재심사청구(산업재해보상보험법, 고용보험법, 국민연금법), ③ 이의신청과 이의신청(국민기초생활보장법) 등의 전심과 후심의 2심으로 구분되어 있다. 이 경우 전심은 이의신청으로서의 성격을, 그리고 후심의 재심사는 행정심판으로서의 성격을 가진다.

1. 산업재해보상보험법

산업재해재보험법상 권리구제는 심사와 재심사로 구분된다. 전자는 근로복지공단에 청구하는 것이고, 후자는 전자의 심사·결정에 불복하여 고용노동부에 설치된 산업재해보상보험심사위원회에 청구하는 것이다. 공단의 결정 중 ① 보험급여에 관한 결정, ② 진료비에 관한 결정, ③ 약제비에 관한 결정, ④ 진료계획 변경조치, ⑤ 보험급여의 일시지급에 관한 결정, ⑥ 부당이득의 징수에 관한 결정, ⑦ 수급권의 대위에 관한 결정 등에 불복이 있는 자는 공단의 결정이 있음을 안 날로부터 90일 이내에 보험급여 결정 등을 한 공단의 소속 기관을 거쳐 공단에 심사를 청구하여야 한다. 심사청구를 받은 공단의 소속기관은 5일 이내에 의견서를 첨부하여 이를 공단에 설치된 산업재해보상심사위원회에 송부하여야 한다. 공단은 심사청구서를 송부받은 날부터 60일 이내에 심사청구에 대한 결정을 하여야 한다. 부득이한 사유로 그 기간 내에 결정을 할 수 없을 때에는 1차에 한하여 20일을 넘지 아니하는 범위 내에서 그 기간을 연장할 수 있다. 다시 심사청구에 대하여 불복이 있는 자는 산업재해보상보험심사위원회에 재심사청구를 할 수 있는데, 보험급여에 관한 결정을 행한 공단의 소속기관을 거쳐 산업재해보상보험심사위원회에 제기하여야 한다. 재심사청구는 심사청구에 대한 결정이 있음을 안 날로부터 90일 이내에 제기할 수 있고, 심사청구서를 송부받은 날부터 60일 이내에 심사청구에 대한 심리·재결을 하여야 한다. 부득이한 사유로 그 기간 내에 심리·재결을 할 수 없을 때에는 1차에 한하여 20일을 넘지 아니하는 범위 내에서 그 기간을 연장할 수 있다. 재심사청구에 대한 재결은 행정심판에 대한 재결로 본다.

2. 고용보험법

고용보험법상의 권리구제는 심사청구와 재심사청구로 구분된다. 전자는 원처분 등을 한 직업안정기관을 거쳐 지방노동청의 고용보험심사관에게 청구하는 것이고, 후자는 전자의 심사·결정에 불복하여 고용노동부에 설치된 고용보험심사위원회에 청구하는 것이다. 심사청구는 직업안정기관의 처분이 있음을 확인 또는 안날로부터, 재심사청구는 심사청구의 결정을 안 날로부터 각각 90일 이내에 할수 있다. 피보험자격의 취득·상실에 대한 확인, 실업급여, 육아휴직급여·산전후휴직급여에 관한 처분에 이의가 있는 자는 원처분 등을 한 직업안정기관을 거쳐고용보험심사관에게 하여야 한다. 직업안정기관은 심사청구서를 받은 날부터 5일이내에 의견서를 첨부하여 심사청구서를 지방노동청 고용보험심사관에게 보내야하고, 이를 접수한 고용보험심사관은 30일 이내에 심사청구에 대한 결정을 하여야 하되, 부득이한 사정이 있는 경우에는 1차에 한하여 10일의 범위 안에서 그 기간을 연장할 수 있다. 심사청구는 특별한 경우가 아니면 원처분 등을 기속하지 않으나결정은 원처분 등을 기속한다. 심사청구의 결정에 이의가 있는 자는 고용노동부에설치된 고용보험심사위원회에 재심사를 청구할 수 있다. 재심사의 청구는 원처분을한 직업안정기관의 장을 상대방으로 한다. 재심사의 청구를 받은 때에는 50일 이내에 재결하되 부득이한 사정이 있는 경우에는 1차에 한하여 10일의 범위 안에서그 기간을 연장할 수 있다. 재심사 청구에 대한 재결은 행정심판에 의한 재결로본다.

3. 국민건강보험법

국민건강보험법상의 권리구제는 이의신청 및 심사청구로 이루어진다. 전자는국민건강관리공단 또는 건강보험심사평가원에 청구하는 것이고, 후자는 전자의 결정에 불복하여 보건복지부에 설치되어 있는 건강보험분쟁조정위원회에 청구하는것이다. ① 가입자 및 피부양자의 자격·보험료 등 보험급여 및 보험급여비용에관한 공단의 처분에 이의가 있는 자는 공단에 이의신청을 할 수 있고, ② 요양급여의 적정성에 대한 평가 등에 관한 건강보험심사평가원의 처분에 이의가 있는공단요양기관 기타의 자는 건강보험심사사평가원에 이의신청을 할 수 있다. 제1항 및 제2항에 의한 이의신청은 처분이 있은 날부터 90일 이내에 문서로 하여야한다. 이의신청에 대한 처분업무를 효율적으로 수행하기 위해 공단 및 심사평가원에 각각 이의신청위원회를 설치한다. 공단 또는 심사평가원은 이의신청을 받은 날로부터 60일 이내에 결정하되, 부득이한 사정이 있는 경우에는 30일의 범위 안에서 그 기간을 연장할 수 있다. 이의신청에 대한 결정에 불복이 있는 자는 90일이내에 보건복지부에 설치된 건강보험분쟁조정위원회에 심사청구를 할 수 있고, 건강보험조정위원회 역시 60일 이내에 결정하여야 하되 부득이한 경우 30일의 범위 안에서 그 기간을 연장할 수 있다. 결정기간을 연장하는 때에는 결정기간이 만료되기 7일 전까지 이의신청인에게 이를 통지하여야 한다. 공단 또는 심사평가원의 처분에 이의가 있는 자와 이의신청 또는 심사청구에 대한 결정에 불복이 있는 자는 행정소송을 제기할 수 있다. 이는 행정심판을 거치지 아니하고서도 행정소송을 제기할 수 있는 제도이다.

4. 노인장기요양보험법

노인장기요양보험법상의 권리구제는 이의신청과 심사청구로 구분된다. 전자는 국민연금관리공단의 장기요양심사위원회에 청구하는 것이고, 후자는 전자의 결정에 불복하여 보건복지부에 설치된 장기요양심판위원회에 청구하는 것이다. 이의신청은 처분이 있은 날로부터, 심사청구는 이의신청에 대한 결정처분을 받은 날부터 각각 90일 이내에 문서로 하여야 하며, 이의신청에 대한 결정이나 심사청구에 대한 재결은 각각 60일 이내에 하여야 하되, 부득이한 사정이 있는 경우에는 30일의 범위 안에서 연장할 수 있다.

장기요양인정·장기요양등급·장기요양급여·부당이득·장기요양급여비용 또는 장기요양보험료 등에 관한 공단의 처분에 이의가 있는 자는 공단에 이의신청을 할 수 있고, 이의신청에 대한 결정에 불복하는 자는 결정처분을 받은 날부터 90일 이내에 보건복지부에 설치된 장기요양심판위원회에 심사청구를 할 수 있다. 공단의 처분에 이의가 있는 자와 이의신청 또는 심사청구에 때한 결정에 불복하는 자는 행정소송법이 정하는 바에 따라 행정소송을 제기할 수 있다.

5. 국민연금법

국민연금법상의 구제수단은 심사청구와 재심사청구로 구분된다. 전자는 공단에 설치된 국민연금심사위원회에, 후자는 전자의 심사결정에 불복하여 보건복지부에 설치된 국민연금재심사위원회에 제기하는 것이다. 전자의 위원장은 공단의 상임이사 중 공단의 이사장이 임명하는 자이고, 후자의 위원장은 보건복지부 국민연금정책관이 된다. 가입자의 자격·기준소득월액·연금보험료 그 밖의 이 법에 따른 징수금과 급여에 관한 공단의 처분에 이의가 있는 자는 처분이 있음을 안 날부터 90일 이내에 문서로 공단에 심사청구를 할 수 있다. 다만 정당한 사유로 그 기간에 심사청구를 할 수 없었음을 증명하면 그 기간이 지난 후에도 심사청구를 할 수 있다. 공단의 심사청구에 대한 결정에 불복하는 자는 그 결정통지를 받은 날부터 90일 이내에 국민연금재심사위원회에 재심사를 청구할 수 있다. 공단의 국민연금심사위원회 및 보건복지부의 국민연금재심사위원회는 각각 심사청구를 받은 날부터 60일 이내에 결정을 하여야 한다. 다만, 부득이한 사정이 있는 경우에는 위원장이 직권으로 30일을 연장할 수 있다. 결정기간을 연장하면 결정기간이 끝나기 7일 전까지 청구인에게 이를 알려야 한다. 재심사위원회의 재심사와 재결에 관한 절차에 관하여는 행정심판법을 준용한다. 재심사청구 사항에 대한 재심사위원회의 재심사는 행정소송법 제18조를 적용할 때 행정심판법에 따른 행정심판으로 본다.

6. 국민기초생활보장법

국민기초생활보장법상의 권리구제는 2회의 이의신청 제도이다. 첫번째 이의신청은 시(서울특별시장·광역시장)·도지사에게 청구하는 것이고, 두번째 이의신청은 첫번째 이의신청에 대한 결정에 불복하여 보건복지부가족장관에게 청구하는 것이다. 수급자나 급여 또는 급여변경의 신청을 한 자는 그 결정의 통지를 받은 날부터 60일 이내에 시장·군수·구청장의 처분에 대하여 이의가 있는 경우에는 당해 보장기관을 거쳐 시·도지사에게 서면 또는 구두로 이의를 신청할 수 있다. 이 경우 구두로 이의신청을 접수한 보장기관의 공무원은 이의신청서를 작성할 수 있도록 협조하여야 하고, 이의신청을 받은 시장·군수·구청장은 10일 이내에 의견서와 관계서류를 첨부하여 이를 시·도지사에게 송부하여야 한다. 시장·군수·구청장으로부터 이의신청서를 송부받은 시·도지사는 30일 이내에 필요한 심사를 하고 이의신청을 각하2)하거나 당해 처분을 변경 또는 취소하거나 기타 필요한 급여를 명하여야 한다.

시·도지사의 처분 등에 이의가 있는 자는 그 처분 등의 통지를 받은 날부터 60일 이내에 시·도지사를 거쳐 보건복지부장관에게 서면 또는 구두로 이의를 신청할 수 있다. 이 경우 구두로 이의신청을 접수한 보장기관의 공무원은 이의신청서를 작성할 수 있도록 협조하여야 하고, 시·도지사는 10일 이내에 의견서와 관계서류를 첨부하여 이를 보건복지부장관에게 송부하여야 한다. 이의신청서를 송부받은 보건복지부장관은 30일 이내에 필요한 심사를 하고 이의신청을 각하하거나 당해 처분의 변경 또는 취소의 재결을 하여야 하며, 재결을 한 때에는 지체없이 당해 시·도지사와 신청인에게 각각 서면으로 재결내용을 통지하여야 한다. 이

---

2) 각하(却下)란 재심사청구 또는 심판청구의 제기요건을 충족하지 않은(심판청구기간을 경과) 부적합한 재심사청구 또는 심판청구에 대하여 본안에 대한 심리를 거절하는 재결을 말하며, 기각이란 이의신청 등에 대해 그것이 이유 없다고 하여 원처분을 시인하는 재결을 말한다.

재결은 이의신청에 대하여 각하, 처분의 취소 또는 취소의 재결을 할 수 있으므로 이의신청에 의한 재결은 행정심판으로서의 성질을 가진다.

7. 노인복지법

노인 또는 그 부양의무자는 복지조치에 대하여 이의가 있을 때에는 당해 복지실시기관에 심사를 청구할 수 있다. 심사청구를 받은 복지실시기관은 30일 이내에 이를 심사·결정하여 청구인에게 통보하여야 한다. 심사·결정에 이의가 있는 자는 그 통보를 받은 날부터 90일 이내에 행정심판을 제기할 수 있다.

8. 장애인복지법

장애인·장애인의 법정대리인 또는 그 보호자는 복지조치에 이의가 있으면 해당 장애인복지실시기관에 심사를 청구할 수 있다. 심사청구를 받은 복지실시기관은 1개월 이내에 심사·결정하여 청구인에게 통보하여야 한다. 심사·결정에 이의가 있는 자는 행정심판법에 따라 행정심판을 제기할 수 있다.

9. 기초연금법

수급권자의 자격인정, 그 밖의 처분에 이의가 있는 자는 보건복지부장관 또는 지방자치단체의 장에게 이의신청을 할 수 있다. 이의신청은 그 처분이 있음을 안 날부터 90일 이내에 서면으로 하여야 한다. 다만, 정당한 사유로 인하여 그 기간 이내에 이의신청을 할 수 없음을 증명한 때에는 그 사유가 소멸한 때부터 60일 이내에 이의신청을 할 수 있다. 이의신청에 대한 심리·결정일의 기일은 규정되어 있지 않으나 행정심판법에 따라 심사청구를 받은 날부터 60일 이내에 결정하여야 한다. 이 결정에 불복이 있는 자는 행정심판을 제기할 수 있다.

제 3 절   헌법소원제도

헌법은 제34조의 인간다운 생활권을 비롯한 제31조(교육을 받을 권리), 제32조(근로권), 제33조(근로3권), 제35조(환경권) 및 제36조(보건과 모성보호권) 등 일련의 사회권적 기본권을 규정하고 있다. 특히 헌법 제34조의 인간다운 생활권을 보장하기 위한 사회보장수급권이 행사되기 위해서는 ① 질병, 장애, 노령, 실업, 사망과 같은 사회적 위험에서 ② 사회적 보호를 요하는 상태에 놓이게 되어 ③ 인간다운 생활의 보장이 필요하고 ④ 이에 따른 국가의 사회보장급여가 실행될 수 있는 구체적 입법(사회복지법)이 존재하여야 한다. 사회권적 기본권에 관한 헌법규정은 국가(입법부)에게 사회권적 기본권을 구체화할 입법(立法)의 의무를 부과한 것이다. 이러한 입법의 의무를 가지고 있는 입법부가 사회권적 기본권실현에 필요한 입법을 하지 않는다면 헌법재판소는 헌법실현을 보장하는 헌법기관으로서, 헌법불합치결정과 함께 입법촉구결정까지 할 수 있어야 할 것이다.

1. 입법의 부존재

헌법 제34조에 인간다운 생활권의 보장규정이 있음에도 불구하고 인간다운 생활권에 관한 헌법규정을 실현시키기 위한 구체적 사회복지법이 존재하지 않는 경우를 진정·절대적 입법부작위라고 한다. 이러한 경우에 실직에 의한 극빈자는 헌법 제32조(근로권) 및 제34조(인간다운 생활권)의 규정에 따라 근로의 권리나 인간다운 생활권을 실현할 구체적 사회복지법이 존재하지 않는 것은 "헌법상 보장된 기본권이 공권력의 불행사, 즉 입법의 부작위로 말미암아 침해되었음을 이유로" 헌법재판소에 헌법소원을 제기할 수 있고, 헌법재판소는 헌법불합치결정은 물론 입법촉구결정까지 할 수는 있다. 그러나 헌법재판소가 이를 넘어 "실직자는 헌법규정에 따라 직장알선을 보장받을 권리를 가진다든가 생계비지급을 청구할 권리가 있다"는 뜻의 결정은 3권분립의 원칙에 위배되기 때문에 할 수 없다.[3]

판례: 헌법에서 기본권보장을 취해 법령에 명시적인 입법위임을 하였음에도 입법자가 이를 이행하지 않을 때 그리고 헌법해석상 특정인에게 구체적인 기본권이 생겨 이를 보장하기 위한 국가의 행위의무 내지 보호의무가 발생하였음이 명백함에도 불구하고 입법자가 전혀 아무런 입법조치를 취하고 있지 않은 경우가 여기에 해당될 것이다. 이때에는 입법부작위가 헌법소원의 대상이 된다고 봄이 상당할 것이다.[4]

2. 입법의 불충분

인간다운 생활권에 관한 헌법규정을 실현시키기 위한 구체적인 사회복지법이

---

3) 권영성, 앞의 책, 635면.
4) 헌재 1989. 3. 17. 88헌마1.

존재하기는 하지만, 해당 법률만으로는 최저생활의 보장이나 직장알선 등 자신의 구체적 법적권리로 주장하기에 불충분한 경우를 부진정·상대적 입법부작위라고 한다. 이러한 경우, 헌법재판소는 해당 법률에 대한 헌법불합치결정과 함께 입법 또는 법률개정의 촉구결정은 할 수 있으나, 입법기관이 아닌 헌법재판소가 직접 "그 법률의 내용이 불충분하므로 실직자는 직접 헌법규정에 의하여 생계비지급을 청구할 권리를 가진다든가 직장알선을 보장받을 권리를 가진다."는 뜻의 결정은 할 수 없다.

3. 위헌적 입법

국가기관인 입법부가 헌법규정에 위반되는 내용의 법률을 제정한 경우에는 위헌법률이 된다. 이러한 경우 극빈자나 실직자는 입법권이 헌법상 보장된 사회권적 기본권을 침해하였다는 이유로 사회권적 기본권의 구제를 구하는 헌법소원을 제기할 수 있고, 헌법재판소는 해당 법률에 대한 위헌확인결정과 함께 생계비지급청구권 또는 직장알선청구권 등이 헌법상 보장되는 기본권의 하나임을 확인한다는 뜻의 결정까지 할 수 있다.

4. 구체적이고 충분한 입법

헌법규정을 실현하기 위한 입법이 구체적이고 충분한 내용을 가진 경우에는 당연히 국민 개개인이 헌법과 해당 법률에 의하여 그 이행을 청구할 수 있는 구체적인 권리를 주장할 수 있다. 즉, 구체적인 당해 사회복지법에 의하여 보장된 사회보장수급권에 상응하는 구체적인 사회복지수급의무를 국가가 이행하지 않을 경우에는, 국가에 대하여 그 이행을 청구할 수 있으며, 이에 대한 국가의 불이행은 법원에 의한 행정소송 또는 민사소송에 의한 손해배상책임까지 면할 수 없게 된다.

제 2 부

사회보장기본법, 사회복지사업법, 사회보장급여의 이용 · 제공 및 수급권자 발굴에 관한 법률

제 1 편

사회보장기본법

(2018.12.11. 법률 제15885호)

제1장
총   설

1. 사회보장기본법의 입법배경 및 성격

(1) 입법배경

　헌법은 제10조에서 인간의 존엄성과 행복추구권을 모든 기본권의 총칙적·이념적 목적으로 하면서 ① 제31조의 교육을 받을 권리, ② 제32조의 근로의 권리, ③ 제33조의 근로자의 단결권, 단체교섭권, 단체행동권, ④ 제34조의 인간다운 생활권 및 사회보장수급권, ⑤ 제35조의 환경권, ⑥ 제36조의 혼인, 모성 및 보건권 등 일련의 사회권적 기본권을 규정하고 있다. 특히 제34조 제1항의 인간다운 생활권은 다른 일련의 사회권적 기본권의 이념이며, 인간의 존엄성과 행복추구권을 실현시키려는 생존권의 규정이지만, 헌법상의 규정만으로는 추상적 권리 내지 불완전한 구체적 권리[1]에 지나지 않는다. 헌법 제34조 제2항에서 "국가는 사회보장·사회복지증진에 노력할 의무를 진다."라고 하는 국가의 책임을 명확히 하고 있기 때문에 국가는 국민의 인간다운 생활권을 확보하기 위한 실천적·구체적 입법을 하여야 한다. 이러한 논리적 근거에 의하여 사회보장·사회복지에 관한 헌법의 실천적·구체적 실현을 확보하기 위하여 제정된 입법이 사회보장기본법이다. 국민의 인간다운 생활을 도모하기 위한 사회보장제도의 확립과 그 효율적인 증진을 기하려는 목적으로 1963년 11월 5일 법률 제1437호로 사회보장에관한법률이 제정되어 시행하여 오다가 경제성장에 의한 사회의 발전수준과 국민의 복지욕구에 부합하는 사회보장제도를 확립하여 국민복지의 증진을 도모하기 위한 목

---

1) 권영성, 『헌법학원론』, 법문사, 2007, 633-634면: ① 국가적 성격을 사회국가로 규정하고 국가목적을 사회국가원리의 구현이라고 규정하면서 사회권적 기본권을 프로그램적 내지 추상적 권리로 이해함은 논리적 모순이다. ② 헌법재판의 방법을 통하여 헌법불합치·입법촉구결정을 하는 것이 헌법규범구조상 반드시 불가능하지 않다고 보기 때문에, 사회권적 기본권은 자유권적 기본권처럼 직접효력을 가지는 완전한 의미의 구체적 권리일 수는 없다 할지라도 청구권적 기본권이나 정치권적 기본권의 일부와 동일한 수준의 불완전한 구체적 권리로서의 성격을 가지고 있다고 보아야 할 것이다.

적으로 사회보장에관한법률을 전면개정으로 폐지하고 1995년 12월 30일 법률 제
5134호로 사회보장기본법으로 법명이 바뀌고 2012년 1월 26일 법률 제11238호로
평생사회안전망제도가 규정되는등 전부 개정되고 2018년 12월 11일 법률 제15885
호로 사회보장제도의 신설 또는 변경에 관한 협의 업무를 수행하기 위하여 필요
하다고 인정하는 경우 정부출연연구기관, 사회보장정보원 또는 관련 전문기관·
단체에 위탁할 수 있도록 하는 근거 규정을 마련하여 현재에 이르고 있다.

(2) 성격 및 다른 법률과의 관계

사회보장기본법은 헌법의 하위법인 일반법으로서 인간의 존엄성에 상응하는
헌법 제34조 제1항의 인간다운 생활을 할 권리를 보장하기 위하여, 사회보장의
이념, 기본원칙, 정책의 기본방향 및 사회보장의 종류와 범위 등 구체적인 조치를
제도화하기 위한 사회보장에 관한 기본법이다. 따라서 사회보장에 관한 다른 법률
을 제정·개정하는 경우에는 이 법에 부합되도록 하여야 한다.

2. 사회보장기본법의 목적 및 기본이념

(1) 목 적

사회보장기본법은 사회보장에 관한 국민의 권리와 국가와 지방자치단체의 책
임을 정하고 사회보장정책의 수립·추진과 관련 제도에 관한 기본적인 사항을 규
정함으로써 국민의 복지증진에 이바지함을 목적으로 하고 있다.

(2) 기본이념

모든 국민이 다양한 사회적 위험으로부터 벗어나 행복하고 인간다운 생활을
향유할 수 있도록 자립을 지원하며, 사회참여·자아실현에 필요한 제도와 여건을
조성하여 사회통합과 행복한 복지사회를 실현하는 것을 기본이념으로 한다.

3. 사회보장의 정의 및 평생사회안전망제도

(1) 사회보장의 정의

사회보장이란 출산, 양육, 실업, 노령, 장애, 질병, 빈곤 및 사망 등의 사회적
위험으로부터 모든 국민을 보호하고 국민 삶의 질을 향상시키는 데 필요한 소득·
서비스를 보장하는 사회보험, 공공부조, 사회서비스를 말한다.

(2) 평생사회안전망 제도

평생사회안전망이란 생애주기에 걸쳐 보편적으로 충족되어야 하는 기본욕구와 특정한 사회위험에 의하여 발생하는 특수욕구를 동시에 고려하여 소득·서비스를 보장하는 맞춤형 사회보장제도를 말한다. 기본욕구와 특수욕구에 필요한 소득·서비스를 보장하기 위하여 소득보장제도로 사회보험법과 공공부조법, 서비스제도로 사회서비스법을 제정한다.

4. 사회보장제도의 종류

(1) 사회보험제도

사회보험이란 국민에게 발생하는 사회적 위험을 보험방식으로 대처함으로써 국민의 건강과 소득을 보장하는 제도를 말한다. 사회보험은 보험원리를 도입한 제도이지만 사(私)보험과는 달리 운영주체가 국가이며 강제가입 방식의 특징이 있다. 사회보험은 1차적인 사회안전망 제도로서 국민건강보험법, 국민연금법, 산업재해보상보험법, 고용보험법, 노인장기요양보험법 외에 공무원연금법, 군인연금법, 사립학교교직원연금법, 별정우체국연금법이 이에 해당된다.

(2) 공공부조제도

공공부조란 국가 또는 지방자치단체의 책임하에 생활유지능력이 없거나 생활이 어려운 국민의 최저생활을 보장하고 자립을 지원하는 제도를 말한다. 공공부조는 국가와 지방자치단체가 공공부조의 수행주체가 되어 생존권 보장의 원리에 의한 빈곤을 해소하기 위한 최저생활 보장과 자립을 조장하기 위한 목적으로 보충성의 원리에 의하여 도입한 제도이다. 공공부조는 모든 국민이 보호의 대상은 되나 엄격한 자산조사와 생태조사를 거쳐 선별된 사람에 한하여 부조의 혜택을 주는 선별주의의 특징이 있다. 국민기초생활보장법, 의료급여법, 긴급복지지원법, 기초연금법 및 장애인연금법이 이에 해당된다.

(3) 사회서비스제도

사회서비스란 국가·지방자치단체 및 민간부문의 도움을 필요로 하는 모든 국민에게 복지, 보건의료, 교육, 고용, 주거, 문화, 환경 등의 분야에서 인간다운 생활을 보장하고 상담, 재활, 돌봄, 정보의 제공, 관련 시설의 이용, 역량개발, 사회 참여 지원 등을 통하여 국민의 삶의 질이 향상되도록 지원하는 제도를 말한다.

사회보험과 공공부조는 현금급여나 현물급여가 주종을 이루며 소득, 재산, 가입기간 등과 같은 기준에 따른 획일적 처우인데 대하여, 사회서비스는 인간다운 생활 보장과 삶의 질이 향상되도록 지원하는 비물질적·비경제적·정신적·심리적·추상적 서비스가 주종을 이루며 개별적 전문적 처우를 하는 특징이 있다. 아동복지법, 노인복지법, 장애인복지법, 한부모가족지원법, 영유아보육법, 최저임금법, 치매관리법, 남녀고용평등과 일·가정양립지원에 관한 법률, 보호관찰 등에 관한 법률, 다문화가족 지원법 등이 이에 해당된다.

5. 사회보장의 주체·책임 및 대상

(1) 사회보장의 주체

사회보장기본법에서의 사회보장의 주체는 복지다원주의를 지향하고 있다. 국가 및 지방자치단체가 사회보장의 주된 책임 주체이지만, 개인·법인·가정·지역공동체·민간조직도 사회보장의 주체가 되어 국가발전수준에 부응하는 사회보장제도의 주체적 역할을 하도록 하고 있다.

(2) 사회보장의 책임

1) 국가와 지방자치단체의 책임

국가와 지방자치단체는 모든 국민의 인간다운 생활을 유지·증진하는 책임을 가지며 사회보장에 관한 책임과 역할을 합리적으로 분담하고, 국가발전수준에 부응, 사회환＋경의 변화에 선제적으로 대응하여 지속가능한 사회보장제도를 확립하고 매년 이에 필요한 자원을 조달하여야 한다. 사회보장제도의 안정적인 운영을 위하여 중장기 사회보장 재정추계를 격년으로 실시하고 이를 공표하여야 하고, 가정이 건전하게 유지되고 그 기능이 향상되도록 노력하여야 하고, 사회보장제도를 시행할 때에 가정과 지역공동체의 자발적인 복지활동을 촉진하여야 한다. 여기서 국가라 함은 주로 사회보장·사회복지를 관장하는 중앙정부를 의미하고 지방자치단체라 함은 특별시·광역시 및 도와 같은 광역자치단체와 시·군·구(자치구)와 같은 기초자치단체를 모두 포함한다.

2) 국민의 책임

모든 국민은 ① 자신의 능력을 최대한 발휘하여 자립·자활할 수 있도록 노력하여야 하고, ② 경제적·사회적·문화적·정신적·신체적으로 보호가 필요하다고 인정되는 사람에게 지속적인 관심을 가지고 이들이 보다 나은 삶을 누릴 수 있는 사회환경 조성에 서로 협력하고 노력하여야 하며, ③ 관계 법령에서 정하는 바에 따라 사회보장급여에 필요한 비용의 부담, 정보의 제공 등 국가의 사회보장정책에 협력하여야 한다.

(3) 사회보장의 대상

1) 국   민

사회보장 수급권의 대상은 대한민국의 모든 국민을 포괄적으로 규정하고 더 나아가 국내에 거주하는 외국인도 포함시키고 있다. 국민은 모두 사회보장의 급여를 받을 권리가 있다는 보편주의를 원칙으로 하고 있으나 공공부조는 자산조사를 통하여 일정 소득수준 이하의 국민을 선별적으로 혜택을 주는 선별주의를 택하고 있다.

2) 외국인

국내에 거주하는 외국인에게 사회보장제도를 적용할 때에는 상호주의 원칙에 따르되 관계법령이 정하는 바에 따른다고 하여 외국인에게까지도 적용범위를 확대하였다.

제 2 장
사회보장수급권

1. 수급권의 개념 및 종류

사회보장수급권은 국민이 사회보장의 급여를 받을 권리이다. 헌법 제34조 제1항의 "인간다운 생활을 할 권리"에 대한 구체적 권리를 실현하기 위하여 사회보장기본법 제9조는 "모든 국민은 사회보장 관계 법령에서 정하는 바에 따라 사회보장의 급여를 받을 권리를 가진다."라고 규정하였다. 사회보장기본법상의 사회보장은 사회보험, 공공부조, 사회서비스제도로 구분하고 있기 때문에 사회보장수급권은 사회보험수급권·공공부조수급권·사회서비스수급권으로 구분된다.

2. 수급권자

수 모든 국민은 사회보장 관계 법령에서 정하는 바에 따라 사회보장급여를 받을 사회보장수급권을 가진다. 사회보장 대상자인 국민과 국제법상 상호주의에 의한 외국인이다. 사회보장수급권의 수급권자는 구체적인 개별 사회복지법에서 그 자격이 결정된다.

3. 사회보장의 급여수준 및 보호수준

국가와 지방자치단체는 사회보장 급여의 수준은 최저생계비와 최저임금 등을 고려하여 결정하여야 하고, 보호수준은 모든 국민이 건강하고 문화적인 생활을 유지할 수 있도록 노력하여야 한다. 국가는 관계법령이 정하는 바에 따라 최저생계비와 최저임금을 매년 공표하여야 한다. 사회보장기본법은 보호수준을 국민이 건강하고 문화적인 생활을 유지할 수 있도록 규정한데 대하여 국민기초생활보장법에서의 보호수준은 "건강하고 문화적인 최저생활을 유지할 수 있는 것이어야 한다"라고 규정함으로써 최저생활보장 원리를 보호수준으로 하고 있다.

4. 급여의 신청

사회보장의 급여를 받으려는 사람은 관계법령에서 정하는 바에 따라 국가 또는 지방자치단체에 신청하여야 하되, 관계 법령에서 따로 정하는 경우에는 국가나 지방자치단체가 신청을 대신할 수 있다. 급여를 신청하는 사람이 다른 기관에 신청한 경우에는 그 기관은 지체없이 이를 정당한 권한이 있는 기관에 이송하여야 한다. 이 경우 정당한 권한이 있는 기관에 이송된 날을 사회보장급여의 신청일로 본다.

5. 수급권의 보호

사회보장수급권은 관계법령이 정하는 바에 따라 다른 사람에게 양도하거나 담보로 제공할 수 없으며, 이를 압류할 수 없도록 하여 수급권에 대한 일신전속권적 보호를 하고 있다.

6. 수급권의 제한과 포기

사회보장수급권은 제한되거나 정지될 수 없다. 다만 관계법령이 따로 정하는 경우에는 그 제한 또는 정지의 목적에 필요한 최소한에 그쳐야 한다. 사회보장수급권은 정당한 권한이 있는 기관에 서면으로 통지하여 이를 포기할 수 있으며 포기는 취소할 수 있다. 그러나 수급권의 포기가 다른 사람에게 피해를 주거나 사회보장에 관한 관계법령에 위반되는 경우에는 이를 포기할 수 없다.

7. 불법행위에 대한 구상권

제3자의 불법행위로 인하여 피해를 입은 국민이 그로 인하여 사회보장수급권을 가지게 된 경우 사회보장제도를 운영하는 자는 불법행위의 책임이 있는 자에 대하여 관계법령이 정하는 바에 의하여 구상권(求償權)을 행사할 수 있다.

제 3 장
사회보장위원회

1. 설치목적 및 구성

(1) 목 적

사회보장에 관한 주요시책을 심의·조정하기 위하여 국무총리 소속하에 사회보장에 관한 심의기관으로서의 성격을 가지는 사회보장위원회를 둔다.

(2) 구 성

위원회는 위원장 1명과 부위원장 3명과 행정자치부장관 고용노동부장관, 여성가족부장관, 국토교통부장관을 포함한 위원 30명 이내로 하며 위원장은 국무총리가 되고 부위원장은 기획재정부장관 및 보건복지부장관이 된다. 위원은 다음 각호의 자로 한다. 위원의 임기는 2년으로 하되, 공무원인 위원의 임기는 그 재임기간으로 하고, 보궐위원의 임기는 전임자의 잔임기간으로 한다. 위원회를 효율적으로 운영하고 심의사항을 보다 전문적으로 검토하기 위하여 위원회에 사회보장별 실무위원회를 두도록 하여 사회보험실무위원회와 사회복지실무위원회를 두고 있으며 실무위원회별로 각각 3인 이내의 전문위원을 둘 수 있도록 규정하고 있다.

1. 대통령령이 정하는 관계중앙행정기관의 장으로서, 교육과학기술부장관, 법무부장관, 행정안전부장관, 문화체육관광부장관, 농림수산식품부장관, 지식경제부장관, 환경부장관, 고용노동부장관, 여성가족부장관, 국토해양부장관 및 국가보훈처장

2. 다음 각 목의 자 중에서 대통령이 위촉하는 자
   가. 근로자를 대표하는 사람
   나. 사용자를 대표하는 사람
   다. 사회보장에 관한 학식과 경험이 있는 사람
   라. 변호사의 자격이 있는 사람

2. 위원회의 직무

사회보장위원회는 다음 각호의 사항을 심의한다.
1. 사회보장 증진을 위한 기본계획
2. 사회보장관련 주요계획
3. 사회보장제도의 평가 및 개선
4. 사회보장제도의 신설 또는 변경에 따른 우선순위의 조정
5. 둘 이상의 중앙행정기관이 관련된 주요 사회보장정책
6. 사회보장급여 및 비용 부담의 조정
7. 국가와 지방자치단체의 역할 및 비용 분담
8. 사회보장의 재정추계 및 재원조달 방안
9. 사회보장전달체계 운영 및 개선
10. 사회보장통계
11. 사회보장정보의 보호 및 관리
12. 그 밖에 위원장이 심의에 부치는 사항

3. 관계행정기관의 협력

　사회보장위원회는 관계행정기관에 대하여 사회보장에 관한 자료의 제출과 위원회의 업무에 관하여 필요한 협력을 요청할 수 있으며 관계행정기관은 위원회로부터 요청받은 때에는 이에 응하여야 한다. 그리고 사회보장실무위원회는 그 업무수행에 관하여 필요한 경우에는 관계기관, 단체 등에 대하여 필요한 자료를 요청하거나 관계기관 단체 등의 직원 또는 전문가로부터 의견을 들을 수 있다.

제 4 장
사회보장기본계획의 수립

1. 사회보장 기본계획 수립

보건복지부장관은 관계중앙행정기관의 장과 협의하여 사회보장 증진을 위하여 사회보장에 관한 기본계획을 5년마다 수립하여야 한다. 기본계획은 사회보장위원회가 국무회의의 심의를 거쳐 확정한다. 기본계획에는 다음의 사항이 포함되어야 하며 가른 법령에 따라 수립되는 사회보장에 관한 계획에 우선하며 그 계획의 기본이 된다.

    1. 국내의 사회보장환경의 변화와 전망

    2. 사회보장에 관한 기본목표 및 중장기 추진방안

    3. 주요 추진과제 및 추진방법

    4. 필요한 재원의 규모와 조달방안

    5. 사회보장관련 기금 운용방안

    6. 사회보장 전달체계

    7. 그 밖에 사회보장정책의 추진에 필요한 사항

2. 연도별 시행계획의 수립 및 시행

보건복지부장관 및 관계 중앙행정기관의 장은 기본계획에 따라 사회보장과 관련된 소관 주요시책의 시행계획을 매년 수립·시행하여야 한다. 중앙행정기관의 장은 수립한 소관 시행계획 및 전년도 시행계획에 따른 추진실적을 대통령령으로 정하는 바에 따라 매년 보건복지부장관에게 제출하여야 하며, 보건복지부장관은 관계 중앙행전기관 및 보건복지부 소속의 추진실적을 종합하여 성과를 평가하고, 그 결과를 사회보장위원회에 보고하여야 한다.

3. 지역계획의 수립 및 시행

서울특별시장·광역시장·특별자치시장·도지사 또는 특별자치도지사·시장·군수·구청장은 관계법령으로 정하는 바에 따라 사회보장에 관한 지역계획을 수립·시행하여야 하며, 지역계획은 기본계획과 연계되어야 한다.

4. 계획수립 등의 협조

보건복지부장관, 관계중앙행정기관의 장 및 중앙행정기관의 장은 장기발전방향과 주요시책추진방향의 주요시책추진방안의 수립·시행 및 평가를 위하여 필요하면 관계공공기관, 사회단체, 그 밖의 민간기업체의 장에게 협조를 요청할 수 있고, 협조요청을 받은 자는 특별한 사유가 없는 한 이에 응하여야 한다.

제 5 장
사회보장정책의 기본방향

1. 평생사회안전망 구축과 운영

국가와 지방자치단체는 모든 국민이 생애 동안 삶의 질을 유지·증진할 수 있도록 평생사회안전망을 구축하여야 하되, 평생사회안전망을 구축·운영함에 있어서 사회적 취약계층을 위한 공공부조를 마련하여 최저생활을 보장하여야 한다.

2. 사회서비스 보장

국가와 지방자치단체는 모든 국민의 인간다운 생활과 자립, 사회참여, 자야실현 등을 지원하여 삶의 질이 향상될 수 있도록 사회서비스에 관한 시책을 마련하여야 하되, 사회서비스 보장과 소득보장이 효과적이고 균형적으로 연계되도록 하여야 한다.

3. 소득보장

국가와 지방자치단체는 다양한 사회적 위험에서도 모든 국민이 인간다운 생활을 할 수 있도록 소득을 보장하는 제도를 마련하여야 하되, 공공부문과 민간부문의 소득보장제도가 효과적으로 연계되도록 하여야 한다.

제 6 장
사회보장제도의 운영

1. 운영원칙

사회보장제도의 운영에 관하여 법 제25조는 다음과 같은 기본원칙을 규정하고 있다.

① 국가와 지방자치단체가 사회보장제도를 운영할 때에는 이 제도를 필요로 하는 모든 국민에게 적용하여야 한다(보편성의 원칙).

② 국가와 지방자치단체는 사회보장제도의 급여 수준과 비용 부담 등에서 형평성을 유지하여야 한다(형평성의 원칙).

③ 국가와 지방자치단체는 사회보장제도의 정책결정 및 시행과정에 공익의 대표자 및 이해관계인 등을 참여시켜 이를 민주적으로 결정하고 시행하여야 한다(민주성의 원칙).

④ 국가와 지방자치단체가 사회보장제도를 운영할 때에는 국민의 다양한 복지욕구를 효율적으로 충족시키기 위하여 연계성과 전문성을 높여야 한다(효율성·연계성·전문성의 원칙).

⑤ 사회보험은 국가의 책임으로 시행하고, 공공부조와 사회서비스는 국가와 지방자치단체의 책임으로 시행하는 것을 원칙으로 한다. 다만 국가와 지방자치단체의 재정형편 등을 고려하여 이를 협의·조정할 수 있다(책임과 협의·조정의 원칙).

2. 협의 및 조정

① 국가와 지방자치단체는 사회보장제도를 신설하거나 변경할 경우 기존 제도와의 관계, 사회보장 전달체계와 재정 등에 미치는 영향 등을 사전에 충분히 검토하고 상호협력하여 사회보장급여가 중복 또는 누락되지 아니하도록 하여야 한다.

② 중앙행정기관의 장과 지방자치단체의 장은 사회보장제도를 신설하거나 변

경할 경우 신설 또는 변경의 타당성, 기존 제도와의 관계, 사회보장 전달체계에 미치는 영향 및 운영방안 등에 대하여 대통령령으로 정하는 바에 따라 보건복지부장관과 협의하여야 한다.

③ 중앙행정기관의 장과 지방자치단체의 장은 제2항에 따른 업무를 효율적으로 수행하기 위하여 필요하다고 인정하는 경우에는 관련 자료의 수집·조사 및 분석에 관한 업무를 다음 각 호의 기관 또는 단체에 위탁할 수 있다.

    1. 정부출연연구기관 등의 설립·운영 및 육성에 관한 법률에 따라 설립된 정부출연연구기관

    2. 사회보장급여의 이용·제공 및 수급권자 발굴에 관한 법률에 따른 사회보장정보원

    3. 그 밖에 대통령령으로 정하는 전문기관 또는 단체

④ 제2항에 따른 협의가 이루어지지 아니할 경우 위원회가 이를 조정한다.

⑤ 보건복지부장관은 사회보장급여 관련 업무에 공통적으로 적용되는 기준을 마련할 수 있다.

3. 민간의 참여

(1) 여건조성 및 시책의 수립·시행

국가와 지방자치단체는 사회보장에 대한 민가부문의 참여를 유도할 수 있도록 정책을 개발·시행하고 그 여건을 조성하고, 민간부문의 참여를 조장할 수 있도록 다음의 사업이 포함된 시책을 수립·시행하여야 한다.

    1. 자원봉사, 기부 등 나눔의 활성화를 위한 각종 지원사업

    2. 사회보장정책의 시행에 있어 민간부문과의 상호협력체계 구축을 위한 지원사업

    3. 그 밖에 사회보장에 관련된 민간의 참여를 유도하는 데에 필요한 사항

(2) 경비부담 및 지원

국가와 지방자치단체는 개인·법인 또는 단체가 사회보장에 참여하는 데에 드는 경비의 전부 또는 일부를 지원하거나 그 업무를 수행하기 위하여 필요한 지원을 할 수 있다.

4. 비용의 부담

사회보장 비용의 부담은 각각의 사회보장제도의 목적에 따라 국가, 지방자치단체 및 민간부문 간에 합리적으로 조정되어야 하며, 사회보험에 드는 비용은 사용자, 피용자(被傭者) 및 자영업자가 부담하는 것을 원칙으로 하되, 관계 법령에서 정하는 바에 따라 국가가 그 비용의 일부를 부담할 수 있다. 공공부조 및 관계 법령에서 정하는 일정 소득 수준 이하의 국민에 대한 사회서비스에 드는 비용의 전부 또는 일부는 국가와 지방자치단체가 부담한다. 부담 능력이 있는 국민에 대한 사회서비스에 드는 비용은 그 수익자가 부담함을 원칙으로 하되, 관계 법령에서 정하는 바에 따라 국가와 지방자치단체가 그 비용의 일부를 부담할 수 있다

5. 사회보장전달체계

국가와 지방자치단체는 ① 모든 국민이 쉽게 이용할 수 있고 사회보장급여가 적시에 제공되도록 지역적, 기능적으로 균형 잡힌 사회보장 전달체계를 구축하여야 하고, ② 사회보장전달체계의 효율적 운영에 필요한 조직, 인력, 예산 등을 갖추어야 하며, ③ 공공부문과 민간부문의 사회보장 전달체계가 효율적으로 연계되도록 노력하여야 한다.

6. 사회보장급여의 관리

국가와 지방자치단체는 국민의 사회보장수급권의 보장 및 재정의 효율적 운용을 위하여 사회보장수급권자의 권리구제, 사회보장급여의 사각지대 발굴, 사회보장급여의 부정·오류 관리, 사회보장급여의 과오지급액의 환수 등 관리에 관한 사회보장급여의 관리체계를 구축·운영하여야 한다. 보건복지부장관은 사회서비스의 품질기준 마련, 평가 및 개선 등의 업무를 수행하기 위하여 필요한 전담기구를 설치할 수 있다.

7. 사회보장통계 및 정보시스템의 구축운영

국가와 지방자치단체는 효과적인 사회보장정책의 수립·시행을 위하여 사회보장에 관한 통계를 작성·관리하여야 한다. 관계 중앙행정기관의 장과 지방자치단체의 장은 소관 사회보장통계를 대통령령으로 정하는 바에 따라 보건복지부장관

에게 제출하여야 하고 보건복지부장관은 제출된 사회보장통계를 종합하여 사회보
장위원회에 제출하여야 한다. 사회보장업무에 종사하거나 종사하였던 사람은 사회
보장업무 수행과 관련하여 알게 된 개인·법인 또는 단체의 정보를 관계 법령에
서 정하는 바에 따라 보호하여야 하고, 국가와 지방자치단체, 공공기관, 법인·단
체, 개인이 조사하거나 제공받은 개인·법인 또는 단체의 정보는 이 법과 관계
법령에 한다. 국민이 사회보장제도에 관하여 국민이 필요로 하는 정보를 관련 법
률에 근거하지 아니하고 보유, 이용, 제공해서는 아니 된다.

8. 정보공개, 상담, 설명, 통지 등

국가와 지방자치단체는 ① 사회보장제도에 관하여 국민이 필요한 정보를 관계
법령에서 정하는 바에 따라 공개하고 홍보하여야 하고, ② 권리나 의무를 해당
국민에게 설명하도록 노력하여야 하고, ③ 사회보장에 관한 상담에 응하여야 하
고 ④ 사회보장에 관한 사항을 해당 국민에게 알려야 한다.

9. 재   정

사회보장의 비용 부담은 사회보장제도의 목적에 따라 국가, 지방자치단체 및
민간부문 간에 합리적으로 조정되어야 한다. 사회보험에 드는 비용은 사용자, 피
용자 및 자영업자가 부담하는 것을 원칙으로 하되, 관계 법령이 정하는 바에 따
라 국가가 그 비용의 일부를 부담할 수 있다. 공공부조 및 관계 법령에서 정하는
일정 소득 수준 이하의 국민에 대한 사회복지서비스에 드는 비용의 전부 도는 일
부는 국가와 지방자치단체가 부담한다. 부양능력이 있는 국민에 대한 사회복지서
비스에 드는 비용은 그 수익자가 부담함을 원칙으로 하되 관계 법령에서 정하는
바에 따라 국가와 지방자치단체가 그 비용의 일부를 부담할 수 있다.

10. 권리의 구제

사회보장과 관련하여 국민이 위법 또는 부당한 처분을 받거나 필요한 처분을
받지 못함으로써 권리 또는 이익을 침해 받은 국민은 행정심판법에 따른 행정심
판을 청구하거나 행정소송법에 따른 행정소송을 제기하여 그 처분의 취소 또는
변경 등을 청구할 수 있다.

제 2 편

사회복지사업법

(2019. 1. 15. 법률 제16247호)

제**1**장
총 설

1. 의 의

　1970년대 이전의 사회복지서비스는 시대적 상황에 대응하기 위하여 아동복리법, 생활보호법, 윤락행위등방지법 등과 같이 개별법으로 임시방편적·단편적으로 실시되었고 사회복귀를 목적으로 하는 실질적인 사회사업적 방법으로 시행된 것은 아니었다. 이후 경제성장에 의한 사회적 수준과 국민의 사회복지 욕구가 증대하면서 이에 부응하는 사회복지서비스의 개별법을 통합·조정할 기본법이 필요하게 되어 1970년 1월 1일 법률 제2191호로 사회복지사업법이 제정·시행되어 왔다. 이후 1997년 8월 22일 법률 제5368호로 전문개정으로 제정된 때부터 수차례의 개정을 거치면서 노숙인 등에 대한 지원체계를 통합하고, 주거, 급식, 의료 등 복지서비스 제공과 민간단체와의 협력사항을 국가와 지방자치단체의 책임으로 정하여 노숙인 등의 인권을 보호하고 자립을 지원함으로써 이들의 건전한 사회복귀를 도모하고 2017년 3월 21일 법률 제14696호로 사회보장급여의 이용·제공 및 수급권발굴에 관한 법률이 제정되어 그에 따른 지역사회 사회보장위원회 및 지역사회보장협의체 구성 등의 규정이 신설디고, 사회복지법인 임원 해임 등의 규정이 개정되는 등 2019년 1월 15일 법률 제16247호로 개정되어 현재에 이르고 있다.

2. 사회복지사업법의 목적 및 정의

(1) 목 적

　사회복지사업법은 사회복지사업에 관한 기본적 사항을 규정하여 사회복지를 필요로 하는 사람의 인간다운 생활을 할 권리를 보장하고 사회복지의 전문성을 높이며, 사회복지사업의 공정·투명·적정을 기하고, 지역사회복지의 체계를 구축함으로써 사회복지의 증진에 이바지함을 목적으로 한다.

(2) 기본이념

사회복지를 필요로 하는 사람은 누구든지 자신의 의사에 따라 서비스를 신청하고 제공받을 수 있고, 사회복지법인 및 사회복지시설은 공공성을 가지며, 사회복지사업을 시행하는 데 있어서 공공성을 확보하여야 하고 사회복지를 제공하는 자는 사회복지를 필요로 하는 사람의 인권을 보장하여야 하고 필요한 정보를 제공하는 등 사회복지서비스를 이용하는 사람의 선택권을 보장하여야 한다.

(3) 특　성

사회복지사업법은 사회보험제도·공공부조제도 및 사회서비스제도에서 파생된 각종 사회복지법에서와 같이 모든 국민에게 인간다운 생활보장과 삶의 질을 향상하는 사회보장수급권에 의한 사회보장급여가 제공되는 유사성을 가지고 있으면서도 다른 특성을 가지고 있다. 사회보험법 또는 공공부조법에 의한 사회보장수급권은 현금 또는 현물과 같은 경제적·물질적 급여인데 대하여 사회복지사업법에 의한 급여는 경제적·물질적 급여보다 비경제적·비물질적 급여가 중요한 내용이 되고 있다. 따라서 사회복지사업법은 사회복지전문가의 지식과 기술을 활용하여 문제를 해결하고 원조하여 줌으로써 정상적인 사회생활이 가능하도록 비물질적·심리적·정신적 서비스를 실천하는 것이 중요한 내용이며, 그 실천과정에는 사회복지종사자의 윤리와 인권존중이 요구된다.

(4) 용어의 정의

1) 사회복지사업

사회복지사업이라 함은 다음의 28개 법률에 따른 보호·선도 또는 복지에 관한 사업과 사회복지상담, 직업지원, 무료숙박, 지역사회복지, 의료복지, 재가복지, 사회복지관운영, 정신질환자 및 한센병력자 사회복귀에 관한 사업 등 각종 복지사업과 이와 관련된 자원봉사활동 및 복지시설의 운영 또는 지원을 목적으로 하는 사업을 말한다.

　　가. 국민기초생활 보장법
　　나. 아동복지법
　　다. 노인복지법
　　라. 장애인복지법
　　마. 한부모가족지원법

바. 영유아보육법

사. 성매매방지 및 피해자보호 등에 관한 법률

아. 정신건강증진 및 정신질환자 복지서비스 지원에 관한 법률

자. 성폭력방지 및 피해자보호 등에 관한 법률

차. 입양특례법

카. 일제하 일본군위안부 피해자에 대한 생활안정지원 및 기념사업 등에 관한 법률

타. 사회복지공동모금회법

파. 장애인·노인·임산부 등의 편의증진 보장에 관한 법률

하. 가정폭력 방지 및 피해자보호 등에 관한 법률

거. 농어촌주민의 보건복지증진을 위한 특별법

너. 식품기부활성화에 관한 법률

더. 의료급여법

러. 기초연금법

머. 긴급복지지원법

버. 다문화가족지원법

서. 장애인연금법

어. 장애인활동 지원에 관한 법률

저. 노숙인 등의 복지 및 자립지원에 관한 법률

처. 보호관찰 등에 관한 법률

커. 장애아동 복지지원법

터. 발달장애인 권리보장 및 지원에 관한 법률

퍼. 청소년복지지원법

허. 북한이탈주민의 보호 및 정착지원에 관한 법률

2) 사회복지서비스

국가·지방자치단체 및 민간부문의 도움을 필요로 하는 모든 국민에게 사회보장기본법 제3조 제4호(복지, 보건의료, 교육, 고용, 주거, 문화, 환경 등의 분야에서 인간다운 생활을 보장하고 상담, 재활, 돌봄, 정보의 제공, 관련 시설의 이용, 역량 개발, 사회참여 지원 등)에 따른 사회서비스 중 사회복지사업을 통한 서비스를 제공하여 삶의 질이 향상되도록 제도적으로 지원하는 것이다.

3) 보건의료서비스

국민의 건강을 보호 · 증진하기 위하여 보건의료인이 하는 모든 활동을 말한다.

4) 지역사회복지

주민의 복지증진과 삶의 질 향상을 위하여 지역사회 차원에서 전개하는 사회복지를 말한다.

5) 사회복지법인 · 사회복지시설

사회복지법인이라 함은 사회복지사업을 행할 목적으로 설립된 법인을 말하고, 사회복지시설이라 함은 사회복지사업을 행할 목적으로 설치된 시설을 말한다.

6) 사회복지관

지역사회를 기반으로 일정한 시설과 전문인력을 갖추고 지역주민의 참여와 협력을 통하여 지역사회복지문제를 예방하고 해결하기 위하여 종합적인 복지서비스를 제공하는 시설을 말한다.

3. 다른 법률과의 관계

사회복지사업의 내용 및 절차 등에 관하여 이 법이 정한 국민기초생활보장법 등 26개 법에 특별한 규정이 있는 경우를 제외하고는 이 법의 규정에 의한다. 즉 사회복지사업법은 사회복지사업에 관한 일반법으로서 사회복지사업에 관한 다른 특정 법률에 규정이 있는 경우에는 특별법 우선의 원칙에 의하여 특정 법률이 사회복지사업법의 특별법으로서 사회복지사업법의 규정에 우선하여 적용된다. 그리고 이 법이 정한 26개 법을 개정하는 경우에는 이 법에 부합하도록 하여야 하기 때문에 28개 사회복지사업의 기본법이라 할 수 있다.

제2장
사회복지사업법의 수행주체 및 책임

사회복지사업법의 수행주체는 국가와 지방자치단체에 있지만 사회복지종사자 및 지역주민의 역할이 연계되어 이루어질 때 효율성이 크다.

1. 국가와 지방자치단체의 책임

(1) 복지와 인권증진 책임

국가와 지방자치단체는 사회복지서비스를 증진하고, 서비스를 이용하는 사람에 대하여 ① 인권침해를 예방하고 차별을 금지하며 인권을 옹호할 책임을 지고 ② 그 밖에 복지사업을 하는 자도 사회복지를 필요로 하는 사람에 대하여 그 사업과 관련한 상담, 작업치료, 작업훈련 등을 실시하고 필요한 경우에는 주민의 복지 욕구를 조사할 수 있다. ③ 사회복지서비스 도움을 필요로 하는 국민의 선호와 필요에 따른 사회복지서비스 수요자 등을 고려하여 사회복지 시설이 균형있게 설치되도록 하고 ④ 민간부문이 사회복지증진 활동이 활성화 되고 민간부문의 사회복지 증진활동이 원활하게 연계될 수 있도록 노력하여야 한다. ⑤ 인권이 충분히 존중되는 방식으로 사회복지서비스를 제공하고 인권교육을 강화하여야 한다, ⑥ 사회복지서비스를 이용하는 사람이 긴급한 인권침해 상황에 놓인 경우 신속히 대응할 체계를 갖추어야 하고 ⑦ 시설거주자의 희망을 반영하여 지역사회보호 체계에서 서비스가 제공될 수 있도록 노력하여야 하고, ⑧ 사회복지서비스를 필요로 하는 사람들에게 사회복지서비스 실시에 대한 정보를 제공하여야 한다, ⑨ 사회복지서비스를 제공하는 자로부터 위법 또는 부당한 처분을 받아 권리나 이익을 침해당한 사람을 위하여 간이하고 신속한 구제조치를 마련하여야 한다.

(2) 사회복지서비스 제공의 원칙

① 사회복지서비스를 필요로 하는 보호대상자에 대한 사회복지서비스 제공은

제공하는 것을 원칙으로 한다.

② 시장·군수·구청장은 국가 또는 지방자치단체 외의 자로 하여금 사회복지서비스 제공을 실시하게 하는 경우에는 보호대상자에게 사회복지서비스 이용권을 지급하여 국가 또는 지방자치단체 외의 자로부터 그 이용권으로 서비스 제공을 받게 할 수 있다.

③ 국가와 지방자치단체는 사회복지서비스의 품질향상과 원활한 제공을 위하여 필요한 시책을 마련하여야 하고, 사회복지서비스의 품질을 관리하기 위하여 사회복지서비스를 제공하는 기관·법인·시설·단체의 서비스 환경, 서비스 제공 인력의 전문성 등을 평가할 수 있다.

⑤ 보건복지부장관은 제3항에 따른 평가를 위하여 평가기관을 설치·운영하거나, 평가의 전부 또는 일부를 관계 기관 또는 단체에 위탁할 수 있고, 그 위탁한 기관 또는 단체에 대하여 그 운영에 필요한 비용을 지원할 수 있다.

(3) 복지요구의 조사 및 서비스 제공 계획 수립

시장, 군수, 구청장은 사회복지서비스 제공 신청을 받으면 복지담당 공무원에게 필요한 사회복지서비스 및 보건의료서비스에 관한 사항, 보호대상자 및 그 부양의무자의 소득, 재산, 근로능력 및 취업상태에 관한 사항, 사회보장급여, 사회복지서비스 및 보건의료서비스 중 수혜 이력에 관한 사항과 그 밖에 보호실시 여부를 결정하기 위하여 필요하다고 인정하는 사항을 조사하게 할 수 있다. 조사를 하였을 때는 서비스제공의 실시여부와 그 유형을 결정하여야 하고 보호대상자와 그 친족 복지담당공무원 및 지역의 사회복지사업, 보건의료사업 관련기관단체의 의견을 들을 수 있다. 서비스제공의 실시 여부와 그 유형을 결정하였을 때에는 이를 서면이나 전자문서로 신청인에게 알려야 한다.

(4) 사회복지의 전자화 및 정보시스템전담기구

국가와 지방자치단체는 사회복지업무를 전자적으로 처리할 수 있도록 필요한 시책을 마련하여야 하고, 보건복지부장관은 자료 또는 정보의 효율적 처리와 기록관리 업무의 전자화를 위하여 정보시스템을 구축 운영할 수 있고, 정보시스템을 효율적으로 운영하기 위하여 그 운영에 관한 업무를 수행하는 전담기구를 설립할 수 있다. 보건복지부장관 및 시장, 군수, 구청장은 복지요구에 따라 조사하거나 제공받은 정보 중 보호대상자가 아닌 사람의 정보는 5년을 초과하여 보유할 수 없다. 이 경우 정보의 보유기한이 지나면 지체 없이 이를 파기하여야 한다.

(5) 자원봉사활동의 지원육성

국가와 지방자치단체는 사회복지 자원봉사활동을 등을 지원육성하기 위하여 다음 사항을 실시하여야 하며, 이를 효율적으로 수행하기 위하여 사회복지법인이나 그 밖의 비영리법인·단체에 이를 위탁할 수 있다.
① 자원봉사활동의 홍보 및 교육
② 자원봉사활동 프로그램의 개발·보급
③ 자원봉사활동 중의 재해에 대비한 시책의 개발
④ 그 밖에 자원봉사활동의 지원에 필요한 사항

(6) 사회복지시설 업무의 전자화

보건복지부장관은 사회복지법인 및 사회복지시설의 종사자, 거주자 및 이용자에 관한 자료 등 운영에 필요한 정보의 효율적 처리와 기록·관리 업무의 전자화를 위하여 정보시스템을 구축·운영할 수 있고, 정보시스템을 구축·운영하는 데 필요한 자료를 수집·관리·보유할 수 있으며 관련 기관 및 단체에 필요한 자료의 제공을 요청할 수 있고, 정보시스템을 효율적으로 운영하기 위하여 사회보장기본법 제37조 제7항에 따른 전담기구에 그 운영에 관한 업무를 위탁할 수 있되 법인으로 하여야 하고 그 법인은 민법상 재단법인에 관한 규정을 준용한다.

지방자치단체의 장은 사회복지사업을 수행할 때 관할 복지행정시스템과 보건복지부장관의 정보시스템을 전자적으로 연계하여 활용하여야 한다. 사회복지법인의 대표이사와 사회복지시설의 장은 국가와 지방자치단체가 실시하는 사회복지업무의 전자화 시책에 협력하여야 한다.

(7) 사회복지의 날

국가는 국민의 사회복지에 대한 이해를 증진하고 사회복지사업 종사자의 활동을 장려하기 위하여 매년 9월 7일을 사회복지의 날로 하고, 사회복지의 날부터 1주간을 사회복지 주간으로 하여 취지에 적합한 행사 등 사업을 하도록 노력하여야 한다.

(8) 지도·훈련

보건복지부장관은 이 법이나 그 밖의 사회복지 관련 법률의 시행에 관한 사무에 종사하는 공무원과 사회복지사업에 종사하는 사람의 자질 향상을 위하여 보건

복지부령으로 정하는 인권교육 등 필요한 지도와 훈련을 할 수 있다

(9) 지도 · 감독

① 보건복지부장관, 시 · 도지사 또는 시장 · 군수 · 구청장은 사회복지사업을 운영하는 자의 소관 업무에 관하여 지도 · 감독을 하며, 필요한 경우 그 업무에 관하여 보고 또는 관계 서류의 제출을 명하거나, 소속 공무원으로 하여금 사회복지법인의 사무소 또는 시설에 출입하여 검사 또는 질문을 하게 할 수 있다.

② 시 · 도지사 또는 시장 · 군수 · 구청장은 사회복지법인과 사회복지시설에 대하여 지방의회의 추천을 받아 공인회계사법에 따라 등록한 공인회계사 또는 주식회사 등의 외부감사에 관한 법률에 따른 감사인을 선임하여 회계감사를 실시할 수 있다. 이 경우 공인회계사 또는 감사인의 추천, 회계감사의 대상 및 그 밖에 필요한 사항은 보건복지부령으로 정하는 기준에 따라 지방자치단체의 조례로 정한다.

③ 사회복지법인의 주된 사무소의 소재지와 시설의 소재지가 같은 시 · 도 또는 시 · 군 · 구에 있지 아니한 경우 그 시설의 업무에 관하여는 시설 소재지의 시 · 도지사 또는 시장 · 군수 · 구청장이 지도 · 감독 · 회계감사 등을 한다. 이 경우 지도 · 감독 · 회계감사 등을 위하여 필요할 때에는 사회복지법인의 업무에 대하여 사회복지법인의 주된 사무소 소재지의 시 · 도지사 또는 시장 · 군수 · 구청장에게 협조를 요청할 수 있다.

④ 제3항에 따른 지도 · 감독 · 회계감사 등에 관하여 따로 지방자치단체 간에 협약을 체결한 경우에는 제2항에도 불구하고 협약에서 정한 시 · 도지사 또는 시장 · 군수 · 구청장이 지도 · 감독 · 회계감사 등의 업무를 수행한다.

⑤ 제1항 및 제2항에 따라 검사 · 질문 또는 회계감사를 하는 관계 공무원 등은 그 권한을 표시하는 증표를 지니고 이를 관계인에게 보여주어야 한다.

⑥ 보건복지부장관, 시 · 도지사 또는 시장 · 군수 · 구청장은 지도 · 감독 · 회계감사를 실시한 후 이 법에 따른 행정처분 등을 한 경우에는 처분 대상인 법인 또는 시설의 명칭, 처분사유, 처분내용 등 처분과 관련된 정보를 대통령령으로 정하는 바에 따라 공표할 수 있다.

⑦ 지도 · 감독 기관은 사회복지 사업을 운영하는 자의 소관 업무에 대한 지도 · 감독에 있어 필요한 경우 촉탁할 수 있으며 촉탁 받은 자의 업무범위와 권한은 대통령령으로 정한다. 소관업무에 관하여 지도 · 감독을 하며, 필요한 경우 그 업무에 관하여 보고 또는 관계서류의 제출을 명하거나, 소속공무원으로 하여금 법

인의 사무소 또는 시설에 출입하여 검사 또는 질문하게 할 수 있다.

(10) 보조금 등

국가와 지방자치단체는 사회복지사업을 하는 자 중 다음 사항에 해당하는 자에 대하여 운영비 등 필요한 비용의 전부 또는 일부를 보조할 수 있되, 그 목적 외의 용도에 사용할 수 없다.

① 사회복지법인
② 사회복지사업을 수행하는 비영리법인
③ 사회복지시설 보호대상자를 수용하거나 보육·상담 및 자립지원을 하기 위하여 사히복지시설을 설치·운영하는 개인

국가나 지방자치단체로 부터 보조금을 받은 자가 다음 각 호의 어느 하나에 해당할 때에는 이미 지급한 보조금의 전부 또는 일부의 반환을 명할 수 있되, 제1항 및 제2항의 경우에는 반환을 명하여야 한다.

① 거짓이나 그 밖의 부정한 방법으로 보조금을 받았을 때
② 사업 목적 외의 용도에 보조금을 사용하였을 때
③ 이 법 또는 이 법에 따른 명령을 위반하였을 때

(11) 국유·공유 재산의 우선매각

국가나 지방자치단체는 사회복지사업과 관련한 시설을 설치하거나 사업을 육성하기 위하여 필요하다고 인정하면 국유재산법과 공유재산 및 물품 관리법에도 불구하고 사회복지법인 또는 사회복지시설에 국유·공유 재산을 우선매각하거나 임대할 수 있다.

(12) 지방자치단체에 대한 지원금

보건복지부장관은 시·도지사 및 시장·군수·구청장에게 사회복지사업의 수행에 필요한 비용을 지원할 수 있되, 사회보장급여의 이용·제공 및 수급권자 발굴에 관한 법률에 따른 평가결과를 반영하여 지원을 할 수 있고, 이에 따른 지원금의 지급기준·지급방법 등에 관하여 필요한 사항은 보건복지부령으로 정한다.

(13) 청 문

보건복지부장관, 시·도지사 또는 시장·군수·구청장은 다음 각 항의 어느 하나에 해당하는 처분을 하려면 청문을 실시하여야 한다.

① 사회복지사의 자격취소

② 사회복지법인의 설립허가 취소

③ 사회복지시설의 폐쇄

(14) 포 상

정부는 사회복지사업에 관하여 공로가 현저하거나 모범이 되는 자에게 포상(褒賞)을 할 수 있다.

2. 사회복지종사자의 책임

(1) 인권존중 및 최대봉사의 책임

사회복지업무에 종사하는 사람은 그 업무를 행함에 있어 사회복지를 필요로 하는 사람을 인권을 존중하고 차별 없이 최대로 봉사하여야 한다. 무차별의 원칙은 헌법상의 평등권을 실현하는 것이고, 최대봉사의 원칙은 한국사회복지사협회에서 선포한 사회복지사윤리강령과 같이 사회복지업무에 종사하는 사회복지전문가 혹은 실무자는 사회적 약자와 공익을 위하여 봉사하는 전문가로서 신의성실하게 최대봉사를 하여야 한다.

(2) 비밀누설의 금지

사회복지사업 또는 사회복지업무에 종사하였거나 종사하고 있는 자는 그 업무수행의 과정에서 알게 된 다른 사람의 비밀을 누설하여서는 아니 된다.

(3) 복지전담공무원에 대한 업무협조

사회복지법인·시설 및 그 운영자 및 종사자는 복지전담공무원의 업무수행에 협조하여야 한다.

(4) 비용의 징수

이 법에 따른 복지조치에 필요한 비용을 부담한 지방자치단체의 장이나 그 밖에 시설을 운영하는 자는 그 혜택을 받은 본인 또는 그 부양의무자로부터 대통령령으로 정하는 바에 따라 그가 부담한 비용의 전부 또는 일부를 징수할 수 있다.

(5) 후원금의 관리

사회복지법인의 대표이사와 시설의 장은 아무런 대가 없이 무상으로 받은 금품이나 그 밖의 자산(이하 "후원금"이라 한다)의 수입·지출 내용을 공개하여야 하며 그 관리에 명확성이 확보되도록 하여야 한다. 후원금에 관한 영수증 발급, 수입 및 사용결과 보고, 그 밖에 후원금 관리 및 공개 절차 등 구체적인 사항은 보건복지부령으로 정한다.

(6) 종사자의 채용

사회복지법인과 사회복지시설을 설치·운영하는 자는 해당 법인 또는 시설의 종사자를 채용할 때 정당한 사유 없이 채용광고의 내용을 종사자가 되려는 사람에게 불리하게 변경하여 채용하여서는 아니 되며, 종사자를 채용한 후에 정당한 사유 없이 채용광고에서 제시한 근로조건을 종사자에게 불리하게 변경하여 적용하여서는 아니 된다. 다만, 다음 각 호의 어느 하나에 해당하는 사람은 사회복지법인 또는 사회복지시설의 종사자가 될 수 없다.

1. 사회복지사업 또는 그 직무와 관련하여 아동복지법, 보조금관리에 관한 법률 또는 형법의 죄를 범하거나 이 법을 위반하여 다음 각 호의 어느 하나에 해당하는 사람
   가. 100만원 이상의 벌금형을 선고받고 그 형이 확정된 후 5년이 지나지 아니한 사람
   나. 형의 집행유예를 선고받고 형이 확정된 후 7년이 지나지 아니한 사람
   다. 징역형을 선고받고 집행이 끝나거나 집행이 면제된 날부터 7년이 지나지 아니한 사람
   라. 성폭력범죄의 처벌 등에 관한 특례법의 성폭력범죄 또는 아동·청소년의 성보호에 관한 법률의 아동·청소년대상 성범죄를 저지른 사람으로서 형 또는 치료감호를 선고받고 확정된 후 형 또는 치료감호의 전부 또는 일부의 집행이 끝나거나 집행이 유예·면제된 날부터 10년이 지나지 아니한 사람
2. 제1호에도 불구하고 종사자로 재직하는 동안 시설이용자를 대상으로 성폭력범죄의 처벌 등에 관한 특례법에 따른 성폭력범죄 및 아동·청소년의 성보호에 관한 법률에 따른 아동·청소년대상 성범죄를 저질러 금고 이상의 형 또는 치료감호를 선고받고 그 형이 확정된 사람

3. 지역주민

누구든지 정당한 이유 없이 사회복지시설의 설치를 방해하여서는 아니 되며,

시장·군수·구청장은 정당한 이유 없이 사회복지시설의 설치를 지연시키거나 제한하는 조치를 하여서는 아니 된다. 사회복지사업법에서 규정하고 있는 28개 법률에 의하여 지급된 금품과 이를 받을 권리는 압류하지 못한다.

제 3 장
사회복지협의회

1. 목   적

사회복지에 관한 조사·연구와 각종 복지사업을 조성하기 위하여 전국단위의 한국사회복지협의회(중앙협의회)와 시·도 단위의 시·도사회복지협의회(시·도협의회)를 두며, 필요한 경우에는 시·군·구 단위의 시·군·구사회복지협의회를 둘 수 있다. 중앙협의회, 시·도협의회는 사회복지법인으로 한다.

2. 업   무

(1) 중앙협의회의 업무

① 사회복지에 관한 조사연구 및 정책건의
② 사회복지에 관한 교육훈련
③ 사회복지에 관한 자료수집 및 간행물 발간
④ 사회복지에 관한 계몽 및 홍보
⑤ 자원봉사활동의 진흥
⑥ 사회복지사업에 종사하는 자의 교육훈련과 복지증진
⑦ 사회복지에 관한 학술도입과 국제사회복지단체와의 교류
⑧ 보건복지부장관이 위탁하는 사회복지에 관한 업무
⑨ 기타 중앙협의회의 목적달성에 필요하여 정관으로 정하는 사항

3. 회원의 자격

(1) 중앙협의회 회원

① 시·도협의회의 장
② 사회복지법인 및 사회복지사업과 관련 있는 비영리법인의 대표자

③ 경제계·언론계·종교계·법조계·문화계 및 보건의료계 등을 대표하는 자
④ 기타 사회복지사업수행에 필요하다고 인정되어 중앙협의회의 장이 추천하는 자

4. 임원 및 이사회

중앙협의회와 시·도협의회의 임원으로 대표이사 1인을 포함한 15인 이상 30인 이하의 이사와 감사 2인을 두고, 시·군·구협의회의 임원으로 대표이사 1인을 포함한 10인 이상 30인 이하의 이사와 감사 2인을 둔다. 이사와 감사의 임기는 3년으로 하되, 각각 연임할 수 있다.

각 협의회에 이사로 구성되는 이사회를 두고, 이사회는 정관이 정하는 바에 따라 각 협의회의 업무에 관한 중요사항을 심의 의결한다.

5. 협의회의 운영경비

각 협의회의 운영경비는 회원의 회비, 국가와 지방자치단체의 보조금, 사업수입 및 기타 수입으로 충당한다.

제 4 장
사회복지사

1. 사회복지사의 정의

사회복지사란 사회복지에 관한 전문지식과 기술을 가진 자로서, 보건복지부장관으로부터 사회복지사자격증을 교부받은 자를 말한다. 사회복지사는 복지, 보건의료, 교육, 고용, 주거, 문화, 환경 등의 분야에서 인간다운 생활과 상담, 재활, 돌봄, 정보의 제공, 관련시설의 이용, 역량개발, 사회참여 지원 등의 삶의 질이 향상되도록 사회서비스 욕구를 가진 개인이나 집단에 대하여 그 욕구를 충족시켜주기 위한 정신적·경제적·육체적 원조를 제공하기 위한 구체적이고 체계적인 실천계획을 수립·집행·평가하는 등의 전문지식을 가진 자이다.

2. 사회복지사의 자격증 및 국가시험

(1) 사회복지사 자격증의 발급

보건복지부장관은 사회복지에 관한 전문지식과 기술을 가진 사람에게 사회복지사 자격증을 발급할 수 있다. 사회복지사의 등급은 1급·2급으로 하되, 사회복지사 1급 자격은 대통령령으로 정한 국가시험에 합격한 사람에게 부여하고, 1급 사회복지사의 자격이 있는 사람 중에서 보건복지부령으로 정하는 수련기관에서 정신건강·의료·학교 영역에 대해서는 수련을 받은 사람에게 영역별로 정신건강 사회복지사·의료사회복지사·학교사회복지사의 자격을 부여할 수 있으나, 1급 사회복지사의 상위 등급은 아니다.

(2) 사회복지사의 국가시험

국가시험은 보건복지부장관이 시행하되, 시험의 관리는 대통령령으로 정하는 바에 따라 시험관리 능력이 있다고 인정되는 관계 전문기관에 위탁할 수 있고, 위탁하였을 때에는 그에 드는 비용을 예산의 범위에서 보조할 수 있다. 시험의 관리를 위탁받은 기관은 보건복지부장관의 승인을 받아 정한 금액을 응시수수료로 받을 수 있다. 시험 과목, 응시자격 등 시험의 실시에 필요한 사항은 대통령령으로 정한다.

3. 사회복지사의 채용 및 교육

(1) 사회복지사의 채용

사회복지법인 및 사회복지시설을 설치·운영하는 자는 대통령령으로 정하는 바에 따라 사회복지사를 그 종사자로 채용하고, 보고방법·보고주기 등 보건복지부령으로 정하는 바에 따라 특별시장·광역시장·특별자치시장·도지사·특별자치도지사 또는 시장·군수·구청장에게 사회복지사의 임면에 관한 사항을 보고하여야 한다.

1) 의무채용

사회복지법인 및 사회복지시설을 설치·운영하는 자는 대통령령이 정하는 다음 업무에 종사하는 자를 사회복지사로 채용하여야 한다.
① 사회복지프로그램의 개발 및 운영업무
② 시설거주자의 생활지도업무
③ 사회복지를 필요로 하는 사람에 대한 상담업무

2) 의무채용 예외

사회복지사업법시행령이 정하는 다음의 사회복지시설인 경우에는 사회복지사를 의무적으로 채용하지 아니하여도 된다.
① 노인복지법에 의한 노인여가복지시설(노인복지회관을 제외한다)
② 장애인복지법에 의한 점자도서관과 점서 및 녹음서 출판시설
③ 영유아보육법에 의한 어린이집
④ 성매매 피해자 등을 위한 지원시설 및 성매매 피해상담소
⑤ 정신보건법에 의한 정신요양시설
⑥ 성폭력범죄의 처벌 및 피해자보호 등에 관한 법률에 의한 성폭력피해상담소

(2) 사회복지사의 교육

보건복지부장관은 사회복지사의 자질 향상을 위하여 필요하다고 인정하면 사회복지사에게 교육을 받도록 명할 수 있다. 사회복지법인 또는 사회복지시설에 종

사하는 사회복지사는 정기적으로 인권에 관한 내용이 포함된 보수교육(補修敎育)을 받아야 하되 사회복지법인 또는 사회복지시설을 운영하는 자는 그 법인 또는 시설에 종사하는 사회복지사에 대하여 교육을 이유로 불리한 처분을 하여서는 아니 된다.

보건복지부장관은 교육을 보건복지부령으로 정하는 기관 또는 단체에 위탁할 수 있고, 교육의 기간·방법·내용 및 위탁 등에 관하여 필요한 사항은 보건복지부령으로 정한다.

4. 사회복지사의 결격사유

사회복지사의 결격사유에 해당하는 자는 다음과 같다.
① 피성년후견인 또는 피한정후견인
② 금고 이상의 형을 선고받고, 그 집행이 종료되지 아니하였거나 그 집행을 받지 아니하기로 확정되지 아니한 자
③ 법원의 판결에 의하여 자격이 상실 또는 정지된 자
④ 마약·대마 또는 향정신성 의약품의 중독자
⑤ 정신질환자(전문의가 사회복지사로서 적합하다고 인정하는 사람은 예외)

5. 사회복지사의 자격취소

보건복지부장관은 사회복지사가 다음 각 항의 어느 하나에 해당하는 경우 그 자격을 취소하거나 1년의 범위에서 정지시킬 수 있고, 제1항부터 제3항까지에 해당하면 그 자격을 취소하여야 한다. 자격이 취소된 사람은 취소된 날부터 15일 내에 자격증을 보건복지부장관에게 반납하여야 하고, 보건복지부장관은 자격이 취소된 사람에게는 그 취소된 날부터 2년 이내에 자격증을 재교부하지 못한다.
① 거짓이나 그 밖의 부정한 방법으로 자격을 취득한 경우
② 법 제11조의2 각 호의 어느 하나에 해당하게 된 경우
③ 자격증을 대여·양도 또는 위조·변조한 경우
④ 사회복지사의 업무수행 중 그 자격과 관련하여 고의나 중대한 과실로 다른 사람에게 손해를 입힌 경우
⑤ 자격정지 처분을 3회 이상 받았거나, 정지 기간 종료 후 3년 이내에 다시 자격정지 처분에 해당하는 행위를 한 경우
⑥ 자격정지 처분 기간에 자격증을 사용하여 자격 관련 업무를 수행한 경우

6. 사회복지사협회

사회복지에 관한 전문지식과 기술을 개발·보급하고 사회복지사의 자질향상을 위한 교육훈련 및 사회복지사의 복지증진을 위한 다음의 업무를 도모하기 위하여 법인으로 한국사회복지사협회를 설립한다. 사회복지사협회는 강제주의에 의에 의하여 설립된 공익 사단법인이다. 따라서 사회복지사협회에 관하여 사회복지사업법에 규정된 것을 제외하고는 민법의 사단법인에 관한 규정을 준용한다.

① 사회복지사에 대한 전문지식 및 기술의 개발 보급
② 사회복지사의 전문성 향상을 위한 교육훈련
③ 사회복지사제도에 대한 조사연구, 학술대회 개최 및 홍보, 출판사업
④ 국제사회복지사단체와의 교류·협력
⑤ 보건복지부장관이 위탁하는 사회복지사업에 관한 업무
⑥ 그 밖에 협회의 목적달성에 필요한 사항

제 5 장
사회복지법인

1. 사회복지법인의 의의

　사회복지법인이라 함은 사회복지사업법에 규정한 사회복지사업을 수행하기 위하여 설립된 법인이다. 사회복지사업이라 함은 사회복지사업법 제2조가 규정한 노인복지법·아동복지법과 같은 28개 법률에 의한 보호·선도 또는 복지에 관한 사업과 사회복지상담·부랑인 및 노숙인보호·직업보도·무료숙박·지역사회복지·의료복지·재가복지·사회복지관운영·정신질환자 및 한센병력자 사회복귀에 관한 사업 등 각종 복지사업과 이와 관련된 자원봉사활동 및 복지시설의 운영 또는 지원을 목적으로 하는 사업을 말한다. 이를 규정한 사회복지사업법은 헌법 제34조의 인간다운 생활권을 확보하고 사회보장수급권 및 사회복지증진을 실현하기 위하여 구체적으로 제정된 입법이다. 이 법에 의하여 사회복지법인은 사회복지사업을 수행하는 주체가 되고, 사회복지시설의 설치·운영비의 국가지원을 받는 대신 지도·감독을 받을 뿐만 아니라 이 법에 의하여 위탁받은 업무를 수행하는 사회복지관련기관·단체의 임·직원은 형법 제129조(수뢰죄) 내지 제132조(알선수뢰죄)의 적용에 있어서는 이를 공무원으로 본다. 따라서 사회복지법인은 비영리적·공익적 특수법인이다. 사회복지법인에는 시설법인과 지원법인이 있다. 시설법인은 시설의 설치 및 운영을 목적으로 하는데, 이는 생활시설과 이용시설로 구분된다. 지원법인은 사회복지사업을 지원하는 것을 목적으로 한다. 영리를 목적으로 유료노인복지시설이나 유료노인전문병원 등의 사회복지사업을 수행하고자 하는 경우, 유료노인복지시설은 노인복지법에 의하여 시장·군수·구청장에게 신고하면 되고, 유료노인전문병원은 의료법에 의한 의료기관을 설치할 수 있는 자에 한하여 시·도지사의 허가사항으로 되어 있다.

2. 사회복지법인의 적용법규 및 설립절차

(1) 사회복지법인의 적용법규

사회복지법인은 사회복지사업법의 적용을 받는다. 다만 사회복지사업법에 적용할 규정이 없는 경우에는 공익법인의 설립·운영에 관한 법률을 준용하고, 공익법인의 설립·운영에 관한 법률에도 준용할 규정이 없을 경우에는 민법의 규정을 준용한다.

(2) 사회복지법인의 설립절차

사회복지법인을 설립하고자 하는 자는 ① 기본재산을 출연하고, ② 정관을 작성하여, ③ 시·도지사의 허가를 받아 설립되고, ④ 주된 사무소의 소재지에서 등기를 하여야 성립된다. 사회복지법인의 설립허가를 받으려는 자는 법인설립허가 신청서에 보건복지부령으로 정하는 다음의 서류를 첨부하여 사회복지법인의 주된 사무소의 소재지를 관할하는 시장·군수·구청장을 거쳐 특별시장·광역시장·특별자치시장·도지사·특별자치도지사에게 제출(전자문서에 의한 제출을 포함한다)하여야 한다.

법인설립허가 신청서를 받은 시장·군수·구청장은 자산에 관한 실지조사의 결과와 사회복지법인 설립의 필요성에 관한 검토의견을 첨부하여 시·도지사에게 송부(전자문서에 의한 송부를 포함한다)하여야 한다.

① 설립취지서 1부
② 정관 1부
③ 재산출연증서 1부
④ 재산의 소유를 증명할 수 있는 서류 1부(부동산의 경우는 등기부등본)
⑤ 재산의 평가조서 1부
⑥ 재산의 수익조서(수익용 기본재산을 갖춘 경우에 한함)
⑦ 임원의 취임 승낙서(인감증명첨부) 및 이력서 각 1부
⑧ 임원 상호간의 관계에 있어 사회복지사업법 제18조 제2항의 규정에 의한 상속세 및 증여세법에 저촉되지 않음을 입증하는 각서 1부
⑨ 설립 당해 연도 및 다음 연도의 사업계획서 및 예산서 각 1부

1) 기본재산의 출연

사회복지사업법에 의한 사회복지 법인을 설립하고자 하는 자는 사업의 목적에 필요한 기본재산을 출연하여야 한다. 법인의 재산은 기본재산과 보통재산으로 구

분한다. 기본재산은 목적사업용 기본재산과 수익용 기본재산으로 구분하되, 시설의 설치·운영을 목적으로 하지 아니하고 사회복지사업을 지원하는 것을 목적으로 하는 법인은 이를 구분하지 아니할 수 있다.

2) 정관의 작성

정관작성은 법인의 설립행위가 된다. 사회복지법인의 정관에는 ① 목적, ② 명칭, ③ 주된 사무소의 소재지, ④ 사업의 종류, ⑤ 자산 및 회계에 관한 사항, ⑥ 임원의 임면 등에 관한 사항, ⑦ 회의에 관한 사항, ⑧ 수익을 목적으로 하는 사업이 있는 경우 그에 관한 사항, ⑨ 정관의 변경에 관한 사항, ⑩ 존립시기와 해산사유를 정한 때에는 그 시기와 사유 및 잔여재산의 처리방법, ⑪ 공고 및 그 방법에 관한 사항을 기재하여야 한다. 정관에는 필요적 기재사항과 임의적 기재사항이 있다. 필요적 기재사항을 빠뜨리면 정관으로서의 효력이 없다. 임의적 기재사항이라도 일단 정관에 규정되면 그 효력은 필요적 기재사항과 차이가 없으며 그 변경절차도 동일하다. 정관작성에는 필히 기명날인을 하여야 한다.

법인설립 후 정관을 변경하고 할 때에는 시·도지사의 인가를 받아야 한다. 이 경우 ① 정관의 변경을 결의한 이사회 회의록 사본 1부, ② 정관 변경안 1부, ③ 사업의 변동이 있는 경우에는 사업변경계획서·예산서 각 1부 및 재산의 수익조서 1부와 재산의 평가조서 및 재산의 수익조서 각 1부를 첨부하여 주무관청에 제출하여야 한다. 다만 정관의 사항 중 "공고 및 그 방법에 관한 사항"의 변경은 경미한 사항이라 인가를 받지 아니하여도 된다. 인가라 함은 제3자의 행위를 보충하여 법률상의 효력을 완성시키는 행위로서 유효요건이다.

3) 시·도지사의 허가

사회복지법인을 설립하고자 하는 자는 대통령령으로 정하는 바에 따라 시·도지사의 허가를 받아야 한다. 허가를 받아야 법인격을 취득하여 설립된다. 허가라 함은 부작위의무를 해제하는 재량행위로서 적법요건이 되며, 재량행위이기 때문에 허가를 얻지 못하더라도 행정쟁송을 제기할 수 없다.

4) 설립등기

사회복지법인을 설립하고자 하는 자는 시·도지사의 허가를 받은 후 주된 사무소의 소재지에서 설립등기를 하여야 성립한다. 설립등기는 허가가 있는 때부터 3주간 내에 하여야 한다. 주된 사무소의 소재지라 함은 법인의 최고 수뇌부가 있는 장소를 말하며, 허가라 함은 부작위 의무를 해제하는 재량행위로서 적법요건이 되며, 등기는 일정한 법률관계를 등기부에 명백히 공시함으로써 거래의 안전을 보호하기 위한 제도로서 성립요건이며 제3자에 대한 대항요건이 된다. 따라서 사회복지법인의 법인격 취득 시기는 시·도지사로부터 설립허가를 받은 시기가 되나, 선의의 제3자에 대한 대항능력은 등기한 때부터 생긴다.

3. 사회복지법인의 임원

(1) 임원의 구성과 자격

임원이라 함은 사회복지사업법에 의하여 선임된 이사와 감사를 말한다.

① 법인은 대표이사를 포함한 이사 7명 이상과 감사 2명 이상을 두어야 하되, 이사 정수의 3분의 1 이상을 사회보장급여의 이용·제공 및 수급권자 발굴에 관한 법률에 따른 시·도사회보장위원회 및 지역사회보장협의체에서 2배수로 추천한 사람 중에서 선임하여야 한다.

② 제1항의 시·도사회보장위원회 및 지역사회보장협의체가 이사를 추천하기 위하여 매년 다음 각 호의 어느 하나에 해당하는 사람으로 이사 후보군을 구성하여 공고하여야 한다. 다만, 사회복지법인의 대표자, 사회복지사업을 하는 비영리법인 또는 단체의 대표자 및 지역사회보장협의체의 대표자는 제외한다.

1. 사회복지 또는 보건의료에 관한 학식과 경험이 풍부한 사람
2. 사회복지를 필요로 하는 사람의 이익 등을 대표하는 사람
3. 비영리민간단체 지원법에 따른 비영리민간단체에서 추천한 사람
4. 사회복지공동모금회법에 따른 사회복지공동모금지회에서 추천한 사람

③ 법인은 임원을 임면하는 경우에는 보건복지부령으로 정하는 바에 따라 지체 없이 시·도지사에게 보고하여야 한다.

④ 감사는 이사와 제3항에 따른 특별한 관계에 있는 사람이 아니어야 하며, 감사 중 1명은 법률 또는 회계에 관한 지식이 있는 사람 중에서 선임하여야 한다. 다만, 대통령령으로 정하는 일정 규모 이상의 법인은 시·도지사의 추천을 받아 주식회사 등의 외부감사에 관한 법률 제2조 제7호에 따른 감사인에 속한 사람을 감사로 선임하여야 한다.

⑤ 이사의 임기는 3년으로 하고 감사의 임기는 2년으로 하며, 각각 연임할 수 있고, 외국인인 이사는 이사 현원의 2분의 1 미만이어야 하며, 대통령령으로 정하는 특별한 관계에 있는 다음 사람이 이사 현원(現員)의 5분의 1을 초과할 수 없다.

 1. 출연자
 2. 출연자 또는 이사와 다음 각 목의 1에 해당하는 친족. 다만, 출연자 또는 이사가 출자녀인 경우에는 남편과의 관계에 의한다.
    가. 6촌 이내의 부계혈족과 4촌 이내의 부계혈족의 처
    나. 3촌 이내의 부계혈족의 남편 및 자녀
    다. 3촌 이내의 모계혈족과 그 배우자 및 자녀
    라. 처의 3촌 이내의 부계혈족 및 그 배우자
    마. 배우자(사실상 혼인관계에 있는 자를 포함한다)
    바. 입양자의 생가의 직계존속
    사. 출양자 및 그 배우자와 출양자의 양가의 직계비속
    아. 혼인 외의 출생자의 생모
    자. 2촌 이내의 부계혈족의 배우자의 2촌 이내의 부계혈족
 3. 출연자 또는 이사의 사용인 그 밖에 고용관계에 있는 자(출연자 또는 이사가 출자에 의하여 사실상 지배하고 있는 법인의 사용인 그 밖에 고용관계에 있는 자를 포함한다)
 4. 출연자 또는 이사의 금전 그 밖의 재산에 의하여 생계를 유지하는 자 및 그와 생계를 함께 하는 자
 5. 출연자 또는 이사가 재산을 출연한 다른 법인의 이사

(2) 임원의 결격사유

다음 각 호의 어느 하나에 해당하는 사람은 임원이 될 수 없다.
1. 미성년자
2. 피성년후견인 또는 피한정후견인
3. 파산선고를 받고 복권되지 아니한 사람
4. 법원의 판결에 따라 자격이 상실되거나 정지된 사람
5. 금고 이상의 실형을 선고받고 그 집행이 끝나거나(집행이 끝난 것으로 보는 경우를 포함한다) 집행이 면제된 날부터 3년이 지나지 아니한 사람
6. 금고 이상의 형의 집행유예를 선고받고 그 유예기간 중에 있는 사람
7. 사회복지사업 또는 그 직무와 관련하여 아동복지법 제71조, 보조금 관리에 관한 법률 제40조부터 제42조까지 또는 형법 제28장·제40장(제360조는 제외)의 죄를 범하거나 이 법을 위반하여 다음 각 목의 어느 하나에 해당하는 사람

가. 100만원 이상의 벌금형을 선고받고 그 형이 확정된 후 5년이 지나지 아니한 사람

나. 형의 집행유예를 선고받고 그 형이 확정된 후 7년이 지나지 아니한 사람

다. 징역형을 선고받고 그 집행이 끝나거나(집행이 끝난 것으로 보는 경우를 포함) 집행이 면제된 날부터 7년이 지나지 아니한 사람

8. 성폭력범죄의 처벌 등에 관한 특례법에 따른 성폭력범죄 또는 아동·청소년의 성보호에 관한 법률에 따른 아동·청소년대상 성범죄를 저지른 사람으로서 형 또는 치료감호를 선고받고 확정된 후 그 형 또는 치료감호의 전부 또는 일부의 집행이 끝나거나 집행이 유예·면제된 날부터 10년이 지나지 아니한 사람

9. 해임명령에 따라 해임된 날부터 5년이 지나지 아니한 사람

10. 설립허가가 취소된 사회복지법인의 임원이었던 사람(그 허가의 취소사유 발생에 관하여 직접적인 또는 이에 상응하는 책임이 있는 자로서 대통령령으로 정하는 사람으로 한정한다)으로서 그 설립허가가 취소된 날부터 5년이 지나지 아니한 사람

11. 시설의 장에서 해임된 사람으로서 해임된 날부터 5년이 지나지 아니한 사람

12. 폐쇄명령을 받고 3년이 지나지 아니한 사람

13. 사회복지분야의 6급 이상 공무원으로 재직하다 퇴직한 지 3년이 경과하지 아니한 사람 중에서 퇴직 전 5년 동안 소속하였던 기초자치단체가 관할하는 법인의 임원이 되고자 하는 사람

(3) 임원의 보충 및 겸직금지

이사 또는 감사 중에 결원이 생긴 때에는 2월 이내에 보충하여야 하며, 기간 내에 결원보충을 하지 아니하는 경우에는 시·도지사는 지체 없이 이해관계인의 청구 또는 직권으로 임시이사를 선임할 수 있다. 이사는 법인이 설치한 사회복지시설의 장을 제외한 당해 시설의 직원을 겸할 수 없다. 감사는 법인의 이사, 법인이 설치한 사회복지시설의 장 또는 그 직원을 겸할 수 없다.

(4) 임원의 해임명령

시·도지사는 임원이 다음의 어느 하나에 해당하는 때에는 법인에 대하여 그 임원의 해임을 명할 수 있다. 해임명령은 시·도지사가 해당 법인에게 그 사유를 들어 시정을 요구한 날부터 15일이 경과하여도 이에 응하지 아니한 경우에 한한

다. 다만, 시정을 요구하여도 시정할 수 없는 것이 명백하거나 회계부정, 횡령, 뇌물수수 등 비리의 정도가 중대한 경우에는 시정요구 없이 임원의 해임을 명할 수 있으며, 그 세부적 기준은 대통령령으로 정한다. 해임명령을 받은 법인은 2개월 이내에 임원의 해임에 관한 사항을 의결하기 위한 이사회를 소집하여야 한다.

① 시·도지사의 명령을 정당한 이유 없이 이행하지 아니한 때

② 회계부정이나 인권침해 등 현저한 불법행위 또는 그 밖의 부당행위 등이 발견되었을 때

③ 법인의 업무에 관하여 시·도지사에게 보고할 사항에 대하여 고의로 보고를 지연하거나 거짓으로 보고를 하였을 때

④ 제18조의 임원 임명규정을 위반하여 선임된 사람

⑤ 직무집행 정지명령을 이행하지 아니한 사람

⑥ 겸직금지를 위반한 사랍

⑦ 그 밖에 이 법 또는 이 법에 따른 명령을 위반하였을 때

(5) 임원의 직무집행 정지

시·도지사는 임원의 해임명령을 하기 위한 조사나 감사가 진행 중인 경우 및 해임명령 기간 중인 경우에는 해당 임원의 직무집행을 정지시킬 수 있되, 직무집행 정지사유가 소멸되면 즉시 직무집행 정지명령을 해제하여야 한다.

(6) 임시이사의 선임

① 시·도지사는 법인이 다음 각 호의 어느 하나에 해당하여 법인의 정상적인 운영이 어렵다고 판단되는 경우 지체 없이 이해관계인의 청구 또는 직권으로 임시이사를 선임하여야 한다.

1. 결원된 이사를 보충하지 아니하거나 보충할 수 없는 것이 명백한 경우

2. 기간 내에 임원의 해임에 관한 사항을 의결하기 위한 이사회를 소집하지 아니하거나 소집할 수 없는 것이 명백한 경우

② 임시이사는 제1항에 따른 사유가 해소될 때까지 재임한다.

③ 시·도지사는 임시이사가 선임되었음에도 불구하고 해당 법인이 정당한 사유 없이 이사회 소집을 기피할 경우 이사회 소집을 권고할 수 있다.

④ 제1항에 따른 임시이사의 선임 등에 필요한 사항은 보건복지부령으로 정한다.

⑤ 제1항 제2호에 따라 임시이사를 선임하는 경우 직무집행이 정지된 이사는

자신의 해임명령 이행을 위한 이사회와 관련해서는 이사로 보지 않으며, 이 경우 해당 임시이사가 직무집행이 정지된 이사의 지위를 대신 한다

4. 사회복지법인의 재산 및 재산취득

법인은 사회복지사업의 운영에 필요한 재산을 소유하여야 한다. 재산은 기본재산과 보통재산으로 구분하며, 기본재산은 그 목록과 가액을 정관에 기재하여야 한다. 기본재산은 ① 부동산, ② 정관에서 기본재산으로 정한 재산, ③ 이사회의 결의로 기본재산에 편입된 재산이며, 보통재산은 기본재산에 속하지 아니하는 그 밖의 재산이다. 기본재산은 목적사업용 재산과 수익용 재산으로 구분하되, 시설의 설치·운영을 목적으로 하지 아니하고 사회복지사업을 지원하는 것을 목적으로 하는 법인은 이를 구분하지 아니할 수 있다.

법인은 기본재산에 관하여 ① 양도·증여·교환·임대·담보제공 또는 용도변경하고자 할 때, ② 보건복지부령이 정하는 금액 이상을 1년 이상 장기차입하고자 할 때에는 시·도지사의 허가를 받아야 한다. 법인이 매수, 기부체납, 후원 등의 방법으로 재산을 취득한 때에는 지체없이 이를 법인의 재산으로 편입 조치하여야 한다.

법인이 매수·기부체납(寄附採納), 후원 등의 방법으로 재산을 취득하였을 때에는 지체 없이 이를 법인의 재산으로 편입 조치하여야 하고, 그 취득 사유, 취득 재산의 종류·수량 및 가액을 매년 시·도지사에게 보고하여야 한다.

5. 회의록의 작성 및 공개

이사회는 ① 개의, 회의 중지 및 산회 일시, ② 안건, ③ 의사, ④ 출석한 임원의성명, ⑤ 표결수, ⑥ 그 밖에 대표이사가 작성할 필요가 있다고 인정하는 사항을 기재한 회의록을 작성하여야 하되, 이사회 개최 당일에 회의록 작성이 어려운 사정이 있는 경우에는 안건별로 심의·의결 결과를 기록한 회의조서를 작성한 후 조속한 시일 내에 회의록을 작성할 수 있다. 회의록 및 회의조서에는 출석임원 전원이 날인하되 그 회의록 또는 회의조서가 2매 이상인 경우에는 간인(間印)하여야 한다.

법인은 회의록을 공개하여야 하되 대통령령으로 정하는 사항에 대하여는 이사회의 의결로 공개하지 아니할 수 있다.

6. 수익사업

법인은 목적사업의 경비에 충당하기 위하여 필요한 때에는 법인의 설립목적 수행에 지장이 없는 범위 안에서 수익사업을 할 수 있다. 법인은 수익사업으로부 터 생긴 수익을 법인 또는 그가 설치한 사회복지시설의 운영 외의 목적에 사용할 수 없고, 수익사업에 관한 회계는 법인의 다른 회계와 구분하여 계리하여야 한다.

7. 법인의 설립허가 취소

시·도지사는 사회복지법인이 다음의 어느 하나에 해당할 때에는 기간을 정하 여 시정명령을 하거나 법인설립허가를 취소할 수 있다. 다만 제1항과 제7항에 해 당하는 때에는 설립허가를 취소하여야 하되, 취소를 하고자 할 때에는 청문을 하 여야 한다. 법인이 제1항과 제7항을 제외한 사항에 해당하여 설립허가를 취소하 는 경우는 다른 방법으로 감독목적을 달성할 수 없거나 시정을 명한 후 6월 이내 에 법인이 이를 이행하지 아니한 경우에 한한다.

① 거짓이나 그 밖의 부정한 방법으로 설립허가를 받았을 때
② 설립허가 조건을 위반하였을 때
③ 목적 달성이 불가능하게 되었을 때
④ 목적사업 외의 사업을 하였을 때
⑤ 정당한 사유 없이 설립허가를 받은 날부터 6개월 이내에 목적사업을 시작 하지 아니하거나 1년 이상 사업실적이 없을 때
⑥ 법인이 운영하는 시설에서 반복적 또는 집단적 성폭력범죄가 발생한 때
⑦ 법인 설립 후 기본재산을 출연하지 아니한 때
⑧ 임원정수를 위반한 때
⑨ 제18조 제2항을 위반하여 이사를 선임한 때
⑩ 임원의 해임명령을 이행하지 아니한 때
⑪ 그 밖에 이 법 또는 이 법에 따른 명령이나 정관을 위반하였을 때

8. 법인의 합병 · 해산 · 파산

(1) 법인의 합병

법인은 시·도지사의 허가를 받아 이 법에 따른 다른 법인과 합병할 수 있되,

주된 사무소가 서로 다른 특별시·광역시·특별자치시·도·특별자치도에 소재한 법인 간의 합병의 경우에는 보건복지부장관의 허가를 받아야 한다.

법인이 합병하는 경우 합병 후 존속하는 법인이나 합병으로 설립된 법인은 합병으로 소멸된 법인의 지위를 승계한다.

(2) 법인의 해산

사회복지법인은 법인의 존립기간의 만료, 법인의 목적달성 또는 달성의 불능 기타 정관에 정한 해산사유가 발생하거나 파산 또는 설립허가의 취소로 해산된다. 법인이 파산이 아닌 경우로 해산한 때에는 해산등기를 한 후 지체없이 주무관청에 신고하여야 한다.

(3) 법인의 파산

법인의 파산에 관하여 사회복지사업법상 규정이 없기 때문에 민법의 규정을 준용하여야 한다. 민법은 제79조에서 법인이 채무를 완제하지 못하게 된 때에는 이사는 지체없이 파산신청을 하여야 한다고 규정하고 있고, 파산법 제1조에서는 파산은 구체적으로 법원의 파산선고로부터 그 효력이 발생한다고 규정하였다. 따라서 사회복지법인이 그의 채무를 완제하지 못하게 된 때에는 그 법인의 이사 또는 채권자의 청구에 의하여 법원이 파산선고를 하게 된다. 파산사유가 생겼을 때에 이사는 파산선고를 신청할 의무가 있고, 법원으로부터 파산선고가 있게 되면 법인은 해산된다.

(4) 법인의 소멸

법인의 소멸은 해산(解散)과 청산(淸算)을 거쳐서 행하여지나, 법인은 해산만으로는 소멸하지 않으며 청산이 사실상 종료됨으로써 소멸한다.

(5) 남은 재산의 처리

해산한 법인의 남은 재산은 정관으로 정하는 바에 따라 국가 또는 지방자치단체에 귀속된다. 국가 또는 지방자치단체에 귀속된 재산은 사회복지사업에 사용하거나 유사한 목적을 가진 법인에 무상으로 대여하거나 무상으로 사용·수익하게 할 수 있되, 해산한 법인의 이사 본인 및 그와 대통령령으로 정하는 특별한 관계에 있는 사람이 이사로 있는 법인에 대하여는 그러하지 아니하다.

9. 다른 법률의 준용

사회복지법인에 관하여 이 법에 규정된 것을 제외하고는 민법과 공익법인의설립·운영에관한법률을 준용한다. 즉 사회복지법인과 관련된 법 적용의 우선순위는 ① 특정 개별사회복지법, ② 사회복지사업법, ③ 공익법인의설립·운영에관한법률, ④ 민법의 순으로 적용한다.

제 6 장
사회복지시설

1. 사회복지시설의 의의

사회복지사업법상 사회복지시설이라 함은 사회복지사업을 행할 목적으로 설치된 시설을 말한다. 사회복지시설은 스스로 자신의 삶을 영위하기 어려운 사회적 약자들을 국가나 지방자치단체가 가정을 대신하여 도움을 제공하는 사회복지서비스적 장치이다.

2. 사회복지시설의 설치

(1) 국가와 지방자치단체

국가와 지방자치단체는 사회복지시설을 설치·운영할 수 있다.

(2) 국가 또는 지방자치단체 외의 자

국가와 지방자치단체 외의 자가 시설을 설치·운영하고자 하는 때에는 시장·군수·구청장에게 신고하여야 하되, 시설의 폐쇄명령을 받고 3년이 경과되지 아니한 자와 법 제19조(임원의 결격사유) 제1항 제1호 및 제1호의 2부터 제1호의 8까지의 규정에 해당하는 사람은 시설의 설치·운영 신고를 할 수 없다. 사회복지시설의 설치·운영 신고서에는 다음 서류(전자문서 포함)를 첨부하여야 한다. 신고서제출을 받은 시장·군수·구청장은 사회복지시설신고필증을 교부하여야 하며, 사회복지시설신고관리대장을 작성 관리하여야 한다. 여기서 국가 또는 지방자치단체 외의 자라 함은 사회복지법인, 비영리법인 및 개인이라 할 수 있기 때문에 사회복지시설을 설치할 수 있는 자는 국가·지방자치단체·사회복지법인·비영리법인 및 개인이라고 할 수 있다. 그러나 정신요양시설, 아동보호치료시설 및 교호시설 등은 시설생활자의 권익보호를 위하여 반드시 사회복지법인 또는 비영리법인에 한하여 설치·운영할 수 있도록 제한하고 있으므로 개인은 운영할 수 없다.

시설을 설치·운영하는 자는 보건복지부령으로 정하는 재무·회계에 관한 기준에 따라 시설을 투명하게 운영하여야 한다.

① 법인의 정관(법인에 한함) 1부
② 시설운영에 필요한 재산목록 1부
③ 사업계획서 및 예산서 각 1부
④ 시설의 평면도와 건물의 배치도 각 1부

3. 시설의 통합 설치·운영 등에 관한 특례

사회복지시설을 설치·운영하려는 경우에는 지역특성과 시설분포의 실태를 고려하여 시설을 통합하여 하나의 시설로 설치·운영하거나 하나의 시설에서 둘 이상의 사회복지사업을 통합하여 수행할 수 있되, 국가 또는 지방자치단체 외의 자는 통합하여 설치·운영하려는 각각의 시설이나 사회복지사업에 관하여 해당 관계 법령에 따라 신고하거나 허가 등을 받아야 한다. 둘 이상의 시설을 통합하여 하나의 시설로 설치·운영하거나 하나의 시설에서 둘 이상의 사회복지사업을 통합하여 수행하는 경우 해당 시설에서 공동으로 이용하거나 배치할 수 있는 시설 및 인력 기준 등은 보건복지부령으로 정한다.

4. 보험가입 의무

시설의 운영자는 다음 각 호의 손해배상책임을 이행하기 위하여 손해보험회사의 책임보험에 가입하거나 한국사회복지공제회의 책임공제에 가입하여야 한다. 국가나 지방자치단체는 예산의 범위에서 책임보험 또는 책임공제의 가입에 드는 비용의 전부 또는 일부를 보조할 수 있되, 책임보험이나 책임공제에 가입하여야 할 시설의 범위는 대통령령으로 정한다.

1. 화재로 인한 손해배상책임
2. 화재 외의 안전사고로 인하여 생명·신체에 피해를 입은 보호대상자에 대한 손해배상책임

5. 시설의 안전점검

시설의 장은 시설에 대하여 정기 및 임시안전점검을 실시하여야 하며, 그 결과를 시장·군수·구청장에게 제출하여야 한다. 시설의 안전점검 결과를 제출받은 시장·군수·구청장은 필요한 경우 시설의 운영자로 하여금 시설의 보완 또는

개·보수를 요구할 수 있고 이 경우 시설의 운영자는 이에 응하여야 한다. 국가
도는 지방자치단체는 예산의 범위 안에서 안전점검, 시설의 보완 및 시설의 개·
보수에 소요되는 비용의 전부 또는 일부를 보조할 수 있다. 시설의 정기 도는 임
시안전점검을 받아야 하는 시설의 범위 및 시기, 안전점검기관과 그 절차는 대통
령령으로 정한다.

6. 사회복지관

사회복지관이라 함은 지역사회를 기반으로 일정한 시설과 전문 인력을 갖추고
지역주민의 참여와 협력을 통하여 지역사회복지문제를 예방하고 해결하기 위하여
종합적인 복지서비스를 제공하는 시설을 말한다.

사회복지관은 지역사회의 특성과 지역주민의 복지욕구를 고려하여 서비스 제
공 등 지역복지증진을 위하여 모든 지역주민을 대상으로 사회복지서비스를 실시
하되, 다음 각 호의 지역주민에게 우선 제공하여야 하되, 사회복지관의 설치·운
영·사업 등에 필요한 사항은 보건복지부령으로 정한다.

1. 국민기초생활 보장법에 따른 수급자 및 차상위계층
2. 장애인, 노인, 한부모가족 및 다문화가족
3. 직업 및 취업 알선이 필요한 사람
4. 보호와 교육이 필요한 유아·아동 및 청소년
5. 그 밖에 사회복지관의 사회복지서비스를 우선 제공할 필요가 있다고 인정
   되는 사람

7. 시설의 장

시설의 장은 상근하여야 한다. 다음에 해당하는 자는 시설의 장이 될 수 없다.
1. 미성년자
2. 피성년후견인 또는 피한정후견인
3. 파산선고를 받은 자로서 복권되지 아니한 자
4. 법원의 판결 또는 다른 법률에 의하여 자격이 상실 또는 정지된 자
5. 금고 이상의 실형의 선고를 받고 그 집행이 종료되거나 집행이 면제된 날
   부터 3년이 경과되지 아니한 자
6. 금고 이상의 형의 집행유예선고를 받고 그 유예기간 중에 있는 사람
7. 사회복지분야의 6급 이상 공무원으로 재직하다 퇴직한 지 3년이 경과하지

아니한 사람 중에서 퇴직전 5년동안 소속하였던 기초단체가 관할하는 시설의 장이 되고자 하는 사람

8. 보건복지부장관의 해임명령을 받고 해임된 지 5년이 경과되지 아니한 자

8. 종 사 자

사회복지법인과 사회복지시설을 운영하는 자는 해당 법인 또는 시설의 종사자를 채용할 때 전당한 사유 없이 채용광고의 내용을 종사자가 되려는 사람에게 불리하게 변경하여 채용하여서는 아니되며, 종사자를 채용한 후에 정당한 사유 없이 채용공고에서 제시한 근로조건을 종사자에게 불리하게 변경하여서는 아니 된다.

다음 각 호의 어느 하나에 해당하는 사람은 사회복지법인 또는 사회복지시설의 종사자가 될 수 없다.

1. 제19조 제1항 제1호의7 또는 제1호의8에 해당하는 사람
2. 제1호에도 불구하고 종사자로 재직하는 동안 시설이용자를 대상으로 성폭력범죄의 처벌 등에 관한 특례법 제2조에 따른 성폭력범죄 및 아동·청소년의 성보호에 관한 법률 제2조 제2호에 따른 아동·청소년대상 성범죄를 저질러 금고 이상의 형 또는 치료감호를 선고받고 그 형이 확정된 사람

9. 비치서류

시설의 장은 후원금품대장 등 다음의 서류를 시설 내에 비치하여야 한다.
1. 후원금품대장
2. 법인의 정관(법인에 한함)
3. 법인설립허가증 사본(법인에 한함)
4. 시설거주자 및 퇴소자의 명부
5. 시설거주자 및 퇴소자의 상담기록부
6. 시설의 운영계획서 및 예산·결산서
7. 시설의 건축물관리대장
8. 시설의 장과 종사자의 명부

10. 운영위원회

① 시설의 장은 시설의 운영에 관한 다음 각 호의 사항을 심의하기 위하여 시설에 운영위원회를 두어야 하되, 보건복지부령으로 정하는 경우에는 복수의 시설

에 공동으로 운영위원회를 둘 수 있고 운영위원회의 조직 및 운영에 관한 사항은 보건복지부령으로 정한다.

    1. 시설운영계획의 수립·평가에 관한 사항

    2. 사회복지 프로그램의 개발·평가에 관한 사항

    3. 시설 종사자의 근무환경 개선에 관한 사항

    4. 시설 거주자의 생활환경 개선 및 고충 처리 등에 관한 사항

    5. 시설 종사자와 거주자의 인권보호 및 권익증진에 관한 사항

    6. 시설과 지역사회의 협력에 관한 사항

    7. 그 밖에 시설의 장이 운영위원회의 회의에 부치는 사항

    ② 운영위원회의 위원은 다음 각 호의 어느 하나에 해당하는 사람 중에서 관할 시장·군수·구청장이 임명하거나 위촉한다.

    1. 시설의 장

    2. 시설 거주자 대표

    3. 시설 거주자의 보호자 대표

    4. 시설 종사자의 대표

    5. 해당 시·군·구 소속의 사회복지업무를 담당하는 공무원

    6. 후원자 대표 또는 지역주민

    7. 공익단체에서 추천한 사람

    8. 그 밖에 시설의 운영 또는 사회복지에 관하여 전문적인 지식과 경험이 풍부한 사람

    ③ 시설의 장은 다음 각 호의 사항을 제1항에 따른 운영위원회에 보고하여야 한다.

    1. 시설의 회계 및 예산·결산에 관한 사항

    2. 후원금 조성 및 집행에 관한 사항

    3. 그 밖에 시설운영과 관련된 사건·사고에 관한 사항

11. 시설의 서비스 최저기준 및 시설의 평가

    보건복지부장관은 시설에서 제공하는 서비스의 최저기준을 마련하여야 하고 시설의 운영자는 서비스 최저기준 이상으로 서비스의 수준을 유지하여야 한다.

    보건복지부장관 및 시·도지사는 보건복지부장관이 정하는 바에 따라 다음의 평가기준에 의하여 시설을 3년마다 1회 이상 정기적으로 평가하여야 하며, 이를

시설의 감독 또는 지원 등에반영하거나 시설거주자를 다른 시설로 보내는 등의
조치를 할 수 있다.

1. 입소정원의 적절성
2. 종사자의 전문성
3. 시설의 환경
4. 시설거주자에 대한 서비스의 만족도
5. 기타 시설의 운영개선에 필요한 사항

12. 시설의 휴지 · 재개 · 폐지 신고

① 사회복지시설 신고를 한 자는 지체 없이 시설의 운영을 시작하여야 하고
시설의 운영자는 그 운영을 일정 기간 중단하거나 다시 시작하거나 시설을 폐지
하려는 경우에는 보건복지부령으로 정하는 바에 따라 시장 · 군수 · 구청장에게 신
고하여야 한다. 시장 · 군수 · 구청장은 시설 운영이 중단되거나 시설이 폐지되는
경우에는 보건복지부령으로 정하는 바에 따라 시설 거주자의 권익을 보호하기 위
하여 다음 각 호의 조치를 하고 신고를 수리하여야 한다.

1. 시설 거주자가 자립을 원하는 경우 자립을 할 수 있도록 지원하고 그 이행
   을 확인하는 조치
2. 시설 거주자가 다른 시설을 선택할 수 있도록 하고 그 이행을 확인하는 조치
3. 시설 거주자가 이용료 · 사용료 등의 비용을 부담하는 경우 납부한 비용 중
   사용하지 아니한 금액을 반환하게 하고 그 이행을 확인하는 조치
4. 보조금 · 후원금 등의 사용 실태 확인과 이를 재원으로 조성한 재산 중 남
   은 재산의 회수조치
5. 그 밖에 시설 거주자의 권익 보호를 위하여 필요하다고 인정되는 조치

② 시설 운영자가 시설운영을 재개하려고 할 때에는 보건복지부령으로 정하는
바에 따라 시설 거주자의 권익을 보호하기 위하여 다음 각 호의 조치를 하여야
한다. 이 경우 시장 · 군수 · 구청장은 그 조치 내용을 확인하고 신고를 수리하여
야 한다.

1. 운영 중단 사유의 해소
2. 향후 안정적 운영계획의 수립
3. 그 밖에 시설 거주자의 권익 보호를 위하여 보건복지부장관이 필요하다고
   인정하는 조치

13. 시설의 개선 · 사업의 정지 · 시설의 폐쇄

보건복지부장관, 시 · 도지사 또는 시장 · 군수 · 구청장은 시설이 다음 각 호의 어느 하나에 해당할 때에는 그 시설의 개선, 사업의 정지, 시설의 장의 교체를 명하거나 시설의 폐쇄를 명할 수 있다.

1. 시설이 설치기준에 미달하게 되었을 때
2. 사회복지법인 또는 비영리법인이 설치 · 운영하는 시설의 경우 그 사회복지법인 또는 비영리법인의 설립허가가 취소되었을 때
3. 설치 목적이 달성되었거나 그 밖의 사유로 계속하여 운영될 필요가 없다고 인정할 때
4. 회계부정이나 불법행위 또는 그 밖의 부당행위 등이 발견되었을 때
5. 제34조 제2항에 따른 신고를 하지 아니하고 시설을 설치 · 운영하였을 때
6. 제36조 제1항에 따른 운영위원회를 설치하지 아니하거나 운영하지 아니하였을 때
7. 정당한 이유 없이 보고 또는 자료 제출을 하지 아니하거나 거짓으로 하였을 때
8. 정당한 이유 없이 검사 · 질문 · 회계감사를 거부 · 방해하거나 기피하였을 때
9. 시설에서 성폭력범죄의 처벌 등에 관한 특례법 또는 아동 · 청소년의 성보호에 관한 법률에 따른 아동 · 청소년대상 성폭력범죄가 발생한 때
10. 1년 이상 시설이 휴지상태에 있어 시장 · 군수 · 구청장이 재개를 권고하였음에도 불구하고 재개하지 아니한 때

14. 시설의 수용인원

사회복지시설의 수용인원은 300인을 초과할 수 없다. 수용인원 300명을 초과할 수 있는 사회복지시설은 다음 각 호의 어느 하나에 해당하는 시설로 한다.

1. 노인복지법에 따른 노인주거복지시설 중 양로시설과 노인복지주택
2. 노인복지법에 따른 노인의료복지시설 중 노인요양시설
3. 보건복지부장관이 사회복지시설의 종류, 지역별 사회복지시설의 수, 지역별 · 종류별 사회복지서비스 수요 및 사회복지사업 관련 종사자의 수 등을 고려하여 정하여 고시하는 기준에 적합하다고 시장 · 군수 · 구청장이 인정하는 사회복지시설

제 7 장
재가복지

1. 의   의

사회복지서비스의 욕구 대상은 다양하다. 사회복지시설에 수용되어 장기적인 보호를 필요로 하기보다는, 가정에서 보호하거나 서비스를 제공받을 수밖에 없는 상황에 놓인 보호대상자들이 날로 늘어감에 따라 재가복지서비스의 실효성이 증가하고 있다.

2. 재가복지 서비스의 종류

국가 또는 지방자치단체는 보호대상자가 다음의 어느 하나에 해당하는 재가복지서비스를 제공받도록 할 수 있다.

① **가정봉사서비스** 가사 및 개인활동을 지원하거나 정서활동을 지원하는 서비스
② **주간·단기보호서비스** 주간·단기보호시설에서 급식 및 치료 등 일상생활의 편의를 낮 동안 또는 단기간 동안 제공하거나 가족에 대한 교육 및 상담을 지원하는 서비스

3. 국가와 지방자치단체의 책무

(1) 사회복지서비스의 우선제공

시장·군수·구청장은 다음과 같은 사회보장급여의 이용·제공 및 수급권자 발굴에 관한 법률 제15조에 따른 보호대상자별 서비스 제공 계획에 따라 보호대상자에게 사회복지서비스를 제공하는 경우 시설 입소에 우선하여 재가복지서비스를 제공하도록 하여야 한다.

① 보장기관의 장은 제9조 제1항에 따라 사회보장급여의 제공을 결정한 때에는 필요한 경우 다음 각 호의 사항이 포함된 수급권자별 사회보장급여 제공계획

을 수립하여야 한다. 이 경우 수급권자 또는 그 친족이나 그 밖의 관계인의 의견을 고려하여야 한다.

1. 사회보장급여의 유형·방법·수량 및 제공기간
2. 사회보장급여를 제공할 기관 및 단체
3. 동일한 수급권자에 대하여 사회보장급여를 제공할 보장기관 또는 관계 기관·법인·단체·시설이 둘 이상인 경우 상호간 연계방법
4. 사회보장 관련 민간 법인·단체·시설이 제공하는 복지혜택과 연계가 필요한 경우 그 연계방법

② 보장기관의 장은 지원계획에 따라 사회보장급여가 제공될 수 있도록 노력하여야 하며, 필요한 경우 사회보장급여 제공결과를 정기적으로 평가하고 그 결과에 따라 지원계획을 변경할 수 있다.

③ 보장기관의 장은 수급권자의 지원계획 수립·변경 시 사회보장정보시스템을 통하여 수급자격을 확인할 수 있다.

④ 보장기관의 장은 지원계획의 실행을 위하여 필요하다고 판단되는 최소한의 정보를 관계 보장기관과 공유할 수 있으며, 필요한 경우 수급권자의 동의를 받아 대통령령으로 정하는 법인·단체·시설과 공유할 수 있다.

⑤ 보장기관의 장은 지원계획 수립·이행 등의 전문성 향상을 지원하기 위하여 교육, 컨설팅 등 필요한 업무를 「공공기관의 운영에 관한 법률」에 따른 공공기관 등 관계 기관에 위탁할 수 있다.

⑥ 제1항 및 제2항에 따른 지원계획의 수립 및 사회보장급여의 제공 등에 필요한 사항은 대통령령으로 정한다.

(2) 가정봉사원의 양성

국가 또는 지방자치단체는 재가복지서비스를 필요로 하는 가정 또는 시설에서 보호대상자가 일상생활을 영위하기 위하여 필요한 각종 편의를 제공하는 자원봉사원을 양성하도록 노력하여야 한다.

제 8 장
사회복지사업의 재원지원

1. 의   의

사회복지사업의 운영에 필요한 경비는 원칙적으로 사회복지 증진의 책임이 있는 국가와 지방자치단체가 부담하는 것이 원칙이다. 국민의 생활수준이 향상되면서 복지욕구의 수준과 질도 높아지고 있는 만큼 이에 상응하는 사회복지사업의 운영 경비도 증가할 수밖에 없으나 국가 재정은 한정된 것이다. 따라서 소득수준에 따른 무료복지·실비복지 및 유료복지 등의 형평성을 고려하여 여러 가지 형태의 재원조달을 하여야 하기 때문에 사회복지사업법상의 재원조달은 주로 무료복지 내지 실비복지 지원에 대한 규정을 하고 있다.

2. 국·공유재산의 우선매각

국가 또는 지방자치단체는 사회복지사업과 관련한 시설을 설치하거나 사업을 육성하기 위하여 필요하다고 인정하는 경우에는 국유재산법과 공유재산및물품관리법에도 불구하고 사회복지법인 또는 사회복지시설에 국·공유재산을 우선매각하거나 임대할 수 있다.

3. 지방자치단체에 대한 지원금

보건복지부장관은 시·도지사 및 시장·군수·구청장에게 사회복지사업의 수행에 필요한 비용을 지원할 수 있되, 지원금의 지급기준·지급방법 등에 관하여 필요한 사항은 보건복지부령으로 정한다.

4. 보 조 금

(1) 보조금의 지원대상

국가 또는 지방자치단체는 사회복지사업을 수행하는 자 중 다음 사항에 해당하는 자에 대하여 필요한 비용의 전부 또는 일부를 보조할 수 있다.
① 사회복지법인
② 사회복지사업을 수행하는 비영리법인
③ 사회복지시설 보호대상자를 수용하거나 보육·상담 및 자립지원을 하기 위하여 사회복지시설을 설치·운영하는 개인

(2) 보조금의 용도

보조금은 그 목적 이외의 용도에 사용할 수 없으며, 보조금을 받은 자가 다음 사항에 해당될 대에는 이미 교부한 보조금의 전부 또는 일부의 반환을 명할 수 있다.
① 사위 기타 부정한 방법으로 보조금의 교부를 받은 때
② 사업목적 외의 용도에 보조금을 사용한 때
③ 사회복지사업법 또는 동법의 명령에 위반한 때

5. 비용의 징수

사회복지사업법에 의한 복지조치에 필요한 비용을 부담한 지방자치단체의 장 기타 시설을 운영하는 자는 그 혜택을 받은 본인 또는 그 부양의무자에게 산출근거를 명시한 서면으로 통지하여 그가 부담한 비용의 전부 또는 일부를 징수할 수 있다. 다만 그 혜택을 받은 본인이 국민기초생활보장법에 의한 수급자인 경우에는 그 비용을 징수하지 아니한다.

6. 후 원 금

사회복지법인의 대표이사와 시설의 장은 아무런 대가 없이 무상으로 받은 금품이나 그 밖의 자산의 수입·지출 내용을 공개하여야 하며 그 관리에 명확성이 확보되도록 하여야 하고, 후원금에 관한 영수증 발급, 수입 및 사용결과 보고, 그 밖에 후원금 관리 및 공개 절차 등 구체적인 사항은 보건복지부령으로 정한다.

제 9 장
수급권자의 보호

1. 비밀누설의 금지

사회복지사업 또는 사회복지업무에 종사하였거나 종사하고 있는 자는 그 업무 수행의 과정에서 알게 다른 사람의 비밀을 누설하여서는 아니 된다.

2. 압류금지

사회복지사업법에 의하여 지급된 금품과 이를 받을 권리는 압류하지 못한다.

3. 지도 · 감독

수급자의 보호를 위하여 보건복지부장관 또는 시 · 도지사 또는 시장 · 군수 · 구청장은 사회복지사업을 운영하는 자에 대한 소관업무에 관하여 지도 · 감독을 하며, 필요한 경우 그 업무에 관하여 보고 또는 관계서류의 제출을 명하거나, 소속공무원으로 하여금 법인의 사무소 또는 시설에 출입하여 검사 또는 질문하게 할 수 있다.

제3편

사회보장급여의 이용·제공 및 수급권자 발굴에 관한 법률

(2018.12.11. 법률 제15884호)

제 1 장
총   설

1. 입법배경

　이 법은 국민의 복지증진에 기여하기 위하여, 사회보장급여를 필요로 하는 사람을 발굴하여 사회보장급여가 공정하고 효과적으로 제공되도록 하기 위하여 정보의 제공과 홍보, 정보공유, 지원대상자 발견 시 신고의무 및 민관협력 등에 관하여 2014년 12월 30일 법률 제12935호로 제정되었음에도 불구하고 여전히 다양한 형태의 복지사각지대가 존재하고 특히 생계위험에 놓인 사람이 복지제도를 알지 못해 지원신청을 하지 않아 지원을 받지 못하고, 심지어 생계형 범죄로까지 이어져 가고 있는 상황이 늘어나고 있다.

　따라서 사회보장기관인 국가 및 지방자치단체가 매 분기별 지원대상자 발굴조사를 실시하도록 하고, 보건복지부장관은 지원대상자 발굴체계의 운영 실태를 정기적으로 점검하고 개선방안을 마련하도록 함으로써 복지사각지대의 해소에 기여하도록 하며, 그 밖에 부정수급 신고포상제의 근거를 마련하고, 비밀유지의무 대상에 통합사례관리에 관한 업무를 추가하며, 자살자 또는 자살시도자가 발생한 가구도 위기가구에 포함하여 보호하는 등 2018년 12월 11일 법률 제15884호로 미비한 점을 개정·정비하여 현재에 이르고 있다.

2. 목   적

　사회보장기본법에 따른 사화보장급여의 이용 및 제공에 관한 기준과 절차 등 기본적 사항을 규정하고 지원을 받지 못하는 지원대상자를 발굴하여 지원함으로써 사회보장급여를 필요로 하는 사람의 인간다운 생활을 할 권리를 최대한 보장하고, 사회보장급여가 공정하고 효과적으로 제공되도록 하며, 사회보장제도가 지역사회에서 통합적으로 시행될 수 있도록 그 기반을 구축하는 것을 목적으로 한다.

3. 용어 정의

1. 사회보장급여란 사회보장기관이 사회보장기본법에 따라 제공하는 현금, 현물, 서비스 및 그 이용권을 말한다.
2. 사회보장기관이란 관계법령 등에 따라 사회보장급여를 제공하는 국가기관과 지방자치단체를 말한다.
3. 수급권자란 사회보장기본법에 따른 사회보장급여를 제공받을 권리를 가진 사람을 말하며, 수급자란 사회보장급여를 받고 있는 사람을 말한다.
4. 지원대상자란 사회보장급여를 필요로 하는 사람을 말한다.
5. 수급자등이란 수급권자 또는 지원대상자를 말한다.

4. 기본원칙

(1) 지원대상자의 신청 및 권리

사회보장급여가 필요한 사람은 누구든지 자신의 의사에 따라 사회보장급여를 신청할 수 있고 상담 등의 지원을 제공받을 수 있다.

(2) 보장기관의 책무

1. 사회보장급여를 신청한 사람에게 필요한 안내와 상담 등의 지원을 충분히 제공한다.
2. 지원이 필요한 국민이 급여대상에서 누락되지 아니하도록 지원대상자를 적극 발굴하여 필요한 사회보장급여를 적절하게 제공받을 수 있도록 노력하여야 한다.
3. 국민의 다양한 복지욕구를 충족시키고 생애주기별 필요에 맞는 사회보장급여가 공정·투명·적정하게 제공될 수 있도록 노력하여야 한다.
4. 사회복지사업법에 따른 사회복지법인, 사회복지시설 등 사회보장 관련 민간 법인·단체·시설이 제공하는 복지혜택 또는 서비스를 효과적으로 연계하여 제공할 수 있도록 노력하여야 한다.
5. 국민이 사회보장급여를 편리하게 이용할 수 있도록 사회보장정책 및 관련 제도를 수립·시행하기 위하여 노력하여야 한다.
6. 지역의 사회보장 수준이 균등하게 실현될 수 있도록 노력하여야 한다.

제 2 장
사회보장급여

1. 사회보장급여의 신청

지원대상자와 그 친족, 민법에 따른 후견인, 청소년기본법에 따른 청소년상담사·청소년지도사, 지원대상자를 사실상 보호하고 있는 자(관계기관 및 단체의 장을 포함) 등은 지원대상자의 주소지 관할 보장기관에 사회보장급여를 신청할 수 있고, 보장기관의 조사과정에서 의견을 진술할 수 있다.

보장기관의 업무담당자는 지원대상자 누락되지 아니하도록 하기 위하여 관할 지역에 거주하는 지원대상자에 대한 사회보장급여의 제공을 직권으로 신청할 수 있되, 지원대상자의 동의를 받아야 하며 동의를 받은 경우에는 지원대상자가 신청한 것으로 본다. 또한 업무담당자는 신청인 또는 지원대상자에 대하여 ① 수급자격의 조사목적, 조사정보의 범위 및 이용방법, ② 수급자의 변동 신고의무, ③ 사회보장정보의 보유기간 및 파기 등에 관한 사항을 고지하여야 한다.

2. 사회보장기관의 조사 · 자료요구 및 협조 · 방문권 등

(1) 사회보장 요구의 조사

보장기관의 장은 사회보장급여의 신청을 받으면 ① 지원대상자의 사회보장 요구와 관련된 사항, ② 지원대상자의 건강상태, 가구구성 등 생활실태에 관한 사항, ③ 그 밖에 지원대상자에게 필요하다고 인정되는 사회보장급여에 관한 사항을 조사하여야 한다.

(2) 수급자격의 조사

보장기관의 장은 사회보장급의 신청을 받으면 지원대상자와 그 부양의무자(배우자와 1촌의 직계혈족 및 그 배우자를 말함)에 대하여 사회보장급여의 수급자격 확인을 위하여 아래 항의 어느 하나에 해당하는 자료 또는 정보를 제공받아 조사하고 처리할 수 있다.

① 인적사항 및 가족관계 확인에 관한 사항

② 소득 · 재산 · 근로능력 및 취업상태에 관한 사항

③ 사회보장급여 수급이력에 관한 사항

④ 그 밖에 수급권자를 선정하기 위하여 보장기관의 장이 필요하다고 인정하는 사항으로써 대통령령이 정하는 다음의 어느 하나에 해당하는 때에는 소득 · 재산 · 근로능력 및 취업상태에 관한 사항을 조사하지 아니한다.

　1. 다른 법령에 따라 지원대상자가 사회보장급여를 받고 있는 경우로서 수급자격의 증명만으로 사회보장급여 제공을 결정할 수 있는 경우

　2. 진단서 등에 의한 지원대상자의 건강상태 확인만으로 사회보장급여 제공을 결정할 수 있는 경우

　3. 그 밖에 보장기관의 장이 소득 · 재산 · 근로능력 및 취업상태에 관한 조사가 필요하지 아니하다고 인정하는 경우

(3) 자료의 제출 요구 · 관련장소 방문

수급자격의 조사를 위하여 보장기관의 장은 신청인 또는 지원대상자와 그 부양의무자에게 필요한 자료의 제출을 요구할 수 있고, 업무담당자는 보건복지부령으로 정하는 사항이 기재된 서류를 제시하고 거주지 및 사실 확인에 필요한 관련장소를 방문할 수 있다.

(4) 관계기관 및 단체의 협조요청

보장기관의 장은 수급자격의 조사를 위하여 주민등록전산정보, 가족관계등록전산정보, 금융, 국세, 지방세, 토지, 건물, 건강보험, 국민연금, 고용보험, 산업재해보상보험, 출입국, 병무, 보훈급여, 교정 등 대통령령으로 정하는 관련 전산망 또는 자료를 이용하고자 하는 경우에는 관계 중앙행정기관, 법원행정처, 지방자치단체, 관련 기관 및 단체에 협조를 요청할 수 있다.

3. 금융정보등의 제공 등

중앙행기관의 장 또는 지방자치단체의 장은 지원대상자와 그 부양의무자에 대하여 수급자격의 조사가 필요한 경우에는 금융실명거래 및 비밀보장에 관한 법률, 신용정보의 이용 및 보호에 관한 법률, 보험업법 관계법령에 자료 및 정보의 제공에 대하여 동의한다는 서면을 받아야 한다.

4. 사회보장급여 제공의 결정

보장기관의 장이 사회보장 요구 조사 및 수급자격의 조사에 따른 조사를 실시한 경우에는 사회보장급여의 제공 여부 및 제공 유형을 결정하되, 제공하고자 하는 사회보장급여는 지원대상자가 현재 지급받고 있는 사회보장급여와 보장내용이 중복되도록 하여서는 아니 되며, 사회보장급여의 제공 결정에 필요한 경우 지원대상자와 그 친족, 그 밖에 관계인의 의견을 들을 수 있고, 사회보장급여의 제공 여부와 그 유형 및 변경사항 신고의무 등을 서면(신청인의 동의에 의한 전자문서 포함)으로 신청인에게 통지하여야 하며, 필요한 경우 구두 등의 방법을 병행할 수 있다.

제 **3** 장
지원대상자의 발굴

1. 자료 또는 정보의 제공과 홍보

보장기관의 장은 지원대상자를 발굴하기 위하여 다음 각 항의 사항에 대한 자료 또는 정보의 제공과 홍보에 노력하여야 한다.

① 사회보장급여의 내용 및 제공규모

② 수급자가 되기 위한 요건과 절차

③ 그 밖에 사회보장급여 수급을 위하여 필요한 정보

2. 정보공유 등의 협조 요청

보장기관의 장은 관할지역에 거주하는 지원대상자를 발굴하기 위하여 다음 각 항에 해당하는 관계기관·법인·단체·시설의 장에게 소관 업무의 수행과 관련하여 취득한 정보의 공유, 지원대상자의 거주지 등 환경조사 시 소속 직원의 동행 등 필요한 사항에 대한 협조를 요청할 수 있고, 관계기관 및 단체 등의 시설의 장은 정당한 사유가 없으면 이에 따라야 한다.

① 사회복지사업법에 따른 사회복지법인 및 사회복지시설

② 국민연금법에 따른 국민연금공단

③ 국민건강보험법에 따른 국민건강보험공단

④ 지역보건법에 따른 보건소

⑤ 초·중등 교육법 제2조에 따른 각 호의 학교

⑥ 경찰법에 따른 경찰서

⑦ 소방기본법에 따른 소방서

⑧ 대통령령으로 정하는 도시가스사업자, 수도사업자, 한국가스공사, 한국전력공사 등

3. 자료 또는 정보의 처리 등

보건복지부장관은 보장기관이 지원대상자를 효율적으로 발굴할 수 있도록 지원하기 위하여 사회보장기본법에 따른 사회보장정보시스템을 통하여 필요한 자료 또는 정보를 처리할 수 있다.

4. 지원대상자 발견 시 신고의무

누구든지 출산, 양육, 실업, 노령, 장애, 질병, 빈곤, 사망 등의 사회적 위험으로 인하여 사회보장급여를 필요로 하는 지원대상자를 발견하였을 때에는 보장기관에 알려야 하고, 특히 다음 각 호의 어느 하나에 해당하는 사람은 그 직무상 사회적 위험으로 인하여 사망 또는 중대한 정신적·신체적 장애를 입을 위기에 처한 지원대상자를 발견한 경우 지체 없이 보장기관에 알리고, 지원대상자가 신속하게 지원을 받을 수 있도록 노력하여야 한다.

가. 사회복지사업법에 따른 사회복지시설의 장과 그 종사자

나. 장애인활동 지원에 관한 법률에 따른 활동지원기관의 장 및 그 종사자

다. 의료법에 따른 의료인과 의료기관의 장

라. 의료기사 등에 관한 법률의 의료기사

마. 응급의료에 관한 법률의 응급구조사

바. 소방기본법에 따른 구조대 및 구급대의 대원

사. 국가공무원법에 따른 경찰공무원

아. 지방공무원법에 따른 자치경찰공무원

자. 정신건강증진 및 정신질환자 복지서비스 지원에 관한 법률에 따른 정신건강복지센터의 장과 그 종사자

차. 영유아보육법에 따른 어린이집의 원장 등 보육교직원

카. 유아교육법에 따른 교직원 및 강사 등

타. 초·중등교육법에 따른 교직원 및 전문상담교사, 산학겸임교사 등

파. 학원의 설립·운영 및 과외교습에 관한 법률에 따른 학원의 운영자·강사·직원 및 교습소의 교습자

하. 성폭력방지 및 피해자보호 등에 관한 법률에 따른 성폭력피해상담소의 장과 그 종사자 및 성폭력피해자보호시설의 장과 그 종사자

거. 성매매방지 및 피해자보호 등에 관한 법률에 따른 지원시설의 장과 그 종

사자 및 성매매피해상담소의 장과 그 종사자

너. 가정폭력방지 및 피해자보호 등에 관한 법률에 따른 가정폭력 관련 상담소의 장과 그 종사자 및 가정폭력피해자 보호시설의 장과 그 종사자

더. 건강가정기본법에 따른 건강가정지원센터의 장과 그 종사자

러. 노인장기요양보험법에 따른 장기요양기관의 장과 그 종사자 및 재가 장기요양기관의 장과 그 종사자

머. 지역보건법에 따른 보건소의 방문간호 업무 종사자

버. 다문화가족지원법에 따른 다문화가족지원센터의 장과 그 종사자

서. 지방자치법에 따른 행정리의 이장 및 행정 등의 하부조직으로 두는 통의 통장

5. 민관협력

보장기관과 관계 기관·법인·단체·시설은 지역사회 내 사회보장이 필요한 지원대상자를 발굴하고, 가정과 지역공동체의 자발적인 협조가 이루어질 수 있도록 노력하여야 한다.

특별자치시장 및 시장(특별자치도 및 국제자유도시 행정시장 포함)·군수·구청장은 지원대상자의 발굴 및 지역사회보호체계의 구축을 위하여 필요한 경우 지역사회보장협의체(시·도사회보장위원회)에 관계 기관·법인·단체·시설의 장 및 그 밖에 사각지대 발굴과 관련한 기관·법인·단체·시설의 장 등을 포함시켜 운영할 수 있다.

특별자치시장 및 시장·군수·구청장은 제1항에 따른 지역사회 내 지원대상자를 발굴하는 활동을 촉진하기 위하여 예산의 범위에서 필요한 비용을 지원할 수 있다.

제 4 장
수급권자 등의 지원

1. 지원계획의 수립 및 시행

보장기관의 장은 사회보장급여의 제공을 결정한 때에는 필요한 경우 다음 각 항의 사항이 포함된 수급권자별 사회보장급여 지원계획을 수립하여야 하되, 수급권자 또는 그 친족이나 그 밖의 관계인의 의견을 고려하여야 한다.

　가. 사회보장급여의 유형·방법·수량 및 제공기간

　나. 사회보장급여를 제공할 기관 및 단체

　다. 동일한 수급권자에 대하여 사회보장급여를 제공할 보장기관 또는 관계 기관·법인·단체·시설이 둘 이상인 경우 상호간 연계방법

　라. 사회보장 관련 민간 법인·단체·시설이 제공하는 복지혜택과 연계가 필요한 경우 그 연계방법

2. 수급권자 등에 대한 상담·안내, 의뢰 등

보장기관의 업무담당자는 수급권자 또는 지원대상자가 필요한 사회보장급여를 편리하게 이용할 수 있도록 사회보장급여의 명칭, 수급자의 선정기준, 보장내용 및 선정방법 등에 관한 사항을 상담하고 안내하여야 하며, 이를 위하여 사회보장 정보시스템에서 지원하는 정보를 최대한 활용하여야 하고, 수급권자 등이 필요로 하는 사회보장급여의 이용이 다른 보장기관의 권한에 속한다고 판단되는 경우 신청인 또는 수급권자 등에게 해당 보장기관을 안내하고 필요한 경우 해당 보장기관 또는 관계 기관·법인·단체·시설에 사회보장급여 또는 복지혜택·서비스의 제공을 의뢰하여야 한다.

보건복지부장관은 상담·안내, 의뢰가 사회보장정보시스템을 통하여 효율적으로 이루어질 수 있도록 하여야 하고, 보장기관의 장은 수급권자 등에게 사회보장 급여의 이용 및 제공에 필요한 사항을 종합적으로 상담·안내, 의뢰하는 등의 업

무를 수행하기 위하여 전화상담센터 등을 설치·운영할 수 있다.

3. 이의신청

이의가 있는 수급자등(수급권자 또는 지원대상자)은 그 처분을 받은 날로부터 90일 이내에 처분을 결정한 보장기관의 장에게 서면으로 이의신청을 할 수 있되, 정당한 사유로 인하여 그 기간 내에 이의신청을 할 수 없음을 증명한 때에는 그 사유가 소멸한 때부터 60일 이내에 이의신청을 할 수 있다.

보장기관의 장은 이의신청을 받은 날부터 10일 이내에 그 이의신청에 대하여 결정하고 그 결과를 신청인에게 지체 없이 통지하여야 하되, 부득이한 사유로 정하여진 기간 이내에 결정할 수 없을 때에는 그 기간의 만료일 다음 날부터 기산하여 10일 이내의 범위에서 연장할 수 있으며, 연장 사유를 신청인에게 통지하여야 한다.

4. 수급권자의 보호자에 대한 지원

보장기관의 장은 급여제공이 결정된 수급권자를 자신의 가정에서 돌보는 사람의 부담을 줄이기 위하여 상담을 실시하거나 금전적 지원 등을 할 수 있다.

제 5 장
사회보장급여의 관리

1. 사회보장급여의 적정성 확인조사

보장기관의 장은 수급자에 대한 사회보장급여의 적정성을 확인하기 위하여 수급자격의 조사에 따른 정보를 조사할 수 있다.

2. 수급자의 변동신고

주기적으로 또는 기간을 정하여 사회보장급여를 제공받는 수급자는 거주지, 세대원, 소득·재산 상태, 근로능력, 다른 급여의 수급이력 등 수급자격의 조사 사항이 변동되었을 때에는 지체 없이 관할 보장기관의 장에게 신고하여야 한다.

3. 사회보장급여의 변경·중지

보장기관의 장은 사회보장급여의 적정성 확인조사 및 수급자의 변동신고에 따라 수급자 및 그 부양의무자의 인적사항, 가족관계, 소득·재산 상태, 근로능력 등에 변동이 있는 경우에는 직권 또는 수급자나 그 친족, 그 밖의 관계인의 신청에 따라 수급자에 대한 사회보장급여의 종류·지급방법 등을 변경할 수 있고, 이에 따라 수급자에 대한 사회보장급여의 전부 또는 일부가 필요 없게 된 때에는 사회보장급여의 전부 또는 일부를 중지하거나 그 종류·지급방법 등을 변경하여야 한다. 사회보장급여의 변경 또는 중지는 서면으로 그 이유를 명시하여 수급자에게 통지하여야 하며 필요한 경우 구두 등의 방법을 병행할 수 있다.

4. 사회보장급여의 환수

수급자가 수급자의 변동신고를 고의로 회피하거나 속임수 등의 부정한 방법으로 사회보장급여를 받거나 타인으로 하여금 사회보장급여를 받게 한 경우에는 사회보장급여를 제공한 보장기관의 장은 그 사회보장급여의 전부 또는 일부를 그 사회보장급여를 받거나 받게 한 자(부정수급자)로부터 환수할 수 있다.

보장기관의 장은 수급권이 없는 자에게 사회보장급여를 제공하거나 그 변경·중지로 인하여 수급자에게 이미 제공한 사회보장급여 중 과잉지급분이 발생한 경우에는 즉시 이를 제공받은 사람에 대하여 그 전부 또는 일부의 반환을 명하여야 하되, 이를 이미 소비하였거나 그 밖에 수급자에게 부득이한 사유가 있는 때에는 그 반환을 면제할 수 있다. 이에 따라 환수 또는 반환받을 금액은 부정수급자 또는 사회보장급여를 제공받은 사람에게 통지하여 이를 환수하거나 반환받고, 이에 응하지 아니하는 경우 국세 체납처분의 예 또는 지방세외수입금의 징수 등에 관한 법률에 따라 징수한다.

제 6 장
사회보장정보

1. 사회보장정보 및 사회보장정보시스템의 이용 등

보건복지부장관은 보장기관이 수급권자의 선정 및 급여관리 등에 관한 업무를 효율적으로 수행할 수 있도록 사회정보시스템을 통하여 사회보장급여 현황에 관한 자료 또는 정보, 수급자격 조사 등에 필요한 상담, 신청, 조사 및 자격의 변동 관리에 필요한 인적사항·소득·재산·등에 관한 자료 정보, 사회보장급여 수급 이력에 관한 자료 또는 정보 등 그 밖의 사회보장급여의 제공·관리 및 사회정보 시스템 구축·운용에 필요한 사회보장정보처리를 위하여 관계 중앙행정기관, 지방자치단체, 관계기관·법인·단체·시설의 장에게 필요한 자료 또는 정보를 요청할 수 있고, 요청을 받은 기관은 정당한 사유가 없으면 그 요청에 따라야 한다.

2. 대국민 포털 구축 등

보건복지부장관은 사회보장급여가 필요한 국민에게 사회보장에 관한 자료 또는 정보의 검색, 조회 등 온라인 서비스를 제공하는 인터넷 기반의 대국민 포털을 구축·관리하고 그 활동을 촉진하여야 하며, 보건복지부장관과 보장기관의 장은 대국민 포털 등 첨단 정보통신기술을 활용하여 필요한 국민이 사회보장정보를 활용할 수 있도록 노력하여야 한다. 국민이 대국민 포털 등을 통하여 사회보장급여를 신청한 경우에도 서면에 의한 사회보장급여 신청으로 준용한다.

3. 사회보장정보의 정확성 유지

정보보유기관의 장은 사회보장정보의 정확성을 유지하기 위하여 노력하여야 하고 보건복지부장관은 사회보장정보를 주기적으로 갱신하여야 하며, 그 정보에 오류가 있다고 판단되는 경우에는 원천 자료 또는 정보를 제공한 정보보유기간의 장에게 해당자료 또는 정보의 수정 또는 보완을 요구할 수 있다.

4. 사회보장정보의 표준화

보건복지부장관은 사회보장정보의 공동 활용을 통하여 국민이 사회보장급여의 이용을 편리하게 할 수 있도록 사회보장정보와 관련된 각종 기준, 절차, 방법, 서식 등을 표준화하여 보장기관의 장에게 제시할 수 있으며, 보장기관의 장은 정당한 사유가 없으면 이에 따라야 한다.

5. 사회보장정보 등의 협의·조정

보장기관의 장 또는 관계 중앙행정기관의 장이 사회보장정보의 처리 등 사회보장정보시스템의 이용, 사회보장정보의 표준화, 업무의 위임 및 위탁 등에 관하여 의견이 있는 경우에는 보건복지부장관과 협의하고, 협의가 이루어지지 아니할 경우 사회보장기본법에 따른 사회보장위원회가 이를 조정한다.

6. 사회보장정보원

사회보장정보시스템의 운영·지원을 위하여 법인으로 사회보장정보원을 설립하여 사회보장정보시스템의 구축 및 유지·기능개선·관리 등 운영, 사회보장급여의 수급과 관련된 자료 또는 정보의 처리 및 사회보장정보 처리, 사회보장 관련 민간 법인·단체·시설에 대한 전자화 지원, 대국민 포털의 운영 등 법령에 따른 위탁업무 등을 수행한다.

7. 사회보장정보의 보호

(1) 사회보장정보의 보호대책 수립·시행

보건복지부장관은 사회보장정보시스템의 사회보장정보를 안전하게 보호하기 위하여 물리적·기술적 대책을 포함한 보호대책을 수립·시행하여야 하고, 사회보장정보원의 장은 보호대책을 시행하기 위한 실행계획을 매년 수립하여 보건복지부장관에게 제출하여야 한다. 사회보장정보시스템을 이용하는 보장기관의 장은 보안에 관한 업무를 총괄하는 자를 지정하여 보건복지부장관에게 통보하여야 하며, 정보보호책임자의 지정 및 업무 등에 필요한 사항은 대통령령으로 정한다.

(2) 사회보장정보 침해행위 등의 금지

누구든지 사회보장정보를 처리할 때 다음 각 항의 어느 하나에 해당하는 행위를 하여서는 아니 된다.

① 사회보장정보의 처리업무를 방해할 목적으로 사회보장정보를 위조·변경·훼손하거나 말소하는 행위

② 정당한 사유 없이 사회보장정보를 위조·변경·훼손·말소·유출하거나 그 방법 또는 프로그램을 공개·유포·사용하는 행위

③ 정당한 사유 없이 사회보장정보시스템을 위조·변경·훼손하거나 이용하는 행위

④ 정당한 권한이 없거나 허용된 권한을 초과하여 사회보장정보를 처리하는 행위

(3) 사회보장정보시스템의 복구조치

사회보장정보원의 장 및 사회보장정보시스템을 이용하는 보장기관의 장은 사회정보시스템에 침해행위가 발생한 때에는 사회보장정보시스템의 피해복구 및 보호에 필요한 조치를 신속히 취하고 보건복지부장관에게 즉시 통보하여야 하고, 보건복지부장관은 피해복구가 신속히 이루어질 수 있도록 필요한 지원을 하여야 한다.

(4) 사회보장정보 등에 대한 침해행위의 시정요구

보건복지부장관은 사회보장정보 또는 사회보장정보시스템에 대한 침해행위가 발생하였다고 판단할 상당한 근거가 있고 이를 방치할 경우 회복하기 어려운 피해가 발생할 우려가 있다고 인정되면 침해행위를 한 자에 대하여 다음 각 항에 해당하는 조치를 요구할 수 있고, 요구를 받은 자는 이에 따라야 한다.

① 사회보장정보 또는 사회보장정보시스템 침해행위의 중지

② 정보처리의 일시적인 정지

③ 그 밖에 사회보장정보의 모호 및 침해행위 방지를 위하여 필요한 조치

(5) 사회보장정보의 파기

보장기관의 장 및 사회보장정보원의 장은 사회보장정보를 5년이 지나면 파기하여야 하되, 대통령령으로 정하는 지원대상자의 보호에 필요한 사회보장정보는 5년을 초과하여 보유할 수 있다.

제7장
사회보장에 관한 지역계획 및 운영체계

1. 지역사회보장에 관한 계획

(1) 지역사회보장에 관한 계획의 수립

특별시장·광역시장·특별자치시장·도지사·도지사·특별자치도지사(이하 "시·도지사"라 한다) 및 시장·군수·구청장은 지역사회보장에 관한 계획을 4년마다 수립하고 매년 지역사회보장계획에 따라 연차별 시행계획을 수립하여야 하되 사회보장기본법에 따른 기본계획과 연계되도록 하여야 한다.

시장·군수·구청장은 해당 시·군·구의 지역사회보장계획(연차별 시행계획 포함)을 지역주민 등 이해관계인의 의견을 들은 후 수립하고 지역사회보장협의체의 심의와 해당 시·군·구 의회의 보고(보고의 경우 "제주특별자치도 설치 및 국제자유도시 조성을 위한 특별법"에 따른 행정시장은 제외)를 거쳐 시·도지사에게 제출하여야 한다. 특별자치시장은 지역주민 등 이해관계인의 의견을 들어 지역사회보장계획을 수립하여야 한다.

시·도지사(특별자치시장은 제외)는 제출받은 시·군·구의 지역사회보장계획을 지원하는 내용을 포함한 해당 특별시·광역시·특별자치시·도·특별자치도 의회의 보고를 거쳐 보건복지부장관에게 제출하여야 하고, 보건복지부장관은 제출된 계획을 사회보장위원회에 보고하여야 한다.

시·도지사 또는 시장·군수·구청장은 지역사회보장계획을 수립할 때 필요하다고 인정하는 경우에는 사회보장 관련 기관·법인·단체·시설에 자료 또는 정보의 제공과 협력을 요청할 수 있다.

보장기관의 장은 지역사회보장계획의 수립 및 지원을 위하여 지역 내 사회보장 관련 실태와 지역주민의 사회보장에 관한 인식 등에 관하여 필요한 지역사회보장조사를 실시할 수 있으며, 시·도지사 및 시장·군수·구청장은 지역사회보장계획 수립 시 지역사회보장조사 결과를 반영할 수 있다.

보건복지부장관 또는 시·도지사는 지역사회보장계획의 내용이 대통령령으로 정하는 사유(법령위반, 사회보장기본법 시책에 부합되지 않음, 협의미진, 내용의 불균형 등)에 해당하는 경우에는 시·도지사 또는 시장·군수·구청장에게 그 조정을 권고할 수 있되, 보건복지부장관은 관계 중앙행정기관의 장의 의견을 들을 수 있다.

(2) 지역사회보장계획의 내용

① 시·군·구 지역사회보장계획은 다음의 사항을 포함하여야 한다.

1. 지역사회보장 수요의 측정, 목표 및 추진전략
2. 지역사회보장의 목표를 점검할 수 있는 지역사회보장지표 및 목표
3. 지역사회보장의 분야별 추진전략, 중점 추진사업 및 연계협력 방안
4. 지역사회보장 전달체계의 조직과 운영
5. 사회보장급여의 사각지대 발굴 및 지원 방안
6. 지역사회보장에 보장에 필요한 재원의 규모와 조달 방안
7. 지역사회보장에 관련한 통계 수집 및 관리 방안
8. 지역 내 부정수급 발생 현황 및 방지대책
9. 그 밖에 대통령령으로 정하는 사항

② 특별시·광역시·도·특별자치도 지역사회보장계획은 다음의 사항을 포함하여야 한다.

1. 시·군·구에서 사회보장이 균형적이고 효과적으로 추진될 수 있도록 지원하기 위한 목표 및 전략
2. 지역사회보장지표의 설정 및 목표
3. 시·군·구에서 사회보장급여가 효과적으로 이용 및 제공될 수 있는 기반 구축 방안
4. 시·군·구 사회보장급여 담당 인력의 양성 및 전문성 제고 방안
5. 지역사회보장에 관한 통계자료의 수집 및 관련 방안
6. 시·군·구의 부정수급 방지대책을 지원하기 위한 방안
7. 그 밖에 지역사회보장 추진에 필요한 사항

③ 특별자치시 지역사회보장계획은 다음의 사항을 포함하여야 한다.

1. 위 1항 시·군·구 지역사회보장계획에 포함된 사항
2. 사회보장급여가 효과적으로 이용 및 제공될 수 있는 기반 구축 방안
3. 사회보장급여 담당 인력의 양성 및 전문성 제고 방안
4. 그 밖에 지역사회보장 추진에 필요한 사항

(3) 지역사회보장계획의 시행

시·도지사 또는 시장·군수·구청장은 지역사회보장계획을 시행할 때 필요하다고 인정하는 경우에는 사회보장 관련 민간 법인·단체·시설에 인력, 기술, 재정 등의 지원을 할 수 있다.

(4) 지역사회보장계획의 변경

시·도지사 또는 시장·군수·구청장은 사회보장의 환경 변화, 사회보장기본법에 따른 사회보장에 관한 기본계획의 변경 등이 있는 경우에는 지역사회보장계획을 변경할 수 있으며, 그 변경 절차는 지역사회보장에 관한 계획의 수립절차를 준용한다.

(5) 지역사회보장계획 시행결과의 평가

보건복지부장관은 시·도 지역사회보장계획의 시행결과를, 시·도지사는 시·군·구 지역사회보장계획의 시행결과를 각각 보건복지부령으로 정하는 바에 따라 평가할 수 있다. 시·도지사는 시·군·구에 대한 평가결과를 보건복지부장관에게 제출하고 보건복지부장관은 이를 종합·검토하여 사회보장위원회에 보고하여야 한다.

보건복지부장관 또는 시·도지사는 필요한 경우 평가결과를 사회보장사업의 수행에 필요한 지원에 반영할 수 있다.

2. 지역사회보장의 운영체계

지역사회보장 계획을 수립·시행하기 위한 운영체계로서 시·도사회보장위원회와 지역사회보장협의체(시·군·구와 읍·면·동 단위)를 두고 지역사회보장협의체의 업무를 효율적으로 수행하기 위하여 지역사회보장협의체에 실무협의체를 둔다.

(1) 시·도사회보장위원회

1) 설치 목적 위원회의 직무

시·도지사는 시·도의 사회보장 증진을 위하여 시·도사회보장위원회를 둔다.

2) 시·도사회보장위원회의 직무

위원회는 다음 사항의 업무를 심의·자문한다.

① 시·도의 지역사회보장위원회계획 수립·시행 및 평가에 관한 사항

② 시·도의 지역사회보장조사 및 지역사회보장지표에 관한 사항

③ 시·도의 사회보장급여 제공에 관한 사항

④ 시·도의 사회보장 추진과 관련한 중요 사항

⑤ 읍·면·동 단위 지역사회보장협의체의 구성 및 운영에 관한 사항(특별자치시에 한함)

⑥ 사회보장과 관련된 서비스를 제공하는 관계 기관·법인·단체·시설과의 연계·협력 강화에 관한 사항(특별자치시에 한함)

⑦ 그 밖에 위원장이 필요하다고 인정되는 사항

3) 위원회 위원의 구성

시·도사회보장위원회는 다음 사항의 사람 중 시·도지사가 임명 또는 위촉한 사람으로 위원장 1명을 포함하여 15명 이상 40명 이하의 위원으로 구성되며, 위원장은 위원 중에서 호선하며 위원장이 부득이한 사유로 직무를 수행할 수 없을 때에는 위원장이 지명하는 사람이 그 직무를 대행한다. 위원의 임기는 2년으로 하되 위원장은 한 차례만 연임할 수 있고, 공무원인 위원의 임기는 그 재직기간으로 한다.

위원장은 재적위원 3분의 1 이상이 요구하거나 위원장이 필요하다고 인정하는 경우에 회의를 소집할 수 있고, 재적위원 과반수의 출석으로 개의하고 출석위원 과반수의 찬성으로 의결한다.

① 사회보장에 관한 전문적 지식이나 경험을 가진 사람

② 사회보장에 관한 기관 및 단체의 대표자

③ 사회보장을 필요로 하는 사람의 이익 등을 대표하는 사람

④ 지역사회보장협의체의 대표자

⑤ 비영리민간단체지원법에 따른 비영리민간단체에서 추천한 사람

⑥ 사회복지공동모금회법에 따른 사회복지공동모금지회에서 추천한 사람

⑦ 읍·면·동 단위 지역사회보장협의체의 위원장(특별자치시에 한정하며, 공동위원장이 있는 경우에는 민간위원장 중에서 선출된 공동위원장을 말한다)

⑧ 사회보장업무를 담당하는 공무원

4) 사회보장위원의 결격 사항

다음 사항의 하나에 해당하는 사람은 사회보장위원회위원이 될 수 없다.

① 미성년자

② 피성년후견인, 피한정후견인

③ 법원의 판결에 따라 자격이 상실되거나 정지된 사람

④ 파산선고를 받고 복권되지 아니한 사람

⑤ 금고 이상의 실형을 받고 그 집행이 끝나거나 집행이 면제된 날부터 3년이 지나지 아니한 사람

⑥ 금고 이상의 형의 집행유예를 선고받고 그 유예기간 중에 있는 사람

⑦ 제5항 및 제6항에도 불구하고 사회복지사업법에 따른 사회복지사업 또는 그 직무와 관련하여 아동복지법, 보조금관리에 관한 법률, 또는 형법의 죄로 다음 사항의 하나에 해당하는 사람

　　가. 100만원 이상의 벌금형을 선고받고 그 형이 확정된 후 5년이 지나지 아니한 사람

　　나. 금고 이상의 형의 집행유예를 선고받고 그 유예기간이 끝난 날부터 7년이 지나지 아니한 사람

　　다. 금고 이상의 실형을 선고받고 그 집행이 끝나거나 집행이 면제된 날부터 7년이 지나지 아니한 사람

⑧ 제5항부터 제7항까지에도 불구하고 성폭력범죄의 처벌 등에 관한 특례법 또는 아동·청소년의 성보호에 관한 법률 등에 따라 성범죄를 저지른 사람으로서 형 또는 치료감호를 선고받고 확정된 후 그 형 또는 치료감호의 전부 또는 일부의 집행이 끝나거나 집행이 면제되거나 집행의 유예기간이 끝난 날부터 10년이 지나지 아니한 사람

(2) 시·군·구 지역사회보장협의체

1) 설치 목적

시장·군수·구청장은 지역의 사회보장을 증진하고, 사회보장과 관련된 서비스를 제공하는 관계 기관·법인·단체·시설과 연계·협력을 강화하기 위하여 해당 시·군·구에 지역사회보장협의체를 두고, 특별자치시장 및 시장·군수·구청장은 읍·면·동 단위로 읍·면·동의 사회보장 관련 업무의 원활한 수행을 위하여 해당 읍·면·동에 읍·면·동 단위 지역사회보장협의체를 둔다.

2) 시·군·구 지역사회보장협의체의 직무

지역사회보장협의체는 다음 각 항의 업무를 심의·자문한다.

① 시·군·구의 지역사회보장계획 수립·시행 및 평가에 관한 사항

② 시·군·구의 지역사회보장조사 및 지역사회보장지표에 관한 사항

③ 시·군·구의 사회보장급여 제공에 관한 사항

④ 시·군·구의 사회보장 추진에 관한 사항

⑤ 읍·면·동 단위 지역사회보장협의체의 구성 및 운영에 관한 사항

⑥ 그 밖에 위원장이 필요하다고 인정하는 사항

3) 시·군·구 지역사회보장협의체 위원의 구성

지역사회보장협의체의 위원은 다음 각 사항의 사람 중 시장·군수·구청장이 임명 또는 위촉하되, 시·도사회보장위원이 될 수 없는 사람은 협의체 위원이 될 수 없다.

지역사회보장협의체는 위원장을 포함하여 10명 이상 40명 이하의 위원으로 구성되며 위원장은 위원 중에서 호선하되 공무원인 위원과 위촉 위원 각 1명을 공동위원장으로 선출할 수 있다. 위원장의 임기는 2년으로 하되 위원장은 한 차례만 연임할 수 있고, 공무원인 위원의 임기는 그 재직기간으로 한다.

회의는 재적위원 3분의 1 이상이 요구하거나 위원장이 필요하다고 인정하는 경우에 소집할 수 있고, 재적위원 과반수의 출석으로 개의하고 과반수의 찬성으로 의결한다.

① 사회보장에 관한 학식과 경험이 풍부한 사람

② 지역의 사회보장 활동을 수행하거나 서비스를 제공하는 기관·법인·단체·시설의 대표자

③ 비영리민간단체지원법에 따른 비영리민간단체에서 추천한 사람

④ 읍·면·동 단위 지역사회보장협의체의 위원장(공동위원장이 있는 경우에는 민간위원 중에서 선출된 공동위원장을 말한다)

⑤ 사회보장에 관한 업무를 담당하는 공무원

(3) 읍·면·동 단위 지역사회보장협의체

1) 설치 목적

읍·면·동 단위 지역사회보장협의체는 다음 각 항의 업무를 지원한다.

① 관할 지역의 저소득 주민·아동·노인·장애인·한부모가족·다문화가족 등 사회보장사업에 의한 도움을 필요로 하는 사람 발굴 업무

② 사회보장 자원 발굴 및 연계 업무

③ 지역사회보호체계 구축 및 운영 업무

④ 그 밖에 관할 지역 주민의 사회보장 증진을 위하여 필요한 업무

2) 구 성

읍·면·동 단위 지역사회보장협의체는 읍장·면장·동장과 다음 각 항의 어느 하나에 해당하는 사람 중에서 읍장·면장·동장의 추천을 받아 특별자치시장 및 시장·군수·구청장이 위촉하는 사람으로 성별을 고려하여, 읍·면·동별로 각 10명 이상의 위원으로 구성한다. 위원장은 위원 중에서 호선하되, 읍장·면장·동장과 민간위원 중에서 각 1명을 공동위원장으로 선출할 수 있다. 위원의 임기는 2년으로 하며 연임할 수 있되, 공무원인 위원의 임기는 그 재직기간으로 한다. 회의는 시·군·구 지역사회보장협의체의 회의 방식을 준용한다.

(4) 실무협의체

1) 설치 목적

지역사회보장협의체의 업무를 효율적으로 수행하기 위하여 지역사회보장협의체에 실무협의체를 두고, 보장기관의 장은 지역사회보장협의체의 효율적 운영을 위하여 필요한 인력 및 운영비 등 재정을 지원할 수 있다.

지역사회보장협의체 및 실무협의체의 조직·운영에 필요한 사항은 보건복지부령으로 정하는 바에 따라 해당 시·군·구의 조례(제주특별자치도 설치 및 국제자유도시 조성을 위한 특별법에 따른 행정시의 경우에는 특별자치도의 조례를 말한다)로 정한다.

2) 실무협의체의 구성 및 운영

실무협의체는 위원장 1명을 포함하여 10명 이상 40명 이하의 위원으로 구성하고, 위원장은 위원 중에서 호선하고, 위원은 사회보장에 관한 실무지식과 경험이 풍부한 사람 중에서 다음 각 항의 어느 하나에 해당하는 사람을 지역사회보장협의체의 위원장이 성별을 고려하여 임명하거나 위촉하되, 지역사회보장협의체의 위원장이 공동위원장인 경우에는 공동으로 임명하거나 위촉한다.

위원의 임기는 2년으로 하되, 위원장은 한 차례만 연임할 수 있되, 공무원인 위원의 임기는 그 재직기간으로 한다. 회의에 관하여는 지역사회보장협의체의회의 방식을 준용한다.

실무협의체의 위원장은 지역의 사회보장 관련 기관·법인·단체·시설 간 연계·협력을 강화하기 위하여 실무분과를 구성·운영할 수 있으며, 실무분과의 운

영에 관한 세부적인 사항은 시·군·구의 조례로 정할 수 있다.

① 지역의 사회보장 활동을 수행하거나 서비스를 제공하는 기관·법인·단체·시설 또는 공익단체의 실무자

② 사회보장에 관한 업무를 담당하는 공무원

③ 비영리민간단체 지원법에 따른 비영리민간단체에서 추천한 사람

④ 그 밖에 학계 등 사회보장 관련 분야 종사자

3. 사회보장사무 전담기구

특별자치시장 및 시장·군수·구청장은 사회보장에 관한 업무를 효율적으로 수행하기 위하여 관련 조직, 인력, 관계 기관 간 협력체계 등을 마련하여야 하며, 필요한 경우에는 사회보장에 관한 사무를 전담하는 기구를 별도로 설치할 수 있고, 사회보장사무 전담기구는 사회보장정보시스템을 활용하여 수급권자에게 필요한 정보를 종합 안내하고, 사회보장급여에 대한 신청 등이 편리하게 이루어질 수 있도록 운영되어야 한다. 사회보장사무 전담기구의 사무 범위, 조직 및 운영 등에 필요한 사항은 해당 특별자치시 및 시·군·구의 조례로 정한다.

4. 통합사례관리

보건복지부장관, 시·도지사 및 시장·군수·구청장은 지원대상자의 사회보장 수준을 높이기 위하여 지원대상자의 다양하고 복합적인 특성에 따른 상담과 지도, 사회보장에 대한 욕구조사, 서비스 제공 계획의 수립을 실시하고, 그 계획에 따라 지원대상자에게 보건·복지·고용·교육 등에 대한 사회보장급여 및 민간 법인·단체·시설 등이 제공하는 서비스를 종합적으로 연계·제공하는 통합사례관리를 실시할 수 있다.

통합사례관리를 실시하기 위하여 필요한 경우에는 특별자치시 및 시·군·구에 통합사례관리사를 둘 수 있고, 보건복지부장관은 통합사례관리 사업의 전문적인 지원을 위하여 해당 업무를 공공 또는 민간 기관·단체 등에 위탁하여 실시할 수 있다.

(1) 통합사례관리사

통합사례관리사는 다음 각 항의 어느 하나에 해당하는 자격 및 경력을 갖춘 사람으로 한다.

① 사회복지사 1급 자격증을 취득한 후 사회복지분야 근무 경력이 2년 이상인 사람

② 사회복지사 2급 자격증을 취득한 후 사회복지분야 근무 경력이 4년 이상인 사람

③ 정신건강사회복지사 2급 이상 자격증을 취득한 후 사회복지분야 또는 보건 분야 근무경력이 2년 이상인 사람

④ 간호사 면허증을 취득한 후 사회복지분야 또는 보건분야 근무경력이 2년 이상인 사람

(2) 통합관리사의 업무

① 지원대상자에 대한 상담·지도 및 사회보장에 대한 욕구조사
② 서비스 제공 계획의 수립과 그에 따른 사회보장급여 및 서비스의 연계
③ 보장기관과 민간 법인·단체·시설 등이 제공하는 서비스의 관리·점검
④ 그 밖에 통합사례관리에 필요한 사항으로서 보건복지부장관이 정하는 사항

5. 사회복지전담공무원

사회복지사업에 관한 업무를 담당하게 하기 위하여 시·도, 시·군·구, 읍· 면·동 또는 사회보장사무 전담기구에 사회복지전담공무원을 둘 수 있다.

(1) 사회복지전담공무원의 자격

사회복지전담공무원은 사회복지사업법에 따른 사회복지사의 자격을 가진 사람 으로 하며, 그 임용은 지방공무원 임용령에서 정하는 바에 따르되, 사회복지전담 공무원 중 별정직 공무원의 임용 등에 관하여는 해당 지방자치단체의 조례로 정 하는 바에 따른다.

(2) 사회복지전담공무원의 업무

사회복지전담공무원은 사회보장급여에 관한 업무 중 취약계층에 대한 상담과 지도, 생활실태의 조사 등 사회복지에 관한 전문적 업무는 다음의 각 항과 같다.

① 취약계층 발굴 및 상담과 지도, 사회복지에 대한 욕구조사, 서비스 제공 계 획의 수립, 서비스 제공 및 점검, 사후관리 등 통합사례관리에 관한 업무

② 사회복지사업 수행을 위한 취약계층의 소득·재산 등 생활실태의 조사 및 가정환경 등 파악 업무

③ 사회복지에 대한 종합적인 정보제공, 안내, 상담 업무

(3) 사회복지전담공무원의 보수 및 교육

국가는 사회복지전담공무원의 보수 등에 드는 비용의 전부 또는 일부를 보조할 수 있고, 시·도지사 및 시장·군수·구청장은 지방공무원 교육훈련법 제3조에 따라 사회복지전담공무원의 교육훈련에 필요한 시책을 수립·시행하여야 한다.

제 8 장
지역사회보장 지원 및 균형발전

1. 지역사회보장의 균형발전

중앙행정기관의 장 및 시·도지사는 시·도 및 시·군·구 간 사회보장 수준의 차이를 최소화하기 위하여 예산 배분, 사회보장급여의 제공 기관 등의 배치 등에 필요한 조치를 하여야 한다.

2. 지역사회보장균형발전지원센터

보건복지부장관은 시·도 및 시·군·구의 사회보장 추진 현황 분석, 지역사회보장계획의 평가, 지역 간 사회보장의 균형발전 지원 등의 업무를 효과적으로 수행하기 위하여 지역사회보장균형발전지원센터를 설치·운영할 수 있고, 지역사회보장균형발전지원센터의 운영을 관련 전문기관에 위탁할 수 있다.

지역사회보장균형발전지원센터는 다음 각 항의 업무를 수행한다.

① 시·도 및 시·군·구의 사회보장 추진현황 분석

② 지역사회보장계획(연차별 시행계획 포함)의 수립·이행 지원 및 평가에 관한 사항

③ 지역사회보장조사 및 지역사회보장지표 등 사회보장에 필요한 통계자료의 수집 및 분석

④ 지역사회보장계획(연차별 시행계획 포함)의 시행결과 평가에 관한 사항

⑤ 지역사회보장 전달체계 개선에 관한 사항

⑥ 지역사회보장 수급 분석 및 지역사회보장지표 개발

⑦ 그 밖에 지역 간 사회보장의 균형발전 지원을 위하여 필요한 사항

3. 지방자치단체에 대한 지원

중앙행정기관의 장은 시·도지사 및 시장·군수·구청장에게 사회보장 사업의 수행에 필요한 비용을 지원할 수 있으며, 평가결과를 반영할 수 있다.

4. 사회보장 특별지원구역 운영

중앙행정기관의 장 또는 시·도지사는 공공주택 특별법에 따른 영구임대주택 단지, 저소득층 밀집 거주지, 그 밖에 보건, 복지, 고용, 주거, 문화 등 특정 분야의 서비스가 취약한 지역을 사회보장 특별지원구역으로 선정하여 지원할 수 있다. 이 경우 중앙행정기관의 장 또는 시·도지사는 사회보장 특별지원구역을 선정할 때 관계 행정기관의 장과 협의하여야 한다.

5. 비밀유지의무

다음 각 항의 업무에 종사하거나 종사하였던 사람은 직무상 알게 된 비밀을 다른 사람에게 누설하거나 직무상 목적 외의 용도로 이용하여서는 아니 된다.
① 사회보장급여의 신청, 조사, 결정, 확인조사, 환수 등 급여의 제공 및 관리 등에 관한 업무
② 사회보장정보의 처리 등에 관한 업무
③ 통합사례관리에 관한 업무

6. 사회보장급여의 압류 금지

사회보장급여로 지급된 금품과 이를 받을 권리는 압류하지 못한다.

제3부

각   론

사회보험법

제 1 장
사회보험법의 개설

1. 사회보험법의 의의

사회보험이라 함은 국민에게 발생하는 사회적 위험을 보험방식에 의하여 대처함으로써 국민건강과 소득을 보장하는 제도로써, 국가가 운영 주체가 되어 국민에게 발생하는 출산, 양육, 실업, 노령, 장애, 질병, 빈곤 및 사망 등의 사회적 위험에 대처하기 위하여 국가가 시행하는 강제보험제도이다.

2. 사회보험법의 형태

사회보험법의 형태는 사회적 위험 즉 적용대상에 따라 질병의 대처 방안으로 국민건강보험법, 노령을 대처한 국민연금법, 실업을 대처한 고용보험법, 산업재해를 대처한 산업재해보상보험법의 4대보험을 비롯하여 노인의 고령화에 대비하여 2007년에 새로이 제정된 노인장기요양보험법이 있다. 이 외에도 공적연금제도에 의한 공무원연금법·군인연금법·사립학교교직원연금법·별정우체국직원연금법과 같은 직역(職域)연금법이 있으나 이 책에서는 직역연금법은 다루지 아니한다.

3. 사회보험법의 체계

(1) 사회보험의 관리주체(보험자)

사회보험제도의 관리·운영주체는 국가이다. 사회보험의 대상에 따라 국민연금과 국민건강보험은 보건복지부, 산업재해보상보험과 고용보험은 고용노동부, 군인연금은 국방부, 공무원연금은 행정안전부, 사립학교교직원연금은 교육과학기술부, 별정우체국직원연금은 지식경제부에서 관리·운영하고 있으나 효율적인 운영을 하기 위하여 산하에 공법인인 국민연금관리공단, 국민건강보험공단, 근로복지공단, 공무원연금 관리공단 및 사립학교교직원 연금관리공단을 설립하여 보험사무를 직접 운영 관리하도록 위탁하고 있다.

(2) 사회보험의 대상

사회보험의 적용대상은 원칙적으로 전 국민이다. 다만 사회보험의 종류와 특성에 따라 국민 중 일부 또는 특수계층만을 적용 대상으로 하는 경우가 있으나 적용범위는 모든 국민이다.

(3) 재원의 조달

사회보험제도를 운영하는 데 필요한 비용을 조달하는 방법은 사회보험의 종류와 특성에 따라 다르다. 국민연금, 국민건강보험, 고용보험 등의 사회보험은 사용자와 피용자의 양자가 비용(보험료 또는 기금)부담을 하고 국가가 관리운영비를 부담하는 방식을 취하고 있는데 대하여, 산업재해보상보험은 비용(보험료)의 전액을 사용자가 부담하고 국가가 관리운영비를 보조하는 방식으로 재원을 조달한다.

(4) 강제이행

사회보험의 재원확보를 위하여 비용부담 의무를 이행하지 않을 경우에는 국세나 지방세의 다음 순서로 다른 채권에 우선하여 강제 징수할 수 있는 행정강제의 방법을 이용하고 있다.

(5) 보험급여의 종류

보험급여라 함은 피보험자가 일정한 수급자격을 갖추었을 때 보험자로부터 지급되는 금전, 물품 등의 혜택으로서, 현금이나 현물로 지급한다.

4. 사회보험법의 기본원리

(1) 보험성의 원리

국민에게 발생하는 출산, 양육, 실업, 노령, 장애, 질병, 빈곤 및 사망 등의 사회적 위험을 보험방식에 의하여, 보험가입자들이 공동으로 위험을 분산하는 보험원리를 적용하여 국민건강과 소득을 보장한다.

(2) 강제성의 원리

사회보험은 국민에게 발생하는 사회적 위험에 대처하기 위하여 국가적·공익적 목적에 의하여 제정된 제도로써, 법률에 의하여 보험가입이 강제되고 기여금의 징수에 있어서도 행정강제의 수단이 적용된다.

(3) 소득보장의 원리

공공부조가 최저생활을 보장하기 위한 2차적 사회안전망의 소득보장수단이라면, 사회보험은 1차적 사회안전망의 소득보장수단으로서 퇴직 또는 실직전의 생활과 비슷한 생활수준을 보장하기 위한 제도이다. 따라서 사회보험법에서 보장하는 소득보장수준은 그 하한선이 최저생활보장이며 그 상한은 퇴직 또는 실직전의 생활과 비슷한 생활수준을 보장하는 것이다.

(4) 소득재분배의 원리

사회보험제도는 소득의 재분배원리를 기초로 한다. 보험료(기여금)의 납부와 급여의 지급과정에서 고소득층과 저소득층 및 기성세대와 후세대간의 수직적 또는 수평적 재분배 역할로 국민통합의 정책적 목표를 실현한다.

(5) 보편주의 원리

사회보험법의 적용 범위는 원칙적으로 모든 국민을 대상으로 한다. 헌법상 기본권인 평등원리에 따라 성별, 종교 또는 사회적 신분 등에 관계없이 모든 국민에게 국가재정의 충분성 등에 따라 보편적 원리가 적용된다.

(6) 비용분담(보험료 부담)의 원리

사회보험법의 운영에 필요한 재원은 사용자. 피용자 및 국가가 분담하는 원칙이다. 사용자는 무과실책임의 원칙, 피용자는 자본주의 특징인 자기책임의 원칙, 국가는 운영주체로서 자본주의 사회자체의 모순에 의한 사회적 사고의 국가책임 원칙에 따라 각각 보험료(기여금)을 분담한다. 사용자나 피용자가 비용분담을 하는 면에서 전액 국가가 비용분담을 하는 공공부조와 구별된다.

5. 사회보험법의 특성

(1) 법적 성질

사회보험의 계약관계는 공법상의 계약관계이다. 사회보험의 당사자에는 운영주체인 국가로서의 보험자와 사용자·피용자 등의 다각적인 법률관계가 성립되나 보험자와 피보험자가 핵심적인 법률관계를 형성한다. 사회보험제도는 국가의 공익적 목적에 의하여 법률로 보험가입이 강제되고 또한 보험료(기여금)의 징수에 있어서도 행정강제의 방법이 이용되고 있을 뿐만 아니라 사회보험을 운영하기 위한 법인설립에 대한 국가의 적극적인 지원과 감독이 따르고, 수급권의 양도·담보·압류 등이 제한되는 등의 공법적 특질이 있기 때문에, 사회보험의 계약관계는 공법상 계약관계로 보아야 한다. 따라서 국민연금관리공단과 같은 운영주체직원의 보험관련 범죄에 대하여는 공무원으로 본다.

(2) 특 성

사회보험은 국가가 운영주체가 되어 강제적으로 시행하고 있기 때문에 다른 사회보장제도와 다른 특성을 지니고 있다.

① 사회보험은 민간보험이 아닌 비영리적 공익적 국가사업이다. 국민에게 발생하는 사회적 위험을 보험방식으로 대처하는 법률을 제정하여, 국가가 운영주체가 되어 운영비를 부담하고, 각출금의 일부부담, 적자액의 보전 등 국가의 적극적인 사회정책으로 운영하고 있다.

② 사회보험은 법에 의한 강제가입 방식이다. 국가의 공익적 사업으로서 일정한 자격요건을 정하여 이에 해당하는 자를 강제로 가입케 하여 역의 선택을 방지하고 규모경제를 행한다.

③ 사회보험은 장래의 빈곤을 예방하기 위한 방빈적 소득보장의 역할을 한다. 공공부조가 현실적으로 생활유지능력이 없는 빈곤층에 대하여 빈곤의 사후적 수급권을 주는데 대하여, 사회보험은 장래의 빈곤을 예방하는 빈곤의 사전적 소득보장제도이다.

④ 사회보험은 수급권자의 권리성이 강하다. 가입자가 의무적으로 납부하는 보험료 또는 기여금으로 재원이 조달되고, 이 재원에 의하여 보험급여가 지급되기 때문에 공공부조와 같은 자산조사를 거치지 않고 일정한 요건만 갖추면 보험급여가 제공되며 권리성이 강하다. 공공부조는 일반조세로 재원이 조달되기 때문에 수급권자의 권리성이 사회보험에 비하여 약하고 소득과 재산에 대한 자산조사가 필요하다.

⑤ 사회보험은 특별법에 의하여 운영되어, 가입자격, 수급자격, 수급시기, 급여수준 및 가입·탈퇴 등의 보험관련 사항이 법으로 규정되어 있어 획일적으로 운영되고 있기 때문에 법정사항을 변경하거나 신설·폐지할 경우에는 법의 개정절차를 거쳐야 한다.

⑥ 사회보험은 사회연대를 도모하여 소득재분배 및 국민통합 기능의 역할을 한다. 사회보험은 소득계층간의 수직적 재분배 기능을 하는 반면, 사회적 위험이

서로 다른 계층간의 수평적 재분배 기능을 수행함으로써 소득의 재분배 및 국민 통합기능의 역할을 한다.

6. 사회보험과 사(私)보험의 비교

(1) 유사점

① 장래의 예측할 수 없는 사고 위험을 전제로 하여, 담보된 위험을 공동으로 분담한다.

② 보험의 적용범위, 보험급여, 재정과 관련된 모든 조건을 구체적으로 명시하고, 급여액 등을 정하기 위해서는 명확한 계산이 필요하다.

③ 운용에 필요한 비용을 충당할 충분한 기여금이나 보험료가 필요하다.

④ 보험급여에 의한 경제적 안정을 제공함으로써 사회전체에 유익한 결과가 된다.

(2) 차이점

① 사회보험은 강제적 가입이 원칙인데, 사보험은 임의(자발적)가입이 원칙이다.

② 사회보험은 사회적 적절성을 강조하여 보험수리원칙에 수정을 가하는 등 복지요소에 초점을 두나, 사보험은 개인적 적절성을 강조하여 손해전보·보상과 같은 보험수리원칙이 엄격히 적용된다.

③ 사회보험의 급여는 법 규정에 의한 법정급부인데, 사보험의 급여는 사적 계약에 의한 계약급부이다.

④ 사회보험은 법규의 자격요건에 의한 강제가입이기 때문에 개별적 보험계약이 필요 없으나, 사보험은 보험회사와 가입자 간에 개별적 보험계약이 필요하다.

⑤ 사회보험은 정부가 독점하여 강제가입을 규정하고 있기 때문에 경쟁이 없으나, 사보험은 보험시장에서 경쟁이 이루어져 가입자의 선택이 자유이다.

⑥ 사회보험은 강제가입에 의한 기여금이나 보험료의 수입원이 확실하기 때문에 재정준비가 필요치 않으나, 사보험은 임의가입이기 때문에 재정준비가 필요하다.

⑦ 사회보험은 인플레이션에 대한 손실을 조세대책으로 가능하나, 사보험은 인플레이션 손실에 취약하다.

⑧ 사회보험은 목적과 결과에 대한 의견이 다양한데, 사보험은 대체로 일치한다.

⑨ 사회보험은 기금이 대개 공공부문에 투자되나, 사보험의 기금은 주로 민간 부문에 투자된다.

⑩ 사회보험은 비용예측이 어려운 데(고용보험에서 실업자의 수를 예측할 수 없

음) 대하여, 사보험은 비용예측이 쉽다.

　⑪ 사회보험의 재원은 사용자·피용자·국가 분담하여 조달하는 데 대하여, 사보험의 재원은 보험사와 가입자의 재원으로 운영된다.

제 2 장
국민연금법

(2019.1.15. 법률 제16240호)

제1절 총 설

1. 연혁 및 목적

국민연금법은 1973년 12월 24일 법률 제2655로 제정된 국민복지연금법이 1986년 12월 31일 법률 제3902로 전면개정, 국민연금법으로 전면개정, 1988년 1월 1일부터 국민연금법이 시행되면서 1995년 7월 농어촌, 1999년 4월 도시지역으로 확대된 이후에도 수차례의 개정을 거치면서 2019년 1월 15일 법률 제16240호로 개정되어 현재에 이르고 있다.

이 법은 국민의 노령·장애 또는 사망에 대하여 연금급여를 실시함으로써 국민의 생활안정과 복지증진에 이바지하는 것을 목적으로 제정된 법으로써, 노후에 대한 공적 부양방식의 연금제도로 발전된 것이다. 국민연금은 가입자인 국민으로부터 받은 보험료를 재원으로 하고, 정부의 국고 보조비로 관리·운영하여, 가입자인 국민이 노령·장애 또는 사망으로 소득능력이 상실되거나 감퇴된 경우 가입자 본인이나 그 유족에게 연금급여를 제공하여 경제적으로 안정된 생활을 할 수 있도록 국가가 법률에 의하여 강제적으로 운영하는 장기적인 노후의 소득보장제도로써 공무원연금, 군인연금, 사립학교교직원연금과 함께 4대 공적연금의 하나이며 또한 국민건강보험, 고용보험, 산업재해보상보험과 함께 4대 사회보험을 구성하는 1차적 사회안전망의 사회보장제도이다.

2. 국가의 책무 및 운영주체

국가는 국민연금법에 따른 연금급여가 안정적·지속적으로 지급되도록 필요한 시책을 수립 시행하여야 한다. 운영주체는 국가로서 중앙행정기관인 보건복지부장

- 283 -

관이 관장하고 있다. 보건복지부장관은 보건복지부에 국민연금심의위원회, 국민연금기금운용위원회 및 국민연금재심사위원회를 두어 연금제도의 운영 및 기금운용에 관한 제도적·정책적 제반 사항을 관장하고, 국민연금사업의 목적을 효율적·전문적으로 달성하기 위하여 국민연금공단이라는 특수공법인을 설립하여 사업집행업무를 위탁 관리운영하고 있는 혼합방식제도를 채택하여 연금보험료의 부과는 국민연금공단에게, 연금보험료의 징수는 국민건강보험공단에 위탁 운영하고 있다.

3. 특   성

(1) 사회보험의 일종

국민연금은 가입자와 사용자로부터 받은 보험료를 재원으로 하여, 국민의 생활안정과 복지증진을 위한 사회적 위험을 분산하고, 정형화된 보험금을 지급하는 사회보험의 일종이다

(2) 공적 연금제도

국민연금은 국민의 생활안정과 복지증진을 위하여 국가가 강제가입을 의무화하여, 보험가입자와 사용자로부터 받은 보험료를 재원으로 하고 국고보조로 관리운영비의 상당부분을 지원하는 비영리적 공적 연금제도이다. 따라서 가입이 강제적이고 탈퇴, 보험료의 징수 및 급여 등을 엄격히 규제하여 역의 선택(adverse selection)이 금지되는 반면 영속성과 안전성이 있고, 수급권자의 권리성이 강하다.

(3) 단일연금체계의 운영

특수직에 종사하는 공무원, 군인, 사립학교교직원 등을 제외한 18세 이상 60세 미만으로서 경제활동을 하는 모든 국민은 사업장가입자와 지역가입자로 구분하여 강제가입과 함께 단일연금체계로 편입되어 운영 관리된다.

(4) 부분적립방식

연금제도 운영을 위한 재원은 사용자와 피용자의 적립 기금인 보험료(자영자는 본인의 전액부담)와 관리운영비에 대한 정부 보조금으로 충당하며, 재정방식은 부분적립방식이다.

(5) 소득보장·소득재분배제도

국민이 노령·폐질 또는 사망 등으로 소득능력이 상실되거나 감퇴된 경우 가

입자 본인이나 그 유족에게 연금을 지급함으로써 방빈적 소득보장의 기능을 한다. 또한 동일세대내의 고소득층과 저소득층 간의 세대내 재분배가 이루어지고, 노령세대와 젊은 세대간의 보험료 부담을 설계함으로써 세대간의 소득재분배 기능이 반영된다.

(6) 장기보험

국민건강보험이나 산업재해보상보험과 같은 다른 사회보험은 단기보험인데 대하여, 국민연금은 일정한 가입기간(20년간 원칙)을 수급요건으로 하여 사망 또는 지급사유가 소멸할 때까지 연금급여가 지급되는 장기보험이다.

(7) 영속성과 안정성

국민연금은 국가(보건복지부장관)가 관장함으로써 제도적 안정성과 영속성이 있다.

(8) 효율성과 민주성

보건복지부장관은 업무수행의 전문성과 효율성을 높이기 위하여 산하에 비영리 특수공법인인 국민연금공단을 설립, 관리운영을 위탁하고 있을 뿐만 아니라 국민연금심의위원회 및 국민연금기금운영위원회 등에 사용자, 근로자 및 공익의 대표를 참여시켜 민주화를 기하고 있다.

4. 용어의 정의

국민연금법에서 사용하는 용어의 정의는 다음과 같다.

(1) 근로자

근로자라 함은 직업의 종류가 무엇이든 사업장에서 노무를 제공하고 그 대가로 임금을 받아 생활하는 자(법인의 이사와 그 밖의 임원을 포함)를 말하되, 대통령령 제2조에서 정하는 자는 제외된다.

(2) 사용자

사용자라 함은 사업주 또는 사업경영자를 말한다. 사업주라 함은 사업의 경영주체가 되는 기업주 또는 법인이 되고, 사업경영자라 함은 사업주로부터 사업경영의 전부 또는 일부에 대한 위임을 받아 대외적으로 사업을 대표하거나 대리하는 자를 말한다.

(3) 소 득

소득이란 일정한 기간 근로를 제공하여 얻은 수입에서 대통령령 제3조에서 정한 비과세소득을 제외한 금액 금액 또는 사업 및 자산을 운영하여 얻는 수입에서 필요 경비를 제외한 금액을 말한다.

(4) 평균소득월액

평균소득월액이란 매년 사업장가입자 및 지역가입자 전원의 기준소득 월액을 평균한 금액을 말한다.

(5) 기준소득월액

기준소득월액이란 연금보험료와 급여를 산정하기 위하여 국민연금가입자의 소득월액을 기준으로 하여 정하는 금액을 말한다,

(6) 사업장가입자

사업장가입자란 사업장에 고용된 근로자 및 사용자로서 국민연금에 가입된 자를 말한다.

(7) 지역가입자

지역가입자란 사업장가입자 아닌 자로서 국민연금에 가입된 자를 말한다.

(8) 임의가입자

임의가입자란 사업장가입자 및 지역가입자 외의 자로서 18세 이상 60세 미만인 자는 국민연금관리공단에 가입신청을 하는 경우에 임의가입자가 될 수 있다.

(9) 임의계속가입자

임의계속가입자란 국민연금 가입자 또는 가입자였던 자가 국민연금가입기간이 20년 미만인 가입자로서 60세에 달한 자 또는 특수직종근로자로서 감액노령연금 및 재직자노령연금 수급권을 취득한 자를 말한다.

(10) 연금보험료

연금보험료란 국민연금사업에 필요한 비용으로서 사업장가입자의 경우에는 부담금 및 기여금의 합계액을, 지역가입자・임의가입자 및 임의계속가입자의 경우

에는 본인이 내는 금액을 말한다.

　(11) 부담금이란 사업장가입자의 사용자가 부담하는 금액을 말한다.

　(12) 기여금이란 사업장가입자가 부담하는 금액을 말한다.

　(13) 사업장이란 근로자를 사용하는 사업소 및 사무소를 말한다.

　(14) 수급권이란 급여를 받을 권리를, 수급권자란 수급권을 가진 자를, 수급자
란 급여를 받고 있는 자를 말한다.

　(15) 초진일이란 장애의 주된 원인이 되는 질병이나 부상에 대하여 처음으로
의사의 진찰을 받은 날을 말한다. 이 경우 질병이나 부상의 초진일에 대한 구체
적인 판단기준은 보건복지부장관이 정하여 고시한다.

　(16) 완치일이란 장애의 주된 원인이 되는 질병이나 부상이 다음 각 목 중 어
느 하나에 해당하는 날을 말한다. 이 경우 증상의 종류별 완치일에 대한 구체적
인 판단기준은 보건복지부장관이 정하여 고시한다.

　가. 해당 질병이나 부상이 의학적으로 치유된 날

　나. 더 이상 치료효과를 기대할 수 없는 경우로서 그 증상이 고정되었다고 인
　　　정되는 날

　다. 증상의 고정성은 인정되지 아니하나, 증상의 정도를 고려할 때 완치된 것
　　　으로 볼 수 있는 날

　(17) 가입대상기간이란 18세부터 초진일 혹은 사망일까지의 기간으로서, 다음
의 각 목에 해당하는 기간을 제외한 기간을 말한다. 다만, 18세 미만에 가입자가
된 경우에는 18세 미만인 기간 중 보험료 납부기간을 가입대상기간에 포함하고,
초진일이나 사망일 이전에 나목과 다목에 해당되는 기간에 대하여 제92조에 따라
보험료를 추후 납부하였을 경우에는 그 추후 납부한 기간을 가입대상기간에 포함
한다.

　가. 제6조 단서에 따라 가입 대상에서 제외되는 기간

　나. 18세 이상 27세 미만인 기간 중 제9조 제3호에 따라 지역가입자에서 제외
　　　되는 기간

　다. 18세 이상 27세 미만인 기간 중 제91조 제1항 각 호에 따라 연금보험료를
　　　내지 아니한 기간(제91조 제1항 제2호의 경우는 27세 이상인 기간도 포함)

　(18) 배우자, 남편이나 아내는 사실상의 혼인관계에 있는 자를 말한다.

(19) 수급권을 취득할 당시의 가입자 또는 가입자이었던 자의 태아가 출생하면 그 자녀는 가입자 또는 가입자였던 자에 의하여 생계를 유지하고 있던 자녀로 본다.

5. 국민연금의 재정계산 및 급여액조정제도

(1) 재정계산제도

국민연금법에 따른 급여의 수준과 연금보험료는 국민연금 재정이 장기적으로 균형을 유지할 수 있도록 조정되어야 한다. 보건복지부장관은 매 5년이 되는 해의 3월 31일까지 국민연금기금의 재정수지를 계산하고, 국민연금의 재정전망과 연금보험료 조정 및 국민연금기금의 운용계획 등이 포함된 국민연금 운용전반에 관한 계획을 수립하여 국민연금심의위원회 및 국무회의의 심의를 거쳐 해당연도 9월 말일까지 대통령의 승인을 받아 해당연도 10월 말일까지 국회에 제출하여야 하며, 국민연금 운영 전반에 관한 계획을 신문 등의 자유와 기능보장에 관한 법률에 따라 전국을 보급지역으로 등록한 일간신문에 1개 이상 및 경제분야 특수일간신문 1개 이상에 각각 공시하여야 한다.

(2) 급여액조정제도

국민연금법에 따른 연금보험료, 급여액, 급여의 수급 요건 등은 국민연금의 장기재정 균형 유지, 인구구조의 변화, 국민의 생활수준, 임금, 물가 그 밖에 경제사정에 뚜렷한 변동이 생기면 그 사정에 맞게 조정되어야 한다. 국민연금급여는 법에 의한 확정급여방식에 급여액조정제도를 혼합한 방식을 취하고 있다. 즉 연금을 처음 받을 때는 법정 계산식에 의한 확정급여액이 결정되고, 그 이후에는 소비자물가 등을 고려하여 변경 조정되도록 하고 있다.

6. 국민연금심의위원회

국민연금사업 운영에 관한 공공성, 민주성, 전문성 및 투명성을 확보하고 국민연금제도 및 발전에 관한 중요 사항을 심의하기 위하여 보건복지부에 국민연금심의위원회를 둔다.

(1) 심의사항

① 국민연금제도 및 재정계산에 관한 사항

② 급여에 관한 사항

③ 연금보험료에 관한 사항

④ 국민연금기금에 관한 사항

⑤ 기타 국민연금제도의 운영과 관련하여 보건복지부장관이 부의하는 사항

(2) 구 성

① 국민연금심의위원회는 위원장, 부위원장 및 위원으로 구성한다.

② 위원장은 보건복지부차관으로 하고 부위원장은 공익을 대표하는 위원 중에서 호선한다.

③ 위원은 사용자 단체가 추천하는 자 4인, 근로자단체가 추천하는 자 4인, 지역가입자를 대표하는 자 6인(농어업인 단체 대표자 2인, 농어업인 이외의 자영자 단체 대표자 2인, 소비자 및 시민단체 대표자 2인), 수급자를 대표하는 위원 4인과 공익을 대표하는 위원으로서 국민연금에 관한 전문가 5인으로 구성되며, 위원장 외의 위원의 임기는 2년으로 하되 연임할 수 있다.

④ 국민연금심의위원회의 의사는 정기회(매년 2월)와 임시회로, 재적위원 과반수의 출석으로 개의하고 출석위원 과반수의 찬성으로 의결한다.

(3) 회의록 비치 및 열람

① 위원장은 회의에 관한 회의록을 작성 비치하여야 하되, 회의록에는 회의일시, 장소, 토의내용 및 의결사항을 기재하여야 하고 위원장 및 출석위원의 서명 또는 기명날인하여야 한다.

② 가입자, 가입자이었던 자 및 수급권자 기타 국민연금의 이해관계인은 언제든지 열람을 요청할 수 있다.

(4) 국민연금재심사위원회와의 구별

국민연금의 가입자의 자격, 연금보험료 그 밖의 징수금과 급여에 관한 공단의 처분에 이의가 있는 자는 처분이 있은 날로부터 90일 이내에 심사청구를 할 수 있는데, 이 심사청구사항을 심사하기 위하여 국민연금관리공단에 설치된 기관이 국민연금심사위원회이다. 국민연금심사위원회의 결정에 불복이 있는 자는 보건복지부에 설치된 국민연금재심사위원회에 재심사청구(행정심판)를 하도록 한 제도로서 국민연금심의위원회와 구별된다.

제2절 국민연금가입자

1. 가입대상자

국민연금 가입대상자는 ① 국내에 거주하는 국민으로서 18세 이상 60세 미만의 자와 ② 국민연금가입 사업장에 종사하는 외국인과 국내거주 외국인으로서 다음 요건에 충족되어야 한다.

(1) 국 민

대한민국 국민으로서 대한민국 영토 내에 거주하여야 한다. 다만 국민으로서 해외유학 중이거나 대한민국 법인의 국외 사업장 등에 파견된 근로자는 체류기간에 관계없이 국내에 거주하는 것으로 본다.

(2) 외국인

1) 자격요건

국민연금법의 적용을 받는 사업장에 사용되고 있는 외국인과 국내에 거주하는 외국인으로서 다음 사항에 해당하는 자를 제외한 외국인은 사업장가입자 또는 지역가입자가 된다. 다만 국민연금법에 의한 국민연금에 상응하는 연금에 관하여 외국인의 본국법이 대한민국 국민에게 적용되지 아니하는 경우에는 그러하지 아니한다. 사업장가입자 또는 지역가입자가 된 외국인이 가입기간 중에 가입자격을 상실한 경우에는 원칙적으로 반환일시금(법 제77조 내지 79조)을 지급하지 아니한다. 다만 ① 외국인의 본국법이 대한민국 국민에게 반환일시금 규정에 상응하는 급여를 지급하도록 규정하는 경우의 외국인, ② 외국인근로자의 고용 등에 관한법률에 따른 외국인근로자로서 이 법을 적용받는 사업장에 사용된 자, ③ 출입국관리법에 따라 산업연수활동을 할 수 있는 체류자격을 가지고 필요한 연수기간 동안 지정된 장소를 이탈하지 아니한 자로서 이 법을 적용받는 사업장에 사용된 자는 그러하지 아니한다.

① 출입국관리법 제25조의 규정에 의하여 체류기간 연장허가를 받지 아니하고 체류하는 자

② 출입국관리법 제31조의 규정에 의하여 외국인등록을 하지 아니하거나 강제퇴거명령서가 발부된 자

③ 문화, 예술, 유학, 산업연수, 일반연수, 종교, 방문동거, 동반 등에 의한 체류하는 자

④ 외교관, 영사, 기관원과 그 가족으로 체류하는 자

2) 외국과의 사회보장협정

대한민국이 외국과 사회보장협정을 맺은 경우에는 국민연금법의 규정에 불구하고 국민연금의 가입, 연금보험료의 납부, 급여의 수급요건, 급여액 산정, 급여의 지급 등에 관하여 그 사회보장협정이 정하는 바에 의한다.

3) 외국인에 대한 통지

공단은 외국인 가입자에 대하여 당해 외국인의 본국법이 대한민국 국민에 대하여 법에 의한 국민연금에 상응하는 연금에 관한 법률을 적용하는 경우에는 당연히 국민연금가입자가 된다는 사실과 법에 의한 반환일시금에 상응하는 급여를 지급하지 아니하는 경우에는 반환일시금을 지급하지 아니하게 된다는 사실을 통지하여야 한다.

(3) 연령요건

원칙적으로 18세 이상 60세 미만이 가입 대상이다. 따라서 18세 미만이나 60세 이상은 가입할 수 없으며 가입자가 60세에 도달한 경우에는 연금수급자격이 발생되면서 가입자격이 상실된다. 그러나 2012년을 기준으로 2013년부터는 매 5년이 경과할 때마다 가입조건 상한연령과 연금수급 개시연령이 1세씩 증가 변동되었다. 즉 2013년에는 18세 이상 61세 미만이 가입대상이며 연금수급 개시연령은 61세가 되었고, 2018년에는 18세 이상 62세 미만이 가입대상이며 연금수급 개시연령은 62세가 되었다.

(4) 가입연령요건의 예외

국민연금 가입연령은 원칙적으로 18세 미만이나 60세 이상의 자는 가입이 허용되지 않으나 다음의 경우에는 가입을 허용하고 있다.

① 국민연금 가입 사업장에 종사하는 18세 미만의 근로자가 사용자의 동의를 얻어 사업장 가입자가 되는 경우(법 제8조 제3항)

② 국민연금가입기간이 20년 미만인 가입자가 연장가입신청을 하여 임의계속가입자가 된 경우(법 제13조 제1항)

③ 국민연금을 농어촌 및 도시지역으로 확대할 때 특별한 가입기회가 한시적

으로 주어졌던 노령계층(60세 이상 65세 미만)이 지역가입자가 된 경우에는 18세 미만 또는 60세 이상이라도 국민연금에 가입할 수 있도록 하였다.

2. 가입대상 제외자

① 공무원연금법·군인연금법·사립학교 교직원연금법의 적용을 받는 공무원, 군인 및 사립학교 교직원

② 별정우체국법의 적용을 받는 자

③ 법 제56조 제1항 내지 제3항의 규정에 의한 노령연금의 수급권을 취득한 자 중 60세 미만의 특수직종 근로자(광부나 어부)

④ 법 제56조 제4항의 규정에 의한 조기노령연금의 수급권을 취득한 자(다만, 조기 노령연금의 지급이 정지 중인 자는 제외)

3. 가입자의 종류

국민연금 가입자는 사업장가입자, 지역가입자, 임의가입자 및 임의계속가입자로 구분한다. 가입의 강제성의 의무 여부에 따라 의무가입자와 선택가입자로 구분된다. 의무가입자는 근로형태와 사업장의 유형 등을 기준으로 사업장가입자와 지역가입자로 나누고, 사업장가입자는 당연적용사업장가입자와 임의적용사업장가입자로 나눈다. 선택가입자는 임의가입자와 임의계속가입자로 나눈다.

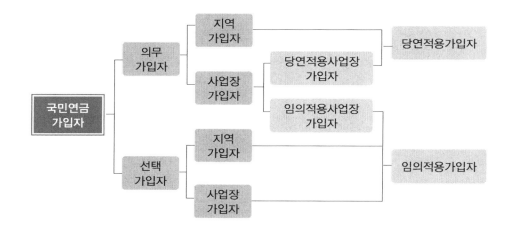

(1) 사업장가입자

사업장가입자라 함은 사업장에 사용되는 근로자와 사용자로서 국민연금에 가입된 자를 말하는데, 가입이 의무적으로 강제되는 당연적용사업장가입자와 가입이 임의적인 임의적용사업장가입자로 구분된다.

종별	종류	가입요건
사업장 가입자	당연적용 사업장가입자	근로자 1인 이상 사업장에 종사하는 18세 이상 60세 미만의 자
	임의적용 사업장가입자	당연적용사업장 이외의 근로자 4인 미만의 사업장에 종사하는 18세 이상 60세 미만의 자
	특례적용 사업장가입자	국민연금 가입사업장에 종사하는 18세 미만의 근로자로서 사용자의 동의를 얻어 가입한 자
	외국인 사업장가입자	18세 이상 60세 미만으로서 국민연금적용사업장에 종사하는 외국인 또는 외국에 거주하는 국민(해외교포 등)으로 국내에 체류하면서 국민연금적용사업장에 종사하는 자
	당연적용 제외자 (임의가입자로 가입 가능)	사업장가입자의 당연적용대상에서 제외되는 자 ·공무원연금법, 사립학교교직원연금법, 별정우체국법에 의한 퇴직연금, 장해연금, 퇴직연금일시금이나 군인연금법에 의한 퇴직연금, 상이연금, 퇴역연금일시금의 수급권을 취득한 자 ·국민기초생활보장법에 의한 수급자

(2) 지역가입자

사업장가입자가 아닌 자로서 18세 이상 60세 미만인 자는 당연히 지역가입자가 된다.

종별	종류	가입요건
지역 가입자	당연적용 지역가입자	18세 이상 60세 미만으로 사업장가입자가 아닌 자
	특례적용 지역가입자	지역가입자의 요건을 갖춘 자로서 60세 이상 65세 미만인 자
	외국인 지역가입자	18세 이상 60세 미만으로써 국내에 거주하는 외국인(국내체류 교포 등 포함)

	지역가입자의 당연적용대상에서 제외되는 자
당연적용 제외자 (임의가입자로 가입 가능)	・타공적연금가입자의 배우자로서 별도의 소득이 없는 자 ・사업장가입자・지역・임의계속가입자의 배우자로서 별도의 소득이 없는 자 ・별정우체국직원의 배우자로서 별도의 소득이 없는 자 ・노령연금・퇴직연금 등 수급권자의 배우자로서 별도의 소 득이 없는 자 ・18세 이상 27세 미만인 자로서 별도의 소득이 없는 자(연금 보험료 납부이력 있는 자는 제외) ・퇴직연금 등 수급권자 ・국민기초생활보장법에 의한 수급권자

(3) 임의가입자

사업장가입자나 지역가입자 외의 자로서 18세 이상 60세 미만인 자는 국민연금공단에 가입신청을 하는 경우에는 임의가입자가 될 수 있다. 남편이 직장가입자인 부인이 전업주부로서 가입신청을 하여 매월 보험료를 납부하고 노령연금을 받을 수 있다. 임의가입자는 공단에 신청을 하여 언제든지 탈퇴할 수 있고, 3월 이상 연금보험료를 체납한 때에는 자격이 상실된다.

(4) 임의계속가입자

임의계속가입자는 국민연금에 가입해 오고 있는 자가 20년 미만인 상태에서 연령 등의 문제로 가입대상에서 제외되는 경우 본인의 신청에 의하여 65세에 달할 때까지 계속하여 가입자격이 유지되는 경우이다. ① 국민연금가입기간이 20년 미만인 가입자로서 60세가 된 자 또는 ② 광업 또는 어업과 같은 특수직종근로자로서 특례노령연금 수급권을 취득한 자는 65세에 달할 때까지 공단에 가입신청을 하는 경우 임의계속가입자가 될 수 있다. 임의계속가입자는 공단에 신청을 하여 탈퇴할 수 있고, 3월 이상의 연금보험료를 체납한 경우 자격이 상실된다.

4. 가입자격의 취득 및 상실

(1) 사업장가입자

사업장가입자는 ① 사업장에 고용된 날 또는 사업장의 사용자가 된 날 또는 ② 사업장이 당연적용사업장으로 된 날에 그 자격을 취득하며 다음 하나에 해당하게 된 날에 그 자격을 상실한다.

　1. 사망한 때의 다음 날

  2. 국적을 상실하거나 국외로 이주한 때의 다음 날

  3. 사용관계가 끝난 때의 다음 날

  4. 60세가 된 때의 다음 날

  5. 국민연금 가입대상 제외자에 해당하게 된 날

(2) 지역가입자

지역가입자는 ① 사업장가입자의 자격을 상실한 날, ② 국민연금 가입대상 제외자에 해당하지 아니하게 된 날, ③ 지역가입자의 배우자로서 별도의 소득이 있게 된 날, ④ 18세 이상 27세 미만인 자가 소득이 있게 된 날에 그 자격을 취득하며 다음에 해당하게 된 날에 그 자격을 상실한다.

  1. 사망한 때의 다음 날

  2. 국적을 상실하거나 국외로 이주한 때의 다음 날

  3. 국민연금 가입대상 제외자에 해당하게 된 날

  4. 사업장가입자의 자격을 취득하게 된 때의 다음 날

  5. 지역가입자의 배우자로서 별도의 소득이 없게 된 때의 다음 날

  6. 60세가 된 때의 다음 날

(3) 임의가입자

임의가입자는 가입신청이 수리된 날에 가입자격을 취득하며, 다음 어느 하나에 해당하게 된 날에 그 자격을 상실한다.

  1. 사망한 때의 다음 날

  2. 국적을 상실하거나 국외로 이주한 때의 다음 날

  3. 탈퇴신청이 수리된 때의 다음 날

  4. 60세가 된 때의 다음 날

  5. 3개월 이상 계속하여 연금보험료를 체납한 때의 다음 날

  6. 사업장가입자 또는 지역가입자의 자격을 취득한 날

  7. 국민연금가입대상 제외자에 해당하게 된 날

(4) 임의계속가입자

임의계속가입자는 가입신청이 수리된 날에 그 자격을 취득하고, 다음의 하나에 해당하게 된 날의 다음 날에 그 자격을 상실한다.

  1. 사망하게 된 때

2. 국적을 상실하거나 국외로 이주한 때

3. 탈퇴신청이 수리된 때

4. 3월 이상 계속하여 연금보험료를 체납한 때

5. 가입기간의 계산

(1) 가입기간

국민연금 가입기간은 월 단위로 계산하되, 가입자의 자격을 취득한 날이 속하는 달의 다음 달부터 자격을 상실한 날의 전날이 속하는 달까지로 하되, 가입자의 자격을 상실한 후 다시 그 자격을 취득한 자에 대하여는 전후의 가입기간을 합산하고, 가입자의 가입종류가 변동되면 그 가입자의 가입기간은 각 종류별 가입기간을 합산한 기간으로 한다. 가입기간을 합산할 때 연금보험료를 내지 아니한 기간은 가입기간에 산입하지 아니하되, 사용자가 근로자의 임금에서 기여금을 공제하고 연금보험료를 내지 아니한 경우에는 그 내지 아니한 기간의 2분의 1에 해당하는 기간을 근로자의 가입기간으로 산입하며 이 경우 1개월 미만의 기간은 1개월로 한다.

(2) 군 복무기간의 추가산입

병역법에 따른 현역병, 공익근무요원이 노령연금 수급권을 취득한 때에는 6개월을 가입기간에 추가로 산입하되, 병역의무 수행기간이 6개월 미만인 경우에는 그러하지 아니하며 그 필요한 재원은 국가가 전부를 부담한다. 가입기간을 추가로 산입하는 데 필요한 재원은 국가가 전부 또는 일부를 부담한다.

그러나 병역의무를 수행한 기간의 전부 또는 일부가 공무원연금법·사립학교교직원 연금법 및 별정우체국법에 따라 재직기간에 산입되거나 군인연금법에 따라 복무기간에 산입된 경우와 병역의무를 수행한 기간 중 연금보험료를 납부하여 가입기간으로 인정된 경우에는 적용되지 아니한다. 다만, 당해 가입기간이 6개월 미만인 경우는 제외한다.

(3) 출산기간의 추가산입

2명 이상의 자녀가 있는 가입자 또는 가입자였던 자가 노령연금수급권을 취득한 때에는 다음 기간을 추가로 산입하되, 추가로 산입하는 기간은 50개월을 초과할 수 없으며 자녀 수의 인정방법은 대통령령으로 정한다. 추가가입기간은 부모가 모두 가입자 또는 가입자였던 자인 경우에는 부와 모의 합의에 따라 2명 중 1명

의 가입기간에만 산입하되 합의하지 아니한 경우에는 균등 배분하여 각각의 가입
기간에 산입한다. 가입기간을 추가로 산입하는 데 필요한 재원은 국가가 전부 또
는 일부를 부담한다.

    1. 자녀가 2명인 경우: 12개월

    2. 자녀가 3명 이상인 경우: 둘째 자녀에 대하여 인정되는 12개월에 2자녀를
       초과하는 자녀 1명마다 18개월을 더한 개월 수

(4) 실업에 대한 가입기간 추가

18세 이상 60세 미만인 사람 중 가입 또는 가입자였던 사람과 재산 또는 소득
이 보건복지부장관이 정하여 고시하는 기준이하인 사람으로서 고용보험법에 따른
구직 급여를 받는 기간을 가입기간으로 산입하기 위하여 국민연금공단에 신청하
는 때에는 그 기간을 가입기간에 추가로 산입하되, 산입기간은 1년을 초과할 수
없다.

(5) 가입신고

사업장가입자의 사용자는 당연적용사업장에 해당된 사실, 사업장의 내용 변경
및 휴업·폐업 등에 관한 사항과 가입자 자격의 취득·상실, 가입자의 소득월액
등에 관한 사항을, 지역가입자·임의가입자·임의계속가입자는 자격의 취득·상
실, 이름 또는 주소의 변경 및 소득에 관한 사항 등을 국민연금공단에 신고하여
야 하되, 부득이한 사유로 신고를 할 수 없는 경우에는 배우자나 그 밖의 가족이
신고를 대리(代理)할 수 있다.

(6) 가입자 등에 대한 통지

국민연금공단은 사업장가입자의 자격 취득·상실에 관한 확인을 한 때와 기준
소득월액이 결정되거나 변경된 때에는 이를 그 사업장의 사용자에게 통지하여야
하며, 지역가입자, 임의가입자 또는 임의계속가입자의 자격 취득·상실에 관한 확
인을 한 때와 기준소득월액이 결정되거나 변경된 때에는 이를 그 지역가입자, 임
의 가입자 또는 임의계속가입자에게 통지하여야 한다. 통지를 받은 사용자는 이를
해당 사업장가입자 또는 그 자격을 상실한 자에게 통지하되, 그 통지를 받을 자
의 소재를 알 수 없어 통지할 수 없는 경우에는 그 뜻을 국민연금공단에 통지하
여야 한다. 사용자는 사업장가입자 또는 그 자격을 상실한 사람에게 통지를 한
경우에는 그 사실을 확인할 수 있는 서류를 작성하고 5년 동안 이를 보관하여야

한다. 공단은 ① 사업장이 폐지된 경우, ② 통지를 받을 지역가입자, 임의가입자 또는 임의계속가입자의 소재를 알 수 없는 경우, ③ 사용자로부터 통지를 받은 경우, ④ 그 밖에 통지할 수 없는 불가피한 사정이 있는 경우에는 공고하는 것으로 통지를 갈음할 수 있다.

제3절   국민연금공단

1. 의의 및 설립목적

국민연금의 운영주체는 국가로서 중앙행정기관인 보건복지부장관이 관장하고 있다. 보건복지부장관은 보건복지부에 국민연금심의위원회, 국민연금기금운용위원회 및 국민연금재심사위원회를 두어 연금제도의 운영 및 기금운용에 관한 제도적·정책적 제반 사항을 관장하고, 국민연금사업의 목적을 효율적·전문적으로 달성하기 위하여 국민연금공단이라는 특수 공법인을 설립하여 사업집행업무를 위탁 관리운영하고 있는 혼합방식제도를 채택하고 있다.

보건복지부장관으로부터 국민연금사업집행을 위탁받은 국민연금공단은 비영리 특수공법인으로 설립되어 관리운영에 따르는 국고보조비 지원 및 세제혜택 등 국가의 보호와 지원을 받는 대신, 엄격한 감독을 받고 있다. 국민연금사업을 효율적으로 달성하기 위하여 국가의 관료적 경직성을 완화하고 전문성, 자율성, 민주성, 공정성, 투명성을 지향하기 위한 것이라 할 수 있다.

2. 특수공법인

국민연금관리공단은 특별법인 국민연금법에 의해 국가가 설립하여 국민연금사업을 하도록 위탁받은 비영리 특수공법인이다. 국가로부터 관리운영비가 지원되고 조세감면 등의 특전이 주어지는 대신 공단은 국민의 생활안정과 복지증진을 위한 국민연금사업의 목적수행에 충실하여야 하고 영리추구를 할 수 없으며 국가의 엄격한 감독을 받고, 국민연금법에 정한 것을 제외하고는 민법 중 재단법인에 관한 규정을 준용한다. 공단은 법인이기 때문에 반드시 다음 사항을 기재한 정관을 작성하여 주된 사무소 소재지에서 설립등기를 함으로써 성립되고, 정관을 변경하고자 하는 때에는 반드시 보건복지부장관의 인가를 받아야 한다.

① 목적, ② 명칭, ③ 주된 사무소와 분사무소에 관한 사항, ④ 임원 및 직원

에 관한 사항, ⑤ 이사회에 관한 사항, ⑥ 사업에 관한 사항, ⑦ 예산 및 결산에 관한 사항, ⑧ 자산 및 회계에 관한 사항, ⑨ 정관의 변경에 관한 사항, ⑩ 규약·규정의 제정 및 개폐에 관한 사항, ⑪ 공고에 관한 사항

3. 공단의 업무

(1) 기본업무

1. 가입자에 대한 기록의 관리 및 유지
2. 연금보험료의 부과
3. 급여의 결정 및 지급
4. 가입자·가입자이었던 자 및 수급권자를 위한 노후설계 상담, 소득활동 지원 및 자금의 대여와 복지시설의 설치·운영 등 복지증진사업
5. 가입자·가입자이었던 자에 대한 기금증식을 위한 자금의 대여사업
6. 가입대상과 수급권자 등을 위한 노후준비서비스 사업
7. 국민연금제도·재정계산·기금운용에 관한 조사연구
8. 국민연금기금 운용 전문인력 양성
9. 국민연금에 관한 국제협력
10. 그 밖에 이 법 또는 다른 법령에 따라 위탁받은 사항
11. 그 밖에 국민연금사업에 관하여 보건복지부장관이 위탁하는 사항

(2) 기금운용인력 양성

공단은 국민연금기금운용 전문인력을 양성하기 위하여 교육·연수 프로그램을 운영하거나 국내외 교육기관·연구소 등에 교육훈련을 위탁할 수 있다.

(3) 복지사업

국민연금공단은 가입자, 가입자였던 자 및 수급권자의 복지를 증진하기 위하여 다음의 사업을 할 수 있고, 제2호 및 제3호의 복지사업을 실시하기 위하여 국민연금기금으로부터 보건복지부령으로 정하는 법인에 출자할 수 있으며, 공단이 제2호 및 제3호에 따른 복지시설을 설치하기 위하여 국가, 지방자치단체, 한국토지공사, 대한주택공사, 그 밖에 대통령령으로 정하는 공공기관이 조성한 토지를 취득하는 경우 공단을 국가 또는 지방자치단체로 본다.

1. 자금의 대여
2. 노인복지법에 따른 노인복지시설의 설치·공급·임대와 운영

3. 제2호에 따른 노인복지시설의 부대시설로서 체육시설의 설치ㆍ이용에 관한 법률에 따른 체육시설의 설치 및 운영
4. 그 밖에 대통령령으로 정하는 복지사업으로서 노인복지시설의 설치ㆍ공급ㆍ임대ㆍ운영과 노인복지시설의 부대시설로서 체육시설의 설치ㆍ운영 및 자금의 대여, 아동복지시설, 장애인복지시설 등의 복지시설의 설치ㆍ운영 및 자금의 대여, 병원과 휴양 시설 또는 요양 시설의 설치와 운영 및 자금의 대여, 생활 안정을 위한 자금의 대여, 학자금의 대여, 당연적용사업장인 중ㆍ소사업장의 사업장 내 복지시설의 설치를 위한 자금의 대여, 주택 구입 자금과 전세 자금의 대여

(4) 복지시설 이용제공

공단은 사업에 지장이 없는 범위에서 가입자, 가입자였던 자 또는 수급권자가 아닌 자에게 노인복지시설, 아동복지시설, 장애인복지시설 및 병원과 휴양ㆍ요양 시설을 이용하게 할 수 있다.

(5) 대여사업

공단은 가입자나 가입자였던 자에 대하여 국민연금 기금의 증식을 위한 대여 사업으로써, 그가 낸 연금보험료의 100분의 80에 해당하는 금액의 범위에서 자금을 대여할 수 있되, 대여금의 이자율, 대여의 기간과 기준 및 절차 등에 필요한 사항은 보건복지부장관이 정하여 고시하도록 하고, 대여업무의 공정성을 확보하기 위하여 대여업무를 담당하는 임직원은 그 업무를 수행함에 있어서 고의 또는 중대한 과실로 공단에 손해를 끼쳤을 때에는 그 손해를 배상하도록 하고 있다.

(6) 노후설계 상담 및 소득활동 지원

공단은 가입자, 가입자였던 자 및 수급권자의 다층보장체계를 통한 적정 노후소득보장을 위하여 다음과 같은 노후설계 상담 및 소득활동 지원 사업을 할 수 있다.
1. 각종 연금, 개인연금 등 다층보장체계를 통한 적정 노후 소득보장에 관한 종합 상담
2. 직업안정법에 따른 직업안정기관이나 무료직업소개사업을 하는 자에게의 연계 및 일자리 전문기관에의 연계
3. 건강, 주거, 대인관계, 취미, 여가 등 노후생활 설계서비스를 제공하는 전문기관의 발굴 및 연계

4. 노후설계 상담을 위한 정보시스템의 구축·운영

5. 노후설계 상담 및 소득활동 지원을 위한 교육훈련 및 홍보

6. 노후설계 상담 및 소득활동 지원에 관한 조사 연구 및 국제협력

(7) 업무의 위탁

공단은 정관이 정하는 바에 따라 대여금 상환금의 수납, 급여·대여금의 지급에 관한 업무, 그 밖에 그 업무의 일부를 다른 사회보험 업무를 수행하는 법인, 체신관서, 금융회사, 그 밖의 자에게 위탁할 수 있다.

4. 임원 및 이사회

(1) 구성 및 의결사항

공단에 임원으로서 이사장 1인, 상임이사 4인 이내, 이사 9인 및 감사 1인을 두되, 이사에는 사용자 대표, 근로자 대표, 지역가입자 대표, 수급자 대표 각 1인 이상과 당연직 이사로서 보건복지부의 국민연금업무를 담당하는 3급 국가공무원 또는 고위공무원단에 속하는 일반직공무원 1인이 포함되도록 되어 있다. 특별히 상임이사 중 국민연금기금의 관리·운용에 관한 업무를 담당하는 기금이사는 경영, 경제 및 기금운용에 관한 지식과 경험이 풍부한 자 중에서 계약직으로 공개모집토록 하고 있다. 이사장은 보건복지부장관의 제청에 의하여 대통령이 임면하고, 상임이사·이사 및 감사는 이사장의 제청에 의하여 보건복지부장관이 임면한다. 임원의 임기는 3년으로 하되 당연직 이사의 임기는 그 재임기간으로 하고, 기금이사의 임기는 그 계약기간으로 한다. 이사에 대하여는 보수를 지급하지 아니하되 실비의 지급을 할 수 있다.

공단의 중요사항을 심의·의결하기 위하여 이사회를 두되, 이사회는 이사장·상임이사 및 이사로 구성되며, 매년 2월과 10월 중에 개최되는 정기회와 필요한 경우에 소집되는 임시회가 있는데, 이사회의 심의·의결사항은 다음과 같다.

1. 예산 및 결산에 관한 사항

2. 정관변경에 관한 사항

3. 중요재산의 취득, 관리 및 처분에 관한 사항

4. 사업운영계획 기타 공단운영의 기본방침에 관한 사항

5. 신고권장소득월액의 산정기준 및 방법 등에 관한 사항

6. 지역가입자 및 지역임의계속가입자의 연간 소득확인계획에 관한 사항

7. 규약·규정의 제정 및 개폐에 관한 사항

(2) 임원의 결격사유

다음 사항의 하나에 해당하는 자는 공단의 임원이 될 수 없다.

1. 피성년후견인 또는 피한정후견인
2. 파산선고를 받고 복권되지 아니한 자
3. 금고 이상의 형의 선고를 받고 그 집행이 종료되거나 집행을 받지 아니하기로 확정된 날로부터 3년이 경과되지 아니한 자
4. 법률 또는 법원의 판결에 의하여 자격이 상실 또는 정지된 자

(3) 공단 임직원의 겸직금지 및 신분

공단의 이사장, 상임이사, 감사 및 직원은 영리를 목적으로 하는 업무에 종사하지 못하며 이사장과 상임이사 및 감사는 보건복지부장관의 허가 없이, 직원은 이사장의 허가없이 다른 직무를 겸할 수 없다. 공단의 임원 및 직원은 업무와 관련하여 뇌물 및 수뢰 등 부정행위와 연류되어 형법 제129조 내지 제132조의 죄를 적용함에 있어서는 공무원으로 본다.

5. 국민연금심의위원회

국민연금공단에는 가입자의 가입자격, 기준소득월액, 연금보험료 기타 국민연금법에 의한 징수금과 급여에 관한 공단의 처분에 이의가 있는 자에 대한 심사청구를 심사하기 위하여 공단 이사장이 임명 또는 위촉한 자로 구성된 국민연금심의위원회를 둔다.

6. 공단의 회계

(1) 회계연도

공단의 회계연도는 정부의 회계연도에 따르며, 회계규정은 보건복지부장관의 승인을 받아 정한다.

(2) 공단의 수입과 지출

공단의 수입은 국민연금기금으로부터 조성된 전입금, 국가 보조금, 차입금 기타의 수입금으로 하고, 지출은 이 법에 따른 각종 급여, 적립금, 환부금, 차입금에

대한 상환금과 이자, 기타 공단의 운영과 사업을 위한 각종 경비로 한다.

(3) 일시차입금 · 이입충당금 · 잉여금

공단은 회계연도마다 지출할 자금이 부족하면 국민연금기금에서 일시차입할 수 있되, 해당 회계연도 내에 상환하여야 한다. 공단은 회계연도마다 각종 급여와 관련된 지출이 수입을 초과하게 되면 국민연금기금운영위원회의 심의를 거쳐 국민연금기금에서 이입충당을 할 수 있다.

공단은 매 회계연도 말에 결산하여 잉여금이 있으면 손실금을 보전(補塡)하고 나머지는 국민연금기금으로 적립하여야 한다.

7. 공단에 대한 감독

공단은 매 회계연도의 사업운영계획과 예산에 관하여 보건복지부장관의 승인을 얻어야 하며, 보건복지부장관은 공단에 대하여 그 사업에 관한 보고를 명하거나, 사업 또는 재산상황을 검사할 수 있으며, 필요하다고 인정하는 때에는 정관의 변경을 명하는 등 감독상 필요한 조치를 할 수 있다.

제 4 절 급   여

1. 급여의 지급

급여는 급여를 받을 권리가 있는 수급권자의 청구에 따라 공단이 지급하되, 연금액은 지급사유에 따라 기본연금액과 부양가족금액을 기초로 산정하되, 국민의 생활수준, 임금, 물가 그 밖에 경제사정에 뚜렷한 변동이 생기면 그 사정에 맞도록 조정된다.

연금액＝기본연금액 × 연금종별 지급률 및 제한율 + 부양가족금액

(1) 기본연금액

① 수급권자의 기본연금액은 다음 각 호의 금액을 합한 금액에 1천분의 1천 200을 곱한 금액으로 하되, 가입기간이 20년을 초과하면 그 초과하는 1년(1년 미만이면 매 1개월을 12분의 1년으로 계산한다)마다 1천분의 50을 곱한 금액을 더한다.
  1. 다음 각 목에 따라 산정한 금액을 합산하여 3으로 나눈 금액

가. 연금 수급 3년 전 연도의 평균소득월액을 연금 수급 3년 전 연도와 대비한 연금 수급 전년도의 전국소비자물가변동률에 따라 환산한 금액

나. 연금 수급 2년 전 연도의 평균소득월액을 연금 수급 2년 전 연도와 대비한 연금 수급 전년도의 전국소비자물가변동률에 따라 환산한 금액

다. 연금 수급 전년도의 평균소득월액

2. 가입자 개인의 가입기간 중 매년 기준소득월액을 대통령령으로 정하는 바에 따라 보건복지부장관이 고시하는 연도별 재평가율에 의하여 연금 수급 전년도의 현재가치로 환산한 후 이를 합산한 금액을 총 가입기간으로 나눈 금액. 다만, 다음 각 목에 따라 산정하여야 하는 금액은 그 금액으로 한다.

가. 군복무기간에 따라 추가로 산입되는 가입기간의 기준소득월액은 제1호에 따라 산정한 금액의 2분의 1에 해당하는 금액

나. 출산에 따라 추가로 산입되는 가입기간의 기준소득월액은 제1호에 따라 산정한 금액

② 제1항 각 호의 금액을 수급권자에게 적용할 때에는 연금 수급 2년 전 연도와 대비한 전년도의 전국소비자물가변동률을 기준으로 그 변동률에 해당하는 금액을 더하거나 빼되, 미리 제5조에 따른 국민연금심의위원회의 심의를 거쳐야 한다.

③ 제2항에 따라 조정된 금액을 수급권자에게 적용할 때 그 적용 기간은 해당 조정연도 1월부터 다음 연도 12월까지로 한다.

(2) 부양가족연금액

① 부양가족연금액은 수급권자(유족연금의 경우에는 사망한 가입자 또는 가입자였던 자를 말한다)를 기준으로 하는 다음 각 호의 자로서 수급권자에 의하여 생계를 유지하고 있는 자에 대하여 해당 호에 규정된 각각의 금액으로 한다.

1. 배우자: 연 15만원
2. 19세 미만이거나 장애등급 2급 이상인 자녀(배우자가 혼인 전에 얻은 자녀를 포함): 연 10만원
3. 60세 이상이거나 장애등급 2급 이상인 부모(부 또는 모의 배우자, 배우자의 부모를 포함): 연 10만원

② 제1항 각 호의 자가 다음 각 호의 어느 하나에 해당하면 제1항에 따른 부양가족연금액 계산에서 제외한다.

1. 연금 수급권자(국민연금과 직역연금의 연계에 관한 법률에 따른 연계급여 수급권자를 포함)

2. 퇴직연금 등 수급권자

3. 공무원연금법, 사립학교교직원연금법, 별정우체국법 또는 군인연금법에 따른 유족연금 수급권자

③ 제1항 각 호의 자는 부양가족연금액을 계산할 때 2명 이상의 연금 수급권자의 부양가족연금 계산 대상이 될 수 없다.

④ 제1항 각 호에 해당하는 자가 다음 각 호의 어느 하나에 해당하게 되면 부양가족연금액의 계산에서 제외한다.

1. 사망한 때

2. 수급권자에 의한 생계유지의 상태가 끝난 때

3. 배우자가 이혼한 때

4. 자녀가 다른 사람의 양자가 되거나 파양(罷養)된 때

5. 자녀가 19세가 된 때. 다만, 수급권자가 그 권리를 취득할 당시부터 장애등급 2급 이상의 상태에 있는 자는 제외한다.

6. 장애등급 2급 이상의 상태에 있던 자녀 또는 부모가 그 장애상태에 해당하지 아니하게 된 때

7. 배우자가 혼인 전에 얻은 자녀와의 관계가 이혼으로 인하여 종료된 때

8. 재혼한 부 또는 모의 배우자와 수급자의 관계가 부모와 그 배우자의 이혼으로 인하여 종료된 경우

(3) 급여에 관한 사항

1) 연금액의 최고한도

연금의 월별 지급액은 연금수급권 전년도를 기준으로 하여 가입자이었던 최종 5년 동안의 기준소득월액을 평균한 금액이나, 가입기간 동안의 기준소득월액을 평균한 금액을 전국소비자물가변동률에 연동하여 조정한 금액을 초과하지 못한다. 연금액은 가입자의 소득보장을 목적으로 하는 것이기 때문에 최저생계비 이상에서 최저임금수준을 참고하여 연금수급 전에 가졌던 소득을 적절하게 반영하여 퇴직 이전에 받았던 소득액을 넘지 않는 선을 한계로 전국소비자물가변동률에 맞추어 국민연금재정의 장기적인 균형이 유지될 수 있도록 재정계로 급여액을 조정하고 있다.

2) 연금의 지급기간·지급시기 및 전용계좌

연금은 그 지급하여야 할 사유가 발생한 날이 속하는 달의 다음 달부터 수급

권이 소멸한 날이 속하는 달까지 지급한다. 연금은 매월 말일에 그 달의 금액을 지급하되 지급일이 토요일이거나 공휴일인 경우에는 그 전일에 지급하고, 수급권이 소멸하거나 정지된 경우에는 그 지급일 전에 지급할 수 있다.

연금은 그 지급을 정지하여야 할 사유가 발생한 때에는 그 사유가 발생한 날이 속하는 달의 다음 달부터 그 사유가 소멸한 날이 속하는 달까지 이를 지급하지 아니한다. 수급자는 급여를 본인명의의 지정된 계좌로 공단에 신청할 수 있다.

3) 미지급의 급여

수급권자가 사망한 경우 그 수급권자에게 지급하여야 할 급여 중 아직 지급되지 아니한 것이 있으면 그 배우자·자녀·부모·손자녀·조부모 또는 형제자매의 청구에 따라 그 미지급 급여를 지급하되, 형제자매의 경우에는 수급권자의 사망 당시 수급권자에 의하여 생계를 유지하고 있던 자에 한한다. 급여를 받을 순위는 배우자, 자녀, 부모, 손자녀, 조부모, 형제자매의 순으로 하며 순위가 같은 사람이 2명 이상이면 똑같이 나누어 지급한다.

4) 중복급여의 조정

수급권자에게 국민연금법에 의한 2 이상의 급여의 수급권이 발생한 때에는 그 자의 선택에 의하여 그 중 하나만을 지급하고 다른 급여의 지급은 정지된다.

5) 부당이득 환수

공단은 거짓이나 그 밖의 부정한 방법으로 급여를 받거나 수급권이 소멸 또는 정지된 급여, 그 밖에 과오급된 급여를 받은 자가 있는 때에는 지급한 금액을 환수하되, 환수금등을 징수하려면 기한을 정하여 환수금등의 금액 및 납부 기한 등을 적은 문서로써 납입의 고지 및 독촉을 하여야 하고 그 기한까지 환수금등을 내지 아니하면 보건복지부장관의 승인을 받아 국세 체납처분의 예에 따라 이를 징수할 수 있다.

6) 미납금의 공제지급

가입자 또는 가입자였던 자가 수급권을 취득하거나 사망한 경우 대여한 자금의 상환금에 관한 채무가 있으면 급여에서 공제할 수 있되, 급여 중 연금급여의 수급권자에 대하여는 해당 연금월액의 2분의 1을 초과하여 공제할 수 없다.

7) 수급권의 보호

① 급여를 받을 권리는 양도·압류하거나 담보로 제공할 수 없다.

② 수급권자에게 지급된 급여로서 대통령령이 정한 금원(185만원) 이하의 급여는 압류할 수 없다.

③ 급여액에 대하여는 급여수급 전용계좌에 입금된 급여와 이에 관한 채권은 압류할 수 없다.

④ 그 밖의 법률 또는 지방자치단체가 조례로 정하는 바에 따라 조세와 국가 또는 지방자치단체의 공과금을 감면한다.

2. 급여의 종류

국민연금법에 의한 급여의 종류는 ① 노령연금, ② 장애연금, ③ 유족연금, ④ 반환일시금이 있다. 이 외에 가입자 또는 가입자였던 자가 사망한 때에 유족에게 지급되는 사망일시금도 있다. 국민연금급여는 직접 수급권자를 대상 기준으로 지급되는 기본급여와 수급권자에 의해 생계를 유지하는 부양가족급여로 구분할 수 있다.

(1) 노령연금

1) 수급권자

가입기간이 10년 이상인 가입자 또는 가입자였던 자에 대하여는 60세(특수직종 근로자는 55세)가 된 때부터 그가 생존하는 동안 노령연금을 지급한다.

2) 노령연금액

① 제61조 제1항에 따른 노령연금액은 다음 각 호의 구분에 따른 금액에 부양가족연금액을 더한 금액으로 한다.

1. 가입기간이 20년 이상인 경우: 기본연금액

2. 가입기간이 10년 이상 20년 미만인 경우: 기본연금액의 1천분의 500에 해당하는 금액에 가입기간 10년을 초과하는 1년(1년 미만이면 매 1개월을 12분의 1년으로 계산한다)마다 기본연금액의 1천분의 50에 해당하는 금액을 더한 금액

② 조기노령연금액은 가입기간에 따라 제1항에 따른 노령연금액 중 부양가족연금액을 제외한 금액에 수급연령별로 다음 각 호의 구분에 따른 비율(청구일이

연령도달일이 속한 달의 다음 달 이후인 경우에는 1개월마다 1천분의 5를 더한다)을 곱한 금액에 부양가족연금액을 더한 금액으로 한다.

    1. 55세부터 지급받는 경우에는 1천분의 700

    2. 56세부터 지급받는 경우에는 1천분의 760

    3. 57세부터 지급받는 경우에는 1천분의 820

    4. 58세부터 지급받는 경우에는 1천분의 880

    5. 59세부터 지급받는 경우에는 1천분의 940

3) 소득활동에 따른 노령연금

노령연금 수급권자가 대통령령으로 정하는 소득이 있는 업무에 종사하면 60세 이상 65세 미만(특수직종근로자는 55세 이상 60세 미만)인 기간에는 노령연금액(부양가족연금액은 제외)에서 이 법 제63조의2에 따른 금액을 뺀 금액을 지급한다.

4) 분할연금 수급권자

① 혼인기간(배우자의 가입기간 중의 혼인 기간으로서 별거, 가출 등의 사유로 인하여 실질적인 혼인관계가 존재하지 아니하였던 기간을 제외한 기간을 말한다)이 5년 이상인 자가 다음 각 호의 요건을 모두 갖추면 그때부터 그가 생존하는 동안 배우자였던 자의 노령연금을 분할한 일정한 금액의 연금(분할연금)을 받을 수 있다.

    1. 배우자와 이혼하였을 것

    2. 배우자였던 사람이 노령연금 수급권자일 것

    3. 60세가 되었을 것

② 제1항에 따른 분할연금액은 배우자였던 자의 노령연금액(부양가족연금액은 제외한다) 중 혼인 기간에 해당하는 연금액을 균등하게 나눈 금액으로 한다.

③ 제1항에 따른 분할연금은 제1항 각 호의 요건을 모두 갖추게 된 때부터 5년 이내에 청구하여야 한다.

④ 제1항에 따른 혼인 기간의 인정 기준 및 방법 등에 필요한 사항은 대통령령으로 정한다.

5) 분할연금 지급의 특례

민법 제839조의2 또는 제843조에 따라 연금의 분할에 관하여 별도로 결정된 경우에는 그에 따르되, 연금의 분할이 별도로 결정된 경우에는 분할 비율 등에 대하여 공단에 신고하여야 하고, 신고 방법 및 절차 등 신고에 필요한 세부사항은 보건복지부령으로 정한다.

6) 분할연금 청구의 특례

① 연금분할 연령에 도달하기 이전에 이혼하는 경우에는 이혼의 효력이 발생하는 때부터 분할연금을 미리 청구할 수 있되, 이혼의 효력이 발생하는 때부터 3년 이내에 하여야 하며, 연령이 도달하기 이전에 분할연금 선청구를 취소할 수 있다. 이 경우 분할연금 선청구 및 선청구의 취소는 1회에 한한다.

② 제1항에 따라 분할연금을 선청구한 경우라고 하더라도 제64조 제1항 각 호의 요건을 모두 갖추게 된 때에 분할연금을 지급한다.

③ 제1항 및 제2항에 따른 분할연금 선청구 및 선청구 취소 방법·절차 등 시행에 필요한 세부사항은 보건복지부령으로 정한다.

7) 분할연금 수급권의 포기

분할연금 수급권자가 배우자였던 사람과 재혼한 경우 보건복지부령으로 정하는 바에 따라 분할연금 수급권의 포기를 신청할 수 있고, 그 분할연금수급권은 신청한 날부터 소멸된다. 분할연금 수급권이 소멸된 경우에는 분할연금 수급권을 포기한 사람의 배우자에게 분할연금이 발생하기 전의 노령연금을 지급한다.

8) 분할연금과 노령연금의 관계

분할연금 수급권은 그 수급권을 취득한 후에 배우자였던 자에게 생긴 사유로 노령연금 수급권이 소멸·정지되어도 영향을 받지 아니하며, 수급권자에게 2 이상의 분할연금 수급권이 생기면 2 이상의 분할연금액을 합산하여 지급하되, 2 이상의 분할연금 수급권과 다른 급여(노령연금을 제외)의 수급권이 생기면 그 2 이상의 분할연금 수급권을 하나의 분할연금 수급권으로 보고 본인의 선택에 따라 분할연금과 다른 급여 중 하나만 지급하고 선택하지 아니한 분할연금 또는 다른 급여의 지급은 정지된다.

분할연금 수급권자는 유족연금을 지급할 때 노령연금 수급권자로 보지 아니하며, 분할연금 수급권자에게 노령연금 수급권이 발생한 경우에는 분할연금액과 노령연금액을 합산하여 지급한다.

(2) 장애연금

1) 수급권자

① 가입자 또는 가입자였던 자가 질병이나 부상으로 신체상 또는 정신상의 장애가 있고 다음 각 호의 요건을 모두 충족하는 경우에는 장애 정도를 결정하는

기준이 되는 날부터 그 장애가 계속되는 기간 동안 장애 정도에 따라 장애연금을 지급한다.

1. 해당 질병 또는 부상의 초진일 당시 연령이 18세(18세 전에 가입한 경우에는 가입자가 된 날) 이상이고 노령연금의 지급 연령 미만일 것
2. 다음 각 목의 어느 하나에 해당할 것
   가. 해당 질병 또는 부상의 초진일 당시 연금보험료를 낸 기간이 가입대상 기간의 3분의 1 이상일 것
   나. 해당 질병 또는 부상의 초진일 5년 전부터 초진일까지의 기간 중 연금보험료를 낸 기간이 3년 이상일 것. 다만, 가입대상기간 중 체납기간이 3년 이상인 경우는 제외한다.
   다. 해당 질병 또는 부상의 초진일 당시 가입기간이 10년 이상일 것

2) 장애연금액

① 장애연금액은 장애 등급에 따라 다음 각 호의 금액으로 한다.

1. 장애등급 1급에 해당하는 자에 대하여는 기본연금액에 부양가족연금액을 더한 금액
2. 장애등급 2급에 해당하는 자에 대하여는 기본연금액의 1천분의 800에 해당하는 금액에 부양가족연금액을 더한 금액
3. 장애등급 3급에 해당하는 자에 대하여는 기본연금액의 1천분의 600에 해당하는 금액에 부양가족연금액을 더한 금액

② 장애등급 4급에 해당하는 자에 대하여는 기본연금액의 1천분의 2천250에 해당하는 금액을 일시보상금으로 지급한다.

3) 장애의 중복 조정

장애연금 수급권자에게 다시 장애연금을 지급하여야 할 장애가 발생한 때에는 전후의 장애를 병합(倂合)한 장애 정도에 따라 장애연금을 지급한다. 다만, 전후의 장애를 병합한 장애 정도에 따른 장애연금이 전의 장애연금보다 적으면 전의 장애연금을 지급한다.

4) 장애연금액의 변경

공단은 장애연금 수급권자의 장애 정도를 심사하여 장애등급이 다르게 되면 그 등급에 따라 장애연금액을 변경하고, 장애등급에 해당되지 아니하면 장애연금 수급권을 소멸시킨다.

(3) 유족연금

1) 수급권자

① 다음 각 호의 어느 하나에 해당하는 사람이 사망하면 그 유족에게 유족연금을 지급한다.

1. 노령연금 수급권자

2. 가입기간이 10년 이상인 가입자 또는 가입자였던 자

3. 연금보험료를 낸 기간이 가입대상기간의 3분의 1 이상인 가입자 또는 가입자였던 자

4. 사망일 5년 전부터 사망일까지의 기간 중 연금보험료를 낸 기간이 3년 이상인 가입자 또는 가입자였던 자. 다만, 가입대상기간 중 체납기간이 3년 이상인 사람은 제외한다.

5. 장애등급이 2급 이상인 장애연금 수급권자

② 제1항에도 불구하고 같은 항 제3호 또는 제4호에 해당하는 사람이 다음 각 호의 기간 중 사망하는 경우에는 유족연금을 지급하지 아니한다.

1. 가입 대상에서 제외되는 기간

2. 국외이주·국적상실 기간

2) 유족의 범위

① 유족연금을 지급받을 수 있는 유족은 가입자 또는 가입자이었던 사람이 사망할 당시(민법에 따른 실종선고를 받은 경우에는 사망의 원인이 된 위난 발생 당시) 그에 의하여 생계를 유지하고 있던 다음 각 호의 자로 한다. 이 경우 가입자 또는 가입자였던 자에 의하여 생계를 유지하고 있던 자에 관한 인정 기준은 대통령령으로 정한다.

1. 배우자

2. 자녀. 다만, 25세 미만이거나 장애등급 2급 이상인 자만 해당한다.

3. 부모(배우자의 부모를 포함). 다만, 60세 이상이거나 장애등급 2급 이상인 자만 해당한다.

4. 손자녀. 다만, 19세 미만이거나 장애등급 2급 이상인 자만 해당한다.

5. 조부모(배우자의 조부모를 포함한다. 이하 이 절에서 같다). 다만, 60세 이상이거나 장애등급 2급 이상인 자만 해당한다.

② 유족연금은 제1항 각 호의 순위에 따라 최우선 순위자에게만 지급한다. 다

만, 제1항 제1호에 따른 유족의 수급권이 소멸되거나 정지되면 제1항 제2호에 따른 유족에게 지급한다.

③ 제2항의 경우 같은 순위의 유족이 2명 이상이면 그 유족연금액을 똑같이 나누어 지급하되, 지급 방법은 대통령령으로 정한다.

3) 유족연금액

유족연금액은 가입기간에 따라 다음 금액에 부양가족연금액을 더한 금액으로 하되, 노령연금수급권자가 사망한 경우의 유족연금액은 사망한 자가 지급받던 노령연금을 초과할 수 없다.

1. 가입기간이 10년 미만이면 기본연금액의 1천분의 400에 해당하는 금액
2. 가입기간이 10년 이상 20년 미만이면 기본연금액의 1천분의 500에 해당하는 금액
3. 가입기간이 20년 이상이면 기본연금액의 1천분의 600에 해당하는 금액

4) 유족연금 수급권의 소멸

① 유족연금 수급권자가 다음 각 호의 어느 하나에 해당하게 되면 그 수급권은 소멸한다.

1. 수급권자가 사망한 때
2. 배우자인 수급권자가 재혼한 때
3. 자녀나 손자녀인 수급권자가 파양된 때
4. 장애등급 2급 이상에 해당하지 아니한 자녀인 수급권자가 25세가 된 때 또는 장애등급 2급 이상에 해당하지 아니한 손자녀인 수급권자가 19세가 된 때

② 부모, 손자녀 또는 조부모인 유족의 유족연금 수급권은 가입자 또는 가입자였던 사람이 사망할 당시에 그 가입자 또는 가입자였던 사람의 태아가 출생하여 수급권을 갖게 되면 소멸한다.

(4) 반환일시금

1) 반환일시금의 수급권자

가입자 또는 가입자이었던 자가 다음 사항의 하나에 해당하게 되면 본인이나 그 유족의 청구에 의하여 반환일시금을 지급받을 수 있다. 반환일시금의 액수는 가입자 또는 가입자였던 자가 납부한 연금보험료(사업장가입자 또는 사업장가입자였던 자의 경우에는 사용자의 부담금을 포함)에 대통령령으로 정하는 이자를 더한 금액

으로 한다.

1. 가입기간이 10년 미만인 자가 60세가 된 때
2. 가입자 또는 가입자이었던 자가 사망한 때. 다만, 가입자 또는 가입기간이 10년 이상인 가입자이었던 자가 사망한 때에는 유족연금의 제한규정(법 제72조)에 의하여 유족연금이 지급되지 아니하는 경우에 한한다.
3. 국적을 상실하거나 국외에 이주한 때

2) 반환일시금수급권의 소멸

반환일시금의 수급권은 다음 사항의 하나에 해당하는 때에는 소멸한다.

1. 수급권자가 다시 가입자로 된 때
2. 수급권자가 노령연금의 수급권을 취득한 때
3. 수급권자가 장애연금의 수급권을 취득한 때
4. 수급권자의 유족이 유족연금의 수급권을 취득한 때

3) 사망일시금 수급권자

① 가입자 또는 가입자였던 자가 사망한 때에 법 제73조에 따른 유족이 없으면 그 배우자·자녀·부모·손자녀·조부모·형제자매 또는 4촌 이내 방계혈족에게 사망일시금을 지급한다. 다만, 가출·실종 등 대통령령으로 정하는 경우에 해당하는 사람에게는 지급하지 아니하며, 4촌 이내 방계혈족의 경우에는 대통령령으로 정하는 바에 따라 가입자 또는 가입자였던 사람의 사망 당시(민법에 따른 실종선고를 받은 경우에는 사망의 원인이 된 위난 발생 당시) 가입자 또는 가입자였던 사람에 의하여 생계를 유지하고 있던 사람에게만 지급한다.

② 제1항에 따른 사망일시금은 가입자 또는 가입자였던 자의 반환일시금에 상당하는 금액으로 하되, 그 금액은 사망한 가입자 또는 가입자였던 자의 최종 기준소득월액을 제51조 제1항 제2호에 따른 연도별 재평가율에 따라 사망일시금 수급 전년도의 현재가치로 환산한 금액과 같은 호에 준하여 산정한 가입기간 중 기준소득월액의 평균액 중에서 많은 금액의 4배를 초과하지 못한다.

③ 제1항에 따른 사망일시금을 받을 자의 순위는 배우자·자녀·부모·손자녀·조부모·형제자매 및 4촌 이내의 방계혈족 순으로 한다. 이 경우 순위가 같은 사람이 2명 이상이면 똑같이 나누어 지급하되, 그 지급 방법은 대통령령으로 정한다.

4) 유족연금과의 관계

유족연금수급권자에 대하여는 유족연금수급권이 소멸할 때까지 지급받은 유족연금액이 사망일시급액보다 적을 때에는 그 차액을 일시금으로 지급한다.

3. 급여의 제한 및 지급정지

(1) 급여의 제한

1) 고의 또는 중대한 과실에 의한 제한

① 가입자 또는 가입자였던 자가 고의로 질병·부상 또는 그 원인이 되는 사고를 일으켜 그로 인하여 장애를 입은 경우에는 그 장애를 지급 사유로 하는 장애연금을 지급하지 아니할 수 있다.

② 가입자 또는 가입자였던 자가 고의나 중대한 과실로 요양 지시에 따르지 아니하거나 정당한 사유 없이 요양 지시에 따르지 아니하여 다음 각 호의 어느 하나에 해당하게 되면 대통령령으로 정하는 바에 따라 이를 원인으로 하는 급여의 전부 또는 일부를 지급하지 아니할 수 있다.

1. 장애를 입거나 사망한 경우
2. 장애나 사망의 원인이 되는 사고를 일으킨 경우
3. 장애를 악화시키거나 회복을 방해한 경우

③ 다음 각 호의 어느 하나에 해당하는 사람에게는 사망에 따라 발생되는 유족연금, 미지급급여, 반환일시금 및 사망일시금을 지급하지 아니한다.

1. 가입자 또는 가입자였던 자를 고의로 사망하게 한 유족
2. 유족연금등의 수급권자가 될 수 있는 자를 고의로 사망하게 한 유족
3. 다른 유족연금등의 수급권자를 고의로 사망하게 한 유족연금등의 수급권자

2) 장애연금액의 변경제한

장애연금의 수급권자가 고의 또는 중대한 과실로 요양지시에 따르지 아니하거나 정당한 사유 없이 요양지시에 따르지 아니함으로써 그 장애를 악화시키거나 회복을 방해한 때에는 장애연금액의 변경을 하지 아니할 수 있다.

(2) 지급의 정지

수급권자가 다음의 어느 하나에 해당하면 대통령령으로 정하는 바에 따라 급여의 전부 또는 일부의 지급을 정지할 수 있다.

1. 수급권자가 정당한 사유 없이 공단의 서류, 그 밖의 자료제출요구에 응하지 아니한 때

2. 장애연금 또는 유족연금의 수급권자가 정당한 사유 없이 공단의 진단요구 또는 확인에 응하지 아니한 때

3. 장애연금수급권자가 고의 또는 중대한 과실로 요양지시에 따르지 아니하거나 정당한 사유 없이 요양지시에 따르지 아니함으로써 회복을 방해한 때

4. 수급권자가 정당한 사유 없이 가입자격·연금보험료·수급권의 발생 및 변경 등과 관련된 사항으로서 보건복지부령이 정하는 사항을 공단 또는 사용자에게 신고하거나 통보하지 아니한 때

제 5 절 비용부담 및 연금보험료의 징수

1. 국민연금제도의 운영비용

국민연금급여 등에 필요한 재원조달은 가입자 및 사용자로부터 징수하는 연금보험료와 이를 기반으로 조성되는 국민연금기금으로 이루어지고, 국가가 국민연금사업의 관리, 운영비의 전부 또는 일부를 부담하여 국민연금제도를 실시하고 있다.

2. 국고부담 및 연금보험료의 부과·징수

국가는 매년 공단 및 건강보험공단이 국민연금사업을 관리·운영하는 데에 필요한 비용의 전부 또는 일부를 부담한다.

(1) 연금보험료의 부과·징수

보건복지부장관은 국민연금사업 중 연금보험료의 징수에 관하여 국민건강보험공단에 위탁함으로써 국민연금공단은 국민연금사업에 드는 비용에 충당하기 위하여 가입자와 사용자에게 가입기간 동안 매월 연금보험료를 부과하고, 국민건강보험공단이 이를 징수한다.

(2) 사업장가입자

사업장가입자의 연금보험료 중 기여금은 사업장가입자 본인이, 부담금은 사용자가 각각 부담하되, 그 금액은 각각 기준소득 월액의 1천분의 45에 해당하는 금

액으로 한다.

(3) 지역가입자, 임의가입자 및 임의계속가입자

연금보험료는 지역가입자, 임의가입자 및 임의계속가입자 본인이 부담하되, 그 금액은 기준소득 월액의 1천분의 90으로 한다.

(4) 보험료의 추가징수

공단은 기준소득월액 정정 등의 사유로 당초 징수 결정한 금액을 다시 산정함으로써 연금보험료를 추가로 징수하여야 하는 경우 가입자 또는 사용자에게 그 추가되는 연금보험료를 나누어 내도록 할 수 있다.

3. 연금보험료의 징수와 납부

(1) 연금보험료 납입의 고지

건강보험공단은 공단이 연금보험료를 징수할 때에는 그 납부 의무자에게 연금보험료의 금액, 납부 기한, 납부 장소 등을 적은 문서로써 납입의 고지를 하여야 하되, 자동 계좌이체의 방법으로 내는 기간 동안에는 이를 생략할 수 있고 납부 의무자의 신청이 있는 경우에는 전자문서교환방식 등에 의하여 전자문서로 할 수 있다. 전자문서로 고지한 경우에는 정보통신망에 저장하거나 납부 의무자가 지정한 전자우편주소에 입력된 때에 그 납부 의무자에게 도달된 것으로 본다. 연금보험료를 연대하여 납부하여야 하는 자 중 1명에게 한 고지는 다른 연대 납부 의무자에게도 효력이 있다.

(2) 연금보험료의 납부기한

연금보험료는 납부의무자가 다음 달 10일까지 내야 한다. 다만, 농업·임업·축산업 또는 수산업을 경영하거나 이에 종사하는 자는 본인에 의하여 분기별 연금보험료를 해당분기의 다음 달 10일까지 납부할 수 있다. 연금보험료를 납부기한으로부터 1월 이전에 미리 낸 경우에는 그 전달의 연금보험료의 납부기한이 속하는 날의 다음 날에 납부한 것으로 본다. 납부의무자가 연금보험료를 미리 낼 경우 그 기간은 1년을 초과하지 못하며, 미리 냄에 따라 연금보험료에서 감액되는 금액은 월 연금보험료에 1년 만기 정기예금 이자율의 12분의 1과 미리 내는 개월 수를 곱하여 계산한다. 또한 공단은 납부의무자가 연금보험료를 자동계좌이체의 방법으로 낼 경우에는 자동계좌이체에 따라 절감되는 비용에 해당하는 금액을 연금보험료에서 빼거나 추첨의 방법으로 금품 또는 경품 등을 제공할 수 있다.

4. 연금보험료의 원천공제 납부

사용자는 사업장가입자가 부담할 기여금을 그에게 지급할 매달의 임금에서 공제하여 공단에 내야 하며, 사용자는 임금에서 기여금을 공제하면 공제계산서를 작성하여 사업장가입자에게 내주어야 한다. 법인이 아닌 사업장의 사용자가 2명 이상인 때에는 그 사업장가입자의 연금보험료와 그에 따른 징수금을 연대하여 납부할 의무를 진다.

5. 연금보험료 납부예외 · 추후납부 및 체납보험료의 분할납부

사업장가입자 또는 지역가입자는 법 제91조에 따라 다음의 어느 하나에 해당하는 사유로 연금보험료를 낼 수 없으면 그 사유가 계속되는 기간에는 연금보험료를 내지 아니할 수 있으며, 법 제92조에 따라 추후 납부를 신청할 수도 있고, 법 제95조의2에 따라 체납보험료의 분할납부를 할 수 있다.

1. 사업중단, 실직 또는 휴직 중인 경우
2. 병역법 제3조의 규정에 의한 병역의무를 수행하는 경우
3. 초 · 중등교육법 제2조 또는 고등교육법 제2조의 규정에 의한 학교에 재학 중인 경우
4. 형의 집행 및 수용자의 처우에 관한 법률 제11조에 따라 교육시설에 수용 중인 경우
5. 종전의 사회보호법에 따른 보호감호시설이나 치료 감호법에 따른 치료 감호시설에 수용 중인 경우
6. 1년 미만 행방불명된 경우, 행방불명기간의 기산일은 특별자치도지사 · 시장 · 군수 · 구청장이 확인한 날로 한다.
7. 재해 · 사고 등으로 소득이 감소되거나 그 밖에 소득이 있는 업무에 종사하지 아니하는 경우로서 (a) 질병 또는 부상으로 3개월 이상 입원한 경우, (b) 농업재해대책법, 자연재해대책법 또는 재해구호법에 따른 보조나 지원의 대상이 된 경우, (c) 재해나 사고 등의 발생으로 연금보험료를 낼 경우 보건복지부장관이 정하는 기초생활의 유지가 곤란하다고 인정될 정도로 소득이 감소되는 경우

6. 연금보험료의 독촉 및 체납처분

건강보험공단은 사업장가입자와 지역가입자가 연금보험료와 그에 따른 징수금을 기한까지 내지 아니하거나 제2차 납부의무자가 연금보험료, 연체금, 체납처분비를 기한까지 내지 아니하면 대통령령으로 정하는 바에 따라 10일 이상의 납부기한을 정하여 독촉장을 발부하여야 한다. 연금보험료를 연대하여 내야 하는 자 중 1명에게 한 독촉은 다른 연대 납부 의무자에게도 효력이 있다. 독촉을 받은 자가 그 기한까지 연금보험료와 그에 따른 징수금을 내지 아니하면 보건복지부장관의 승인을 받아 국세 체납처분의 예에 따라 징수할 수 있다.

7. 연금보험료의 징수의 우선순위

연금보험료 기타 국민연금법에 의한 징수금의 징수의 순위는 국민건강보험법의 징수에 의한 보험료와 같은 순위로 한다. 따라서 연금보험료는 국세 및 지방세를 제외한 기타의 채권에 우선하여 징수한다. 다만 보험료 등의 납부기한 전에 전세권. 질권 또는 저당권 등의 설정을 등기 또는 등록한 사실이 증명되는 재산의 매각대금 중에서 보험료 등을 징수하는 경우에 있어서는 그 전세권, 질권 또는 저당권에 의하여 담보된 채권에 대하여는 그러하지 아니한다.

8. 연금보험료 징수권의 소멸

지역가입자, 임의가입자 및 임의계속가입자의 연금보험료 및 연체금을 징수할 공단의의 권리는 다음 사항의 1에 해당하는 사유가 발생하면 소멸한다.
1. 가입자 또는 가입자였던 자가 사망한 때
2. 본인이 노령연금을 지급받거나 반환일시금을 지급받은 때
3. 소멸시효가 완성된 때

9. 신고의무

가입자, 가입자였던 자 또는 수급권자는 가입자자격·연금보험료·수급권의 발생과 변경 등에 관련된 사항으로서 보건복지부령으로 정하는 사항을 공단 또는 사용자에게 신고하거나 통보하여야 하며, 가입자, 가입자였던 자 또는 수급권자가 사망하면 가족관계의 등록 등에 관한 법률에 따른 신고의무자는 1개월 이내에 그

사실을 공단에 신고하여야 한다.

10. 제2차 납부의무

법인의 재산으로 그 법인이 납부하여야 하는 연금보험료와 그에 따른 연체금 및 체납처분비를 충당하여도 부족한 경우에는 해당 법인에게 연금보험료의 납부의무가 부과된 날 현재의 무한책임사원 또는 과점주주(국세기본법 제39조의 어느 하나에 해당하는 자)가 그 부족한 금액에 대하여 제2차 납부의무를 진다. 다만, 과점주주의 경우에는 그 부족한 금액을 그 법인의 발행주식 총수(의결권이 없는 주식은 제외) 또는 출자총액으로 나눈 금액에 해당 과점주주가 실질적으로 권리를 행사하는 주식 수 또는 출자액을 곱하여 산출한 금액을 한도로 한다. 사업이 양도·양수된 경우에 양도일 이전에 양도인에게 납부의무가 부과된 연금보험료와 그에 따른 연체금 및 체납처분비를 양도인의 재산으로 충당하여도 부족한 경우에는 사업의 양수인이 그 부족한 금액에 대하여 양수한 재산의 가액을 한도로 제2차 납부의무를 진다. 이 경우 양수인의 범위 및 양수한 재산의 가액은 대통령령으로 정한다.

11. 신용카드 등의 연금보험료 납부

납부 의무자는 연금보험료, 연체금, 체납처분비, 그 밖의 징수금을 그 납부를 대행할 수 있도록 대통령령으로 정하는 기관 통하여 신용카드, 직불카드 등으로 납부할 수 있되, 신용카드등으로 연금보험료등을 납부하는 경우에는 연금보험료등 납부대행기관의 승인일을 납부일로 보며, 연금보험료등납부대행기관은 납부 의무자로부터 연금보험료등의 납부를 대행하는 대가로 수수료를 받을 수 있다.

12. 고액·상습 체납자의 인적사항 공개

건강보험공단은 이 법에 따른 납부기한의 다음 날부터 2년이 지난 연금보험료, 연체금 및 체납처분비(연금보험료등)의 총액이 5천만원 이상인 체납자(사업장가입자에 한함)가 납부능력이 있음에도 불구하고 체납한 경우 체납자의 인적사항 및 체납액 등을 공개할 수 있다. 다만, 체납된 연금보험료등과 관련하여 행정심판 또는 행정소송이 계류 중인 경우나 그 밖에 체납된 금액의 일부 납부 등 대통령령으로 정하는 사유가 있는 경우에는 그러하지 아니하다. 인적사항등에 대한 공개 여부를 심의하기 위하여 건강보험공단에 보험료정보공개심의위원회를 두어 심의위원회의 심의를 거친 인적사항등의 공개대상자에게 공개대상자임을 서면으로 통지하여 소명의 기회를 부여하여야 하며, 통지일부터 6개월이 경과한 후 체납액의 납부 이행 등을 고려하여 공개대상자를 선정한다. 인적사항등의 공개는 관보에 게재하거나 건강보험공단 인터넷 홈페이지에 게시하는 방법으로 한다.

제 6 절 국민연금기금

1. 기금의 설치 및 조정

보건복지부장관은 국민연금사업에 필요한 재원을 원활하게 확보하고, 국민연금법에 따른 급여에 충당하기 위한 책임준비금으로서 국민연금기금을 설치하되 기금의 재원은 ① 연금보험료, ② 기금운용수익금, ③ 적립금, ④ 공단의 수입지출 결산상 잉여금으로 조성한다.

2. 기금의 관리 · 운용 및 건강보험공단에의 출연

기금은 보건복지부장관이 관리 · 운용하며, 국민연금재정의 장기적인 안정을 유지하기 위하여 그 수익을 최대로 증대시킬 수 있도록 국민연금기금운용위원회에서 의결한 바에 따라 다음의 방법으로 기금을 관리 · 운용하되, 가입자, 가입자였었던 자 및 수급권자의 복지증진을 위한 사업에 대한 투자는 국민연금재정의 안정을 해치지 아니하는 범위에서 하여야 하며 자산 종류별 시장수익률을 넘는 수익을 낼 수 있도록 신의를 지켜 성실하게 하여야 하고, 기금의 운용 성과 및 재정 상태를 명확히 하기 위하여 대통령령으로 정하는 바에 따라 기금을 계리(計理)하여야 한다. 또한 연금보험료 등의 징수에 소요되는 비용을 국민연금기금운용위원회의 의결을 거쳐 기금에서 건강보험공단에 출연할 수 있다.

1. 대통령령으로 정하는 금융회사에 대한 예입 또는 신탁
2. 공공사업을 위한 공공부문에 대한 투자(기획재정부장관과 협의)
3. 자본시장과금융투자업에관한법률에 따른 증권의 매매 및 대여
4. 자본시장과금융통자업에관한법률에 따른 지수 중 금융투자상품지수에 관한 파생상품시장에서의 거래
5. 법 제46조에 따른 복지사업[1] 및 대여사업[2]

---

1) 대통령령 제31조: ① 노인복지, 아동복지, 장애인복지 등을 위한시설의 설치 · 운영 및 자금의 대

6. 기금의 본래의 사업목적수행을 위한 재산의 취득 및 처분

7. 그 밖의 기금증식을 위하여 대통령령이 정하는 사업

3. 국민연금기금운용위원회

(1) 심의 · 의결기관

국민연금기금운용위원회는 기금의 운용에 관한 다음 사항을 심의 · 의결하기 위하여 보건복지부에 설치된 기관이다.

1. 기금운용지침에 관한 사항

2. 기금을 관리기금에 예탁할 경우 예탁 이자율의 협의에 관한 사항

3. 기금운용계획에 관한 사항

4. 기금의 운용내용과 사용내용에 관한 사항

5. 그 밖에 기금의 운용에 관하여 중요한 사항으로서 운용위원회 위원장이 회의에 부치는 사항

(2) 국민연금기금운용지침

운용위원회는 가입자의 권익이 극대화되도록 매년 다음 사항에 관한 국민연금기금운용지침을 작성하여 4월 말일까지 운용위원회에 제출하여야 하고, 운용위원회는 기금운용지침안을 5월 말일까지 심의 · 의결하여야 한다.

1. 공공사업에 사용할 기금자산의 비율

2. 공공사업에 대한 기금배분의 우선순위

3. 가입자 · 가입자였던 자 및 수급권자의 복지증진을 위한 사업비

4. 기금의 증식을 위한 가입자 및 가입자였던 자에 대한 대여사업비

(3) 운용위원회 구성

국민연금운용위원회는 위원장인 보건복지부장관, 당연직위원인 기획재정부차관, 농림수산식품부차관, 지식경제부차관, 고용노동부차관과 공단 이사장 및 위원장이 위촉하는 다음의 위원으로 구성한다. 위원의 임기는 2년으로 하고 1차만 연임할 수 있되, 위원장과 당연직 위원의 임기는 그 재임기간으로 한다. 운용위원회

여, ② 병원과 휴양시설 또는 요양시설의 설치의 운영 및 자금의 대여, ③ 생활안정을 위한 자금의 대여, ④ 학자금의 대여, ⑤ 당연적용사업장인 중 · 소사업장의 사업장내 복지시설의 설치를 위한 자금의 대여, ⑥ 주택구입자금 및 전세자금의 대여

2) 대통령령 제32조: 공단은 가입자 또는 가입자이었던 자에게 그가 낸 연금보험료의 1백분의 80에 해당하는 금액의 범위 안에서 자금을 대여할 수 있다.

의 회의는 연 4회 이상 개최하여야 하며, 재적위원 과반수의 출석으로 개회하고 출석위원 과반수의 찬성으로 의결한다. 출석하지 아니한 위원은 의결권을 행사하지 아니한 것으로 본다.

1. 사용자를 대표하는 위원으로서 사용자단체가 추천하는 자 3명
2. 근로자를 대표하는 위원으로서 노동조합의 연합단체가 추천하는 자 3명
3. 지역가입자 대표위원 6명(농어업인단체, 자영자단체, 소비자 및 시민단체 각 2인)
4. 관계전문가로서 국민연금에 관한 학식과 경험이 풍부한 자 2명

4. 국민연금기금운용실무평가위원회

기금운용에 관한 다음 사항을 심의·평가하기 위하여 보건복지부차관이 위원장이 되는 국민연금기금운용위원회에 국민연금기금운용실무위원회를 둔다.

1. 기금운용자산의 구성 및 기금의 회계처리에 관한 사항
2. 기금운용성과의 측정에 관한 사항
3. 기금의 관리·운용과 관련하여 개선하여야 할 사항
4. 운용위원회에 상정할 안건 중 실무평가위원회의 위원장이 필요하다고 인정한 사항
5. 그 밖에 운용위원회에서 심의를 요청한 사항

5. 연금보험료의 기금에의 납입 등

보건복지부장관은 기금의 수입과 지출을 명확히 하기 위하여 한국은행에 국민연금기금계정을 설치하여야 한다. 공단은 징수한 연금보험료의 총액을 일별로 국민연금기금계정에 납입하여야 하며, 징수한 전월분의 연금보험료의 총액, 미수된 금액 등의 징수현황을 매월 말일까지 보건복지부장관에게 문서로 보고하여야 한다.

6. 국민연금기금운용계획

보건복지부장관은 매년 기금운용계획을 수립하여 운용위원회 및 국무회의의 심의를 거쳐 대통령의 승인을 받아야 하며, 정부는 기금운용계획을 전년도 10월 말까지 국회에 보고하여야 한다. 보건복지부장관은 기금의 운용의 내용을, 기획재정경제부장관은 관리기금에 예탁된 기금의 사용내용을 각각 다음 연도 6월 말까지 운용위원회에 제출하여야 한다. 운용위원회의 위원장은 정부가 작성한 기금의

운용내역과 사용내역을 운용위원회의 심의를 거쳐 국회에 제출하고 공시[3]하여야 한다.

제7절 심사청구 및 재심사청구

1. 심사청구

가입자의 자격, 기준소득월액, 연금보험료 그 밖에 국민연금법에 따른 징수금과 급여에 관한 공단 또는 건강보험공단의 처분에 이의가 있는 자는 그 처분이 있음을 안 날부터 90일 이내에 문서로 공단 또는 건강보험공단에 심사청구를 할 수 있으나, 정당한 사유가 없는 한 처분이 있은 날부터 180일을 경과하면 이를 제기하지 못한다.

2. 국민연금심사위원회 및 징수심사위원회

심사청구 사항을 심사하기 위하여 연금공단에 국민연금심사위원회를 두고, 건강보험공단에 징수심사위원회를 둔다. 국민연금심사위원회는 공단의 상임이사 중 공단 이사장이 임명하는 사람인 위원장을 포함한 20인 이내의 위원으로 구성한다. 건강보험공단에 두는 징수심사위원회는 공단의 상임이사 중 공단 이사장이 임명하는 사람인 위원장을 포함한 25명의 위원으로 구성하되, 위원의 임기는 3년으로 한다.

3. 결 정

공단은 심사청구를 받은 날부터 60일 이내에 결정을 하여야 하되, 부득이한 사정이 있는 경우에는 위원장의 직권으로 30일을 연장할 수 있다. 이 경우 결정기간이 끝나기 7일 전까지 청구인에게 이를 알려야 한다. 공단은 심사청구가 적법하지 아니한 경우에는 그 심사청구를 각하하는 결정을 하고, 심사청구가 이유없다고 인정한 경우에는 그 심사청구를 기각하는 결정을 하여야 한다. 그리고 공단이 결정을 하면 지체없이 청구인에게 정본을 보내어야 한다.

---

3) 신문등의자유와기능보장에관한법률 제12조의 규정에 의하여 보급지역을 전국으로 등록한 일반일간신문 및 경제분야 특수일간신문 각 1개 이상에 공시하여야 한다.

4. 재심사청구 및 국민연금재심사위원회

심사청구에 대한 국민연금심사위원회의 결정에 불복이 있는 자는 그 결정통지를 받은 날로부터 90일 이내에 보건복지부에 설치된 국민연금재심사위원회에 재심사를 청구할 수 있다. 국민연금재심사위원회는 보건복지부 국민연금정책관인 위원장을 포함한 7인의 위원으로 구성하고, 재심사위원회의 회의는 재적위원 과반수의 출석으로 개의하고 출석위원 과반수의 찬성으로 의결한다.

5. 소멸시효

국민연금법에 따른 징수금 등을 징수하거나 환수할 공단의 권리는 3년간, 수급권자 또는 가입자 등의 권리는 5년간 행사하지 아니하면 소멸시효가 완성된다.

제 3 장
국민건강보험법

(2019.4.23. 법률 제16366호)

제 1 절 총 설

1. 연혁 및 의의

국민건강보험법은 1963년 12월 16일 법률 제1623호로 제정된 의료보험법을 기원으로 하여 1997년 12월 31일 국민의료보험법으로 제정되었다가 1999년 2월 8일 전면개정되면서 법률 제5854호 국민건강보험법으로 제정되었다. 이후 2000년 12월 29일 5인 미만의 사업장 근로자들을 직장가입자로 편입시키고, 2001년 5월 24일 의료급여수급기간을 연중 무기한으로 확대하고, 2002년 1월 19일 법률 제6618호의 개정으로 2003년 7월 1일부터는 지역가입자와 직장가입자의 재정을 통합시켜 재정의 안정성을 높이고, 2005년 7월 13일 법률 제7590호로 국내에 체류하고 있는 재외국민 또는 외국인에 대한 적용규정 등의 수차례의 개정을 거치면서 2019년 4월 23일 법률 제16366호로 개정되어 현재에 이르고 있다. 국민건강보험법은 헌법 제34조의 인간다운 생활권 보장을 위한 국가의 사회보장수급권 및 사회보장기본법 제3조에서 규정한 사회보험제도를 실현하기 위한 사회보장의 구체적 입법이다.

사회적 의료보장제도로 국민건강보험법과 의료급여법이 있다. 전자는 생활능력이 있는 국민을 대상으로 보험료를 주된 재원으로 운영하는 사회보험의 일종이고, 후자는 생활이 어려운 국민뿐만 아니라 국가무형문화보유자, 국가유공자, 5·18운동관련자 등에게 일반 조세에 의하여 지원되는 공공부조의 일종이다.

2. 국민건강보험법의 목적

국민건강보험법은 국민의 질병·부상에 대한 예방·진단·치료·재활과 출산·사망 및 건강증진에 대하여 보험급여를 실시함으로써 국민보건을 향상시키고 사회보장을 증진함을 목적으로 한다.

3. 관장기관

국민건강보험법에 의한 건강보험사업은 보건복지부장관이 관장한다. 또한 건강보험정책에 관한 사항을 심의·의결하는 기관으로서 보건복지부장관 소속하에 건강보험정책심의위원를 두고, 특별법에 의하여 법인으로 설립된 국민건강보험공단이 건강보험의 보험자로서 보험업무를 관장한다.

4. 정   의

1. '근로자'란 직업의 종류와 관계없이 근로의 대가로서 보수를 받아 생활하는 자(법인의 이사 기타 임원을 포함)로서 공무원 및 교직원을 제외한 사람을 말한다.
2. '사용자'란 다음 각 목의 하나에 해당되는 자를 말한다.
   가. 근로자가 소속되어 있는 사업장의 사업주
   나. 공무원이 소속되어 있는 기관의 장으로서 대통령령이 정하는 자
   다. 교직원이 소속되어 있는 사립학교를 설립·운영하는 자
3. '사업장'이란 사업소 또는 사무소를 말한다.
4. '공무원'이란 국가 또는 지방자치단체에서 상시 공무에 종사하는 자를 말한다.
5. '교직원'이란 사립학교나 사립학교의 경영기관에서 근무하는 교원 및 직원을 말한다.

5. 국민건강보험종합계획의 수립

① 보건복지부장관은 이 법에 따른 건강보험의 건전한 운영을 위하여 건강보험정책심의위원회의 심의를 거쳐 5년마다 국민건강보험종합계획을 수립하여야 하되, 다음 각 호의 사항이 포함되어야 한다.
1. 건강보험정책의 기본목표 및 추진방향
2. 건강보험 보장성 강화의 추진계획 및 추진방법
3. 건강보험의 중장기 재정 전망 및 운영
4. 보험료 부과체계에 관한 사항
5. 요양급여비용에 관한 사항

6. 건강증진 사업에 관한 사항

7. 취약계층 지원에 관한 사항

8. 건강보험에 관한 통계 및 정보의 관리에 관한 사항

9. 그 밖에 건강보험의 개선을 위하여 필요한 사항으로 대통령령으로 정하는 사항

② 보건복지부장관은 종합계획에 따라 매년 연도별 시행계획을 건강보험정책심의위원회의 심의를 거쳐 수립·시행하여야 한다.

③ 보건복지부장관은 매년 시행계획에 따른 추진실적을 평가하여야 한다.

④ 보건복지부장관은 다음 각 호의 사유가 발생한 경우 관련 사항에 대한 보고서를 작성하여 지체 없이 국회 소관 상임위원회에 보고하여야 한다.

1. 제1항에 따른 종합계획의 수립 및 변경

2. 제2항에 따른 시행계획의 수립

3. 제3항에 따른 시행계획에 따른 추진실적의 평가

⑤ 보건복지부장관은 종합계획의 수립, 시행계획의 수립·시행 및 시행계획에 따른 추진실적의 평가를 위하여 필요하다고 인정하는 경우 관계 기관의 장에게 자료의 제출을 요구할 수 있다. 이 경우 자료의 제출을 요구받은 자는 특별한 사유가 없으면 이에 따라야 한다.

⑥ 그 밖에 제1항에 따른 종합계획의 수립 및 변경, 제2항에 따른 시행계획의 수립·시행 및 제4항에 따른 시행계획에 따른 추진실적의 평가 등에 필요한 사항은 대통령령으로 정한다.

6. 국민건강보험제도의 특성

(1) 사회보험

국민건강보험은 보험형식으로 운영되지만 민간보험이 아닌 사회보험이다. 국가가 국민보건에 대한 사회보장을 증진할 목적으로 보험방식에 의하여 국민의 사회적 연대성, 소득재분배기능 및 위험분산기능을 수행하기 위한 제도로서, 공법인인 국민건강보험공단을 설립하여 공적인 기금으로 관리 운영한다.

(2) 보험의 강제가입

국민건강보험은 보험가입의 법적요건이 충족되면 개인의 의사와는 관계없이 법률에 의하여 보험가입이 강제된다. 개인의 임의가입·탈퇴가 자유로운 민간보

험과 구별된다. 국민 누구에게나 발생하는 의료비의 부담을 국민 상호간에 공동으로 부담하여 원활한 보험재정과 운영을 하기 위한 제도이다.

(3) 전국민 대상의 보편성

국민건강보험은 그 적용범위가 전국민을 대상으로 하는 보편적 사회보험이다.

(4) 보험료의 차등부과(형평성)

국민건강보험은 사회적 연대를 기초로 하여 소득수준 등 부담능력에 따라 보험료가 차등적으로 부과된다. 민간보험이 급여의 내용, 위험정도, 계약내용에 따라 보험료가 징수되는 것과 구별된다.

(5) 보험급여의 균등수혜

국민건강보험은 보험료의 부과수준과 관계없이 관계법령에 따라 균등하게 보험급여가 시행된다. 즉 보험료 부담의 많고 적음과 관계없이 보험급여는 동일하다. 보험료의 부담액, 계약기간, 내용 등에 따라 차등급여가 되는 민간보험과 구별된다.

(6) 소득재분배적 기능

국민건강보험은 보험료의 차등부과 기능과 보험급여의 균등수혜 기능을 함으로써 소득재분배적 기능을 한다.

(7) 보험료납부의 강제성

국민건강보험은 보험가입이 강제적임과 동시에 법률에 의하여 보험료의 납부의무를 부과하여 보험료를 강제징수할 수 있다.

(8) 단기보험

국민건강보험은 회계연도가 1년 단위인 단기보험이다. 장기보험인 국민연금보험과 구별된다.

제 2 절   건강보험가입자

1. 적용대상

(1) 국 민

① 국내에 거주하는 국민은 건강보험의 가입자 또는 피부양자가 된다. 다만, 다음 각 호의 어느 하나에 해당하는 사람은 제외한다.

1. 의료급여법에 따라 의료급여를 받는 사람
2. 독립유공자예우에 관한 법률 및 국가유공자 등 예우 및 지원에 관한 법률에 따라 의료보호를 받는 사람. 다만, 다음 각 목의 어느 하나에 해당하는 사람은 가입자 또는 피부양자가 된다.
   가. 유공자등 의료보호대상자 중 건강보험의 적용을 보험자에게 신청한 사람
   나. 건강보험을 적용받고 있던 사람이 유공자등 의료보호대상자로 되었으나 건강보험의 적용배제신청을 보험자에게 하지 아니한 사람

② 제1항의 피부양자는 다음 각 호의 어느 하나에 해당하는 사람 중 직장가입자에게 주로 생계를 의존하는 사람으로서 소득 및 재산이 보건복지부령으로 정하는 기준 이하에 해당하는 사람을 말한다.

1. 직장가입자의 배우자
2. 직장가입자의 직계존속(배우자의 직계존속을 포함한다)
3. 직장가입자의 직계비속(배우자의 직계비속을 포함한다)과 그 배우자
4. 직장가입자의 형제 · 자매

③ 제2항에 따른 피부양자 자격의 인정 기준, 취득 · 상실시기 및 그 밖에 필요한 사항은 보건복지부령으로 정한다.

(2) 외국인 등에 대한 특례

① 정부는 외국 정부가 사용자인 사업장의 근로자의 건강보험에 관하여는 외국 정부와 한 합의에 따라 이를 따로 정할 수 있다.

② 국내에 체류하는 재외국민 또는 외국인이 적용대상사업장의 근로자, 공무원 또는 교직원이고 제6조 제2항 각 호의 어느 하나에 해당하지 아니하면서 다음 각 호의 어느 하나에 해당하는 경우에는 제5조에도 불구하고 직장가입자가 된다.

1. 주민등록법 제6조 제1항 제3호에 따라 등록한 사람
2. 재외동포의 출입국과 법적 지위에 관한 법률 제6조에 따라 국내거소신고를 한 사람
3. 출입국관리법 제31조에 따라 외국인등록을 한 사람

③ 제2항에 따른 직장가입자에 해당하지 아니하는 국내체류 외국인등이 다음 각 호의 요건을 모두 갖춘 경우에는 제5조에도 불구하고 지역가입자가 된다.

1. 보건복지부령으로 정하는 기간 동안 국내에 거주하였거나 해당 기간 동안 국내에 지속적으로 거주할 것으로 예상할 수 있는 사유로서 보건복지부령으로 정하는 사유에 해당될 것
2. 다음 각 목의 어느 하나에 해당할 것
   가. 제2항 제1호 또는 제2호에 해당하는 사람
   나. 출입국관리법 제31조에 따라 외국인등록을 한 사람으로서 보건복지부령으로 정하는 체류자격이 있는 사람

④ 제2항 각 호의 어느 하나에 해당하는 국내체류 외국인등이 다음 각 호의 요건을 모두 갖춘 경우에는 제5조에도 불구하고 공단에 신청하면 피부양자가 될 수 있다.

1. 직장가입자와의 관계가 제5조 제2항 각 호의 어느 하나에 해당할 것
2. 제5조 제3항에 따른 피부양자 자격의 인정 기준에 해당할 것

⑤ 제2항부터 제4항까지의 규정에도 불구하고 다음 각 호에 해당되는 경우에는 가입자 및 피부양자가 될 수 없다.

1. 국내체류가 법률에 위반되는 경우로서 대통령령으로 정하는 사유가 있는 경우
2. 국내체류 외국인등이 외국의 법령, 외국의 보험 또는 사용자와의 계약 등에 따라 제41조에 따른 요양급여에 상당하는 의료보장을 받을 수 있어 사용자 또는 가입자가 보건복지부령으로 정하는 바에 따라 가입 제외를 신청한 경우

⑥ 제2항부터 제5항까지의 규정에서 정한 사항 외에 국내체류 외국인등의 가입자 또는 피부양자 자격의 취득 및 상실에 관한 시기·절차 등에 필요한 사항은 제5조부터 제11조까지의 규정을 준용한다. 다만, 국내체류 외국인등의 특성을 고려하여 특별히 규정해야 할 사항은 대통령령으로 다르게 정할 수 있다.

⑦ 가입자인 국내체류 외국인등이 매월 2일 이후 지역가입자의 자격을 취득하고 그 자격을 취득한 날이 속하는 달에 보건복지부장관이 고시하는 사유로 해당 자격을 상실한 경우에는 제69조 제2항 본문에도 불구하고 그 자격을 취득한 날이

속하는 달의 보험료를 부과하여 징수한다.

⑧ 국내체류 외국인등(제9항 단서의 적용을 받는 사람)에 해당하는 지역가입자의 보험료는 제78조 제1항 본문에도 불구하고 그 직전 월 25일까지 납부하여야 한다. 다만, 다음 각 호에 해당되는 경우에는 공단이 정하는 바에 따라 납부하여야 한다.

1. 자격을 취득한 날이 속하는 달의 보험료를 징수하는 경우
2. 매월 26일 이후부터 말일까지의 기간에 자격을 취득한 경우

⑨ 제7항과 제8항에서 정한 사항 외에 가입자인 국내체류 외국인등의 보험료 부과·징수에 관한 사항은 제69조부터 제86조까지의 규정을 준용한다. 다만, 대통령령으로 정하는 국내체류 외국인등의 보험료 부과·징수에 관한 사항은 그 특성을 고려하여 보건복지부장관이 다르게 정하여 고시할 수 있다.

⑩ 공단은 지역가입자인 국내체류 외국인등(제9항 단서의 적용을 받는 사람에 한정한다)이 보험료를 체납한 경우에는 제53조 제3항에도 불구하고 체납일부터 체납한 보험료를 완납할 때까지 보험급여를 하지 아니한다. 이 경우 제53조 제3항 각 호 외의 부분 단서 및 같은 조 제5항·제6항은 적용하지 아니한다.

2. 가입자의 종류

가입자는 직장가입자 및 지역가입자로 구분한다.

(1) 직장가입자

모든 사업장의 근로자 및 사용자와 공무원 및 교직원은 직장가입자가 된다. 다만, 다음 각 호의 하나에 해당하는 자를 제외한다.

1. 고용기간이 1월 미만의 일용근로자
2. 병역법에 의한 현역병, 전환복무된 사람 및 군간부후보생
3. 선거에 의하여 취임하는 공무원으로서 매월 보수 또는 이에 준하는 급료를 받지 아니하는 자
4. 기타 사업장의 특성, 고용형태 및 사업의 종류 등을 고려하여 대통령령 제9조에서 정하는 사업장의 근로자 및 사용자와 공무원 및 교직원

(2) 지역가입자

가입자 중 직장가입자와 그 피부양자를 제외한 자를 말한다.

3. 사업장의 신고

사업장의 사용자는 다음의 어느 하나에 해당하는 경우 그 때부터 14일 이내에 보건복지부령으로 정하는 바에 따라 보험자에게 신고하여야 한다. 제1호에 해당되어 보험자에게 신고한 내용이 변경된 때에도 또한 같다.

1. 직장가입자가 되는 근로자공무원 및 교직원을 사용하는 사업장이 된 때
2. 휴업, 폐업 등 보건복지부령으로 정하는 사유가 발생한 때

4. 자격의 취득·변경·상실

(1) 자격의 취득

가입자는 국내에 거주하게 된 날에 직장가입자 또는 지역가입자의 자격을 얻는다. 다만, 다음 사항의 1에 해당하는 자는 그 해당되는 날에 각각 자격을 얻는다.

1. 수급자이었던 자는 그 대상자에서 제외된 날
2. 직장가입자의 피부양자이었던 자가 그 자격을 잃은 날
3. 유공자등의료보호대상자이었던 자는 그 대상에서 제외된 날
4. 유공자등의료보호대상자로서 건강보험의 적용을 보험자에 신청한 자는 그 신청한 날

(2) 자격변동의 시기

① 가입자는 다음의 어느 하나에 해당하게 된 날에 그 자격이 변동된다.

1. 가입자가 적용대상사업장의 사용자로 되거나, 근로자·공무원 또는 교직원으로 사용된 날
2. 직장가입자가 다른 적용대상사업장의 사용자로 되거나 근로자 등으로 사용된 날
3. 직장가입자인 근로자 등이 그 사용관계가 종료된 날의 다음 날
4. 직장가입자인 사용자의 사업장에 휴업·폐업 등 보건복지부령을 정하는 사유가 발생한 날의 다음 날
5. 지역가입자가 다른 세대로 전입한 날

② 가입자가 자격이 변동된 경우 사용자 또는 세대주는 다음 각 호의 구분에 따라 그 내역을 보건복지부령으로 정하는 바에 따라 자격이 변동된 날부터 14일 이내에 보험자에게 신고하여야 한다.

1. 제1항 제1호 및 제2호에 따라 자격이 변동된 경우: 사용자
2. 제1항 제3호부터 제5호까지의 규정에 따라 자격이 변동된 경우: 지역가입자의 세대주

③ 국방부장관 및 법무부장관은 직장가입자 또는 지역가입자가 군입·제대, 교도소입·출소 등에 해당하는 경우에는 그 변동일부터 1월 이내에 보험자에게 통보하여야 한다.

(3) 자격상실의 시기

가입자는 다음 사항의 어느 하나에 해당하게 된 날에 그 자격을 잃는다. 자격을 잃은 경우 당해 직장가입자의 사용자 및 지역가입자의 세대주는 그 내역을 자격을 잃은 날부터 14일 이내에 보험자에게 신고하여야 한다.

1. 사망한 날의 다음 날
2. 국적을 잃은 날의 다음 날
3. 수급권자가 된 날
4. 국내에 거주하지 아니하게 된 날의 다음 날
5. 직장가입자의 피부양자가 된 날
6. 건강보험의 적용을 받고 있던 자로서 유공자등의료보호대상자가 된 자가 건강보험의 적용배제신청을 한 날

5. 자격득실의 확인 및 자격변동사항 고지

가입자의 자격의 취득·변동 및 상실은 자격의 취득·변동 및 상실의 시기에 소급하여 효력을 발생한다. 가입자나 가입자이었던 자는 이에 따른 확인을 청구할 수 있고, 공단은 가입자 자격의 취득 또는 변동 여부를 확인하는 경우에는 자격 취득 또는 변동 후 최초로 납부의무자에게 보험료 납입 고지를 할 때 보건복지부령으로 정하는 바에 따라 자격 취득 또는 변동에 관한 사항을 알려야 한다.

6. 건강보험증

국민건강보험공단은 가입자 또는 피부양자가 신청하는 경우에 대하여 건강보험증을 발급하여야 한다. 가입자 및 피부양자가 요양급여를 받을 때에는 건강보험증을 요양기관에 제출하여야 하되, 천재지변 기타 부득이한 사유가 있는 경우에는 그러하지 아니하다. 그러함에도 불구하고 가입자 또는 피부양자는 요양기관이 주

민등록증, 운전면허증, 여권 그 밖에 보건복지부령으로 정하는 본인여부를 확인할 수 있는 신분증명서에 따라 자격을 확인할 수 있는 경우 건강보험증을 제출하지 아니할 수 있다. 누구든지 건강보험증 또는 신분증명서의 양도·대여 그 밖의 부정한 사용을 통하여 보험급여를 받아서는 아니 된다.

제3절   운영조직

1. 관장기관

건강보험사업은 보건복지부장관이 관장한다. 보건복지부장관은 국가 기관으로서 건강보험사업에 대한 정책과 계획을 수립하고 보험운영에 대한 감독과 최종책임을 진다. 국가는 공적인 건강보험사업을 효율적으로 운영하기 위한 조직으로서 보건복지부장관 소속하에 심의·의결기관인 건강보험정책심의위원회를 두고, 보험자로서의 운영주체는 공법인인 국민건강보험공단이 수행하도록 하고 있는 외에 요양급여비용을 심사·평가하기 위한 별도의 법인인 건강보험심사평가원을 두고 있다. 그리고 가입자 및 피부양자의 자격·보험료 등 보험급여 및 보험급여비용에 관한 이의신청 등을 결정하기 위하여 공단과 심사평가원에 각각 이의신청위원회를 설치하고, 그 이의신청에 대한 불복에 대한 심사를 하기 위하여 보건복지부장관 소속하에 분쟁조정위원회를 두고 있다.

2. 국가(보건복지부장관)

건강보험사업은 공적인 국가의 사업이기 때문에 국가기관인 보건복지부장관이 관장하도록 하고 있다. 국가사업이기 때문에 국고에서 공단에 재정지원을 하고, 공단이나 심사평가원과 같은 기관에 대한 감독뿐만이 아니라 직접 사용자·피용자·수급권자 등에까지 필요한 서류제출을 요구하거나 조사나 질문까지도 할 수 있다.

(1) 보험재정의 지원

국가는 매년 예산의 범위 안에서 당해연도 보험료 예상수입액의 100분의 14에 상당하는 금액을 국고에서 공단에 지원한다. 공단은 지원된 재원을 다음 각 호의 사업에 사용한다.

1. 가입자 및 피부양자에 대한 보험급여
2. 건강보험사업에 대한 운영비
3. 보험료 경감에 대한 지원

(2) 공단 등에 대한 감독

보건복지부장관은 공단 및 심사평가원에 대하여 그 사업에 관한 보고를 명하거나 사업 또는 재산상황을 검사하여 정관 또는 규정의 변경 기타 필요한 처분을 명하는 등 감독상 필요한 조치를 할 수 있다.

(3) 보고와 검사

보건복지부장관은 ① 사용자 또는 세대주에게 가입자의 이동·보수·소득 기타 필요한 사항에 관한 것, ② 요양기관에 대하여 요양약제의 지급 등 보험급여에 관한 것을 보고 또는 서류제출을 명하거나 소속공무원으로 하여금 관계인에게 질문을 하게 하거나 관계서류를 검사하게 할 수 있고, ③ 보험급여를 받은 자에게 당해 보험급여의 내용에 관하여 보고하게 하거나 소속공무원으로 하여금 질문하게 할 수 있다. 또한 요양급여비용의 청구를 대행하는 단체에 대하여 필요한 자료의 체출을 명하거나 소속공무원으로 하여금 대행청구에 관한 자료 등을 조사·확인하게 할 수 있다. 이 경우 소속공무원은 그 권한을 표시하는 증표를 지니고 이를 관계인에게 내보여야 한다.

(4) 과징금의 부과

보건복지부장관은 요양기관이 사위 기타 부당한 방법으로 보험자·가입자 및 피부양자에게 요양급여비용을 부담하게 한 때, 보건복지부장관의 명령에 위반하거나 허위보고를 하거나 소속공무원의 검사 또는 질문을 거부·방해 또는 기피한 때에는 1년의 범위 안에서 업무정지를 명할 수 있되, 특별한 사유가 있다고 인정되는 때에는 업무정지에 갈음하여 과징금으로 부과·징수할 수 있다.

3. 건강보험정책심의위원회

① 건강보험정책에 관한 다음 각 호의 사항을 심의·의결하기 위하여 보건복지부장관 소속으로 건강보험정책심의위원회를 둔다.
1. 국민건강보험 종합계획 및 시행계획에 관한 사항
2. 요양급여의 기준 및 요양급여비용에 관한 사항

3. 직장가입자의 보험료율

4. 지역가입자의 보험료부과점수당 금액

5. 그 밖에 건강보험에 관한 주요 사항으로서 대통령령으로 정하는 사항

② 심의위원회는 위원장 1명과 부위원장 1명을 포함하여 25명의 위원으로 구성하며 심의위원회의 위원장은 보건복지부차관이 되고, 부위원장은 위원 중에서 위원장이 지명하는 사람이 되며 심의위원회의 위원은 다음 각 호에 해당하는 사람을 보건복지부장관이 임명 또는 위촉한다. 심의위원회 위원(공무원 위원은 제외)의 임기는 3년으로 하되 위원의 사임 등으로 새로 위촉된 위원의 임기는 전임위원 임기의 남은 기간으로 한다. 심의위원회의 운영 등에 필요한 사항은 대통령령으로 정한다.

1. 근로자단체 및 사용자단체가 추천하는 각 2명

2. 시민단체(비영리민간단체지원법에 따른 비영리민간단체), 소비자단체, 농어업인단체 및 자영업자단체가 추천하는 각 1명

3. 의료계를 대표하는 단체 및 약업계를 대표하는 단체가 추천하는 8명

4. 다음 각 목에 해당하는 8명

　　가. 대통령령으로 정하는 중앙행정기관 소속 공무원 2명

　　나. 국민건강보험공단의 이사장 및 건강보험심사평가원의 원장이 추천하는 각 1명

　　다. 건강보험에 관한 학식과 경험이 풍부한 4명

4. 국민건강보험공단

(1) 보험자

건강보험의 보험자는 국민건강보험공단으로 한다. 건강보험사업은 국가기관인 보건복지부장관이 관장하지만, 공법인으로 설립된 국민건강보험공단이 보험자로서 운영주체가 된다. 이사장을 포함한 17인의 이사와 1인의 감사로 구성되어 있다. 이사장·이사 중 5인 및 감사는 상임으로 하되, 임원의 임기는 3년으로 하되, 공무원의 임기는 그 재임기간으로 한다.

(2) 보험재정의 지원

1) 국고지원

공단은 매년 예산의 범위 안에서 당해 연도 예상수입액의 100분의 14에 상당

하는 금액을 국고에서 지원받아, 다음 각 호의 사업에 사용한다.

1. 가입자 및 피부양자에 대한 보험급여
2. 건강보험사업에 대한 운영비
3. 보험료 경감에 대한 지원

2) 국민건강증진기금의 지원

공단은 국민건강증진법에 따른 국민건강증진기금에서 자금을 지원받아, 다음 각 호의 사업에 사용한다.

1. 건강검진 등 건강증진에 관한 사업
2. 가입자 및 피부양자의 흡연으로 인한 질병에 대한 보험급여
3. 가입자 및 피부양자 중 65세 이상 노인에 대한 보험급여

(3) 업 무

공단은 다음과 같은 업무를 관장하며, 당해 업무의 제공 또는 시설의 이용이 특정인을 위한 것일 경우 그 업무의 제공 또는 시설의 사용에 대하여 공단의 정관이 정하는 바에 의하여 수수료 또는 사용료를 징수할 수 있고, 공공기관의 정보공개에 관한 법률에 의하여 건강보험과 관련하여 보유·관리하고 있는 정보를 공개한다.

1. 가입자 및 피부양자의 자격관리
2. 보험료 기타 이 법에 의한 징수금과 부과·징수
3. 보험급여의 관리
4. 가입자 및 피부양자의 건강의 유지·증진을 위하여 필요한 예방사업
5. 보험급여비용의 지급
6. 자산의 관리·운영 및 증식사업
7. 의료시설의 운영
8. 건강보험에 관한 교육훈련 및 홍보
9. 건강보험에 관한 조사연구 및 국제협력
10. 국민연금, 고용보험 및 산업재해보상보험법의 보험료징수 등에 관한 법률 및 임금채권보장법 및 석면피해구제법에 따라 위탁받은 업무
11. 이 법 또는 다른 법령에 의하여 위탁받은 업무
12. 기타 건강보험과 관련하여 보건복지부장관이 필요하다고 인정한 업무

(4) 공무원의 의제

공단의 임원 및 임직원은 수뢰·알선죄 등과 같은 형법적용에 있어서는 이를 공무원으로 본다.

(5) 재정운영위원회

요양급여비용의 계약 및 보험료의 결손처분 등 보험재정과 관련된 사항을 심의·의결하기 위하여 공단에 재정운영위원회를 둔다. 재정운영위원회의 위원장은 재정운영위원회 위원 중에서 위원회가 호선한다. 재정위원회 위원은 직장가입자 대표위원 10인(노동조합과 사용자단체가 각 5인 추천), 지역가입자 대표위원 10인 (농·어업인단체, 도시자영업자단체 각 3인, 시민단체 4인 추천), 공익 대표위원 10인 (관계공무원 및 건강보험에 관한 학식과 경험이 풍부한 자)으로 구성되며, 보건복지부 장관이 임명 또는 위촉한다.

(6) 회계 및 결산

공단의 회계연도는 정부의 회계연도에 따르며, 직장가입자와 지역가입자의 재정을 통합하여 운영한다. 공단은 건강보험사업에 관한 회계를 공단의 다른 회계와 구분하여 계리하여야 한다. 공단은 회계연도마다 결산보고서 및 사업보고서를 작성하여 다음해 2월 말까지 보건복지부장관에게 보고하여야 하고, 그 내용을 공고 하여야 한다.

5. 건강보험심사평가원

요양급여비용을 심사하고 요양급여의 적정성을 평가하기 위하여 법인으로 설립한 건강보험심사평가원은 원장 1인, 이사 15인 및 감사 1인으로 구성되어 다음의 업무를 수행하고 있다. 또한 업무를 효율적으로 수행하기 위하여 심사평가원에 진료심사평가위원회를 둔다. 심사위원회는 위원장을 포함하여 90명 이내의 상근 심사위원과 1천명 이내의 비상근 심사위원으로 구성한다.

1. 요양급여비용의 심사
2. 요양급여의 적정성에 대한 평가
3. 심사 및 평가 기준의 개발
4. 위 3개 업무와 관련된 조사연구 및 국제협력
5. 다른 법률 규정에 의하여 지급되는 급여비용의 심사 또는 의료의 적정성

평가에 관하여 위탁받은 업무

6. 건강보험과 관련하여 보건복지부장관이 필요하다고 인정하는 업무

7. 기타 보험급여비용의 심사와 보험급여의 적정성 평가와 관련하여 대통령령
   이 정하는 업무

6. 건강보험분쟁조정위원회

건강보험 관련의 심판청구를 심리·의결하기 위하여 보건복지부에 건강보험분쟁조정위원회를 둔다. 위원장을 포함하여 60명 이내의 위원으로 구성하고, 위원장을 제외한 위원 중 1명은 당연직위원으로 하되, 공무원이 아닌 위원이 전체 위원의 과반수가 되도록 하여, 보건복지부에 건강보험분쟁조정위원회를 둔다. 분쟁조정위원회의 회의는 위원장, 당연직위원 및 위원장이 매 회의마다 지정하는 7명의 위원을 포함하여 총 9명으로 구성하되, 공무원이 아닌 위원이 과반수가 되도록 하여야 하고, 분쟁조정위원회는 구성원 과반수의 출석과 출석위원 과반수의 찬성으로 의결한다.

제 4 절 보험급여

국민건강보험의 보험급여는 법정급여로서 요양급여·건강검진·요양비·장애인특례급여가 있고 부가급여로서 장제비·상병수당 기타의 급여가 있다.

1. 요양급여

가입자 및 피부양자의 질병·부상·출산 등에 대하여 ① 진찰·검사, ② 약제·치료재료의 지급, ③ 처치·수술 그 밖의 치료, ④ 예방·재활, ⑤ 입원, ⑥ 간호, ⑦ 이송 등의 요양급여를 실시한다. 요양급여의 방법·절차·범위·상한 등 요양급여의 기준은 보건복지부령으로 정하고, 요양급여의 제외 등은 치료재료 급여·비급여 목록 및 급여 상한금액표시보건복지부 고시 2018-204호, 2018.9.27.) 및 국민건강보험 요양급여의 기준에 관한 규칙(보건복지부령 제619호, 2019.3.21.)에 따른다.

(1) 선별급여

요양급여를 결정함에 있어 경제성 또는 치료효과성 등이 불확실하여 그 검증을 위하여 추가적인 근거가 필요하거나, 경제성이 낮아도 가입자와 피부양자의 건강회복에 잠재적 이득이 있는 등 대통령령으로 정하는 경우에는 예비적인 요양급여인 선별급여로 지정하여 실시할 수 있다. 보건복지부장관은 대통령령으로 정하는 절차와 방법에 따라 선별급여에 대하여 주기적으로 요양급여의 적합성을 평가하여 요양급여 여부를 다시 결정하고, 제41조 제3항에 따른 요양급여의 기준을 조정하여야 한다.

(2) 방문요양급여

가입자 또는 피부양자가 질병이나 부상으로 거동이 불편한 경우 등 보건복지부령으로 정하는 사유에 해당하는 경우에는 가입자 또는 피부양자를 직접 방문하여 제41조에 따른 요양급여를 실시할 수 있다.

(3) 요양기관

요양급여(간호와 이송은 제외)는 다음 각 호의 요양기관에서 실시하되, 보건복지부장관은 공익이나 국가정책에 비추어 대통령령 제18조에서 정한 요양기관으로 적합하지 아니한 의료기관 등은 요양기관에서 제외할 수 있다.
1. 의료법에 따라 개설된 의료기관
2. 약사법에 따라 등록된 약국
3. 약사법에 따라 설립된 한국희귀·필수의약품센터
4. 지역보건법에 따른 보건소·보건의료원 및 보건지소
5. 농어촌 등 보건의료를 위한 특별조치법에 따라 설치된 보건진료소

(4) 비용의 일부부담

요양급여를 받는 자는 대통령령으로 정하는 바에 따라 비용의 일부를 본인이 부담한다. 이 경우 선별급여에 대해서는 다른 요양급여에 비하여 본인일부부담금을 상향 조정할 수 있다. 본인이 연간 부담하는 본인일부부담금의 총액이 대통령령으로 정하는 금액을 초과한 경우에는 공단이 그 초과 금액을 부담하여야 한다.

본인부담상한액은 가입자의 소득수준 등에 따라 정한다. 본인일부부담금 총액 산정 방법, 본인부담상한액을 넘는 금액의 지급 방법 및 가입자의 소득수준 등에

따른 본인부담상한액 설정 등에 필요한 사항은 대통령령으로 정한다.

(5) 요양급여비용의 산정

요양급여비용은 공단의 이사장과 대통령령으로 정하는 의약계를 대표하는 사람들의 계약으로 계약기간은 1년으로 하며, 계약이 체결되면 그 계약은 공단과 각 요양기관 사이에 체결된 것으로 본다. 계약은 그 직전 계약기간 만료일이 속하는 연도의 5월 31일까지 체결하여야 하며, 그 기한까지 계약이 체결되지 아니하는 경우 보건복지부장관이 그 직전 계약기간 만료일이 속하는 연도의 6월 30일까지 심의위원회의 의결을 거쳐 요양급여비용을 정한다. 요양급여비용이 정해지면 보건복지부장관은 그 요양급여비용의 명세를 지체 없이 고시하여야 한다.

공단의 이사장은 재정운영위원회의 심의·의결을 거쳐 계약을 체결하여야 하며, 심사평가원은 공단의 이사장이 계약을 체결하기 위하여 필요한 자료를 요청하면 그 요청에 성실히 따라야 한다. 계약의 내용과 그 밖에 필요한 사항은 대통령령으로 정한다.

2. 건강검진

공단은 가입자와 피부양자에 대하여 질병의 조기 발견과 그에 따른 요양급여를 하기 위하여 건강검진을 실시하되, 건강검진의 검진항목은 성별, 연령 등의 특성 및 생애 주기에 맞게 설계되어야 하고, 건강검진의 횟수·절차와 그 밖에 필요한 사항은 대통령령으로 정한다. 건강검진의 종류 및 대상은 다음 각 호와 같다.
1. 일반건강검진: 직장가입자, 세대주인 지역가입자, 20세 이상인 지역가입자 및 20세 이상인 피부양자
2. 암검진: 암관리법에 따른 암의 종류별 검진주기와 연령 기준 등에 해당하는 사람
3. 영유아건강검진: 6세 미만의 가입자 및 피부양자

3. 요 양 비

공단은 가입자나 피부양자가 보건복지부령 제23조로 정하는 긴급하거나 그 밖의 부득이한 사유로 요양기관과 비슷한 기능을 하는 기관으로서 보건복지부령으로 정하는 기관에서 질병·부상·출산 등에 대하여 요양을 받거나 요양기관이 아닌 장소에서 출산한 경우에는 그 요양급여에 상당하는 금액을 보건복지부령으로

정하는 바에 따라 가입자나 피부양자에게 요양비로 지급한다. 요양을 실시한 기관은 보건복지부장관이 정하는 요양비 명세서나 요양 명세를 적은 영수증을 요양을 받은 사람에게 내주어야 하며, 요양을 받은 사람은 그 명세서나 영수증을 공단에 제출하여야 한다.

4. 장애인에 대한 특례

공단은 장애인복지법에 따라 등록한 장애인인 가입자 및 피부양자에게는 장애인·노인 등을 위한 보조기기지원 및 활용촉진에 관한 법률에 따른 보조기기에 대하여 보험급여를 할 수 있다. 보장구에 대한 보험급여의 범위·방법·절차와 그 밖에 필요한 사항은 보건복지부령으로 정한다.

5. 부가급여

공단은 이 법에서 정한 요양급여 외에 대통령령으로 정하는 바에 따라 임신·출산 진료비, 장제비, 상병수당, 그 밖의 급여(임신·출산(유산과 사산 포함))를 실시할 수 있다.

제 5 절   급여의 제한·정지·확인

1. 급여의 제한

공단은 급여를 받을 수 있는 자가 ① 고의 또는 중대한 과실로 인한 범죄행위에 기인하거나 고의로 사고를 발생시킨 때, ② 고의 또는 중대한 고실로 공단이나 요양기관의 요양에 관한 지시에 따르지 아니한 때, ③ 고의 또는 중대한 과실로 문서 기타 물건의 제출을 거부하거나 질문 또는 진단을 기피한 때, ④ 업무상 또는 공무상 질병·부상·재해로 인하여 다른 법령에 의한 보험급여나 보상 또는 보상을 받게 되는 때에는 보험급여를 하지 아니한다.

공단은 보험급여를 받을 수 있는 자가 다른 법령에 의하여 국가 또는 지방자치단체로부터 보험급여에 상당하는 급여를 받거나 보험급여에 상당하는 비용을 지급받게 되는 때에는 그 한도 내에서 보험급여를 실시하지 아니한다. 공단은 가입자가 대통령령으로 정하는 기간 이상 소득월액보험료나 세대단위 보험료를 체납한 경우 그 체납한 보험료를 완납할 때까지 그 가입자 및 피부양자에 대하여 보험급여를 실시하지 아니할 수 있되, 월별 보험료의 총체납횟수가 대통령령으로 정하는 횟수 미만이거나 가입자 및 피부양자의 소득·재산 등이 대통령령으로 정하는 기준 미만인 경우에는 그러하지 아니하다. 공단으로부터 분할납부 승인을 받고 그 승인된 보험료를 1회 이상 낸 경우에는 보험급여를 할 수 있되, 정당한 사유 없이 2회 이상 그 승인된 보험료를 내지 아니한 경우에는 그러하지 아니하다. 보험급여제한기간에 받은 보험급여는 다음 각 호의 어느 하나에 해당하는 경우에만 보험급여로 인정한다.

1. 공단이 급여제한기간에 보험급여를 받은 사실이 있음을 가입자에게 통지한 날부터 2개월이 지난 날이 속한 달의 납부기한 이내에 체납된 보험료를 완납한 경우

2. 공단이 급여제한기간에 보험급여를 받은 사실이 있음을 가입자에게 통지한 날부터 2개월이 지난 날이 속한 달의 납부기한 이내에 제82조에 따라 분할납부 승인을 받은 체납보험료를 1회 이상 낸 경우. 다만, 제82조에 따른 분할납부 승인을 받은 사람이 정당한 사유 없이 2회 이상 그 승인된 보험료를 내지 아니한 경우에는 그러하지 아니하다.

2. 급여의 정지

보험급여를 받을 수 있는 자가 ① 국외에 여행 중인 때, ② 국외에서 업무에 종사하고 있는 때, ③ 병역법에 의한 현역병(지원에 의하지 아니하고 입영된 하사 포함). 전환복무 된 사람 및 군간부후보생인 때, ④ 교도소 기타 이에 준하는 시설에 수용되어 있는 때에는 그 기간 중 보험급여를 하지 아니한다.

3. 급여의 확인 및 지급

공단은 보험급여를 실시함에 있어서 필요하다고 인정되는 때에는 보험급여를 받는 자에 대하여 문서 기타 물건의 제출을 요구하거나 관계인으로 하여금 질문 또는 진단을 하게 할 수 있다. 공단은 지급의무가 있는 요양비 또는 임의급여의 청구가 있는 때에는 지체 없이 이를 지급하여야 한다.

제6절 부당이득의 징수 · 구상권 · 정산

1. 부당이득의 징수

공단은 속임수나 기타 부당한 방법으로 보험급여를 받은 자 또는 보험급여비용 등을 받은 요양기관에 대하여 그 급여 또는 급여비용에 상당하는 금액의 전부 또는 일부를 징수한다. 공단은 속임수나 기타 부당한 방법으로 보험급여 비용을 받은 요양기관이 의료인의 면허나 의료법인 등의 명의를 대여 받아 개설 · 운영하는 의료기관이나 약사 등의 면허를 대여 받아 개설 · 운영하는 약국으로 요양기관을 개설한 자에게 그 요양기관과 연대하여 징수금을 납부하게 할 수 있다. 사용자나 가입자의 거짓 보고나 거짓 증명(건강보험증이나 신분증명서를 양도 · 대여) 또는 요양기관의 거짓 진단에 따라 보험급여가 실시된 경우 공단은 이들에게 보험급여를 받은 사람과 연대하여 징수금을 내게 할 수 있고, 속임수나 그 밖의 부당한 방법으로 보험급여를 받은 사람과 같은 세대에 속한 가입자에게 연대하여 징수금을 내게 할 수 있다. 요양기관이 가입자나 피부양자로부터 속임수나 그 밖의 부당한 방법으로 요양급여비용을 받은 경우 공단은 해당 요양기관으로부터 이를 징수하여 가입자나 피부양자에게 지체 없이 지급하여야 한다. 이 경우 공단은 가입자나 피부양자에게 지급하여야 하는 금액을 그 가입자 및 피부양자가 내야 하는 보험료등과 상계할 수 있다.

2. 구상권 및 수급권 보호

공단은 제3자의 행위로 인한 보험급여사유가 발생하여 가입자 또는 피부양자에게 보험급여를 한 때에는 그 급여에 소요되는 비용의 한도 내에서 그 제3자에 대한 손해배상청구의 권리를 얻는다. 보험급여를 받은 자가 제3자로부터 이미 손해배상을 받은 때에는 공단은 그 배상액의 한도 내에서 보험급여를 하지 아니한다. 보험급여를 받을 권리는 양도하거나 압류할 수 없고, 요양비등수급계좌에 입금된 요양비등은 압류할 수 없다.

3. 현역병 등에 대한 요양급여비용 지급

공단은 전환복무된 사람 및 군간부후보생, 교도소, 그 밖에 이에 준하는 시설에 수용되어 있는 사람이 요양기관에서 대통령령으로 정하는 요양급여를 받은 경우 그에 따라 공단이 부담하는 요양급여비용과 이에 따른 요양비를 법무부장관·국방부장관·경찰청장·소방청장 또는 해양경찰청장으로부터 예탁 받아 지급할 수 있다. 이 경우 법무부장관·국방부장관·경찰청장·소방청장 또는 해양경찰청장은 예산상 불가피한 경우 외에는 연간(年間) 들어갈 것으로 예상되는 요양급여비용과 요양비를 대통령령으로 정하는 바에 따라 미리 공단에 예탁하여야 한다.

4. 요양급여비용의 정산

공단은 산업재해보상보험법에 따른 요양급여를 지급한 후 그 지급결정에 취소된 경우로서 그 요양급여의 비용을 청구하는 경우에는 그 요양급여가 이 법에 따라 실시할 수 있는 요양급여에 상당한 것으로 인정되면 그 요양급여에 해당하는 금액을 지급할 수 있다.

제 7 절   보 험 료

1. 보험료의 징수

(1) 월별 보험료액

공단은 건강보험사업에 드는 비용에 충당하기 위하여 보험료의 납부의무자로부터 보험료를 징수한다.

① 직장가입자의 월별 보험료액은 다음 각 호에 따라 산정한 금액으로 한다.

1. 보수월액보험료: 보수월액에 보험료율을 곱하여 얻은 금액

2. 소득월액보험료: 소득월액에 보험료율을 곱하여 얻은 금액

② 지역가입자의 월별 보험료액은 세대 단위로 산정하되, 지역가입자가 속한 세대의 월별 보험료액은 보험료부과점수에 따른 보험료 부과점수당 금액을 곱한 금액으로 한다.

③ 월별 보험료액은 가입자의 보험료 평균액의 일정비율에 해당하는 금액을 고려하여 대통령령으로 정하는 기준에 따라 상한 및 하한을 정한다.

(2) 보수월액과 소득월액

직장가입자의 보수월액은 직장가입자가 지급받는 보수를 기준으로 하여 산정

하되, 휴직이나 그 밖의 사유로 보수의 전부 또는 일부가 지급되지 아니하는 가입자의 보수월액보험료는 해당 사유가 생기기 전 달의 보수월액을 기준으로 산정하고 보수 관련 자료가 없거나 불명확한 경우 등 대통령령으로 정하는 사유에 해당하면 보건복지부장관이 정하여 고시하는 금액을 보수로 보거, 보수월액의 산정 및 보수가 지급되지 아니하는 사용자의 보수월액의 산정 등에 필요한 사항은 대통령령으로 정한다.

소득월액 보수월액의 산정에 포함된 보수를 제외한 직장가입자의 보수외 소득이 대통령령으로 정하는 금액을 초과하는 경우 다음의 계산식에 따라 대통령령의 기준에 따라 산정한다.

$$(\text{연간 보수외 소득} - \text{대통령령으로 정한 금액}) \times 1/12$$

(3) 보험료부과점수와 보험료율

보험료부과점수는 지역가입자의 소득 및 재산을 기준으로 산정하며, 직장가입자의 보험료율은 1천분의 80의 범위에서 하되 국외에서 업무에 종사하고 있는 직장가입자에 대한 보험료율은 보험료율의 100분의 50으로 한다. 심의위원회를 거쳐 대통령령으로 정한다.

2. 보험료의 부담

직장가입자의 보험료는 직장가입자와 직장가입자가 근로자인 경우에는 그 근로자가 소속된 사업장의 사업주, 직장가입자가 공무원인 경우에는 그 공무원이 소속된 국가 또는 지방자치단체가 각각 100분의 50씩 부담한다. 다만 직장가입자가 교직원인 경우의 보험료액은 그 직장가입자가 100분의 50을, 그 교직원이 소속되어 있는 사립학교를 설립·운영하는 자가 100분의 30을, 국가가 100분의 20을 각각 부담하되, 교직원이 그 부담액의 전액을 부담할 수 없을 때에는 그 부족액을 학교에 속하는 회계에서 부담하게 할 수 있다. 지역가입자의 보험료는 그 가입자가 속한 세대의 지역가입자 전원이 연대하여 부담한다.

3. 보험료의 경감

① 다음 사항의 어느 하나에 해당하는 가입자 중 보건복지부령이 정하는 가입자에 대하여는 그 가입자 또는 그 가입자가 속한 세대의 보험료의 일부를 경감할

수 있다.

1. 섬·벽지·농어촌 등 대통령령이 정하는 지역에 거주하는 자

2. 65세 이상인 자

3. 장애인복지법에 따라 등록한 장애인

4. 국가유공자 등 예우 및 지원에 관한 법률에 의한 국가유공자

5. 휴직자

6. 그 밖에 생활이 어렵거나 천재지변 등의 사유로 보험료의 경감이 필요하다고 보건복지부장관이 정하여 고시하는 자

② 보험료의 납입고지를 전자문서로 받는 경우와 보험료를 계좌 또는 신용카드 자동이체의 방법으로 내는 경우에는 보험료를 감액하는 등 재산상의 이익을 제공할 수 있다.

4. 보험료의 면제

① 공단은 직장가입자가 이 법 제54조 제2호부터 제4호까지의 어느 하나에 해당하면 그 가입자의 보험료를 면제하되, 제54조 제2호에 해당하는 직장가입자의 경우에는 국내에 거주하는 피부양자가 없을 때에만 보험료를 면제한다.

② 지역가입자가 제54조 제2호부터 제4호까지의 어느 하나에 해당하면 그 가입자가 속한 세대의 보험료를 산정할 때 그 가입자의 제72조에 따른 보험료부과점수를 제외한다.

5. 보험료의 납부의무 및 납부기간 독촉·체납처분 등

직장가입자의 보험료는 사용자가 납부한다. 사업장의 사업자가 2명이상인 때에는 그 사업장의 사용자는 해당직장가입자의 보험료를 연대하여 납부한다. 지역가입자의 보험료는 그 가입자가 속한 세대의 지역가입자 전원이 연대하여 납부한다. 이 경우 가입자 1인에게 행한 고지 또는 독촉은 당해 세대의 지역가입자 모두에게 효력이 있는 것으로 본다.

보험료의 납부의무가 있는 자는 해당월의 보험료를 그 다음 달 10일까지 납부하여야 하되, 지역가입자의 보험료는 분기별로 납부할 수 있다. 공단은 납입의무자가 보험료 등을 납부하지 아니하는 때에는 10일 이상 15일 이내의 납부기한을 정하여 독촉장을 발부하여 독촉할 수 있다. 독촉을 받은 자가 그 납부기한까지 보험료 등을 납부하지 아니한 때에는 보건복지부장관의 승인을 얻어 국세체납처

분의 예에 의하여 이를 징수할 수 있다.

　법인의 재산으로 그 법인이 납부하여야 하는 보험료, 연체금 및 체납처분비를 충당하여도 부족한 경우에는 해당 법인에게 보험료의 납부의무가 부과된 날 현재의 무한책임사원 또는 과점주주가 그 부족한 금액에 대하여 제2차 납부의무를 진다. 다만, 과점주주의 경우에는 그 부족한 금액을 그 법인의 발행주식 총수(의결권 주식) 또는 출자총액으로 나눈 금액에 해당 과점주주가 실질적으로 권리를 행사하는 주식 수 또는 출자액을 곱하여 산출한 금액을 한도로 한다.

6. 연 체 금

　공단은 보험료 등의 납부의무자가 납부기한까지 보험료 등을 내지 아니하면 그 납부기한이 지난 날부터 매 1일이 경과할 때마다 제80조의 규정에 따라 연체금을 징수한다,

7. 보험료 등의 징수순위

　보험료 등은 국세 및 지방세를 제외한 기타의 채권에 우선하여 징수한다. 다만, 보험료 등의 납부기한 전에 전세권, 질권 또는 저당권의 설정을 등기 또는 등록한 사실이 증명되는 재산의 매각에 있어서 그 매각대금 중에서 보험료 등을 징수하는 경우의 그 전세권, 질권 또는 저당권에 의하여 담보된 채권에 대하여는 그러하지 아니하다.

제 8 절　이의신청 · 심사청구 · 행정소송

1. 이의신청

　가입자 및 피부양자의 자격, 보험료 등, 보험급여 및 보험급여비용에 관한 공단의 처분에 이의가 있는 자는 공단에 이의신청을 할 수 있고, 요양급여비용 및 요양급여의 적정성에 대한 평가액 등에 관한 심사평가원의 처분에 이의가 있는 공단 · 요양기관 기타의 자는 심사평가원에 이의신청을 할 수 있다. 이의신청은 처분이 있은 날부터 90일 이내에 문서로 하여야 하며 처분이 있은 날부터 180일이 경과하면 제기하지 못하나, 정당한 사유에 의하여 그 기간 내에 이의신청을 할 수 없었음을 소명한 때에는 그러하지 아니하다.

2. 심사청구

이의신청에 대한 결과에 불복이 있는 자는 결정통지를 받은 날부터 90일 이내에 보건복지부장관 소속하에 설치된 건강보험분쟁조정위원회에 심사청구를 할 수 있다. 심사청구를 하려는 사람은 심판청구서를 처분한 공단 또는 심사평가원이나 건강보험조정위원회에 제출하여야 한다.

3. 행정소송

공단 또는 심사평가원의 처분에 이의가 있는 자와 이의신청 또는 심사청구에 대한 결정에 불복이 있는 자는 행정소송법이 정하는 바에 의하여 행정소송을 제기할 수 있다. 이 제도는 공단 또는 심사평가원의 처분에 이의가 있는 자는 행정심판전치제도를 거치지 아니하고서도 곧바로 행정소송을 제기할 수 있는 제도이다.

제 **2** 편

공공부조법

제1장
공공부조법의 개설

공공부조는 국가와 지방자치단체의 책임하에 생활유지능력이 없거나 생활이 어려운 국민의 최저생활을 보장하고 자립을 지원하는 제도이다. 최저생활보장 및 자립·자활을 그 중핵(中核)으로 하고 있다. 헌법 제10조에 규정된 인간으로서의 존엄과 가치라고 하는 이념에 상응하는 제34조의 인간다운 생활권을 보장하기 위하여, 특히 생활이 곤궁한 모든 국민에 대하여 국가가 책임을 지고 건강하고 문화적인 생활을 할 수 있도록 최저한도의 생활을 보장하고 자립조장을 하려는 제도이다. 국가는 어떠한 이유에 의해서 소득이 중단 또는 경감하여 생활이 곤궁한 사람들에게 공적자금인 국민의 세금으로 일정한 소득유지를 위해서 지급하는 것이다.

공공부조는 국민의 권리로서 인정하고 있으나 그 수급권의 자격은 생활이 빈궁하다는 사실에 의해서 얻어지는 것이며 그 원인여하를 묻지 않는다. 원조의 기간은 특별히 정해 있지 않다. 원조는 당사자가 처해 있는 상황 또 개개의 필요에 응해서 행해진다. 그것은 반대급부가 없는 무상인 대신에 전제조건으로 자산조사를 행한다. 오늘날 공공부조는 이와 같이 자산조사를 행하는 협의의 것뿐만 아니라 각종 수당(아동수당 등)과 같이 경제급부를 행하는 방빈적(防貧的)인 광의의 의미를 갖는 것으로 변화해가는 경향에 있다.

제1절 공공부조법의 개념 및 목적

1. 공공부조법의 개념

공공부조라 함은 국가 또는 지방자치단체의 책임하에 생활유지능력이 없거나 생활이 어려운 국민의 최저생활을 보장하고 자립을 지원하는 제도이다. 공공부조법은 모든 국민이 보호의 대상은 되나 엄격한 자산조사와 생태조사를 거쳐 생존권 보장을 위한 보충성 원리를 도입한 제도로서 국민기초생활보장법, 의료급여법, 긴급복지지원법, 기초연금법 및 장애인연금법 등이 이에 속한다.

2. 공공부조법의 목적

공공부조법은 생활유지능력이 없거나 생활이 어려운 국민의 최저생활을 보장하고 자립을 지원하기 위하여 제정된 법이다. 따라서 공공부조의 수급권은 국가가 책임을 지고 생존권을 보장하는 것이기 때문에 국가의 은혜적 동정이 아니라 국민으로서 당연히 누릴 수 있는 사회권적 기본권이다.

제 2 절   공공부조법의 기본원리

1. 생존권보장의 원리

(1) 국가책임의 원리

공공부조법은 헌법 제34조 제1항에서 규정하고 있는 인간다운 생활권의 보장과 더불어 특히 제5항에서 "신체장애자 · 질병 · 노령 · 기타의 사유로 생활능력이 없는 국민은 법률이 정하는 바에 의하여 국가의 보호를 받는다."는 규정을 실현하기 위하여 제정된 법으로써, 생활유지능력이 없거나 생활이 어려운 국민의 최저생활을 보장하고 자립을 지원하기 위한 책임이 국가에 있음을 확인하고 그 의무를 규정하고 있다. 국민의 생존권에 대한 국가의 책임은 국가의 은혜적 동정이 아니라 국민의 사회권적 기본권으로서의 당연한 권리이다.

(2) 무차별 평등의 원리

대한민국의 모든 국민은 무차별 평등으로 보호받는다. 생활의 빈곤이라는 수급요건을 가진 국민은 누구든지 인종 · 성별 · 종교 및 사회적 신분에 의하여 차별받지 아니하고 평등하게 보호청구권을 행사할 수 있다. 생활빈곤에 대한 원인은 묻지 아니한다. 즉 생활빈곤이 수급권자의 태만과 같은 주관적 원인을 불문하고 수급요건에 해당되는 객관적 빈곤이면 된다.

(3) 최저생활보장의 원리 및 자립조장의 원리

인간다운 생활을 보장함은 물론 자립을 조장할 수 있을 정도의 급여를 제공하여야 한다. 최저생활의 수준은 건강하고 문화적인 생활을 유지할 수 있는 것이어야 한다. 최저생활의 수준은 사회적 경제적인 조건이 변화함에 따라서 최저생활이나 문화적 생활의 구체적인 내용이 변화하는 것은 당연한 것이다.

(4) 보충성의 원리

보충성의 원리는 수급자가 자신의 생활의 유지·향상을 위하여 그 소득·재산·근로능력 등을 활용하여 최대한 노력하는 것을 전제로 이를 보충·발전시키는 것을 기본원칙으로 하는 원리이다. 국가책임하에서 조세의 공적자금으로 급여를 제공하기 때문에, 수급권자의 소득·재산·근로능력에 의한 빈곤의 정도가 최저생활수준 및 자립조장 수준의 정도가 되지 못한 경우에 그 부족분을 보충하기 위하여 1차적으로 ① 자신의 능력과 책임, ② 부양의무자의 부양능력, ③ 다른 법령에 의한 보호를 받고 있음에도 불구하고 최저생활보장 수준에 미달(빈곤)할 때의 부족분을 2차적으로 국가가 보충·발전시키는 제도이다.

(5) 타법급여의 우선원리

다른 법령의 보호에 의하여 다른 급여가 제공되는 경우에는 공공부조법에 의한 급여에 우선하여 행하여지는 것을 원칙으로 한다. 다만, 다른 법령에 의한 보호의 수준이 공공부조법에서 정하는 수준에 이르지 아니하는 경우에는 나머지 부분에 관하여 공공부조법에 의한 급여를 받을 권리를 잃지 아니한다.

(6) 무갹출 보호의 원리

공공부조는 2차적 사회안전망의 사회보장제도로서 생활유지능력이 없거나 생활이 어려운 국민에게 최저생활을 보장하고 자립을 조장하기 위한 제도이기 때문에 공공부조의 수급권자에게는 반대급부의 경제적 부담을 주지 아니한다. 사회보험이 피보험자로부터 보험료를 징수하는데 대하여 공공부조는 수혜자(수급권자)에 대한 경제적 무갹출, 무기여 원칙에 의하고, 수급권자에 대한 급여는 일반 조세로 지원된다.

2. 자산조사와 선별주의 원리

공공부조의 적용대상은 법적으로 전 국민이긴 하나, 공공부조의 수급권은 엄격한 자산조사와 상태조사에 의한 선별주의를 적용하고 있다. 무갹출 원리에 따라 급여를 전액 국민으로부터 징수한 세금으로 지원하기 때문에, 소득과 재산상태를 확인하는 자산조사와 생활유지능력(근로능력)과 부양의무자의 유무 및 그 부양능력 등을 파악하는 상태조사를 실시하여 선별적으로 지원하는 것은 당연한 조치이다. 수급권 자격의 선별조사를 할 경우에 사생활에 개입하게 되므로 굴욕감을 주지 않도록 함과 동시에 비밀유지의 엄격성이 요구된다. 또한 조세에 의한 보충급여이기 때문에 자산조사의 엄격성은 요구되나 공공부조의 목적이 최저생활 보장뿐만이 아니라 자립조장의 목적이 있는 만큼 자립의지의 힘을 잃지 않기 위해 어느 정도까지의 자산보유의 틀의 완화가 필요하다.

제 3 절   공공부조법의 수급원칙

(1) 신청주의 원칙

공공부조에 의한 수급권은 신청주의를 원칙으로 한다. 공공부조를 필요로 하는 수급권자 본인·그 친족·기타 관계인은 관할 시장·군수·구청장에게 수급권자에 대한 급여를 신청할 수 있다. 또한 사회복지전담공무원은 공공부조의 급여를 필요로 하는 자가 누락되지 아니하도록 필요한 조사를 하여야 하며, 신청에서 누락된 자에 대하여는 직권으로 신청할 수 있되 수급권자의 동의를 구하여야 한다.

(2) 조사협조의 원칙

공공부조의 수급권을 얻기 위한 수혜대상자는 수급권의 자격여부를 판정하는데 필요한 해당 행정기관의 조사에 협조할 의무가 있다.

(3) 기준 및 정도의 원칙

공공부조는 자신의 능력으로 생활할 수 없는 빈곤의 경우에 자산조사를 통한 보충적 급여이기 때문에, 급여의 기준과 정도가 법령으로 정해진 원칙에 의하여야 한다. 따라서 보건복지부장관은 수급자의 연령·가구규모·거주지역 기타 생활여건 등을 고려하여 급여의 종류별로 정한다. 즉, 공공부조의 수급권자를 선별함에 있어 수급권자의 생활상태가 다양하고 빈곤의 정도와 상황이 개별마다 상이하므로, 개별마다 상이한 최저생활을 보장하기 위하여 급여의 종류, 정도 및 방법도 상이하기 때문에 개별적인 측정을 한다.

(4) 필요즉응의 원칙

공공부조에 의한 급여의 기준과 정도는 수급권자 및 수급자의 연령·가구규모·거주지역 기타 생활여건 등을 고려하여 실제의 필요에 상응하도록 정하여야 한다. 이 원칙은 급여의 기준을 획일적이고 기계적인 적용으로 야기되는 불합리성을 피하여, 과잉급여나 과소급여의 폐해를 피하기 위한 제도이다.

(5) 개별가구단위의 원칙

공공부조법에 의한 급여는 개별가구를 단위로 하여 행하되, 특히 필요하다고 인정하는 경우에는 개인을 단위로 하여 행할 수 있다. 개별가구라 함은 공공부조법에 따른 급여를 받거나 이 법에 따른 자격요건 부합여부에 관한 조사를 받는 기본단위로서 수급자 또는 수급권자로 구성된 가구를 말한다. 이 경우 개별가구의 범위 등 구체적인 사항은 대통령령으로 정한다.

(6) 현금 및 현물부조의 원칙

공공부조법에 의한 급여는 금전급부를 원칙으로 한다. 다만 금전급부를 할 수 없거나 이에 의하는 것이 적당하지 아니하다고 인정하는 경우에는 물품을 지급함으로써 행할 수 있다.

(7) 거택보호의 원칙

수급권자가 거주하는 곳에서 급여를 제공받도록 하는 것을 원칙으로 한다.

제 4 절 사회보험과의 차이

사회보험과 공공부조의 제도는 사회적 위험에 대처하기 위한 제도로서의 공통점도 있으나 다음과 같은 차이점이 있다.

① 공공부조는 2차적 사회안전망의 사회보장제도로서 사회위험이 발생한 이후의 사후적·완화적 대책인데 대하여, 사회보험은 1차적 사회안전망 제도로 앞으로 발생할지 모르는 사회위험을 보험방식으로 대처한 사전적·예방적 대책이다.

② 공공부조는 최저생활보장과 자립조장이 필요한 소수의 빈곤층을 대상으로 하는 선별주의를 택하고 있으나, 사회보험은 국민전체를 대상으로 하는 보편주의를 택하고 있다.

③ 공공부조는 자산조사와 생태조사를 거처 수급권자를 결정하나 사회보험은 가입기간과 기여금의 제공 등을 요건으로 정한다.

④ 공공부조는 국민으로부터 징수한 일반 조세로 재원을 조달하지만, 사회보험은 가입자의 보험료로 재원을 조달한다.

⑤ 공공부조는 소득계층간의, 즉 부유한 소득계층의 부(富·소득)가 빈곤계층으로 이전되는 수직적 재분배기능이 강력하게 이루어지는데 반해, 사회보험의 경우에는 수평적 기능에 비하여 수직적 재분배 기능이 약하다.

⑥ 공공부조의 수급권의 권리성은 사회보험 수급권의 권리성에 비하여 약하고, 사회보험은 강제적 가입에 의한 직접적인 기여금의 채권적 성격이 있기 때문에 권리성이 강하다.

⑦ 공공부조는 수급권자에 대한 보충적 제도로서 무갹출 원리가 적용되는데 대하여, 사회보험은 수급권자에 대한 방빈적 제도로서 비용분담 원리가 적용된다.

⑧ 공공부조는 일단 빈곤에 처한 모든 사람에게 동일조건이면 똑같은 급여를 제공하는 무차별 평등원리인데 대하여, 사회보험은 평등보다는 기여금 또는 가입기간에 비례하는 비례급여의 원리가 적용된다.

제 2 장
국민기초생활보장법

(2019.4.23. 법률 제16367호)

제1절 총   설

1. 의   의

국민기초생활보장법은 1944년 3월 1일 조선총독부 제령12호로 제정된 조선구호령에 기원을 두고 있다. 1948년 7월 17일 헌법 제1호의 제19조에 "노령, 질병, 기타 근로능력의 상실로 인하여 생활유지의 능력이 없는 자는 법률이 정하는 바에 의하여 국가의 보호를 받는다."라고 규정은 하였으나, 이 규정의 실현을 위한 구체적 입법은 제정하지 못하고 있다가 1961년 12월 30일 법률 제913호로 조선구호령이 폐지되고 생활보호법이 제정되었다. 이후 1977년 12월 31일 생활보호법에서 의료보호법이 분리되고 1982년 12월 31일 전면개정에 이어 1999년 9월 7일 법률 제6024호 국민기초생활보장법으로 제정되어 2000년 10월 1일부터 시행되어 왔다. 이후 2004년 3월 5일 법률 제7181호로 최저생계비 공표시한을 매년 12월 1일에서 9월 1일로 변경, 최저생계비계측조사 주기를 5년에서 3년으로 변경하는 등의 개정을 하였다. 2006년 12월 28일 법률 제8112호로 세대를 개별가구로, 차상위계층에 대한 급여, 중앙자활센터 신설 등의 개정을 한데 이어 2019년 4월 23일 법률 제16367호로 맞춤형 급여 체계개편을 위하여 최저보장수준과 기준 중위소득을 정의하고, 기준 중위소득과 소득인정액의 산정 방식을 명시하고, 부양의무자가 있어도 부양능력이 없거나 부양을 받을 수 없는 경우의 구체적인 기준을 명시하도록 개정하여 현재에 이르고 있다.

2. 목   적

국민기초생활보장법은 생활이 어려운 사람에게 필요한 급여를 실시하여 이들의 최저생활을 보장하고 자활을 돕는 것을 목적으로 한다.

사회보장의 기본이념이 인간다운 생활을 향유할 수 있도록 자립을 지원하며, 사회참여·자아실현에 필요한 제도와 여건을 조성하여 사회통합과 행복한 복지사회를 실현하는 것이다. 따라서 생활유지능력이 없거나 생활이 어려운 국민의 최저생활을 보장하고 자립을 지원하기 위해 구체적으로 제정된 법이다.

3. 용어의 정의

① 수급권자란 국민기초생활보장법에 의한 급여를 받을 수 있는 자격을 가진 사람을 말하고, 수급자란 급여를 받는 사람을 말한다.

② 부양의무자라 함은 수급권자를 부양할 책임이 있는 사람으로서 수급권자의 1촌의 직계혈족 및 그 배우자를 말하되, 사망한 1촌의 직계혈족의 배우자는 제외한다. 수급품이란 수급자에게 지급하거나 대여하는 금전 또는 물품을 말하고, 보장기관이란 급여를 실시하는 국가 또는 지방자치단체를 말한다.

③ 최저생계비란 국민이 건강하고 문화적인 생활을 유지하기 위하여 필요한 최소한의 비용으로서 보건복지부장관이 계측하는 금액을 말한다.

④ 개별가구란 이 법에 따른 급여를 받거나 자격요건 부합여부에 관한 조사를 받는 기본단위로서 수급자 및 수급권자로 구성된 가구를 말한다. 이 경우 개별가구의 범위 등 구체적인 사항은 대통령령1)으로 정한다.

⑤ 소득인정액이란 보장기관이 급여의 결정 및 실시 등에 사용하기 위하여 산

---

1) 국민기초생활보장법시행령 제2조 제1항: 개별가구라 함은 다음 각 항의 자로 구성된 가구를 말한다. ① 세대별주민등록표에 기재된 자(동거인을 제외), ② 세대별주민등록표에 기재된 배우자(사실혼관계포함), ③ 세대별주민등록표에 기재된 자의 미혼자녀 중 30세 미만인 자, ④ 세대별주민등록표에 기재된 자와 생계 및 주거를 같이 하는 자(세대별주민등록표에 기재된 자 중 생계를 책임지는 자가 그 부양의무자인 경우에 한함).

동법 시행령 제2조 제2항: 제1항의 규정에 불구하고 다음 각항의 어느 하나에 해당하는 자는 개별가구에서 이를 제외한다. ① 현역군인 등 법률상 의무이행을 위하여 다른 곳에 거주하면서 의무이행과 관련하여 생계를 보장받고 있는 자, ② 외국에 3월 이상 체류하는 자, ③ 행협법 및 치료감호법 등에 의한 교도소, 구치소, 치료감호시설 등에 수용중인 자, ④ 아동복지법, 노인복지법 등의 보장시설에서 급여를 받고 있는 자, ⑤ 실종선고의 절차가 진행중인 자, ⑥ 가출 또는 행방불명의 사유로 경찰서 등 행정관청에 신고되어 1월이 경과되었거나 가출 또는 행방불명사실을 시장·군수·구청장이 확인한 자, ⑦ 기타 세대별주민등록표에 기재된 자와 생계 및 주거를 달리한다고 시장·군수·구청장이 확인한 자.

출한 개별가구의 소득평가액과 재산의 소득환산액을 합산한 금액을 말한다.

⑥ 최저보장수준이란 국민의 소득·지출수준과 수급권자의 가구 유형 등 생활실태, 물가상승률 등을 고려하여 급여의 종류별로 공표하는 금액이나 보장수준을 말한다.

⑦ 차상위계층이란 수급권자에 해당하지 아니하는 계층으로서 소득인정핵이 대통령령으로 정하는 기준이하(기준 중위소득의 100분의 50 이하)인 사람을 말한다.

⑧ 기준 중위소득이란 보건복지부장관이 급여의 기준 등에 활용하기 위하여 중앙생활보장위원회의 심의·의결을 거쳐 고시하는 국민 가구 소득의 중위 값을 말한다.

4. 급여의 기본원칙 및 급여의 기준 등

(1) 급여의 기본원칙

1) 자립조장·보충성의 원칙

수급자가 자신의 생활유지·향상을 위하여 그의 소득, 재산, 근로능력 등을 활용하여 최대한 노력하는 것을 전제로 이를 보충·발전시키는 것을 기본원칙으로 한다.

2) 공공책임의 원칙

생활능력이 없거나 생활유지능력이 없는 국민의 생존권에 대한 보장기관을 국가 또는 지방자치단체로 규정하고 재원을 조세로 하는 공공책임의 원칙을 분명히 하고 있다.

3) 가족부양 및 타급여 우선의 원칙

부양의무자의 부양과 다른 법령에 의한 보호는 국민기초생활보장법에 의한 급여에 우선하여 행하여지는 것을 원칙으로 한다. 다만 다른 법령에 의한 보호의 수준이 국민기초생활보장법에서 정하는 수준에 이르지 아니하는 경우에는 그 나머지 부분에 한하여 보충급여를 실시한다.

4) 보편성 및 무차별 평등의 원칙

국민기초생활보장법상의 급여를 받을 자격은 모든 국민에게 평등하게 있는 원칙이다. 그러나 공공책임에 의한 조세로 급여가 실시되기 때문에 수급권자가 되기 위해서는 자산조사 등의 선별조사를 받아야 하며 급여수준도 개별화에 따라 차등적으로 제공된다.

(2) 급여의 기준원칙

1) 최저생활보장의 원칙

급여는 건강하고 문화적인 최저생활을 유지할 수 있는 것이어야 한다.

2) 급여의 범위 및 수준 원칙

급여의 기준은 수급자의 연령, 가구규모, 거주지역 그 밖의 생활여건 등을 고려하여 급여의 종류별로 보건복지부장관이 정하거나 급여를 지급하는 중앙행정기관의 장이 보건복지부장관과 협의하여 정한다. 지방자치단체인 보장기관은 해당 지방자치단체의 조례로 정하는 바에 따라 이 법에 따른 급여의 범위 및 수준을 초과하여 급여를 실시할 수 있되, 보건복지부장관 및 소관 중앙행정기관의 장에게 알려야 한다.

3) 개별가구단위의 원칙

보장기관은 급여를 개별가구를 단위로 실시하되, 특히 필요하다고 인정하는 경우에는 개인을 단위로 실시할 수 있다.

4) 신청주의의 원칙

국민기초생활보장법상의 급여는 신청주의를 원칙으로 한다. 수급권자와 그 친족, 기타의 관계인은 시장·군수·구청장에게 수급권자에 대한 급여를 청구할 수 있다. 또한 사회복지전담공무원은 급여를 필요로 하는 사람이 누락되지 않도록 급여를 직권으로 신청할 수 있되, 이때에는 수급권자의 동의를 구하여야 수급권자의 신청으로 본다.

5. 수급권자

(1) 대한민국 국민

① **수급권자** 수급권자는 부양의무자가 없거나, 부양의무자가 있어도 부양능력이 없거나 부양을 받을 수 없는 사람으로서 소득인정액이 최저생계비 이하인 자로 한다. 수급권자에 해당하지 아니하여도 생활이 어려운 사람으로서 일정기간동안 이 법에서 정하는 급여의 전부 또는 일부가 필요하다고 보건복지부장관이 정하는 사람은 수급권자로 본다.

② **조건부수급자** 근로능력이 있는 수급자[2] 중에서 자활에 필요한 사업에 참가할 것을 조건으로 하여 생계급여를 지급할 수 있다.

(2) 외국인

출입국관리법에 따라 외국인 등록을 하고 국내에 체류하고 있는 외국인 중 대한민국 국민과 혼인하여 본인 또는 배우자가 임신중이거나 대한민국 국적의 미성년자를 양육하고 있거나 배우자의 대한민국 국적인 직계존속과 생계나 주거를 같이 하고 있는 사람으로서, 다음 사항의 1에 해당하는 자격을 가진 사람은 수급권자가 된다.

① 대한민국 국민과 혼인 중인 사람으로서 다음 각 목의 어느 하나에 해당하는 사람

가. 본인 또는 대한민국 국적의 배우자가 임신 중인 사람

나. 대한민국 국적의 미성년 자녀(계부자·계모자 관계와 양친자관계를 포함)를 양육하고 있는 사람

다. 배우자의 대한민국 국적인 직계존속과 생계나 주거를 같이 하는 사람

② 대한민국 국민인 배우자와 이혼하거나 그 배우자가 사망한 자로서 대한민국 국적의 미성년 자녀를 양육하고 있는 자 또는 사망한 배우자의 태아를 임신하고 있는 사람

6. 최저보장수준의 결정

보건복지부장관 또는 소관중앙행정기관의 장은 급여의 종류별 수급자 선정기준 및 최저보장수준을 결정하여야 하여 매년 8월 1일까지 중앙생활보장위원회의 심의·의결을 거쳐 다음 연도의 급여의 종류별 수급자 선정기준 및 최저보장수준을 공표하여야 한다.

(1) 기준 중위소득의 산정기준

기준 중위소득은 통계청이 공표하는 통계자료의 가구 경상소득(근로소득·사업소득·재산소득·이전소득을 합산한 소득)의 중간 값에 최근 가구소득 평균 증가율, 가구규모에 따른 소득수준의 차이 등을 반영하여 가구규모별로 산정하되, 중위소

---

2) 근로능력있는 수급자(시행령 제7조): 18세 이상 64세 이하의 수급자로서 다음의 자를 제외한다. ① 장애인고용촉진및직업재활법의 중증장애인, ② 보건복지부장관이 정하는 질병 또는 부상에 해당하지 아니하는 질병·부상 또는 그 후유증으로 3월 이상의 치료 또는 요양이 필요한 자, ③ 임산부, ④ 공익근무요원 등 법률상 의무이행중인 자, ⑤ 기타 근로가 곤란하다고 보건복지부장관이 정하는 자.

득 산정에 필요한 사항은 중앙생활보장위원회에서 정한다.

(2) 소득인정액의 산정기준

① 개별가구의 소득평가액은 개별가구의 실제소득에도 불구하고 보장기관이 급여의 결정 및 실시 등에 사용하기 위하여 산출한 금액으로 근로소득·사업소득·재산소득·이전소득을 합한 개별가구의 실제소득에서 장애·질병·양육 등 가구 특성에 따른 지출요인, 근로를 유인하기 위한 요인, 그 밖에 추가적인 지출요인에 해당하는 금액을 감하여 산정한다.

② 재산의 소득환산액은 개별가구의 재산가액에서 기본재산액(기초생활의 유지에 필요하다고 고시한 재산액) 및 부채를 공제한 금액에 소득환산율을 곱하여 산정하되, 소득으로 환산하는 재산의 범위는 다음 각 호와 같고 구체적 범위 및 기준은 대통령령으로 정한다.

1. 일반재산(금융재산 및 자동차를 제외한 재산을 말한다)
2. 금융재산
3. 자동차

제 2 절 급여의 종류와 방법

국민기초생활보장법상의 급여의 종류에는 ① 생계급여 ② 주거급여 ③ 의료급여 ④ 교육급여 ⑤ 해산급여 ⑥ 장제급여 ⑦ 자활급여가 있다.

수급권자에 대한 급여는 생계급여와 수급자의 필요에 따라 주거급여, 의료급여, 교육급여, 해산급여, 장제급여, 자활급여 등을 전부 또는 일부를 실시하는 것으로 하고, 차상위계층에 속하는 사람에 대한 급여는 보장기관이 차상위자의 가구별 생활여건을 고려하여 예산의 범위에서 주거급여, 의료급여, 교육급여, 장제급여 및 자활급여의 전부 또는 일부를 실시할 수 있다.

1. 생계급여

(1) 생계급여의 내용 등

생계급여는 수급자에게 의복, 음식물 및 연료비와 그 밖에 일상생활에 기본적으로 필요한 금품을 지급하여 그 생계를 유지하게 하는 것으로 한다. 생계급여

수급권자는 부양의무자가 없거나 있어도 부양능력이 없거나 부양을 받을 수 없는 사람으로서 그 소득인정액이 중앙생활보장위원회의 심의·의결을 거쳐 결정하는 생계급여 선정기준이하인 사람으로 한다. 생계급여 선정기준은 기준 중위소득의 100분의 30 이상으로 한다. 생계급여 최저보장수준은 생계급여와 소득인정액을 포함하여 앵계급여 선정기준 이상이 되도록 하여야 하고, 보장시설에 위탁하여 생계급여를 실시하는 경우에는 보건복지부장관이 정하는 고시에 따라 그 선정기준을 달리 정할 수 있다.

(2) 부양의무자 기준

1) 부양의무자가 없는 경우

수급권자를 부양할 책임이 있는 자로서 수급권자의 1촌의 직계혈족 및 그 배우자도 없는 경우를 말한다.

2) 부양의무자가 있어도 부양능력이 없는 경우

① 기준 중위소득 수준을 고려하여 소득·재산 기준 미만인 경우

② 직계존속 또는 중증장애인인 직계비속을 자신의 주거에서 부양하는 경우로서 보건복지부장관이 정하여 고시하는 경우

③ 그 밖에 질병, 교육, 가구 특성 등으로 부양능력이 없다고 보건복지부장관이 정하는 경우

3) 부양의무자가 다음의 어느 하나에 해당되어 부양을 받을 수 없는 경우

① 병역법에 의하여 징집 또는 소집된 경우

② 해외이주법에 의한 해외이주자에 해당하는 경우

③ 교도소, 구치소, 치료감호시설 등에 수용중인 자로 된 경우

④ 장애인복지법·노인복지법·아동복지법·정신보건법·사회복지사업법 그 밖에 보건복지가족부령이 정하는 보장시설에서 급여를 받고 있는 경우

⑤ 가출 또는 행방불명으로 행정관청에 신고된 후 1개월이 지났거나 그 사실을 시장·도지사·시장·군수·구청장이 확인한 경우

⑥ 부양을 기피하거나 거부하는 경우

⑦ 그 밖에 부양을 받을 수 없는 것으로 보건복지부장관이 정하는 경우

⑧ 아동복지법에 따라 부양대상 아동이 보호조치된 경우

(3) 생계급여의 방법

생계급여는 금전으로 지급함을 원칙으로 하되, 금전으로 지급할 수 없거나 적당하지 아니한 경우에는 물품으로 지급할 수 있다. 수급품은 매월 정기적으로 지급하되, 금전을 매월 정기적으로 미리 지급하는 경우에는 매월 20일(공휴일인 경우에는 그 전일)에 금융회사 또는 체신관서의 수급자계좌에 입금하는 것을 원칙으로 하고 특별한 사정이 있는 경우에는 지급방법을 달리할 수 있고 보장시설이나 타인의 가정에 위탁하여 생계급여를 실시하는 경우에는 위탁받은 사람에게 지급할 수 있되, 보장기관은 보건복지부장관이 정하는 바에 따라 정기적으로 수급자의 수급여부를 확인하여야 한다.

(4) 생계급여의 실시장소

생계급여는 수급자의 주거에서 행하되, 수급자가 그 주거가 없거나 주거가 있어도 그 곳에서는 급여의 목적을 달성할 수 없는 경우 또는 수급자가 희망하는 경우에는 수급자를 보장시설이나 타인의 가정에 위탁하여 급여를 행할 수 있다. 수급자에 대한 생계급여를 타인의 가정에 위탁하여 행하는 경우에는 거실의 임차료와 그 밖에 거실의 유지에 필요한 비용은 이를 수급품에 가산하여 지급하고, 이 경우에는 주거급여가 행하여진 것으로 본다.

(5) 생계급여의 차등지급 및 조건부지급

생계급여는 보건복지부장관이 정하는 바에 따라 수급자의 소득인정액 등을 고려하여 차등지급할 수 있다. 보장기관은 근로능력이 있는 수급자에게 자활자원계획(법 제28조)을 감안하여 자활에 필요한 사업에 참가할 것을 조건으로 하여 생계급여를 할 수 있다(법 제9조).

2. 주거급여

주거급여는 수급자에게 주거 안정에 필요한 임차료, 수선유지비, 그 밖의 수급품을 지급하는 것으로 하되, 주거급여법(2014.1.24. 제정)으로 따로 정한다.

3. 의료급여

의료급여는 수급자에게 건강한 생활을 유지하는데 필요한 각종 검사 및 치료 등을 지급하는 것으로, 수급권자는 부양의무자가 없거나 부양의무자가 있어도 부양능력이 없거나 부양을 받을 수 없는 사람으로서 그 소득인정액이 중앙생활보장위운회의 심의·의결을 거쳐 결정하는 의료급여 선정기준이하인 사람으로 한다. 의료급여 선정기준은 기준 중위소득의 100분의 40 이상으로 한다.

4. 교육급여

교육급여는 교육부장관의 소관으로 하고 수급자에게 입학금, 수업료, 학용품비 기타 수급품을 지원하는 것으로 하되, 학교의 종류 범위는 ① 중학교, 고등공민학교, ② 고등학교, 고등기술학교, ③ 특수학교(중학교 및 고등학교 과정에 한함), ④ 위의 ① 내지 ③과 유사한 각종 학교, ⑤ 평생교육법에 의한 평생교육시설(중학교, 고등학교의 학력이 인정되는 시설에 한함)에 입학 또는 재학하는 수급자에게 수급품을 지원하는 것으로 한다. 수급자가 다른 법령에 따른 의무교육을 받거나 학비를 감면 또는 지원받는 경우에는 이네 해당하는 학비는 지원하지 아니하되, 보건복지부장관이 정하는 장학상 필요한 사람에게는 다른 법령에 의한 학비를 감면 또는 지원 받는 경우에도 학비를 전액 지원할 수 있다.

교육급여 수급권자를 선정하는 경우에는 교육급여와 교육비지원과의 연계통합을 위하여 소득인정액이 교육급여 선정기준 이하인 사람을 수급권자로 한다.

5. 해산급여

해산급여는 수급자에게 생계급여, 주거급여, 의료급여 중 하나 이상의 급여를 받는 수급자에게 조산 및 분만 전과 분만 후의 필요한 조치와 보호의 급여를 실시하는 것으로 한다. 해산급여는 보장기관이 지정하는 의료기관에 위탁하여 행할 수 있다. 해산급여에 필요한 수급품은 수급자나 그 세대주 또는 세대주에 준하는 자에게 지급하되, 그 급여를 의료기관에 위탁하는 경우에는 수급품을 그 의료기관에 지급할 수 있다.

6. 장제급여

장제급여는 생계급여, 주거급여, 의료급여 중 하나 이상의 급여를 받는 수급자가 사망한 경우 사체의 검안·운반·화장 또는 매장, 그 밖의 장제조치를 행하는 것으로 한다. 장제급여는 실제로 장제를 실시하는 사람에게 장제에 필요한 비용을 지급하는 것으로 하되 그 비용을 지급할 수 없거나 지급하는 것이 적당하지 아니하다고 인정하는 경우에는 물품을 지급할 수 있다.

7. 자활급여

(1) 자활급여의 내용

자활급여는 수급자의 자활을 돕기 위하여 다음 각호의 급여를 실시하는 것으로 한다. 자활급여는 관련 공공기관·비영리법인·시설과 그 밖에 대통령령으로 정하는 기관에 위탁하여 실시할 수 있되, 그 비용은 보장기관이 부담한다.

① 자활에 필요한 금품의 지급 또는 대여
② 자활에 필요한 근로능력의 향상 및 기능습득의 지원
③ 취업알선 등 정보의 제공
④ 자활을 위한 근로기회의 제공
⑤ 자활에 필요한 시설 및 장비의 대여
⑥ 창업교육, 기능훈련 및 기술·경영지도 등 창업지원
⑦ 자활에 필요한 자산형성지원
⑧ 기타 대통령령이 정하는 자활조성을 위한 각종 지원

(2) 자활지원

1) 한국자활복지개발원

수급자 및 차상위자의 자활촉진에 필요한 사업을 수행하기 위하여, 원장 1명을 포함한 11명 이내의 이사와 감사 1명을 두는 법인으로 한국자활복지개발원을 설립하여 다음의 업무를 수행한다.

1. 자활 지원을 위한 사업의 개발 및 평가
2. 자활 지원을 위한 조사·연구 및 홍보
3. 광역자활센터 및 자활기업의 기술·경영 지도 및 평가
4. 자활 관련 기관 간의 협력체계 구축·운영
5. 자활 관련 기관 간의 정보네트워크 구축·운영
6. 취업·창업을 위한 자활촉진 프로그램 개발 및 지원
7. 고용지원서비스의 연계 및 사회복지서비스의 지원 대상자 관리
8. 수급자 및 차상위자의 자활촉진을 위한 교육·훈련 및 지원
9. 국가 또는 지방자치단체로부터 위탁받은 자활 관련 사업
10. 그 밖에 자활촉진에 필요하여 보건복지부장관이 정하는 사업

2) 광역자활센터

보장기관은 사회복지법인, 사회적협동조합 등 비영리법인과 단체를 법인 등의 신청을 받아 특별시·광역시·특별자치시·도·특별자치도 단위의 광역자활센터로 지정하여 시·도 단위의 자활기업 창업지원 및 수급자·차상위자에 대한 취업·창업 지원알선 등의 사업을 수행한다.

3) 지역자활센터

보장기관은 수급자 및 차상위자의 자활촉진에 필요한 ① 자활의욕 고취를 위한 교육 ② 자활을 위한 정보제공, 상담, 직업교육 및 취업알선 ③ 생업을 위한 자금융자 알선 ④ 자영창업 지원 및 기술경영지도 등의 사업을 수행하기 위하여 사회복지법인, 사회적협동조합 등 비영리 법인과 단체를 법인 등의 신청을 받아 지역자활센터로 지정할 수 있되, 설립·운영비용 또는 사업수행비용의 전부나 일부를 지원할 수 있고, 국·공유 재산의 무상임대, 사업의 우선 위탁 등의 지원을 할 수 있다.

4) 자활기관협의체

시장·군수·구청장은 자활지원사업의 효율적인 추진을 위하여 지역자활센터, 직업안전기관, 사회복지시설의 장 등과 상시적인 협의체계를 구축하여야 한다.

(3) 자활기업·고용촉진

수급자 및 차상위자는 상호협력하여 자활기업을 설립·운영할 수 있되, 조합 또는 부가가치세법상의 사업자로 한다. 보장기관은 자활기업에게 직접 또는 중앙자활센터, 광역자활센터 및 지역자활센터를 통하여 ① 사업자금융자 ② 국공유지 우선임대 ③ 국가나 지방자치단체가 실시하는사업의 우선위탁 및 조달 구매시 생산품의 우선구매 등의 지원을 할 수 있다.

보장기관은 고용을 촉진하기 위하여 상실근로자의 일정비율 이상을 수급자 및 차상위자로 채용하는 기업에 우선 지원을 할 수 있고, 시장·군수·구청장은 가구별 특성을 고려하여 관련기관의 고용서비스연계와 해당 가구의 안동·노인 등에게 사회복지서비스를 지원할 수 있다.

(4) 자활기금의 적립·자산형성지원·자활의 교육

보장기관은 자활지원사업의 원활한 추진을 위하여 일정한 금액과 연한을 정하여 자활기금을 적립할 수 있고 사업의 효율적 추진을 위하여 필요한 경우 자활기금의 관리·운영을 자활복지개발원 또는 자활지원사업을 수행하는 비영리법인에 위탁할 수 있다. 보장기관은 수급자 및 차상위자가 자활에 필요한 자산을 형성할 수 있도록 재정적인 지원을 할 수 있되 재정지원으로 형성된 자산은 수급자의 재산의 소득환산액 산정 시 이를 포함하지 아니한다. 자산을 형성하는제 필요한 교육을 실시할 수 있다. 보건복지부장관, 특별시장·광역시장·특별자치시장·도지사·특별자치도지사, 시장·군수·구청장은 수급자 및 차상위자의 자활촉진을 위하여 교육을 실시할 수 있고, 교육을 위하여 교육기관을 설치·운영하거나 운영의 전부 또는 일부를 법인·단체 등에 위탁할 수 있다.

제 3 절   보장기관

1. 보장기관

보장기관이란 수급권자 또는 수급자의 거주지를 관할하는 시·도지사와 시장·군수·구청장(교육급여는 시·도교육감)을 말한다. 주거가 일정하지 아니한 경우에는 수급권자 또는 수급자가 실제 거주하는 관할 시장·군수·구청장이 실시한다. 이에 불구하고 보건복지부장관, 소관 중앙행정기관의 장과 시·도지사는 수급자를 각각 국가나 지방자치단체가 경영하는 보장시설에 입소하게하거나 다른 보장시설에 위탁하여 급여를 실시할 수 있다. 보장기관은 수급권자·수급자·차상위계층에 대한 조사와 수급자 결정 및 급여의 실시 등 이 법에 의한 보장업무를 수행하기 위하여 사회복지사업법에 의한 사회복지전담공무원을 배치하여야 하되, 자활급여의 업무를 수행하는 사회복지전담공무원은 따로 배치하여야 한다.

2. 생활보장위원회

(1) 설치목적

생활보장사업의 기획·조사·실시 등에 관한 사항을 심의·의결하기 위하여 보건복지부와 시·도 및 시·군·구에 각각 생활보장위원회를 둔다. 다만 시·도 및 시·군·구에 두는 생활보장위원회는 그 기능을 담당하기에 적합한 다른 위원회가 있고 그 위원회의 위원이 규정된 자격을 갖춘 경우에는 시·도 또는 시·군·구의 조례로 정하는 바에 따라 그 위원회가 생활보장위원회의 기능을 대신할 수 있다. 소관 중앙행정기관의 장은 수급자의 최저생활을 보장하기 위하여 3년마다 소관별로 기초생활보장 기본계획을 수립하여 보건복지부장관에게 제출하여야 한다.

(2) 중앙생활보장위원회

위원장인 보건복지부장관을 포함하여 16인 이내의 위원으로 구성되어 다음 사항을 심의·의결한다.
① 기초생활보장 종합계획의 수립
② 소득인정액 산정방식과 기준 중위소득의 결정
③ 급여의 종류별 수급자 선정기준과 최저보장수준의 결정
④ 급여기준의 적정성 등 평가 및 실태조사에 관한 사항
⑤ 급여의 종류별 누락·중복, 차상위계층의 지원사업 등에 대한 조정
⑥ 자활기금의 적립·관리 및 사용에 관한 지침의 수립
⑦ 그 밖에 위원장이 부의하는 사항

(3) 지방생활보장위원회

위원장은 당해 시·도지사 또는 시장·군수·구청장으로 하되, 다른 위원회가 생활보장위원회의 기능을 대신하는 경우 위원장은 조례로 정하며, 위원장 및 부위원장 각 1인을 포함한 15인 이내의 위원으로 구성되어 다음 사항을 심의·의결한다.

3. 기초생활보장 계획의 수립 및 평가

소관 중앙행정기관의 장은 수급자의 최저생활을 보장하기 위하여 3년마다 소관별로 기초생활보장 기본계획을 수립하여 보건복지부장관에게 제출하여야 한다. 보건복지부장관 및 소관 중앙행정기관의 장은 생활실태조사 결과를 고려하여 급여기준의 적정성 등에 대한 평가를 실시할 수 있으며, 이와 관련하여 전문적인 조사·연구 등을 공공기관의 운영에 관한 법률에 따른 공공기관 또는 민간 법인·단체 등에 위탁할 수 있다. 보건복지부장관은 기초생활보장 기본계획 및 평가결과를 종합하여 기초생활보장 종합계획을 수립하여 중앙생활보장위원회의 심의를 받아야 하며, 수급권자, 수급자 및 차상위계층 등의 규모·생활실태 파악, 최저생계비 계측 등을 위하여 3년마다 실태조사를 실시·공표하여야 한다.

제4절 급여의 실시

1. 급여의 신청

수급권자와 그 친족, 그 밖의 관계인은 관할 시장·군수·구청장에게 수급권자에 대한 급여를 신청할 수 있다. 차상위자가 급여를 신청하려는 경우에도 같다. 사회복지전담공무원은 급여를 필요로 하는 자가 누락되지 아니하도록 하기 위하여 관할지역내에 거주하는 수급권자에 대한 급여를 직권으로 신청할 수 있되, 수급권자의 동의를 구하여야 하며 이를 수급권자의 신청으로 볼 수 있다. 급여신청 또는 수급권신청에 동의한 수급권자와 부양의무자는 다음의 자료 또는 정보의 제공에 대하여 동의한다는 서면을 제출하여야 한다.

① 금융실명거래 및 비밀보장에 관한 법률에 따른 금융자산 및 금융거래의 내용에 대한 자료 또는 정보 중 예금의 평균잔액과 그 밖에 대통령령으로 정하는 자료 또는 정보

② 신용정보의 이용 및 보호에 관한 법률에 따른 신용정보 중 채무액과 그 밖에 대통령령으로 정하는 자료 또는 정보

③ 보험업법에 따른 보험에 가입하여 납부한 보험료와 그 밖에 대통령령으로 정하는 자료 또는 정보

2. 신청에 의한 조사

시장·군수·구청장은 급여의 신청이 있는 경우에는 사회복지전담공무원으로 하여금 급여의 결정 및 실시 등에 필요한 다음 사항을 조사하거나 수급권자에게 보장기관이 지정하는 의료기관에서 검진을 받게 할 수 있고, 신청한 수급권자 또는 그 부양의무자의 소득·재산 및 건강상태 등을 확인하기 위하여 필요한 자료의 확보가 곤란한 경우 수급권자 또는 부양의무자에게 필요한 자료의 제출을 요구할 수 있고, 급여의 결정 또는 실시 등을 위하여 필요한 경우에는 급여의 결정 및 실시 등에 필요한 사항의 조사를 관계기관에 위촉하거나 수급권자 또는 그 부양의무자의 고용주 기타 관계인에게 이에 관한 자료의 제출을 요청할 수 있다.

① 부양의무자의 유무 및 부양능력 등 부양의무자와 관련된 사항

② 수급권자 및 부양의무자의 소득·재산에 관한 사항

③ 수급권자의 근로능력·취업상태·자활욕구 등 자활지원계획수립에 필요한 사항

④ 그 밖에 수급권자의 건강상태, 가구특성 등 생활실태에 관한 사항

3. 확인조사

시장·군수·구청장은 수급자 및 수급자에 대한 급여의 적정성을 확인하기 위하여 매년 연간조사계획을 수립하고 관할구역 안의 수급자를 대상으로 급여의 결정 및 실시 등에 필요한 사항을 매년 1회 이상 정기적으로 조사를 실시하여야 하며, 특히 필요하다고 인정하는 경우에는 보장기관이 지정하는 의료기관에서 검진을 받게 할 수 있되, 보건복지부장관이 정하는 사항은 분기마다 조사를 실시하여야 한다. 수급자의 자료제출, 조사의 위촉, 관련전산망의 이용 등 기타 확인조사를 위하여 필요한 사항에 관하여는 신청조사에 의한 관련규정(법 제22조 제2항 내지 제7항)을 준용한다. 보장기관은 수급자 또는 부양의무자가 조사 또는 자료제출 요구를 2회 이상 거부·방해 또는 기피하거나 검진지시에 따르지 아니한 때에는 수급자의 급여결정을 취소하거나 급여를 정지 또는 중지할 수 있다. 이 경우 서면으로 그 이유를 명시하여 서면으로 통지하여야 한다.

4. 금융정보 등의 제공

보건복지부장관은 수급권자와 그 부양의무자가 제출한 동의 서면을 전자적 형태로 바꾼 문서에 의하여 금융회사 등의 장에게 금융정보·신용정보 또는 보험정보의 제공을 요청할 수 있고, 확인조사를 위하여 필요하다고 인정하는 경우 대통령령으로 정하는 기준에 따라 인적사항을 기재한 문서 또는 정보통신망으로 금융회사 등의 장에게 수급자와 부양의무자의 금융정보 등을 제공하도록 요청할 수 있다. 이 경우 금융정보 등의 제공을 요청받은 금융회사 등의 장은 명의인의 금융정보 등을 제공하여야 하며, 제공사실을 명의인에게 통보하여야 하되, 명의인의 동의가 있는 경우에는 통보하지 아니할 수 있다.

5. 차상위계층에 대한 조사

차상위계층이라 함은 수급권자에 해당하지 아니하는 계층으로서 소득인정액이 대통령령으로 정하는 기준 이하(기준 중위소득의 100분의 50 이하)인 사람을 말한다. 시장·군수·구청장은 급여의 종류별 수급자 선정기준의 변경 등에 의하여

수급권자의 범위가 변동함에 따라 다음 연도에 이 법에 따른 급여가 필요할 것으로 예측되는 수급권자의 규모를 조사하기 위하여 차상위계층에 대하여 조사를 할수 있되, 조사를 실시하고자 하는 경우 조사대상자의 동의를 얻어야 한다. 이 경우 조사대상자의 동의는 다음 연도의 급여신청으로 본다.

6. 조사결과의 보고 등

급여와 관련한 신청조사, 확인조사 및 차상위계층 조사의 규정에 의하여 시장·군수·구청장이 수급권자·수급자·부양의무자 및 차상위계층을 조사한 때에는 관할 시·도지사에게 보고하여야 하며, 보고를 받은 시·도지사는 이를 보건복지부장관 및 소관 중앙행정기관의 장에게 보고하여야 한다. 시·도지사가 조사하였을 때에도 또한 같다.

7. 급여의 결정 등

시장·군수·구청장은 신청에 의한 조사를 한 때에는 지체 없이 급여실시의 여부와 급여의 내용을 결정하여야 하고, 차상위계층을 조사를 한 때에는 규정된 급여개시일이 속하는 달에 급여실시 여부와 급여내용을 결정하여야 한다. 급여실시 여부와 급여내용을 결정한 때에는 그 결정의 요지, 급여의 종류, 방법 및 급여의 개시시기 등을 서면으로 수급권자 또는 신청인에게 통지하여야 하되, 급여의 신청일부터 30일 이내에 하여야 한다. 다만, 부양의무자의 소득·재산 등의 조사에 시일이 걸리는 특별한 사유가 있거나 수급권자 또는 부양의무자가 관계 법률에 따른 조나사 자료제출 요굴ㄹ 거부·방해 또는 기피하는 경우에는 신청일부터 60일 이내에 통지를 할 수 있으나 통지서에 그 사유를 구체적으로 밝혀야 한다.

8. 급여의 실시 및 지급방법

급여의 실시 및 내용이 결정된 수급자에 대한 급여는 급여의 신청일부터 시작하되, 보건복지부장관 또는 소관 중앙해정기관의 장이 매년 결정·공표하는 급여의 종류별 수급자 선정기준의 변경으로 인하여 매년 1월에 새로이 수급자로 결정되는 사람에 대한 급여는 해당연도의 1월 1일을 그 급여개시일로 한다. 시장·군수·구청장은 급여실시 여부의 결정전이라도 수급권자에게 급여를 하여야 할 긴급한 필요가 있다고 인정할 때에는 급여의 일부를 행할 수 있다.

보장기관이 급여를 금전으로 지급할 때에는 수급자의 신청에 따라 수급자 명의의 지정된 계좌로 입금하되, 불가피한 사유로 급여수급계좌로 이체할 수 없을 때에는 대통령령으로 정하는 바에 따라 급여를 지급할 수 있다. 급여수급계좌의 해당 금융회사는 이 법에 따른 급여와 지방자치단체가 실시하는 급여만이 급여수급계좌에 입금되도록 관리하여야 한다.

9. 자활지원계획의 수립

시장·군수·구청장은 수급자의 자활을 체계적으로 지원하기 위하여 조사결과를 고려하여 수급자 가구별로 자활지원계획을 수립하고 그에 따라 급여를 실시하여야 한다. 보장기관은 수급자의 자활을 위하여 필요한 경우에는 사회복지사업법 등 다른 법률에 따라 보장기관이 제공할 수 있는 급여가 있거나 민간기관 등이 후원을 제공하는 경우 후원을 연계할 수 있고, 시장·군수·구청장은 수급자의 자활여건 변화와 급여 실시 결과를 정기적으로 평가하고 필요한 경우 자활지원계획을 변경할 수 있다.

10. 급여의 변경 및 중지 등

보장기관은 수급자의 소득·재산·근로능력 등에 변동된 경우에는 직권 또는 수급자나 그 친족, 그 밖의 관계인의 신청에 의하여 그에 대한 급여의 종류·방법등을 변경할 수 있되, 서면으로 그 이유를 구체적으로 밝여 통지하여야 한다.

제 5 절   보장시설

1. 보장시설

보장시설이란 급여를 실시하는 사회복지사업법에 의한 사회복지시설로서 다음에서 정하는 시설을 말한다.
　① 장애인복지법에 따른 장애인 거주시설
　② 노인복지법에 따른 노인주거복지시설 및 노인의료복지시설설
　③ 아동복지법에 따른 아동복지시설 및 통합시설
　④ 정신보건법에 따른 정신질환자사회복귀시설 및 정신요양시설
　⑤ 노숙인 등의 복지 및 가립지원에 관한법률에 따른 노숙인재활시설 및 노숙인 요양시설

⑥ 가정폭력피해자 보호시설, 성매매피해자 등을 위한 지원시설, 성폭력피해자 보호시설, 한부모가족복지시설, 결핵 및 한센병요양시설, 및 그 밖에 보건복지부령으로 정하는 시설

2. 보장시설의 장의 의무

보장시설의 장은 보장기관으로부터 수급자에 대한 급여를 위탁받은 경우에는 정당한 사유 없이 이를 거부하여서는 아니 되며, 위탁받은 수급자에게 보건복지부장관 및 소관 중앙행정기관의 장이 정하는 최저기준 이상의 급여를 행하여야 하며, 위탁받은 수급자에게 급여를 실시할 때 성별·신앙 또는 사회적 신분 등을 이유로 차별대우를 하여서는 아니 되며, 위탁받은 수급자에게 급여를 실시할 때 수급자의 자유로운 생활을 보장하여야 하며, 수급자에게 종교상의 행위를 강제하여서는 아니 된다.

제 6 절   수급자의 권리와 의무

1. 수급자의 권리

수급자에 대한 급여는 정당한 이유 없이 수급자에게 불리하게 변경할 수 없고, 수급품(지방자치단체가 실시하는 급여를 포함)과 수급권은 압류할 수 없고, 수급권을 타인에게 양도할 수 없다.

2. 신고의무

수급자는 거주지역, 세대의 구성 또는 임대차 계약내용이 변동되거나 급여결정 및 실시와 관련된 사항에 현저한 변동이 있는 때에는 지체없이 관할 보장기관에 신고하여야 한다.

제 7 절   보장비용 등

1. 보장비용

보장비용이라 함은 국민기초생활보장법에 의한 ① 보장업무에 소요되는 인건

비와 사무비, ② 생활보장위원회의 운영에 소요되는 비용, ③ 급여실시비용, ④ 보장업무에 소요되는 비용을 말한다. 보장비용의 부담비율은 이 법 제43조의 규정에 따른다.

2. 유류금품의 처분

장제급여를 실시하는 경우에 사망자에게 부양의무자가 없을 때에는 시장·군수·구청장은 사망자가 유류(遺留)한 금전 또는 유가증권으로 그 비용에 충당하고, 그 부족액은 유류물품의 매각대금으로 충당할 수 있다.

3. 비용의 징수

수급자에게 부양능력을 가진 부양의무자가 있음이 확인된 경우에는 보장비용을 지급한 보장기관은 생활보장위원회의 심의·의결을 거쳐 그 비용의 전부 또는 일부를 그 부양의무자로부터 부양의무의 범위 안에서 징수할 수 있다. 속임수나 그 밖의 부정한 방법으로 급여를 받거나 타인으로 하여금 급여를 받게 한 경우에는 보장비용을 지급한 보장기관은 그 비용의 전부 또는 일부를 그 급여를 받게 한 자(부정수급자)로부터 징수할 수 있다. 징수할 금액은 각각 부양의무자 또는 부정수급자에게 통지하여 이를 징수하고, 부양의무자 또는 부정수급자가 이에 응하지 아니하는 경우 국세 또는 지방세체납처분의 예에 의하여 이를 징수한다.

4. 반환명령

보장기관은 급여의 변경 또는 급여의 정지·중지에 따라 수급자에게 이미 지급한 수급품 중 과잉지급분이 발생한 경우에는 즉시 수급자에 대하여 그 전부 또는 일부의 반환을 명하여야 하되, 이미 이를 소비하였거나 기타 수급자에게 부득이한 사유가 있는 때에는 그 반환을 면제할 수 있다. 시장·군수·구청장이 긴급급여를 실시하였으나 조사결과에 따라 급여를 실시하지 아니하기로 결정한 경우 급여비용의 반환을 명할 수 있다.

제8절 이의신청 및 행정소송

1. 시·도지사에 대한 이의신청

수급자나 급여 또는 급여변경의 신청을 한 사람은 그 결정의 통지를 받은 날부터 60일 이내에 시장·군수·구청장의 처분에 대하여 이의가 있는 경우에는 당해 보장기관을 거쳐 시·도지사에게 서면 또는 구두로 이의를 신청할 수 있다. 이 경우 구두로 이의신청을 접수한 보장기관의 공무원은 이의신청서를 작성할 수 있도록 협조하여야 한다. 이의신청을 받은 시장·군수·구청장은 10일 이내에 의견서와 관계서류를 첨부하여 이를 시·도지사에게 송부하여야 한다. 시·도지사가 이의신청서를 송부받은 때에는 30일 이내에 필요한 심사를 하고 이의신청을 각하하거나 당해 처분을 변경 또는 취소하거나 기타 필요한 급여를 명하여야 하며, 처분 등을 한 때에는 지체없이 신청인과 당해 시장·군수·구청장에게 각각 서면으로 이를 통지하여야 한다.

2. 보건복지부장관에 대한 이의신청 및 재결

시·도지사의 처분 등에 대하여 이의가 있는 자는 그 처분 등의 통지를 받은 날부터 60일 이내에 시·도지사를 거쳐 보건복지부장관에게 서면 또는 구두로 이의를 신청할 수 있다. 이 경우 구두로 이의신청을 접수한 보장기관의 공무원은 이의신청서를 작성할 수 있도록 협조하여야 한다. 시·도지사는 이의신청이 있는 때에는 10일 이내에 의견서와 관계서류를 첨부하여 이를 보건복지부장관에게 송부하여야 한다.

3. 보건복지부장관의 재결

보건복지부장관은 이의신청서를 송부 받은 때에는 30일 이내에 필요한 심사를 하고 이의신청을 각하하거나 당해 처분의 변경 또는 취소의 재결을 하여야 하며, 재결을 한 때에는 지체 없이 당해 시·도지사와 신청인에게 각각 서면으로 통지하여야 한다.

4. 행정소송

　보건복지부장관의 재결에 대하여 불복이 있는 자가 처분의 취소를 구하고자
할 때에는 처분이 있음을 안 날로부터 90일 이내에 행정소송(법원)을 제기할 수
있다.

제 **3** 장
긴급복지지원법
(2018.12.11. 법률 제15878호)

제 1 절 총   설

1. 의   의

본인을 포함한 가구구성원이 실직, 파산, 사망, 질병, 가출·행방불명되거나 구금시설 등에 수용되어 소득상실, 가족해체, 방임·유기·학대, 가정폭력·성폭력, 주택의 화재발생 등에 의한 생계곤란의 위기상황이 발생하였을 경우에, 지역사회의 각종 복지지원을 활용하여 조기에 위기상황을 극복할 수 있도록 신속하게 필요한 지원을 실시하며 기존의 공공부조제도나 사회복지서비스와 연계되도록 하기 위한 제도로서 2005년 12월 31일 법률 제7739호로 그 효력을 2010년 12월 24일까지로 하는 한시법으로 긴급복지지원법을 제정하여 시행하여 오다 2011년 7월 14일 법률 제10261호로 전면개정에 이어 2018년 12월 11일 법률 제15878로 일부 개정되어 현재에 이르고 있다.

2. 제정목적

이 법은 생계곤란 등의 위기상황에 처하여 도움이 필요한 사람을 신속하게 지원함으로써 이들이 위기상황에서 벗어나 건강하고 인간다운 생활을 하게 함을 목적으로 제정된 것이다.

3. 위기상황의 정의

위기사황이란 본인 또는 본인과 생계 및 주거를 같이하고 있는 가구구성원이 다음 각 호의 어느 하나에 해당하는 사유로 인하여 생계유지 등이 어렵게 된 것을 말한다.

1. 주소득자(主所得者)가 사망, 가출, 행방불명, 구금시설에 수용되는 등의 사유로 소득을 상실한 경우
2. 중한 질병 또는 부상을 당한 경우
3. 가구구성원으로부터 방임(放任) 또는 유기(遺棄)되거나 학대 등을 당한 경우
4. 가정폭력을 당하여 가구구성원과 함께 원만한 가정생활을 하기 곤란하거나 가구구성원으로부터 성폭력을 당한 경우
5. 화재 또는 자연재해 등으로 인하여 거주하는 주택 또는 건물에서 생활하기 곤란하게 된 경우
6. 주소득자 또는 부소득자(副所得者)의 휴업, 폐업 또는 사업장의 화재 등으로 인하여 실질적인 영업이 곤란하게 된 경우
7. 주소득자 또는 부소득자의 실직으로 소득을 상실한 경우
8. 보건복지부령으로 정하는 기준에 따라 지방자치단체의 조례로 정한 사유가 발생한 경우
9. 그 밖에 보건복지부장관이 정하여 고시하는 사유가 발생한 경우

4. 기본원칙

이 법에 따른 지원은 위기상황에 처한 사람에게 일시적으로 신속하게 지원하는 것을 기본원칙으로 하되, 재해구호법, 국민기초생활보장법, 의료급여법, 사회복지사업법, 가정폭력방지 및 피해자보호 등에 관한 법률, 성폭력방지 및 피해자보호 등에 관한 법률 등 다른 법률에 따라 이 법에 따른 지원 내용과 동일한 내용의 구호·보호 또는 지원을 받고 있는 경우에는 이 법에 따른 지원을 하지 아니한다.

5. 국가와 지방자치단체의 책무

국가와 지방자치단체는 위기상황에 처한 사람을 찾아내어 최대한 신속하게 필요한 지원을 하도록 노력하여야 하며, 긴급지원의 지원 대상 및 소득 또는 재산기준, 지원종류·내용절차와 그 밖에 필요한 사항 등 긴급지원사업에 관하여 적극적으로 안내하여야 한다. 또한 위기상황이 해소되지 아니하여 계속 지원이 필요한 것으로 판단되는 사람에게는 다른 법률에 따른 구호·보호 또는 지원을 받을 수 있도록 노력하여야 하고 또 그 지원이 어렵다고 판단되는 경우에는 민간기

관·단체와의 연계를 통하여 구호·보호 또는 지원을 받을 수 있도록 노력하여야
한다.

제2절 긴급지원대상자 및 지원기관

1. 긴급지원대상자의 범위

긴급지원대상자는 위기상황에 처한 사람으로서 이 법에 따른 지원이 긴급하게
필요한 사람이다. 국내에 거류하고 있는 외국인 중 다음의 어느 하나에 해당하는
경우에는 긴급지원대상자가 된다.
  ① 대한민국 국민과 혼인 중인 사람
  ② 대한민국 국민인 배우자와 이혼하거나 그 배우자가 사망한 사람으로서 대
한민국국적을 가진 직계존비속을 돌보고 있는 사람
  ③ 난민법에 따라 난민의 인정을 받은 사람
  ④ 본인의 귀책사유 없이 화재, 범죄, 천재지변으로 피해를 입은 사람
  ⑤ 그 밖에 보건복지부장관이 긴급한 지원이 필요하다고 인정하는 사람

2. 긴급지원기관

긴급지원은 긴급지원대상자의 거주지를 관할하는 시장·군수·구청장이 하되,
긴급지원대상자의 거주지가 분명하지 아니한 경우에는 지원요청 또는 신고를 받
은 시장·군수·구청장이 하고 긴급지원사업을 수행할 담당공무원을 지정하여야
한다. 거주지가 분명하지 아니한 사람에게 긴급지원요청 또는 신고가 특정지역에
집중되는 경우에는 긴급지원기관의 조정으로 긴급지원기관을 달리 정할 수 있다.

제3절 긴급지원 절차

1. 지원요청 및 신고

긴급지원대상자와 친족, 그 밖의 관계인은 구술 또는 서면 등으로 관할 시
장·군수·구청장에게 지원을 요청할 수 있고, 누구든지 긴급지원대상자를 발견
한 경우에는 관할 시장·군수·구청장에게 신고하여야 한다. 또한 다음의 어느

하나에 해당하는 사람은 진료·상담 등 직무수행 과정에서 긴급지원대상자가 있음을 알게 된 경우에는 관할 시장·군수·구청장에게 신고하고, 긴급지원대상자가 신속하게 지원을 받을 수 있도록 노력하여야 한다. 국가와 지방자치단체는 긴급지원사업에 관한 홍보를 실시하여야 한다.

① 의료법에 따른 의료기관의 종사자

② 유아교육법, 초·중등교육법 및 고등교육법에 따른 교원

③ 사회복지사업법에 따른 사회복지시설의 종사자 및 복지위원

④ 국가공무원법 또는 지방공무원법에 따른 공무원

⑤ 장애인활동 지원기관의 장 및 그 종사자, 학원의 설립·운영 및 과외교습에 관한 법률따른 학원의 운영자·강사·직원·교습소의 교습자·직원, 건강가정기본법에 따른 건강가정지원센터의 장과 그 종사자, 청소년 기본법에 따른 청소년시설 및 청소년단체의 장과 그 종사자, 청소년 보호법에 따른 청소년 보호·재활센터의 장과 그 종사자, 평생교육법에 따른 평생교육기관의 장과 그 종사자

⑥ 그 밖에 긴급지원대상자를 발견할 수 있는 자로서 보건복지부령으로 정하는 자

2. 위기상황의 발굴

국가 및 지방자치단체는 위기상황에 처한 사람에 대한 발굴조사를 연 1회 이상 정기적으로 실시하여야 하고, 정기발굴조사 또는 수시발굴조사를 위하여 필요한 경우 관계 기관·법인·단체 등의 장에게 자료의 제출, 위기상황에 처한 사람의 거주지 등 현장조사 시 소속 직원의 동행 등 협조를 요청할 수 있되, 관계 기관·법인 단체 등의 장은 정당한 사유가 없으면 이에 따라야 하며 위기상황에 처한 사람에 대한 발굴체계의 운영 실태를 정기적으로 점검하고 개선방안을 수립하여야 한다.

3. 현장확인 및 지원

시장·군수·구청장은 긴급지원요청 또는 신고를 받거나 위기상황에 처한 사람을 찾아낸 경우에는 지체없이 긴급지원담당공무원으로 하여금 긴급지원대상자의 거주지 등을 방문하여 위기상황을 확인하여야 하고, 위기상황을 확인하기 위하여 필요한 경우에는 관할 경찰관서, 소방관서 등 관계 행정기관의 장에게 협조를 요청할 수 있다. 현장 확인 결과 위기상황의 발생이 확인된 사람에 대하여는 지

체 없이 긴급지원의 종류 및 내용을 결정하여 지원을 하여야 하되, 긴급지원대상
자에게 신속히 지원할 필요가 있다고 판단되면 긴급지원 담당공무원으로 하여금
우선 필요한 지원을 하도록 할 수 있다.

4. 금융정보 등의 제공동의서 제출

긴급지원을 요청할 때 또는 긴급지원담당공무원이 위기상황을 확인할 때에 그
긴급지원대상자 및 가구구성원은 다음 각 항의 자료 또는 정보의 제공에 대하여
동의한다는 서면을 제출하여야 하되, 긴급지원 대상자가 의식불명 등 대통령으로
정하는 사유에 해당하여 서면 제출이 사실상 불가능하다고 긴급지원담당공무원이
확인한 경우에는 우선 필요한 지원을 받은 후에 제출할 수 있다.

① 금융실명거래 및 비밀보장에 관한 법률에 따른 금융자산 및 금융거래의 내
용에 대한 자료 또는 정보 중 예금의 평균잔액과 대통령령으로 정하는 자료 또는
정보

② 신용정보의 이용 및 보호에 관한 법률에 따른 신용정보 중 채무액과 그 밖
에 대통령령으로 정하는 자료 또는 정보

③ 보험업법에 따른 보험에 가입하여 납부한 보험료와 대통령령으로 정하는
자료 또는 정보

제 4 절 긴급지원의 종류 및 내용

1. 긴급지원의 종류 및 내용

이 법에 따른 지원에는 금전 또는 현물 등의 직접지원과, 민간기관·단체와의
연계 등의 지원이 있다.

① 금전 또는 현물(現物) 등의 직접지원

　　가. 생계지원: 식료품비·의복비 등 생계유지에 필요한 비용 또는 현물 지원
　　나. 의료지원: 각종 검사 및 치료 등 의료서비스 지원
　　다. 주거지원: 임시거소 제공 또는 이에 해당하는 비용 지원
　　라. 사회복지시설 이용 지원: 사회복지사업법에 따른 사회복지시설 입소(入
　　　　所) 또는 이용 서비스 제공이나 이에 필요한 비용 지원
　　마. 교육지원: 초·중·고등학생의 수업료, 입학금, 학교운영지원비 및 학

용품비 등 필요한 비용 지원

  바. 그 밖의 지원: 연료비나 그 밖에 위기상황의 극복에 필요한 비용 또는 현물지원

② 민간기관·단체와의 연계 등의 지원

  가. 대한적십자사 조직법에 따른 대한적십자사, 사회복지공동모금회법에 따른 사회복지공동모금회 등의 사회복지기관·단체와의 연계 지원

  나. 상담·정보제공, 그 밖의 지원

2. 지원기준·방법 및 절차

(1) 생계지원

생계지원의 대상은 긴급지원대상자로서 위기상황에 해당하는 모든 사유 중 어느 하나에 해당하는 사유로 생계유지가 곤란한 사람으로서, 시장·군수·구청장은 가구구성원의 수 등을 고려하여 보건복지부장관이 정하여 고시하는 기준에 따른 금액을 긴급지원대상자에게 최저생계비를 한도로 지급하여야 하되, 긴급지원대상자가 거동이 불편하여 물품구매가 곤란한 경우 등 현금을 지급하는 것이 적절하지 아니하다고 판단되는 경우에는 이에 상당하는 현물(現物)을 지급할 수 있고, 현금을 지급하는 경우에는 해당 금액을 금융회사나 체신관서에 개설된 긴급지원대상자의 계좌에 입금하여야 한다. 다만, 긴급지원대상자가 금융회사나 체신관서가 없는 지역에 거주하는 등 부득이한 사유가 있는 경우에는 해당 금액을 현금으로 긴급지원대상자에게 직접 지급할 수 있다.

(2) 의료지원

의료지원의 대상은 긴급지원대상자로서 중한 질병 또는 부상을 당한 경우의 위기상황에 해당하는 사유로 의료비를 감당하기 곤란한 사람으로서, 시장·군수·구청장은 다음의 어느 하나에 해당하는 의료기관 또는 약국이 긴급지원대상자에게 검사 및 치료 등의 의료서비스를 제공하게 하여야 하되, 시장·군수·구청장은 국민건강보험법과 의료급여법에 따른 본인부담금 등을 고려하여 보건복지부장관이 정하여 고시하는 금액의 범위에서 의료서비스 제공에 필요한 금액을 해당 의료서비스를 제공한 의료기관 등에 지급하여야 한다.

  ① 의료법에 따라 개설된 의료기관

  ② 지방의료원의 설립 및 운영에 관한 법률에 따라 설립된 지방의료원

③ 지역보건법에 따라 설치된 보건소, 보건의료원 및 보건지소

④ 농어촌 등 보건의료를 위한 특별조치법에 따라 설치된 보건진료소

⑤ 약사법에 따라 등록된 약국

(3) 주거지원

주거지원의 대상은 긴급지원대상자로서 위기상황에 해당하는 모든 사유 중 어느 하나에 해당하는 사유로 임시거소(臨時居所)의 제공 또는 주거비 지원이 필요하다고 인정되는 사람으로서, 시장·군수·구청장은 긴급지원대상자에게 임시거소를 제공하여야 한다. 다만, 임시거소를 제공하는 것이 곤란한 경우에는 거소 확보에 필요한 비용을 긴급지원대상자에게 지급할 수 있고, 임시거소 중 국가 또는 지방자치단체의 소유가 아닌 임시거소를 제공하는 경우에는 지역 등을 고려하여 보건복지부장관이 정하여 고시하는 기준에 따라 임시거소의 제공에 필요한 비용을 해당 임시거소의 소유자 또는 관리자에게 지급하여야 한다.

(4) 사회복지시설의 이용 지원

시장·군수·구청장은 사회복지시설 이용 지원을 하는 경우 관할 사회복지시설의 장에게 지원을 요청할 수 있고, 이 경우 사회복지시설의 장은 정당한 사유가 없으면 해당 시설의 입소기준에도 불구하고 긴급지원대상자가 긴급지원 기간, 그 시설을 이용할 수 있도록 조치하여야 한다. 사회복지시설 이용 지원의 대상자는 긴급지원대상자로서 위기상황의 모든 사유 중 어느 하나에 해당하는 사유로 사회복지시설에서 제공하는 서비스가 필요하다고 인정되는 사람으로서, 시장·군수·구청장은 긴급지원대상자가 사회복지시설에 입소하거나 사회복지시설을 이용하게 하고, 시설의 입소자 수 또는 이용자 수 등을 고려하여, 보건복지부장관이 정하여 고시하는 금액의 범위에서 사회복지시설의 입소 또는 이용에 필요한 비용을 해당 사회복지시설을 운영하는 자에게 지급하여야 하되, 사회복지시설을 운영하는 자에게 지급하는 것이 적절하지 아니하다고 판단되는 경우에는 사회복지시설의 이용에 필요한 금액을 긴급지원대상자에게 지급할 수 있다.

(5) 교육지원

① 교육지원의 대상은 긴급지원대상자로서 다음의 어느 하나에 해당하는 학교 또는 시설에 입학하거나 재학중인 사람 중 위기상황의 모든 사유 중 어느 하나에 해당하는 사유로 교육비 지원이 필요하다고 인정되는 사람으로 한다.

1. 초·중등교육법에 따른 초등학교·공민학교·중학교·고등공민학교·고등학교·고등기술학교

2. 초·중등교육법에 따른 특수학교(초등학교·중학교·고등학교 과정만)

3. 초·중등교육법에 따른 각종 학교로서 가호부터 다호까지의 학교와 유사한 학교

4. 평생교육법에 따른 학교형태의 평생교육시설(초등학교, 중학교, 고등학교의 학력이 인정되는 시설만)

② 시장·군수·구청장은 제1항에 따른 긴급지원대상자에게 학교 또는 시설의 종류 등을 고려하여 보건복지부장관이 정하여 고시하는 기준에 따라 수업료, 입학금, 학교운영지원비 및 학용품비 등을 금전이나 물품으로 지급하여야 한다.

③ 시장·군수·구청장은 제2항에 따라 금전을 지급하는 경우에는 해당 금액을 금융회사나 체신관서에 개설된 긴급지원대상자의 계좌에 입금하여야 한다. 다만, 긴급지원대상자가 금융회사나 체신관서가 없는 지역에 거주하는 등 부득이한 사유가 있는 경우에는 해당 금액을 현금으로 긴급지원대상자에게 직접 지급할 수 있다.

④ 제3항에도 불구하고 교육지원의 목적을 달성하기 위하여 부득이한 경우에는 시장·군수·구청장이 직접 수업료 등을 납부하거나 학용품 등을 현물로 지급할 수 있다.

⑤ 시장·군수·구청장은 제2항에 따라 학비를 지원하는 경우에는 보건복지부령으로 정하는 분기에 따라 신청일이 속하는 해당 분기분을 지급하여야 한다.

(6) 그 밖의 지원

그 밖의 지원의 종류는 연료비 및 해산비, 그 밖에 보건복지부장관이 정하는 지원으로 한다. 시장·군수·구청장은 보건복지부장관이 정하여 고시하는 금액의 범위에서 지원금을 긴급지원대상자에게 지급하여야 한다. 다만, 지원의 성격상 현금을 지급하는 것이 적절하지 아니하다고 판단되는 경우에는 긴급지원대상자에게 현물을 제공할 수 있다.

3. 긴급지원수급계좌

시장·군수·구청장은 긴급지원대상자의 신청이 있는 경우에는 긴급지원대상자에게 지급하는 금전을 긴급지원대상자 명의의 긴급지원수급계좌로 입금하여야

하되, 정보통신장애나 그 밖에 대통령령으로 정하는 불가피한 사유로 긴급지원수급계좌로 이체할 수 없을 때에는 현금지급 등 대통령령으로 정하는 바에 따라 지급할 수 있다. 긴급지원수급계좌가 개설된 금융기관은 긴급지원금만이 긴급지원수급계좌에 입금되도록 하고, 이를 관리하여야 한다.

4. 긴급지원의 기간 등

① 생계지원, 주거지원, 사회복지시설 이용지원, 연료비·해산비 및 그 밖에 보건복지부장관이 정하는 지원의 긴급지원은 1개월간의 생계유지 등에 필요한 지원으로 한다. 다만, 시장·군수·구청장이 긴급지원대상자의 위기상황이 계속된다고 판단하는 경우에는 1개월씩 두 번의 범위에서 기간을 연장할 수 있다.

② 의료지원은 위기상황의 원인이 되는 질병 또는 부상을 검사·치료하기 위한 범위에서 한 번 실시하며, 교육지원도 한 번 실시한다.

③ 시장·군수·구청장은 제1항 및 제2항에 따른 지원에도 불구하고 위기상황이 계속되는 경우에는 긴급지원심의위원회의 심의를 거쳐 지원을 연장할 수 있다. 이 경우 생계지원·사회복지시설 이용 지원 및 교육지원 따른 지원은 따른 지원은 지원기간을 합하여 총 6개월을 초과하여서는 아니 되고, 주거지원에 따른 지원은 제1항에 따른 지원기관을 합하여 총 12개원을 초과하여서는 아니 되며, 의료지원에 따른 지원은 제2항에 따른 지원 횟수를 합하여 총 2번, 교육지원에 따른 지원은 제2항에 따른 지원 횟수를 합하여 총 4번을 초과하여서는 아니 된다.

④ 제3항에 따른 지원연장에 관한 긴급지원심의위원회의 심의 시기 및 절차는 보건복지부령으로 정한다.

5. 지원연장 결정 및 긴급지원의 추가 연장

(1) 지원연장 결정

시장·군수·구청장은 긴급지원대상자에 대한 지원기간을 연장하려는 경우에는 지원기간이 끝나기 3일 전까지 연장 여부를 결정하여야 하고, 지원연장을 결정한 때에는 지원연장 기간 및 지원 내용과 그 밖에 지원에 필요한 사항을 긴급지원대상자에게 지체없이 알려야 한다.

(2) 긴급지원의 추가 연장

시장·군수·구청장은 위기상황이 계속되는 긴급지원대상자에 대하여 지원연장이 필요한 사유, 지원연장 기간 및 지원 내용 등을 기재하여 긴급지원심의위원회의 심의에 부쳐야 한다. 위원회는 심의를 요청한 긴급지원대상자의 지원연장 여부에 대하여 지원기간이 끝나기 3일 전까지 심의를 마쳐야 하며, 시장·군수·구청장은 지원연장을 하기로 결정한 긴급지원대상자에게 지원연장 기간 및 지원 내용과 그 밖에 지원에 필요한 사항을 지체없이 알려야 한다.

제 5 절 담당기구 · 긴급지원심의위원회

1. 담당기구 · 협의회 설치

① 보건복지부장관은 위기상황에 처한 사람에게 상담·정보제공 및 관련 기관·단체 등과의 연계서비스를 제공하기 위하여 담당기구를 설치·운영할 수 있으며, 긴급지원사업을 원활하게 수행하기 위하여 대한적십자사, 사회복지공동모금회 등 민간의 긴급지원 관련 기관·단체가 참여하는 협의회를 설치·운영할 수 있다.

② 시장·군수·구청장은 긴급지원사업을 원활하게 수행하기 위하여 사회복지사업법에 따른 지역사회복지협의체를 통하여 사회복지·보건의료 관련 기관·단체 간의 연계·협력을 강화하여야 한다.

2. 긴급지원심의위원회

① 다음 각 호의 사항을 심의·의결하기 위하여 시·군·구에 시장·군수·구청장이 위원장이 되는 위원장 포함 15명 이내의 위원으로 구성된 긴급지원심의위원회를 둔다.
  1. 긴급지원연장 결정
  2. 긴급지원의 적정성 심사
  3. 긴급지원의 중단 또는 지원비용의 환수 결정
  4. 그 밖에 긴급지원심의위원회의 위원장이 회의에 부치는 사항
② 위원은 다음 각 호의 어느 하나에 해당하는 사람 중에서 시장·군수·구청장이 임명하거나 위촉하되, 제1호 및 제2호에 해당하는 사람이 2분의 1 이상 되도록 구성하여야 한다.
  1. 사회보장에 관한 학식과 경험이 있는 사람

2. 비영리민간단체 지원법에 따른 비영리민간단체에서 추천한 사람

3. 시·군·구 또는 관계 행정기관 소속의 공무원

4. 시·군·구 지방의회가 추천하는 사람

③ 시·군·구에 국민기초생활보장법에 따른 생활보장위원회가 있는 경우 그 위원회는 조례로 정하는 바에 따라 긴급지원심의위원회의 기능을 대신할 수 있다.

제6절 사후조사·적정성 심사·지원중단 및 비용환수

1. 사후조사

① 시장·군수·구청장은 긴급지원 요청 또는 신고를 받거나 위기상황에 처한 사람을 찾아낸 경우에는 지체 없이 위기상황을 확인하고 지원의 종류 및 내용을 결정하여 지원을 한 후에는 지원을 받았거나 받고 있는 긴급지원대상자에 대하여 소득 또는 재산 등 대통령령으로 정하는 기준에 따라 긴급지원이 적정한지를 조사하여야 한다.

② 시장·군수·구청장은 제1항에 따른 조사를 위하여 금융·국세·지방세·건강보험·국민연금 및 고용보험 등 관련 전산망을 이용하려는 경우에는 해당 법률에서 정하는 바에 따라 관계 기관의 장에게 협조를 요청할 수 있다. 이 경우 관계 기관의 장은 정당한 사유가 없으면 그 요청에 따라야 한다.

③ 보건복지부장관은 제1항에 따른 조사를 위하여 금융실명거래 및 비밀보장에 관한 법률과 신용정보의 이용 및 보호에 관한 법률에도 불구하고 긴급지원대상자 및 가구구성원이 금융정보 등의 제공동의서를 전자적 형태로 바꾼 문서에 따라 금융회사 등의 장에게 금융정보·신용정보 또는 보험정보의 제공을 요청할 수 있다.

④ 제3항에 따라 금융정보 등의 제공을 요청받은 금융회사 등의 장은 금융실명거래 및 비밀보장에 관한 법률과 신용정보의 이용 및 보호에 관한 법률에도 불구하고 명의인의 금융정보 등을 제공하여야 한다.

⑤ 제4항에 따라 금융정보 또는 보험정보를 제공한 금융실명거래 및 비밀보장에 관한 법률에 따른 금융회사의 장은 그 정보의 제공 사실을 명의인에게 통보하여야 하나, 명의인의 동의가 있는 경우에는 통보하지 아니할 수 있다.

⑥ 제3항 및 제4항에 따른 금융정보 등의 제공요청 및 제공은 정보통신망 이용촉진 및 정보보호 등에 관한 법률에 따른 정보통신망을 이용하여야 한다. 다만,

정보통신망의 손상 등 불가피한 경우에는 그러하지 아니하다.

2. 긴급지원의 적성성 심사

① 긴급지원심의위원회는 긴급지원이 적정한지의 사후조사에 따라 시장·군수·구청장이 한 사후조사 결과를 참고하여 긴급지원의 적정성을 심사한다.

② 긴급지원심의위원회는 긴급지원대상자가 국민기초생활 보장법 또는 의료급여법에 따른 수급권자로 결정된 경우에는 제1항에 따른 심사를 하지 아니할 수 있다.

③ 시장·군수·구청장은 제1항에 따른 심사결과 긴급지원대상자에 대한 지원이 적정하지 아니한 것으로 결정된 경우에도 긴급지원담당공무원의 고의 또는 중대한 과실이 없으면 이를 이유로 긴급지원담당공무원에 대하여 불리한 처분이나 대우를 하여서는 아니 된다.

3. 지원중단 및 비용환수

① 시장·군수·구청장은 긴급지원의 적정성 심사에 따른 심사결과 거짓이나 그 밖의 부정한 방법으로 긴급지원을 받은 것으로 결정된 사람에게는 긴급지원심의위원회의 결정에 따라 지체 없이 지원을 중단하고 지원한 비용의 전부 또는 일부를 반환하게 하여야 한다.

② 시장·군수·구청장은 긴급지원의 적정성 심사에 따른 심사결과 긴급지원이 적정하지 아니한 것으로 결정된 사람에게는 지원을 중단하고 지원한 비용의 전부 또는 일부를 반환하게 할 수 있다.

③ 시장·군수·구청장은 긴급지원의 지원기준을 초과하여 지원받은 사람에게는 그 초과 지원 상당분을 반환하게 할 수 있고, 제1항 또는 제2항에 따른 반환명령에 따르지 아니하는 사람에게는 지방세 체납처분의 예에 따라 징수한다.

제 7 절 지원대상자의 권리 보호

1. 국가 등의 예산분담

국가와 지방자치단체는 긴급지원 업무를 수행하기 위하여 필요한 비용을 분담한다. 긴급지원 대상자는 무기여 수혜권이 있다.

2. 이의신청

지원중단 결정이나 지원중단 또는 지원한 비용의 환수에 따른 반환명령에 이의가 있는 사람은 그 처분을 고지 받은 날부터 30일 이내에 해당 시장·군수·구청장을 거쳐 특별시장·광역시장·도지사·특별자치도지사에게 서면으로 이의신청할 수 있다. 이 경우 시장·군수·구청장은 이의신청을 받은 날부터 10일 이내에 의견서와 관련 서류를 첨부하여 시·도지사에게 송부하여야 하고, 이의신청을 접수한 시·도지사는 송부 받은 날부터 15일 이내에 이를 검토하고 처분이 위법·부당하다고 인정되는 때는 시정, 그 밖에 필요한 조치를 하여야 한다.

3. 압류 등의 금지

① 이 법에 따라 긴급지원대상자에게 지급되는 금전 또는 현물은 압류할 수 없다.
② 긴급지원수급계좌의 긴급지원금과 이에 관한 채권은 압류할 수 없다.
③ 긴급지원대상자는 이 법에 따라 지급되는 금전 또는 현물을 생계유지 등의 목적 외의 다른 용도로 사용하기 위하여 양도하거나 담보로 제공할 수 없다.

4. 담당공무원의 의무

긴급지원담당공무원 또는 긴급지원담당공무원이었던 사람은 긴급지원의 적정성 조사에 따라 얻은 정보와 자료를 이 법에서 정한 지원 목적 외에 다른 용도로 사용하거나 다른 사람 또는 기관에 제공하여서는 아니 된다.

제 3 편

사회서비스법

제1장
사회서비스법의 개설

1. 의   의

사회서비스법은 사회복지서비스에 관한 법이다. 그러나 사회서비스법이라고 하는 단일 형식적 법전은 없고 사회보장기본법은 사회서비스란 국가·지방자치단체 및 민간부문의 도움이 필요한 모든 국민에게 복지, 보건의료, 교육, 고용, 주거, 문화, 환경 등의 분야에서 인간다운 생활을 보장하고 상담, 재활, 돌봄, 정보의 제공, 관련 시설의 이용, 역량 개발, 사회참여 지원 등을 통하여 국민의 삶의 질이 향상되도록 지원하는 제도를 말한다고 정의하고 있다. 따라서 인간다운 생활을 보장하고 국민 삶의 질이 향상 되도록 지원하기 위한 사회서비스를 내용으로 하는 사업을 규정한 법이 사회복지사업법이기 때문에 사회복지사업법이 사회서비스법의 기본이 된다. 노인복지법, 아동복지법, 장애인복지법, 다문화가족지원법, 성폭력방지 및 피해자 보호 등에 관한 법률 등이 사회서비스법에 속하고 이들 개별법은 사회복지사업법의 특별법이 된다. 사회서비스법은 사회보험법이나 공공부조법이 현금이나 현물과 같은 경제적·물질적 급여인데 대하여, 인간다운 생활이나 삶의 질을 향상시키기 위한 심리적·정신적·전문적 급여가 주된 내용이 된다.

2. 특   성

사회서비스법은 다른 사회보장제도의 목적과 적용대상이 상이하기 때문에 사회보험법이나 공공부조법과는 다른 특성이 있다.

① 급여의 내용에 있어서 사회보험법이나 공공부조법상의 급여는 현금 또는 현물과 같은 금전적 급여가 주된 내용인데 대하여, 사회서비스법의 급여는 복지, 보건의료, 교육, 고용, 주거, 문화, 환경 등의 인간다운 생활보장과, 상담, 재활, 돌봄, 정보제공, 시설이용, 역량개발, 사회참여 지원 등 삶의 질이 향상 되도록 심리적·정신적·비물질적·비화폐적 급여가 주된 내용이다.

② 사회서비스법은 대상자별, 환경별, 시간별 등에 의한 개별적 급여의 욕구가 다양하기 때문에, 법정화에 의해 획일적 처우를 하는 사회보험이나 공공부조의 급여에 비하여 역동적이고 어렵다.

③ 사회서비스법의 급여는 단순한 현금이나 현물을 전달하는 것이 아니고 사회심리적 치료나 재활·상담 등의 서비스를 개인적 또는 집단적으로 제공하는 것이기 때문에 전달자의 전문적 지식과 실천기술 그리고 윤리가 중요한 역할을 한다.[1]

---

1) 김기원, 『사회복지법제론』, 나눔의 집, 2007, 516면.

제 2 장
아동복지법
(2019.1.15. 법률 제16248호)

제1절 총 설

1. 아동복지법의 의의

아동복지를 위한 최초의 입법은 1961년 12월 30일 법률 제912호로 제정된 아동복리법이다. 이 법은 아동이 그 보호자로부터 유실·유기 또는 이탈되었을 경우, 그 보호자가 아동을 양육하기에 부적당하거나 양육할 수 없는 경우, 또는 아동이 건전한 출생을 기할 수 없는 경우에 아동이 건전하고 행복하게 육성되도록 그 복리를 보장하기 위해 제정은 되었으나 명분뿐인 법이었다. 당시 국가재정상의 문제로 아동에 대한 보편적인 보호는 뒷전으로 단지 요보호아동을 보호대상으로 하는 제한적인 것이었다.[1] 그 후 1981년 4월 13일 법률 제3438호로 아동복지법으로 전면개정으로 제정되어, 수차례 개정되어 왔으나 아동학대예방 및 방지업무, 보호대상아동 및 취약계층아동에 대한 지원업무 등 아동 지원업무가 별개의 기관에 위탁되어 산발적으로 운영되고 있어서 아동정책을 종합적이고 체계적으로 추진할 수 있는 통합 수행기관의 필요성이 있고 양육환경의 변화로 돌봄에 대한 사회적 요구가 증가하고 있는 현실 및 초등학생의 방과 후 심각한 돌봄공백 문제 해결을 위하여 보건복지부장관이 아동정책에 대한 종합적인 수행과 아동복지 관련 사업의 효과적인 추진을 위하여 아동권리보장원을 설립 및 운영하도록 하고, 국가와 지방자치단체는 아동권리보장원에 아동정책영향평가를 위탁할 수 있도록 2019년 1월 15일 법률 제16248호로 개정되어 현재에 이르고 있다.

---

1) 아동에 관한 보호는 1923년 9월에 일제에 의해 제령 제12호로 제정된 「조선감화령」이 있었다. 이 감화령은 복지적 입법이라기보다는 식민통치를 위한 치안유지적 입법이었다. 당시 조선감화령에 의하여 설치된 감화원과 조선구호령에 의하여 설치된 구호시설이 있었다. 이 감화령은 1961년 아동복리법이 제정될 때까지 유지되었다.

2. 목적 및 기본이념

아동이 건강하게 출생하여 행복하고 안전하게 자라나도록 그 복지를 보장함을 목적으로 한다. 기본이념은 아동은 자신 또는 부모의 성별, 연령, 종교, 사회적 신분, 재산, 장애유무, 출생지역, 인종 등에 따른 어떠한 종류의 차별도 받지 아니하고 자라나야 하며, 완전하고 조화로운 인격발달을 위하여 안정된 가정환경에서 행복하게 자라나야 하고, 아동에 관한 모든 활동에 있어서 아동의 이익이 최우선적으로 고려되어 아동의 권리보장과 복지증진을 위하여 이 법에 따른 보호와 지원을 받을 권리를 가진다.

3. 용어의 정의

1. 아동이란 18세 미만인 사람을 말한다.
2. 아동복지란 아동이 행복한 삶을 누릴 수 있는 기본적인 여건을 조성하고 조화롭게 성장·발달할 수 있도록 하기 위한 경제적·사회적·정서적 지원을 말한다.
3. 보호자란 친권자, 후견인, 아동을 보호·양육·교육하거나 그러한 의무가 있는 자 또는 업무·고용 등의 관계로 사실상 아동을 보호·감독하는 자를 말한다.
4. 보호대상아동이란 보호자가 없거나 보호자로부터 이탈된 아동 또는 보호자가 아동을 학대하는 경우 등 그 보호자가 아동을 양육하기에 적당하지 아니하거나 양육할 능력이 없는 경우의 아동을 말한다.
5. 지원대상아동이란 아동이 조화롭고 건강하게 성장하는 데에 필요한 기초적인 조건이 갖추어지지 아니하여 사회적·경제적·정서적 지원이 필요한 아동을 말한다.
6. 가정위탁이란 보호대상아동의 보호를 위하여 성범죄, 가정폭력, 아동학대, 정신질환 등의 전력이 없는 보건복지부령으로 정하는 기준에 적합한 가정에 보호대상아동을 일정 기간 위탁하는 것을 말한다.
7. 아동학대란 보호자를 포함한 성인이 아동의 건강 또는 복지를 해치거나 정상적 발달을 저해할 수 있는 신체적·정신적·성적 폭력이나 가혹행위를 하는 것과 아동의 보호자가 아동을 유기하거나 방임하는 것을 말한다.
8. "피해아동"이란 아동학대로 인하여 피해를 입은 아동을 말한다.

9. 아동복지전담기관이란 아동보호전문기관과 제48조에 따른 가정위탁지원센터를 말한다.
10. 아동복지시설이란 제50조에 따라 설치된 시설을 말한다.
11. 아동복지시설 종사자란 아동복지시설에서 아동의 상담·지도·치료·양육, 그 밖에 아동의 복지에 관한 업무를 담당하는 사람을 말한다.

제 2 절   아동복지의 책무

1. 국가와 지방자치단체의 책무

① 아동의 안전·건강 및 복지 증진을 위하여 아동과 그 보호자 및 가정을 지원하기 위한 정책을 수립·시행하여야 한다.

② 보호대상아동 및 지원대상아동의 권익을 증진하기 위한 정책을 수립·시행하여야 한다.

③ 아동이 태어난 가정에서 성장할 수 있도록 지원하고, 아동이 태어난 가정에서 성장할 수 없을 때에는 가정과 유사한 환경에서 성장할 수 있도록 조치하며, 아동을 가정에서 분리하여 보호할 경우에는 신속히 가정으로 복귀할 수 있도록 지원하여야 한다.

④ 장애아동의 권익을 보호하기 위하여 필요한 시책을 강구하여야 한다.

⑤ 아동이 자신 또는 부모의 성별, 연령, 종교, 사회적 신분, 재산, 장애유무, 출생지역 또는 인종 등에 따른 어떠한 종류의 차별도 받지 아니하도록 필요한 시책을 강구하여야 한다.

⑥ 아동의 권리에 관한 협약에서 규정한 아동의 권리 및 복지 증진 등을 위하여 필요한 시책을 수립·시행하고, 이에 필요한 교육과 홍보를 하여야 한다.

⑦ 지방자치단체는 아동의 보호자가 아동을 행복하고 안전하게 양육하기 위하여 필요한 교육을 지원하여야 한다.

2. 보호자의 책무

아동의 보호자는 아동을 가정 안에서 그의 성장 시기에 맞추어 건강하고 안전하게 양육하여야 하고, 아동에게 신체적 고통이나 폭언 등의 정신적 고통을 가하여서는 안된다.

3. 국민의 책무

모든 국민은 아동의 권익과 안전을 존중하여야 하며 아동을 건강하게 양육하여야 한다.

4. 어린이날

어린이에 대한 사랑과 보호의 정신을 높임으로써 이들을 옳고 아름답고 슬기로우며 씩씩하게 자라나도록 하기 위하여 매년 5월 5일을 어린이날로 하며, 5월 1일부터 5월 7일까지를 어린이주간으로 한다.

제 3 절 아동복지정책의 수립 및 시행

1. 아동정책기본계획의 수립

보건복지부장관은 아동정책의 효율적인 추진을 위하여 5년마다 다음 사항이 포함된 아동정책기본계획을 수립하여야 하되, 미리 중앙행정기관의 장과 협의하여야 하고 기본계획은 아동정책조정위원회의 심의를 거쳐 확정한다. 확정된 기본계획은 관계 중앙행정기관의 장 및 시·도지사에게 알려야 한다.
1. 이전의 기본계획에 관한 분석·평가
2. 아동정책에 관한 기본방향 및 추진목표
3. 주요 추진과제 및 추진방법
4. 재원조달방안
5. 기타 아동정책을 시행하기 위하여 특히 필요하다고 인정되는 사항

2. 아동정책기본계획의 수립

보건복지부장관, 관계 중앙행정기관의 장 및 시·도지사는 매년 기본계획에 따라 연도별 아동정책시행계획을 수립·시행하여야 하고, 관계 중앙행정기관의 장 및 시·도지사는 다음 연도의 시행계획 및 전년도의 시행계획에 따른 추진실적을 대통령령으로 정하는 바에 따라 매년 보건복지부장관에게 제출하고, 보건복지부장관은 매년 시행계획에 따른 추진실적을 평가하여야 한다.

3. 아동정책기본계획의 수립

아동의 권리증진과 건강한 출생 및 성장을 위하여 종합적인 아동정책을 수립하고 관계 부처의 의견을 조정하며 그 정책의 이행을 감독하고 평가하기 위하여 국무총리 소속으로 위원장을 포함한 25명 이내의 위원으로 구성하되, 위원장은 국무총리가 되고 위원회는 다음 각 호의 사항을 심의·조정한다.

1. 아동정책기본계획의 수립에 관한 사항
2. 아동의 권익 및 복지 증진을 위한 기본방향에 관한 사항
3. 아동정책의 개선과 예산지원에 관한 사항
4. 아동 관련 국제조약의 이행 및 평가·조정에 관한 사항
5. 아동정책에 관한 관련 부처 간 협조에 관한 사항
6. 그 밖에 위원장이 부의하는 사항

4. 아동권리보장원의 설립 및 운영

보건복지부장관은 아동정책에 대한 종합적인 수행과 아동복지 관련 사업의 효과적인 추진을 위하여 필요한 정책의 수립을 지원하고 사업평가 등의 업무를 수행할 수 있도록 아동권리보장원을 설립한다. 보장원은 법인으로 하고, 주된 사무소의 소재지에 설립등기를 함으로써 성립하며 보장원을 대표하고 그 업무를 총괄하기 위하여 원장을 두며, 원장은 보건복지부장관이 임면한다. 보건복지부장관은 보장원의 설립·운영에 필요한 비용을 지원할 수 있고, 보장원은 기부금품을 모집할 수 있으며 다음 각 호의 업무를 수행한다.

1. 아동정책 수립을 위한 자료 개발 및 정책 분석
2. 기본계획 수립 및 시행계획 평가 지원
3. 위원회 운영 지원 및 아동정책영향평가 지원
4. 아동보호서비스에 대한 기술지원
5. 아동학대의 예방과 방지를 위한 업무
6. 가정위탁사업 활성화 등을 위한 업무
7. 지역 아동복지사업 및 아동복지시설의 원활한 운영을 위한 지원
8. 입양특례법에 따른 국내입양 활성화 및 입양 사후관리를 위한 다음 각 호의 업무
   가. 입양아동·가족정보 및 친가족 찾기에 필요한 통합데이터베이스 운영

나. 입양아동의 데이터베이스 구축 및 연계

다. 국내외 입양정책 및 서비스에 관한 조사・연구

라. 입양 관련 국제협력 업무

9. 아동 관련 조사 및 통계 구축

10. 아동 관련 교육 및 홍보

11. 아동 관련 해외정책 조사 및 사례분석

12. 그 밖에 이 법 또는 다른 법령에 따라 보건복지부장관, 국가 또는 지방자
치단체로부터 위탁받은 업무

5. 아동종합실태조사 및 아동정책영향평가

보건복지부장관은 5년마다 아동의 양육 및 생활환경, 언어 및 인지 발달, 정서
적・신체적 건강, 아동안전, 아동학대 등 아동의 종합실태를 조사하여 그 결과를
공표하고, 이를 기본계획과 시행계획에 반영하여야 하되, 보건복지부령으로 정하
는 바에 따라 분야별 실태조사를 할 수 있다.

국가와 지방자치단체는 대통령령으로 정하는 바에 따라 아동 관련 정책이 아
동복지에 미치는 영향을 분석・평가하고, 그 결과를 아동 관련 정책의 수립・시
행에 반영하여야 하되, 보장원에 아동정책영향평가를 위탁할 수 있고 평가의 방법
과 절차, 위탁 등에 필요한 사항은 대통령령으로 정한다.

6. 아동복지심의위원회

시・도지사, 시장・군수・구청장은 다음 각 호의 사항을 심의하기 위하여 그
소속으로 아동복지심의위원회를 두되, 심의위원회의 조직・구성 및 운영 등에 필
요한 사항은 대통령령으로 정하는 기준에 따라 해당 지방자치단체의 조례로 정하
고, 심의위원회의 구성 및 운영 현황에 관한 사항을 연 1회 보건복지부장관에게
보고하여야 한다.

1. 아동정책시행계획 수립 및 시행에 관한 사항

2. 아동보호소 보호조치에 관한 사항

3. 아동보호소 퇴소조치에 관한 사항

4. 친권행사의 제한이나 친권상실 선고 청구에 관한 사항

5. 아동의 후견인의 선임이나 변경 청구에 관한 사항

6. 지원대상아동의 선정과 그 지원에 관한 사항

7. 그 밖에 아동의 보호 및 지원서비스를 위하여 시·도지사 또는 시장·군수·구청장이 필요하다고 인정하는 사항

7. 아동복지전담공무원

아동복지에 관한 업무를 담당하기 위하여 시·도 및 시·군·구에 각각 아동복지전담공무원을 둘 수 있되, 전담공무원은 사회복지사의 자격을 가진 사람으로 하고 그 임용 등에 필요한 사항은 해당 시·도 및 시·군·구의 조례로 정한다.

전담공무원은 아동에 대한 상담 및 보호조치, 가정환경에 대한 조사, 아동복지시설에 대한 지도·감독, 아동범죄 예방을 위한 현장확인 및 지도·감독 등 지역단위에서 아동의 복지증진을 위한 업무를 수행한다. 관계 행정기관, 아동복지시설 및 아동복지단체를 설치·운영하는 자는 전담공무원이 협조를 요청하는 경우 정당한 사유가 없는 한 이에 따라야 한다.

8. 아동위원

시·군·구에 아동위원을 둔다. 아동위원은 그 관할구역 안의 아동에 대하여 항상 그 생활상태 및 가정환경을 상세히 파악하고 아동복지에 관하여 필요한 원조와 지도를 행하며 전담공무원 및 관계행정기관과 협력하여야 한다. 아동위원은 그 업무의 원활한 수행을 위하여 적절한 교육을 받을 수 있다. 아동위원은 명예직으로 하되, 수당을 지급할 수 있다. 아동위원에 관하여 필요한 사항은 당해 시·군·구의 조례로 정한다.

제4절   아동보호서비스

1. 아동의 보호조치

시·도지사 또는 시장·군수·구청장은 그 관할 구역에서 보호대상아동을 발견하거나 보호자의 의뢰를 받은 때에는 아동의 최상의 이익을 위하여 대통령령으로 정하는 바에 따라 다음 각 호에 해당하는 보호조치를 하여야 한다.
  1. 전담공무원 또는 아동위원에게 보호대상아동 또는 그 보호자에 대한 상담·지도를 수행하게 하는 것
  2. 보호자 또는 대리양육을 원하는 연고자에 대하여 그 가정에서 아동을 보

호·양육할 수 있도록 필요한 조치를 하는 것

3. 아동의 보호를 희망하는 사람에게 가정위탁하는 것

4. 보호대상아동을 그 보호조치에 적합한 아동복지시설에 입소시키는 것

5. 약물 및 알콜 중독, 정서·행동·발달 장애, 성폭력·아동학대 피해 등으로 특수한 치료나 요양 등의 보호를 필요로 하는 아동을 전문치료기관 또는 요양소에 입원 또는 입소시키는 것

6. 입양특례법에 따른 입양과 관련하여 필요한 조치를 하는 것

2. 보호대상아동의 양육상황 점검

시·도지사 또는 시장·군수·구청장은 보호조치 중인 보호대상아동의 양육상황을 보건복지부령으로 정하는 바에 따라 매년 점검하여야 하고 양육상황을 점검한 결과에 따라 보호대상아동의 복리를 보호할 필요가 있거나 해당 보호조치가 적절하지 아니하다고 판단되는 경우에는 지체 없이 보호조치를 변경하여야 한다.

3. 보호대상아동의 퇴소조치 및 사후관리

보호조치 중인 보호대상아동의 연령이 18세에 달하였거나, 보호 목적이 달성되었다고 인정되면 해당 시·도지사, 시장·군수·구청장은 대통령령으로 정하는 절차와 방법에 따라 그 보호 중인 아동의 보호조치를 종료하거나 해당 시설에서 퇴소시켜야 한다. 보호조치 중인 보호대상아동의 친권자, 후견인 등 보건복지부령으로 정하는 자는 관할 시·도지사 또는 시장·군수·구청장에게 해당 보호대상아동의 가정 복귀를 신청할 수 있되, 보호조치 중인 아동이 다음 각 호의 어느 하나에 해당하면 시·도지사, 시장·군수·구청장은 해당 아동의 보호기간을 연장할 수 있고 또한 전담공무원 등 관계 공무원으로 하여금 보호조치의 종료로 가정으로 복귀한 보호대상아동의 가정을 방문하여 해당 아동의 복지 증진을 위하여 필요한 지도·관리를 제공하게 하여야 한다.

1. 고등교육법에 따른 대학 이하의 학교(대학원은 제외)에 재학 중인 경우

2. 아동양육시설 또는 근로자직업능력개발법에 따른 직업능력개발훈련시설에서 직업 관련 교육·훈련을 받고 있는 경우

3. 그 밖에 위탁가정 및 각종 아동복지시설에서 해당 아동을 계속하여 보호·양육할 필요가 있다고 대통령령으로 정하는 경우

4. 금지행위

누구든지 다음 각 호의 어느 하나에 해당하는 행위를 하여서는 아니 된다.
1. 아동을 매매하는 행위
2. 아동에게 음란한 행위를 시키거나 이를 매개하는 행위 또는 아동에게 성적 수치심을 주는 성희롱 등의 성적 학대행위
3. 아동의 신체에 손상을 주거나 신체의 건강 및 발달을 해치는 신체적 학대행위
4. 아동의 정신건강 및 발달에 해를 끼치는 정서적 학대행위
5. 자신의 보호·감독을 받는 아동을 유기하거나 의식주를 포함한 기본적 보호·양육·치료 및 교육을 소홀히 하는 방임행위
6. 장애를 가진 아동을 공중에 관람시키는 행위
7. 아동에게 구걸을 시키거나 아동을 이용하여 구걸하는 행위
8. 공중의 오락 또는 흥행을 목적으로 아동의 건강 또는 안전에 유해한 곡예를 시키는 행위 또는 이를 위하여 아동을 제3자에게 인도하는 행위
9. 정당한 권한을 가진 알선기관 외의 자가 아동의 양육을 알선하고 금품을 취득하거나 금품을 요구 또는 약속하는 행위
10. 아동을 위하여 증여 또는 급여된 금품을 그 목적 외의 용도로 사용하는 행위

5. 친권상실 선고의 청구 등

시·도지사, 시장·군수·구청장 또는 검사는 아동의 친권자가 그 친권을 남용하거나 현저한 비행이나 아동학대, 그 밖에 친권을 행사할 수 없는 중대한 사유가 있는 것을 발견한 경우 아동의 복지를 위하여 필요하다고 인정할 때에는 법원에 친권행사의 제한 또는 친권상실의 선고를 청구하여야 한다. 아동복지시설의 장 및 초·중등교육법에 따른 학교의 장은 시·도지사, 시장·군수·구청장 또는 검사에게 법원에 친권행사의 제한 또는 친권상실의 선고를 청구하도록 요청할 수 있다.

6. 아동의 후견인 선임 청구 등

시·도지사, 시장·군수·구청장, 아동복지시설의 장 및 학교의 장은 친권자

또는 후견인이 없는 아동을 발견한 경우 그 복지를 위하여 필요하다고 인정할 때에는 법원에 후견인의 선임을 청구하고, 후견인이 해당 아동을 학대하는 등 현저한 비행을 저지른 경우에는 후견인 변경을 법원에 청구하여야 하되, 후견인의 선임 및 후견인의 변경 청구를 할 때에는 해당 아동의 의견을 존중하여야 한다.

제 5 절   아동학대의 예방 및 방지

(1) 국가와 지방자치단체

국가와 지방자치단체는 아동학대의 예방과 방지를 위하여 다음 각 호의 조치를 취하여야 한다. 지방자치단체는 아동학대를 예방하고 수시로 신고를 받을 수 있도록 긴급전화를 설치하여야 하고 그 설치·운영 등에 필요한 사항은 대통령령으로 정한다.

1. 아동학대의 예방과 방지를 위한 각종 정책의 수립 및 시행
2. 아동학대의 예방과 방지를 위한 연구·교육·홍보 및 아동학대 실태조사
3. 아동학대에 관한 신고체제의 구축·운영
4. 피해아동의 보호와 치료 및 피해아동의 가정에 대한 지원
5. 그 밖에 대통령령으로 정하는 아동학대의 예방과 방지를 위한 사항

(2) 아동권리보장원

보장원은 아동학대예방사업의 활성화 등을 위하여 다음 각 호의 업무를 수행하며, 보장원의 장은 필요한 경우 국가아동학대정보시스템의 아동학대 관련 정보 또는 자료를 활용할 수 있다.

1. 아동보호전문기관에 대한 지원
2. 아동학대예방사업과 관련된 연구 및 자료 발간
3. 효율적인 아동학대예방사업을 위한 연계체계 구축
4. 아동학대예방사업을 위한 프로그램 개발 및 평가
5. 아동보호전문기관 및 학대피해아동쉼터 직원 직무교육, 아동학대예방 관련 교육 및 홍보
6. 아동보호전문기관 전산시스템 구축 및 운영
7. 그 밖에 대통령령으로 정하는 아동학대예방사업과 관련된 업무

(3) 학생등에 대한 학대 예방 및 지원

국가와 지방자치단체는 유아교육법에 따른 유치원의 유아 및 초·중등교육법에 따른 학교의 학생등에 대한 아동학대의 조기 발견 체계 및 아동보호전문기관 등 관련 기관과의 연계 체계를 구축하고, 학대피해 학생등이 유치원 또는 학교에 안정적으로 적응할 수 있도록 지원하여야 한다. 교육부장관은 아동학대의 조기 발견과 신속한 보호조치를 위하여 대통령령으로 정하는 바에 따라 장기결석 학생등의 정보 등을 보건복지부장관과 공유하여야 하되, 학교 적응 지원 등 대통령령으로 정하는 업무는 교육부장관 또는 지방교육자치에 관한 법률에 따른 교육감이 지정하는 기관에 위탁할 수 있다.

(4) 아동학대 신고의무자에 대한 교육 및 예방교육실시

관계 중앙행정기관의 장은 아동학대범죄의 처벌 등에 관한 특례법에 따른 아동학대 신고의무자의 자격 취득 과정이나 보수교육 과정에 아동학대 예방 및 신고의무와 관련된 교육 내용을 포함하도록 하여야 하고 아동학대 신고의무자가 소속된 기관·시설 등의 장은 소속 아동학대 신고의무자에게 신고의무 교육을 실시하고, 그 결과를 관계 중앙행정기관의 장에게 제출하여야 한다.

국가기관과 지방자치단체의 장, 공공기관의 운영에 관한 법률에 따른 공공기관과 대통령령으로 정하는 공공단체의 장은 아동학대의 예방과 방지를 위하여 필요한 교육을 연 1회 이상 실시하고, 그 결과를 보건복지부장관에게 제출하여야 한다.

(5) 사후관리

아동권리보장원의 장 또는 아동보호전문기관의 장은 아동학대가 종료된 이후에도 가정방문, 전화상담 등을 통하여 아동학대의 재발 여부를 확인하여야 하고, 보장원의 장 또는 아동보호전문기관의 장은 아동학대가 종료된 이후에도 아동학대의 재발 방지 등을 위하여 필요하다고 인정하는 경우 피해아동 및 보호자를 포함한 피해아동의 가족에게 필요한 지원을 제공할 수 있다.

(6) 피해아동 및 그 가족에 대한 지원

아동권리보장원의 장 또는 아동보호전문기관의 장은 아동의 안전 확보와 재학대 방지, 건전한 가정기능의 유지 등을 위하여 피해아동 및 보호자를 포함한 피해아동의 가족에게 상담, 교육 및 의료적·심리적 치료 등의 필요한 지원을 제공하여야 하되, 지원여부의 결정 및 지원의 제공 등 모든 과정에서 피해아동의 이익을 최우선으로 고려하여야 한다. 국가와 지방자치단체는 초·중등교육법에 따른 학교에 재학 중인 피해아동 및 피해아동의 가족이 주소지 외의 지역에서 취학 (입학·재입학·전학·편입학을 포함)할 필요가 있을 때에는 그 취학이 원활하게 이루어 질 수 있도록 지원하여야 한다.

(7) 아동관련기관의 취업제한 및 취업등의 점검확인

이 법 제29조의3에 따라 법원은 아동학대관련범죄로 형 또는 치료감호를 선고하는 경우에는 판결(약식명령을 포함)로 그 형 또는 치료감호의 전부 또는 일부의 집행을 종료하거나 집행이 유예·면제된 날부터 일정기간 동안 아동관련기관을 운영하거나 아동관련기관에 취업 또는 사실상 노무를 제공할 수 없도록 하는 취업제한명령을 아동학대관련 범죄 사건의 판결과 동시에 선고(고지)하여야 한다.

보건복지부장관 또는 관계 중앙행정기관의 장은 아동학대관련 범죄로 취업제한명령을 선고받은 자가 아동관련기관을 운영하거나 아동관련기관에 취업 또는 사실상 노무를 제공하고 있는지를 직접 또는 관계 기관 조회 등의 방법으로 연 1회 이상 점검·확인하여야 한다.

(8) 아동학대에 대한 법률상담

국가는 피해아동을 위한 법률상담과 소송대리(訴訟代理) 등의 지원을 할 수 있다. 보건복지부장관과 아동권리보장원의 장 및 아동보호전문기관의 장은 대한법률구조공단 또는 대통령령으로 정하는 그 밖의 기관에 법률상담등을 요청할 수 있고, 법률상담등에 소요되는 비용은 대통령령으로 정하는 바에 따라 국가가 부담할 수 있다.

제 6 절   아동에 대한 지원서비스

1. 아동 안전기준 및 건강지원

(1) 안전기준의 설정 및 안전에 대한 교육

국가는 대통령령으로 정하는 바에 따라 아동복지시설과 아동용품에 대한 안전기준을 정하고 아동용품을 제작·설치·관리하는 자에게 이를 준수하도록 하여야 한다.

아동복지시설의 장, 영유아보육법에 따른 어린이집의 원장, 유아교육법에 따른 유치원의 원장 및 초·중등교육법에 따른 학교의 장은 교육대상 아동의 연령을 고려하여 대통령령으로 정하는 바에 따라 매년 다음 각 호의 사항에 관한 교육계획을 수립하여 교육을 실시하여야 하고, 그 결과를 매년 1회 아동복지시설의 장, 어린이집의 원장은 시장·군수·구청장에게, 유아교육법에 따른 유치원의 원장 및 초·중등교육법에 따른 학교의 장은 교육감에게 보고하여야 한다.

1. 성폭력 및 아동학대 예방
2. 실종·유괴의 예방과 방지
3. 감염병 및 약물의 오남용 예방 등 보건위생관리
4. 재난대비 안전
5. 교통안전

(2) 아동보호구역의 영상정보처리기기 설치

국가와 지방자치단체는 유괴 등 범죄의 위험으로부터 아동을 보호하기 위하여 필요하다고 인정하는 때에는 다음의 어느 하나에 해당하는 시설의 주변구역을 아동보호구역으로 지정하여 범죄의 예방을 위한 순찰 및 아동지도 업무 등 필요한 조치를 할 수 있다.

1. 도시공원 및 녹지 등에 관한 법률에 따른 도시공원
2. 영유아보육법에 따른 어린이집
3. 초·중등교육법에 따른 초등학교 및 특수학교
4. 유아교육법에 따른 유치원

(3) 아동안전 보호인력 배치 및 아동긴급보호소 지정

국가와 지방자치단체는 실종 및 유괴 등 아동에 대한 범죄의 예방을 위하여 순찰활동 및 아동지도 업무 등을 수행하는 아동안전 보호인력을 배치·활용할 수 있고, 이에 따른 순찰활동 및 아동지도 업무 등을 수행하는 아동안전 보호인력은 그 권한을 표시하는 증표를 지니고 이를 관계인에게 내보여야 한다.

경찰청장은 유괴 등의 위험에 처한 아동을 보호하기 위하여 아동긴급보호소를 지정·운영할 수 있다.

(4) 건강한 심신의 보존

아동의 보호자는 아동의 건강 유지와 향상을 위하여 최선의 주의와 노력을 하여야 한다. 국가와 지방자치단체는 아동의 건강 증진과 체력 향상을 위하여 다음 각 호에 해당하는 사항을 지원하여야 하고, 아동의 신체적·정신적 문제를 미리 발견하여 아동이 제때에 상담과 치료를 받을 수 있는 기반을 마련하여야 하되, 지원서비스의 구체적인 내용은 대통령령으로 정하는 기준에 따라 지방자치단체의 조례로 정한다. 보건소는 ① 아동의 전염병 예방조치, ② 건강상담, 신체검사와 보건위생지도, ③ 영양개선 등의 업무를 행한다.

1. 신체적 건강 증진에 관한 사항
2. 자살 및 각종 중독의 예방 등 정신적 건강 증진에 관한 사항
3. 급식지원 등을 통한 결식예방 및 영양개선에 관한 사항
4. 비만 방지 등 체력 및 여가 증진에 관한 사항

2. 취약계층 아동 통합서비스지원 및 자립지원

(1) 취약계층 아동 통합서비스지원 및 자립지원

국가국가와 지방자치단체는 아동의 건강한 성장과 발달을 도모하기 위하여 대통령령으로 정하는 바에 따라 아동의 성장 및 복지 여건이 취약한 가정을 선정하여 그 가정의 지원대상아동과 가족을 대상으로 보건, 복지, 보호, 교육, 치료 등을 종합적으로 지원하는 통합서비스를 실시한다.

국가와 지방자치단체는 보호대상아동의 위탁보호 종료 또는 아동복지시설 퇴소 이후의 자립을 지원하기 위하여 다음 각 호에 해당하는 조치를 시행하여야 한다.

1. 자립에 필요한 주거·생활·교육·취업 등의 지원
2. 자립에 필요한 자산형성지원
3. 자립에 관한 실태조사 및 연구
4. 사후관리체계 구축 및 운영
5. 그 밖에 자립지원에 필요하다고 대통령령으로 정하는 사항

(2) 자립지원계획의 수립 및 위탁

아동권리보장원의 장, 가정위탁지원센터의 장 및 아동복지시설의 장은 보호하고 있는 15세 이상의 아동을 대상으로 매년 개별 아동에 대한 자립지원계획을 수립하고, 그 계획을 수행하는 종사자를 대상으로 자립지원에 관한 교육을 실시하여

야 한다. 국가와 지방자치단체는 자립지원 관련 데이터베이스 구축 및 운영, 자립지원 프로그램의 개발 및 보급, 사례관리 등의 업무를 법인에 위탁할 수 있다.

(3) 방과 후 돌봄센터

시·도지사 및 시장·군수·구청장은 초등학교의 정규교육 이외의 시간 동안 다음 각 호의 방과 후 돌봄서비스를 실시하기 위하여 다함께돌봄센터를 설치·운영할 수 있되, 보건복지부장관이 정하는 법인 또는 단체에 위탁할 수 있다.

1. 아동의 안전한 보호
2. 안전하고 균형 있는 급식 및 간식의 제공
3. 등·하교 전후, 야간 또는 긴급상황 발생 시 돌봄서비스 제공
4. 체험활동 등 교육·문화·예술·체육 프로그램의 연계·제공
5. 돌봄 상담, 관련 정보의 제공 및 서비스의 연계
6. 그 밖에 보건복지부령으로 정하는 방과 후 돌봄서비스의 제공

제 7 절   아동복지시설

1. 아동보호전문기관

(1) 아동보호전문기관의 설치

지방자치단체는 학대받은 아동의 발견, 보호, 치료에 대한 신속처리 및 아동학대예방을 담당하는 아동보호전문기관을 시·도 및 시·군·구에 1개소 이상 두어야 하되, 시·도지사는 관할 구역의 아동 수 및 지리적 요건을 고려하여 조례로 정하는 바에 따라 둘 이상의 시·군·구를 통합하여 하나의 아동보호전문기관을 설치·운영할 수 있다. 시·도지사는 아동보호전문기관의 설치·운영에 필요한 비용을 관할 구역의 아동의 수 등을 고려하여 시장·군수·구청장에게 공동으로 부담하게 할 수 있고, 시·도지사 및 시장·군수·구청장은 아동학대예방사업을 목적으로 하는 비영리법인을 지정하여 제2항에 따른 아동보호전문기관의 운영을 위탁할 수 있다. 아동보호전문기관의 설치기준과 운영, 상담원 등 직원의 자격과 배치기준 등 필요한 사항은 대통령령으로 정한다.

(2) 아동보호전문기관의 업무

아동보호전문기관은 다음 각 호의 업무를 수행한다.

1. 아동학대 신고접수, 현장조사 및 응급보호
2. 피해아동 상담·조사를 위한 진술녹화실 설치·운영
3. 피해아동, 그 가족 및 아동학대행위자를 위한 상담·치료 및 교육
4. 아동학대예방 교육 및 홍보
5. 피해아동 가정의 사후관리
6. 자체사례회의 운영 및 아동학대사례전문위원회의 설치·운영
7. 그 밖에 대통령령으로 정하는 아동학대예방사업과 관련된 업무

2. 아동학대사례전문위원회 설치·운영

아동학대 예방 및 피해아동에 대한 다음 각 호의 지원 등에 관련된 사항을 심의하기 위하여 아동보호전문기관에 아동학대사례전문위원회를 둔다. 이 경우 사례전문위원회의 독립적 구성이 불가하다는 등 대통령령으로 정하는 사유가 있는 경우에는 둘 이상의 아동보호전문기관이 공동으로 사례전문위원회를 구성할 수 있다. 사례전문위원회는 위원장 1명을 포함하여 5명 이상 15명 이하의 위원으로 구성하되, 아동보호전문기관의 장의 추천을 받아 해당 아동보호전문기관을 설치한 지방자치단체의 장이 위촉한다. 이 경우 해당 지방자치단체의 아동학대 담당 공무원 및 관할 경찰서의 아동학대 담당 경찰관은 당연직 위원으로 위촉하고, 판사·검사 또는 변호사의 직에 3년 이상 재직한 사람을 1명 이상 위원으로 위촉하여야 한다.

1. 피해아동 및 그 가족 등에 대한 지원
2. 아동학대행위에 대한 개입 방향 및 절차
3. 아동학대행위에 대한 고발 여부
4. 그 밖에 대통령령으로 정하는 사항

3. 가정위탁지원센터

(1) 가정위탁지원센터의 설치

지방자치단체는 보호대상아동에 대한 가정위탁사업을 활성화하기 위하여 시·도 및 시·군·구에 가정위탁지원센터를 두되, 시·도지사는 조례로 정하는 바에

따라 둘 이상의 시·군·구를 통합하여 하나의 가정위탁지원센터를 설치·운영할 수 있고, 가정위탁지원센터를 통합하여 설치·운영하는 경우 시·도지사는 가정위탁지원센터의 설치·운영에 필요한 비용을 관할 구역의 아동의 수 등을 고려하여 시장·군수·구청장에게 공동으로 부담하게 할 수 있다.

아동권리보장원은 가정위탁사업의 활성화 등을 위하여 다음 각 호의 업무를 수행한다.

1. 가정위탁지원센터에 대한 지원
2. 효과적인 가정위탁사업을 위한 지역 간 연계체계 구축
3. 가정위탁사업과 관련된 연구 및 자료발간
4. 가정위탁사업을 위한 프로그램의 개발 및 평가
5. 상담원에 대한 교육 등 가정위탁에 관한 교육 및 홍보
6. 가정위탁사업을 위한 정보기반 구축 및 정보 제공
7. 그 밖에 대통령령으로 정하는 가정위탁사업과 관련된 업무

(2) 가정위탁지원센터의 업무

가정위탁지원센터는 다음 각 호의 업무를 수행한다.

1. 가정위탁사업의 홍보 및 가정위탁을 하고자 하는 가정의 발굴
2. 가정위탁을 하고자 하는 가정에 대한 조사 및 가정위탁 대상 아동에 대한 상담
3. 가정위탁을 하고자 하는 사람과 위탁가정 부모에 대한 교육
4. 위탁가정의 사례관리
5. 친부모 가정으로의 복귀 지원
6. 가정위탁 아동의 자립계획 및 사례 관리
7. 관할 구역 내 가정위탁 관련 정보 제공
8. 그 밖에 대통령령으로 정하는 가정위탁과 관련된 업무

4. 아동복지시설의 설치 및 종류

(1) 아동복지시설 설치

국가 또는 지방자치단체는 아동복지시설을 설치할 수 있다. 국가 또는 지방자치단체 외의 자는 관할 시장·군수·구청장에게 신고하고 아동복지시설을 설치할 수 있다. 신고를 받은 시장·군수·구청장은 그 내용을 검토하여 이 법에 적합하

면 신고를 수리하여야 한다.

(2) 아동복지시설의 종류

① 아동복지시설의 종류는 다음과 같으며, 통합운영 할 수 있다..

1. 아동양육시설: 보호대상아동을 입소시켜 보호, 양육 및 취업훈련, 자립지원 서비스 등을 제공하는 것을 목적으로 하는 시설

2. 아동일시보호시설: 보호대상아동을 일시보호하고 아동에 대한 향후의 양육 대책수립 및 보호조치를 행하는 것을 목적으로 하는 시설

3. 아동보호치료시설: 아동에게 보호 및 치료 서비스를 제공하는 다음 각 목의 시설

   가. 불량행위를 하거나 불량행위를 할 우려가 있는 아동으로서 보호자가 없 거나 친권자나 후견인이 입소를 신청한 아동 또는 가정법원, 지방법원 소년부지원에서 보호위탁된 19세 미만인 사람을 입소시켜 치료와 선도 를 통하여 건전한 사회인으로 육성하는 것을 목적으로 하는 시설

   나. 정서적·행동적 장애로 인하여 어려움을 겪고 있는 아동 또는 학대로 인하여 부모로부터 일시 격리되어 치료받을 필요가 있는 아동을 보 호·치료하는 시설

4. 공동생활가정: 보호대상아동에게 가정과 같은 주거여건과 보호, 양육, 자립 지원 서비스를 제공하는 것을 목적으로 하는 시설

5. 자립지원시설: 아동복지시설에서 퇴소한 사람에게 취업준비기간 또는 취업 후 일정 기간 동안 보호함으로써 자립을 지원하는 것을 목적으로 하는 시설

6. 아동상담소: 아동과 그 가족의 문제에 관한 상담, 치료, 예방 및 연구 등을 목적으로 하는 시설

7. 아동전용시설: 어린이공원, 어린이놀이터, 아동회관, 체육·연극·영화·과 학실험전시 시설, 아동휴게숙박시설, 야영장 등 아동에게 건전한 놀이·오 락, 그 밖의 각종 편의를 제공하여 심신의 건강유지와 복지증진에 필요한 서비스를 제공하는 것을 목적으로 하는 시설

8. 지역아동센터: 지역사회 아동의 보호·교육, 건전한 놀이와 오락의 제공, 보호자와 지역사회의 연계 등 아동의 건전육성을 위하여 종합적인 아동복 지서비스를 제공하는 시설

9. 아동보호전문기관

10. 가정위탁지원센터

11. 아동권리보장원

② 제1항에 따른 아동복지시설은 각 시설 고유의 목적 사업을 해치지 아니하고 각 시설별 설치기준 및 운영기준을 충족하는 경우 다음 각 호의 사업을 추가로 실시할 수 있다.

1. 아동가정지원사업: 지역사회아동의 건전한 발달을 위하여 아동, 가정, 지역 주민에게 상담, 조언 및 정보를 제공하여 주는 사업

2. 아동주간보호사업: 부득이한 사유로 가정에서 낮 동안 보호를 받을 수 없는 아동을 대상으로 개별적인 보호와 교육을 통하여 아동의 건전한 성장을 도모하는 사업

3. 아동전문상담사업: 학교부적응아동 등을 대상으로 올바른 인격형성을 위한 상담, 치료 및 학교폭력예방을 실시하는 사업

4. 학대아동보호사업: 학대아동의 발견, 보호, 치료 및 아동학대의 예방 등을 전문적으로 실시하는 사업

5. 공동생활가정사업: 보호대상아동에게 가정과 같은 주거여건과 보호를 제공하는 것을 목적으로 하는 사업

6. 방과 후 아동지도사업: 저소득층 아동을 대상으로 방과 후 개별적인 보호와 교육을 통하여 건전한 인격형성을 목적으로 하는 사업

5. 아동전용시설의 설치 및 학대피해아동쉼터의 지정

국가와 지방자치단체는 아동이 항상 이용할 수 있는 아동전용시설을 설치하도록 노력하여야 한다. 아동이 이용할 수 있는 문화·오락시설·교통 기타 서비스시설 등을 설치·운영하는 자는 대통령령이 정하는 바에 의하여 아동의 이용편의를 고려한 편의설비를 갖추고 아동에 대한 입장료와 이용료 등을 감면할 수 있다.

시장·군수·구청장은 공동생활가정 중에서 피해아동에 대한 보호, 치료, 양육서비스 등을 제공하는 학대피해아동쉼터를 지정할 수 있다.

6. 아동복지시설의 시설장·종사자의 자격 및 교육훈련

아동복지시설의 장은 보호아동의 권리를 최대한 보장하여야 하며, 친권자가 있는 경우 보호아동의 가정복귀를 위하여 적절한 상담과 지도를 병행하여야 한다. 아동복지시설에는 필요한 전문인력을 배치하여야 하되, 종사자의 직종과 수, 그 자격 및 배치기준은 대통령령으로 정하고, 시·도지사 또는 시장·군수·구청장

은 아동복지시설 종사자의 양성 및 자질향상을 위한 교육·훈련을 실시하여야 하되, 교육훈련을 대학(전문대학을 포함) 또는 아동복지단체나 그 밖의 교육훈련시설에 위탁하여 실시할 수 있다.

7. 아동복지시설의 개선, 사업정지, 시설의 폐쇄

보건복지부장관, 시·도지사 또는 시장·군수·구청장은 아동복지시설과 교육훈련시설(대학 및 전문대학은 제외한다)이 다음 각 호의 어느 하나에 해당하는 경우에는 소관에 따라 그 시설의 개선, 6개월 이내의 사업의 정지, 위탁의 취소 또는 해당 시설의 장의 교체를 명하거나 시설의 폐쇄를 명할 수 있다.

1. 시설이 설치기준에 미달하게 된 경우
2. 사회복지법인 또는 비영리법인이 설치·운영하는 시설로서 그 사회복지법인이나 비영리법인의 설립허가가 취소된 경우
3. 설치목적의 달성이나 그 밖의 사유로 계속하여 운영될 필요가 없다고 인정할 때
4. 보호대상아동에 대한 아동학대행위가 확인된 경우
5. 거짓이나 그 밖의 부정한 방법으로 경비의 지원을 받은 경우
6. 아동복지시설의 사업정지기간 중에 사업을 한 경우
7. 그 밖에 이 법 또는 이 법에 따른 명령을 위반한 경우

제 3 장
노인복지법

(2019.4.30. 법률 제16403호)

제 1 절 총 설

1. 노인복지법의 의의

　노인복지법은 노인이 인간다운 생활을 영위할 수 있도록 하기 위한 노인복지와 관련된 법을 말한다. 전통사회에서 노인의 부양이나 보호문제는 가족이 담당하였으나, 경제적 발전과 의료기술의 발달로 노인인구는 크게 증가하고 가족제도도 핵가족화되어 전통적 가치관인 노인부양의식은 크게 퇴조하고 있다. 이에 따라 가정에서의 충분한 부양이나 보호를 받지 못하는 노인이 증가하여 노인문제에 대한 국가적 대책이 요구되었다. 노인복지법은 사회서비스법으로서, 경로연금과 같은 금전급부도 있으나 심리적·정신적·사회적 서비스급여를 핵심적 내용으로 하고 있어 노인복지전문가의 실천적 개입을 중시하는 법이다. 노인복지법은 1981년 6월 5일 법률 제3453호로 제정되어 1997년 8월 22일 법률 제5369호로 전면개정된 데 이어 수차례의 개정을 거치다가 2019년 4월 30일 법률 제16403호로 노인의 안전사고예방, 노인학대 관련 범죄자의 취업제한 기간을 조정하고, 경로당에 냉난방비 및 일반양곡도 지원 가능하게 하는 등의 규정을 개정하였다.

2. 목적 및 기본이념

　노인복지법은 노인의 질환을 사전예방 또는 조기발견하고 질환상태에 따른 적절한 치료·요양으로 심신의 건강을 유지하고, 노후의 생활안정을 위하여 필요한 조치를 강구함으로써 노인의 보건복지증진에 기여함을 목적으로 하고, 기본이념은 ① 노인은 후손의 양육과 국가 및 사회의 발전에 기여하여 온 자로서 존경받으며 건전하고 안정된 생활을 보장받으며, ② 능력에 따라 적당한 일에 종사하고 사회적 활동에 참여할 기회를 보장 받으며, ③ 노령에 따르는 심신의 변화를 자각하여 항상 심신의 건강을 유지하고 그 지식과 경험을 활용하여 사회의 발전에 기여하도록 노력하여야 한다.

3. 용어의 정의

1. 부양의무자라 함은 배우자(사실상의 혼인관계에 있는 자를 포함한다)와 직계비속 및 그 배우자(사실상의 혼인관계에 있는 자를 포함한다)를 말한다.
2. 보호자라 함은 부양의무자 또는 업무·고용 등의 관계로 사실상 노인을 보호하는 자를 말한다.
3. 치매라 함은 퇴행성 뇌질환 또는 뇌혈관계 질환 등으로 인하여 기억력, 언어능력, 지남력, 판단력 및 수행능력 등의 기능이 저하됨으로써 일상생활에서 지장을 초래하는 후천적인 다발성 장애를 말한다.
4. 노인학대라 함은 노인에 대하여 신체적·정신적·정서적·성적 폭력 및 경제적 착취 또는 가혹행위를 하거나 유기 또는 방임을 하는 것을 말한다.

4. 노인복지증진의 책임

(1) 국가와 국민의 책임

국가와 국민은 경로효친의 미풍양속에 따른 건전한 가족제도가 유지·발전되도록 노력하여야 한다.

(2) 국가와 지방자치단체의 책임

1) 노인의 보건 및 복지증진의 책임

국가와 지방자치단체는 노인의 보건 및 복지를 증진하여야 할 책임을 진다. 따라서 국가와 지방자치단체는 노인복지에 관한 시책을 강구하여 추진하되, 노인복지법의 기본이념이 구현되도록 노력하여야 한다.

2) 노인의 안전사고 예방

국가와 지방자치단체는 노인의 안전을 보장하고 낙상사고 등 노인에게 치명적인 사고를 예방하기 위하여 필요한 시책을 수립·시행하여야 하되, 재난 및 안전관리 기본법에 따른 국가안전관리기본계획, 시·도 및 시·군·구 안전관리계획과 연계되어야 하며, 예방 시책의 수립·시행에 필요한 사항은 대통령령으로 정한다.

3) 노인의 실태조사

보건복지부장관은 노인의 보건 및 복지에 관한 실태조사를 3년마다 실시하고 그 결과를 공표하여야 한다. 보건복지부장관은 실태조사를 위하여 관계 기관·법인·단체·시설의 장에게 필요한 자료의 제출 또는 의견의 진술을 요청할 수 있다. 이 경우 요청받은 단체의 장은 그 요청에 따라야 한다.

4) 노인복지상담원 배치

노인의 복지를 담당하게 하기 위하여 특별자치도와 시·군·구에 노인복지상담원을 둔다. 노인복지상담원은 사회복지사 3급 이상의 자격증소지자 중에서 시장·군수·구청장이 공무원으로 임용한다. 다만, 부득이한 경우에는 공무원 외의 자로 위촉할 수 있다. 위촉한 상담원의 임기는 3년으로 하되, 연임할 수 있다. 시장·군수·구청장은 필요하다고 인정하는 때에는 아동복지법에 의한 아동복지지도원, 장애인복지법에 의한 장애인복지상담원 또는 사회복지에 관한 업무를 담당하는 공무원으로 하여금 상담원을 겸직하게 할 수 있다.

5) 홍보영상의 제작·배포·송출

보건복지부장관은 노인학대의 예방과 방지, 노인학대의 위해성, 신고방법 등에 관한 홍보영상을 제작하여 방송법에 따른 방송편성책임자에게 배포하여야 하고, 대통령령으로 정하는 비상업적 공익광고 편성비율의 범위에서 홍보영상을 채널별로 송출하도록 요청할 수 있다.

6) 인권교육

노인복지시설 중 대통령령으로 정하는 시설(경로당과 노인교실 제외)을 설치·운영하는 자와 그 종사자는 인권교육을 받아야 하고, 해당 시설을 이용하고 있는 노인들에게 인권교육을 실시할 수 있다.

보건복지부장관은 인권교육을 효율적으로 실시하기 위하여 인권교육기관을 지정할 수 있고, 예산의 범위에서 인권교육에 소요되는 비용을 지원할 수 있으며, 지정을 받은 인권교육기관은 보건복지부장관의 승인을 받아 인권교육에 필요한 비용을 교육대상자로부터 징수할 수 있되, 지정을 받은 인권교육기관이 다음 각 호의 어느 하나에 해당하면 그 지정을 취소하거나 6개월 이내의 기간을 정하여 업무를 정지할 수 있다. 다만, 제1호에 해당하면 그 지정을 취소하여야 한다.

1. 거짓이나 그 밖의 부정한 방법으로 지정을 받은 경우
2. 보건복지부령으로 정하는 지정요건을 갖추지 못하게 된 경우
3. 인권교육의 수행능력이 현저히 부족하다고 인정되는 경우

5. 노인의 날

노인에 대한 사회적 관심과 공경의식을 높이기 위하여 매년 10월 2일을 노인의 날로, 매년 10월을 경로의 달로 한다. 부모에 대한 효사상을 앙양하기 위하여 매년 5월 8일을 어버이날로 하고, 범국민적으로 노인학대에 대한 인식을 높이고 관심을 유도하기 위하여 매년 6월 15일을 노인학대예방의 날로 지정하고, 국가와 지방자치단체는 노인학대예방의 날의 취지에 맞는 행사와 홍보를 실시하도록 노력하여야 한다.

제 2 절   노인의 보건 · 복지조치

1. 노인사회참여 지원

국가 또는 지방자치단체는 노인의 사회참여 확대를 위하여 노인의 지역봉사 활동기회를 넓히고 노인에게 적합한 직종의 개발과 그 보급을 위한 시책을 강구하며 근로능력 있는 노인에게 일할 기회를 우선적으로 제공하도록 노력하여야 한다. 국가 또는 지방자치단체는 노인의 지역봉사 활동 및 취업의 활성화를 기하기 위하여 노인지역봉사기관, 노인취업알선기관 등 노인복지관계기관에 대하여 필요한 지원을 할 수 있다.

2. 노인 일자리전담기관의 설치 · 운영

국가 또는 지방자치단체는 노인의 능력과 적성에 맞는 일자리지원사업을 전문적 · 체계적으로 수행하기 위한 전담기관을 다음 각 호와 같이 설치 · 운영하거나 그 운영의 전부 또는 일부를 법인 · 단체 등에 위탁할 수 있다. 노인일자리전담기관의 설치 · 운영 또는 위탁에 관하여 필요한 사항은 대통령령으로 정한다.
1. 노인인력개발기관: 노인일자리개발 · 보급사업, 조사사업, 교육 홍보 및 협력사업, 프로그램인증 · 평가사업 등을 지원하는 기관
2. 노인일자리지원기관: 지역사회 등에서 노인일자리의 개발 · 지원, 창업 · 육

성 및 노인에 의한 재화의 생산·판매 등을 직접 담당하는 기관

3. 노인취업알선기관: 노인에게 취업 상담 및 정보를 제공하거나 노인일자리를 알선하는 기관

3. 지역봉사지도원 위촉 및 업무

국가 또는 지방자치단체는 사회적 신망과 경험이 있는 노인으로서 지역봉사를 희망하는 경우에는 이를 지역봉사지도원으로 위촉할 수 있다. 지역봉사지도원의 업무는 다음과 같다.

1. 국가 또는 지방자치단체가 행하는 업무 중 민원인에 대한 상담 및 조언
2. 도로의 교통정리, 주·정차단속의 보조, 자연보호 및 환경침해 행위단속의 보조와 청소년 선도
3. 충효사상, 전통의례 등 전통문화의 전수교육
4. 문화재의 보호 및 안내
5. 노인에 대한 교통안전 및 교통사고 예방 교육
6. 기타 대통령령이 정한 ① 국가 또는 지방자치단체가 시행하는 노인복지정 책의 홍보 및 안내, ② 노인복지시설에 입소한 노인에 대한 생활지도, ③ 자원봉사활동 기타 시장·군수·구청장이 필요하다고 인정하는 업무

4. 생업지원 및 생산품 우선구매

국가 또는 지방자치단체 그 밖의 공공단체 중 대통령령으로 정하는 기관은 소관 공공시설에 식료품·사무용품·신문 등 일상생활용품의 판매를 위한 매점이나 자동판매기의 설치를 허가 또는 위탁할 때에는 65세 이상 노인의 신청이 있는 경우 이를 우선적으로 반영하여야 하고, 소관 공공시설에 청소, 주차관리, 매표 등의 사업을 위탁하는 경우에는 65세 이상 노인을 100분의 20 이상 채용한 사업체를 우선적으로 고려할 수 있다. 대통령령으로 정한 위탁사업은 ① 청소, 소독, 구충 및 방제, ② 주차관리, 경비 및 장치·시설 등의 점검·유지·수리, ③ 조경관리, ④ 매표업무이다.

국가, 지방자치단체 및 그 밖의 공공단체는 노인일자리지원기관에서 생산한 물품의 우선구매에 필요한 조치를 마련하여야 한다.

5. 경로우대

국가 또는 지방자치단체는 65세 이상의 자에 대하여 대통령령이 정하는 바에 의하여 국가 또는 지방자치단체의 수송시설 및 고궁 ·능원·박물관 ·공원 등의 공공시설을 무료로 또는 그 이용요금을 할인하여 이용하게 할 수 있고, 노인의 일상생활에 관련된 사업을 경영하는 자에게 65세 이상의 자에 대하여 그 이용요금을 할인하여 주도록 권유할 수 있고, 노인에게 이용요금을 할인하여 주는 자에 대하여 적절한 지원을 할 수 있다.

6. 건강진단

국가 또는 지방자치단체는 대통령령이 정하는 바에 의하여 65세 이상의 자에 대하여 건강진단과 보건교육을 실시할 수 있되, 보건복지부령으로 정하는 바에 따라 성별 다빈도 질환 등을 반영하여야 한다.

7. 홀로 사는 노인에 대한 지원

국가 또는 지방자치단체는 홀로 사는 노인에 대하여 방문요양과 돌봄 등의 서비스와 안전 확인 등의 보호조치를 취하여야 하되, 노인 관련 기관·단체에 위탁할 수 있으며, 예산의 범위에서 그 사업 및 운영에 필요한 비용을 지원할 수 있다.

8. 독거노인종합지원센터

보건복지부장관은 홀로 사는 노인에 대한 돌봄과 관련된 다음 각 호의 사업을 수행하기 위하여 독거노인종합지원센터를 설치·운영할 수 있되, 전문 인력과 시설을 갖춘 법인 또는 단체에 위탁할 수 있다.
  1. 홀로 사는 노인에 대한 정책 연구 및 프로그램의 개발
  2. 홀로 사는 노인에 대한 현황조사 및 관리
  3. 홀로 사는 노인 돌봄사업 종사자에 대한 교육
  4. 홀로 사는 노인에 대한 돌봄사업의 홍보, 교육교재 개발 및 보급
  5. 홀로 사는 노인에 대한 돌봄사업의 수행기관 지원 및 평가
  6. 관련 기관 협력체계의 구축 및 교류
  7. 홀로 사는 노인의 기부문화 조성을 위한 기부금품의 모집, 접수 및 배부

8. 그 밖에 홀로 사는 노인의 돌봄을 위하여 보건복지부장관이 위탁하는 업무

9. 노인성질환에 대한 의료지원

국가 또는 지방자치단체는 노인성 질환자의 경제적 부담능력 등을 고려하여 노인성 질환의 예방교육, 조기발견 및 치료 등에 필요한 비용의 전부 또는 일부를 지원할 수 있다.

10. 상담 · 입소 등의 조치

보건복지부장관, 특별시장 · 광역시장 · 특별자치시장 · 도지사 · 특별자치도지사, 시장 · 군수 · 구청장은 노인에 대한 복지를 도모하기 위하여 필요하다고 인정한 때에는 다음의 조치를 하여야 하고, 65세 미만의 자에 대하여도 그 노쇠현상이 현저하여 특별히 보호할 필요가 있다고 인정할 때에는 상담 · 입소 등의 조치를 취할 수 있다. 복지실시기관은 입소 조치된 자가 사망한 경우에 그 자에 대한 장례를 행할 자가 없을 때에는 그 장례를 행하거나 당해 시설의 장으로 하여금 그 장례를 행하게 할 수 있다.

1. 65세 이상의 자 또는 그를 보호하고 있는 자를 관계공무원 또는 노인복지 상담원으로 하여금 상담 · 지도하게 하는 것
2. 65세 이상의 자로서 신체적 · 정신적 · 경제적 이유 또는 환경상의 이유로 거택에서 보호받기가 곤란한 자를 노인주거복지시설 또는 재가노인복지시설에 입소시키거나 입소를 위탁하는 것
3. 65세 이상의 자로서 신체 또는 정신상의 현저한 결함으로 인하여 항상 보호를 필요로 하고 경제적 이유로 거택에서 보호받기가 곤란한 자를 노인의료복지시설에 입소시키거나 입소를 위탁하는 것

11. 노인재활요양사업

국가 또는 지방자치단체는 신체적 · 정신적으로 재활요양을 필요로 하는 노인을 위한 재활요양사업을 실시할 수 있되, 노인재활요양사업의 내용 및 기타 필요한 사항은 보건복지부령으로 정한다.

12. 실종노인에 관한 신고의무 등

누구든지 정당한 사유 없이 사고 또는 치매 등의 사유로 인하여 보호자로부터 이탈된 노인을 경찰관서 또는 지방자치단체의 장에게 신고하지 아니하고 보호하여서는 아니 된다. 노인복지시설(사회복지사업법에 따른 사회복지시설 및 사회복지시설에 준하는 시설로서 인가·신고 등을 하지 아니하고 노인을 보호하는 시설을 포함한다)의 장 또는 그 종사자는 그 직무를 수행하면서 실종노인임을 알게 된 때에는 지체없이 보건복지부령으로 정하는 신상카드를 작성하여 지방자치단체의 장과 실종노인의 데이터베이스를 구축·운영하는 기관의 장에게 제출하여야 한다. 보건복지부장관은 실종노인의 발생예방, 조속한 발견과 복귀를 위하여 다음의 업무를 수행하여야 한다. 이 경우 보건복지부장관은 노인복지 관련 법인이나 단체에 그 업무의 전부 또는 일부를 위탁할 수 있다.

① 실종노인과 관련된 조사 및 연구

② 실종노인의 데이터베이스 구축·운영

③ 그 밖에 실종노인의 보호 및 지원에 필요한 사항

④ 경찰청장은 실종노인의 조속한 발견과 복귀를 위하여 다음의 사항을 시행하여야 하되, 제2호 및 제3호는 치매노인에 한정한다.

1. 실종노인에 대한 신고체계의 구축 및 운영

2. 실종노인의 발견을 위한 수색 및 수사

3. 실종노인의 발견을 위한 노인과 그 가족의 유전자검사의 실시

4. 그 밖에 실종노인의 발견과 복귀를 위하여 필요한 사항

제 3 절   노인복지시설의 설치·운영

1. 노인복지시설의 종류

노인복지시설에는 ① 노인주거복지시설, ② 노인의료복지시설, ③ 노인여가복지시설, ④ 재가노인복지시설, ⑤ 노인보호전문기관, ⑥ 노인일자리지원기관, ⑦ 학대노인전용쉼터가 있다.

노인주거복지시설·노인의료복지시설·노인여가복지시설·재가복지시설의 설치신고를 한 경우 사회복지사업법에 따른 사회복지시설의 설치신고를 한 것으로

본다.

(1) 노인주거복지시설

1) 노인주거지복지시설의 종류

노인주거복지시설은 다음 각 호의 시설로 하며, 입소대상·입소절차·입소비용 및 임대 등에 관하여 필요한 사항은 보건복지부령으로 정한다

1. 양로시설: 노인을 입소시켜 급식과 그 밖에 일상생활에 필요한 편의를 제공함을 목적으로 하는 시설
2. 노인공동생활가정: 노인들에게 가정과 같은 주거여건과 급식, 그 밖에 일상생활에 필요한 편의를 제공함을 목적으로 하는 시설
3. 노인복지주택: 노인에게 주거시설을 임대하여 주거의 편의·생활지도·상담 및 안전관리 등 일상생활에 필요한 편의를 제공함을 목적으로 하는 시설

2) 노인주거지복지시설의 설치

국가 또는 지방자치단체는 노인주거복지시설을 설치할 수 있고, 국가 또는 지방자치단체외의 자가 노인주거복지시설을 설치하고자 하는 경우에는 특별자치시장·특별자치도지사·시장·군수·구청장에게 신고하여야 하고 신고를 받은 시장·군수·구청장은 그 내용을 검토하여 이 법에 적합하면 신고를 수리하여야 한다.

3) 노인복지주택의 입소자격

노인복지주택에 입소할 수 있는 자는 60세 이상의 노인으로 하되, ① 입소자격자의 배우자 ② 입소자격자가 부양을 책임지고 있는 19세 미만의 자녀·손자녀의 어느 하나에 해당하는 경우에는 입소자격자와 함께 입소할 수 있다. 노인복지주택을 설치하거나 설치하려는 자는 노인복지주택을 입소자격자에게 임대하여야 한다.

(2) 노인의료복지시설

1) 노인의료복지시설의 종류

노인의료복지시설은 다음 각 호의 시설로 하며, 입소대상·입소비용 및 입소절차와 설치·운영자의 준수사항 등에 관하여 필요한 사항은 보건복지부령으로 정한다.

1. 노인요양시설: 치매·중풍 등 노인성질환 등으로 심신에 상당한 장애가 발생하여 도움을 필요로 하는 노인을 입소시켜 급식·요양과 그 밖에 일상생

활에 필요한 편의를 제공함을 목적으로 하는 시설

2. 노인요양공동생활가정: 치매·중풍 등 노인성질환 등으로 심신에 상당한 장애가 발생하여 도움을 필요로 하는 노인에게 가정과 같은 주거여건과 급식·요양, 그 밖에 일상생활에 필요한 편의를 제공함을 목적으로 하는 시설

2) 노인의료복지시설의 설치

국가 또는 지방자치단체는 노인의료복지시설을 설치할 수 있고, 국가 또는 지방자치단체외의 자가 노인의료복지시설을 설치하고자 하는 경우에는 시장·군수·구청장에게 신고하여야 하며, 신고를 받은 시장·군수·구청장은 그 내용을 검토하여 이 법에 적합하면 신고를 수리하여야 한다.

(3) 노인여가복지시설

1) 노인여가복지시설의 종류

1. 노인복지관: 노인의 교양·취미생활 및 사회참여활동 등에 대한 각종 정보와스를 제공하고, 건강증진 및 질병예방과 소득보장·재가복지, 그 밖에 노인의 복지증진에 필요한 서비스를 제공함을 목적으로 하는 시설

2. 경로당: 지역노인들이 자율적으로 친목도모·취미활동·공동작업장 운영 및 각종 정보교환과 기타 여가활동을 할 수 있도록 하는 장소를 제공함을 목적으로 하는 시설

3. 노인교실: 노인들에 대하여 사회활동 참여욕구를 충족시키기 위하여 건전한 취미생활·노인건강유지·소득보장 기타 일상생활과 관련한 학습 프로그램을 제공함을 목적으로 하는 시설

2) 노인여가복지시설의 설치

국가 또는 지방자치단체는 노인여가복지시설을 설치할 수 있고, 국가 또는 지방자치단체 외의 자가 노인여가복지시설을 설치하고자 하는 경우에는 시장·군수·구청장에게 신고하여야 하며, 신고를 받은 시장·군수·구청장은 그 내용을 검토하여 이 법에 적합하면 신고를 수리하여야 한다.

3) 경로당에 대한 보조 및 공과금 감면

국가 또는 지방자치단체는 경로당에 대하여 예산의 범위에서 양곡 구입비와 경로단의 냉난방 비용의 의 전부 또는 일부를 보조할 수 있고, 전기사업법, 전기통신사업법 및 도시가스사업법에 따른 전기요금·전기통신요금 및 도시가스요금

을 감면할 수 있다.

(4) 재가노인복지시설

1) 재가노인복지시설의 종류

1. 방문요양서비스: 가정에서 일상생활을 영위하고 있는 노인으로서 신체적·정신적 장애로 어려움을 겪고 있는 노인에게 필요한 각종 편의를 제공하여 지역사회 안에서 건전하고 안정된 노후를 영위하도록 하는 서비스

2. 주·야간보호서비스: 부득이한 사유로 가족의 보호를 받을 수 없는 심신이 허약한 노인과 장애노인을 주간 또는 야간 동안 보호시설에 입소시켜 필요한 각종 편의를 제공하여 이들의 생활안정과 심신기능의 유지·향상을 도모하고, 그 가족의 신체적·정신적 부담을 덜어주기 위한 서비스

3. 단기보호서비스: 부득이한 사유로 가족의 보호를 받을 수 없어 일시적으로 보호가 필요한 심신이 허약한 노인과 장애노인을 보호시설에 단기간 입소시켜 보호함으로써 노인 및 노인가정의 복지증진을 도모하기 위한 서비스

4. 방문 목욕서비스: 목욕장비를 갖추고 재가노인을 방문하여 목욕을 제공하는 서비스

5. 그 밖의 서비스: 그 밖에 재가노인에게 제공하는 서비스로서 보건복지부령으로 정하는 서비스

2) 재가노인복지시설의 설치

국가 또는 지방자치단체는 재가노인복지시설을 설치할 수 있고, 국가 또는 지방자치단체외의 자가 재가노인복지시설을 설치하고자 하는 경우에는 시장·군수·구청장에게 신고하여야 하며, 신고를 받은 시장·군수·구청장은 그 내용을 검토하여 이 법에 적합하면 신고를 수리하여야 한다. 재가노인복지시설의 시설, 인력 및 운영에 관한 기준과 설치신고 등에 관하여 필요한 사항은 보건복지부령으로 정한다.

(5) 노인보호전문기관

① 국가는 지역 간의 연계체계를 구축하고 노인학대를 예방하기 위하여 다음 각 호의 업무를 담당하는 중앙노인보호전문기관을 설치·운영하여야 한다.
1. 노인인권보호 관련 정책제안
2. 노인인권보호를 위한 연구 및 프로그램의 개발

3. 노인학대 예방의 홍보, 교육자료의 제작 및 보급

4. 노인보호전문사업 관련 실적 취합, 관리 및 대외자료 제공

5. 지역노인보호전문기관의 관리 및 업무지원

6. 지역노인보호전문기관 상담원의 심화교육

7. 관련 기관 협력체계의 구축 및 교류

8. 노인학대 분쟁사례 조정을 위한 중앙노인학대사례판정위원회 운영

9. 그 밖에 노인의 보호를 위하여 대통령령으로 정하는 사항

② 학대받는 노인의 발견·보호·치료 등을 신속히 처리하고 노인학대를 예방하기 위하여 다음 각 호의 업무를 담당하는 지역노인보호전문기관을 특별시·광역시·도·특별자치도에 둔다.

1. 노인학대 신고전화의 운영 및 사례접수

2. 노인학대 의심사례에 대한 현장조사

3. 피해노인 및 노인학대자에 대한 상담

4. 피해노인가족 관련자와 관련 기관에 대한 상담

5. 상담 및 서비스제공에 따른 기록과 보관

6. 일반인을 대상으로 한 노인학대 예방교육

7. 노인학대행위자를 대상으로 한 재발방지 교육

8. 노인학대사례 판정을 위한 지역노인학대사례판정위원회 운영 및 자체사례회의 운영

9. 그 밖에 노인의 보호를 위하여 보건복지부령으로 정하는 사항

③ 보건복지부장관 및 시·도지사는 노인학대예방사업을 목적으로 하는 비영리법인을 지정하여 제1항에 따른 중앙노인보호전문기관과 제2항에 따른 지역노인보호전문기관의 운영을 위탁할 수 있다.

④ 제1항에 따른 중앙노인보호전문기관과 제2항에 따른 지역노인보호전문기관의 설치기준과 운영, 상담원의 자격과 배치기준 및 제3항에 따른 위탁기관의 지정 등에 필요한 사항은 대통령령으로 정한다.

2. 요양보호사

(1) 요양보호사의 직무·자격증의 교부 등

노인복지시설의 설치·운영자는 보건복지부령으로 정하는 바에 따라 노인 등의 신체활동 또는 가사활동 지원 등의 업무를 전문적으로 수행하는 요양보호사를

두어야 한다. 요양보호사가 되려는 사람은 요양보호사교육기관에서 교육과정을 마치고 시·도지사가 실시하는 요양보호사 자격시험에 합격하여야 한다. 자격시험은 필기시험과 실기시험으로 구분하며 필기시험의 시험과목은 요양보호론(요양보호개론, 요양보호관련 기초지식, 기본요양보호각론 및 특수요양보호각론을 말한다)으로 한다.

(2) 요양보호사교육기관의 설치 등

요양보호사를 교육하는 기관을 설치하려는 자는 보건복지부령으로 정하는 기준을 갖추고 시·도지사에게 신고하여야 한다. 요양보호사교육기관의 신고절차 등에 관하여 필요한 사항은 보건복지부령(시행규칙 제29조의3)으로 정한다.

(3) 요양보호사의 결격요건

① 정신보건법에 따른 정신질환자(전문의가 적합하다고 인정하는 자는 제외)
② 마약·대마 또는 향정신성의약품 중독자
③ 피성년후견인
④ 금고 이상의 형을 선고받고 그 형의 집행이 종료되지 아니하였거나 그 집행을 받지 아니하기로 확정되지 아니한 사람
⑤ 법원의 판결에 따라 자격이 정지 또는 상실된 사람
⑥ 요양보호사의 자격이 취소된 날부터 1년이 경과되지 아니한 사람

(4) 요양보호사 자격의 취소

시·도지사는 요양보호사가 다음 각 호의 어느 하나에 해당하는 경우 그 자격을 취소할 수 있다. 다만, 제1호부터 제3호까지의 경우 자격을 취소하여야 한다. 취소하는 경우에는 청문을 실시하여야 한다.
1. 요양보호사 결격사유의 어느 하나에 해당하게 된 경우
2. 노인에 대한 금지행위를 위반하여 처벌을 받은 경우
3. 거짓이나 그 밖의 부정한 방법으로 자격증을 취득한 경우
4. 영리를 목적으로 노인 등에게 불필요한 요양서비스를 알선·유인하거나 이를 조장한 경우
5. 자격증을 대여·양도 또는 위조·변조한 경우

3. 조   사

보건복지부장관, 시·도지사 또는 시장·군수·구청장은 필요하다고 인정하는 때에는 관계공무원 또는 노인복지상담원으로 하여금 노인복지시설과 노인의 주소·거소, 노인의 고용장소 또는 금지행위를 위반할 우려가 있는 장소에 출입하여 노인 또는 관계인에 대하여 필요한 조사를 하거나 질문을 하게 할 수 있다. 경찰청장, 시·도지사 또는 시장·군수·구청장은 실종노인의 발견을 위하여 필요한 때에는 보호시설의 장 또는 그 종사자에게 필요한 보고 또는 자료제출을 명하거나 소속 공무원으로 하여금 보호시설에 출입하여 관계인 또는 노인에 대하여 필요한 조사 또는 질문을 하게 할 수 있다. 이 경우 관계공무원, 노인복지상담원은 보건복지부령으로 정하여 그 권한을 표시하는 증표를 지니고 이를 노인 또는 관계인에게 내보여야 한다.

4. 변경·폐지 등

노인주거복지시설을 설치한 자 또는 노인의료복지시설(노인전문병원을 제외한다)을 설치한 자가 그 설치신고사항 중 보건복지부령이 정하는 사항을 변경하거나 그 시설을 폐지 또는 휴지하고자 할 때에는 대통령령이 정하는 바에 의하여 시장·군수·구청장에게 미리 신고하여야 한다. 노인전문병원을 설치한 자가 그 설치허가사항 중 보건복지부령이 정하는 사항을 변경하고자 하는 때에는 의료법이 정하는 바에 따라 시·도지사의 변경허가를 받아야 하며, 그 시설을 폐지 또는 휴지하고자 하는 때에는 동법이 정하는 바에 따라 시·도지사에게 미리 신고하여야 한다. 노인여가복지시설을 설치한 자 또는 재가노인복지시설을 설치한 자가 그 설치신고사항 중 보건복지부령이 정하는 사항을 변경하거나 그 시설을 폐지 또는 휴지하고자 할 때에는 대통령령이 정하는 바에 의하여 시장·군수·구청장에게 미리 신고하여야 한다. 요양보호사교육기관을 설치한 자가 그 설치신고사항 중 보건복지부령이 정하는 사항을 변경하거나 그 시설을 폐지 또는 휴지하고자 하는 때에는 대통령령이 정하는 바에 따라 시·도지사에게 미리 신고하여야 한다.

5. 수탁의무

양로시설, 노인공동생활가정 및 노인복지주택, 노인요양시설 및 노인요양공동생활가정 또는 재가노인복지시설을 설치·운영하는 자가 복지실시기관으로부터 노인의 입소·장례를 위탁받은 때에는 정당한 이유 없이 이를 거부하여서는 아니된다.

6. 노인복지명예지도원

복지실시기관은 양로시설, 노인공동생활가정, 노인복지주택, 노인요양시설 및 노인요양공동생활가정의 입소노인의 보호를 위하여 노인복지명예지도원을 둘 수 있다. 노인복지명예지도원의 업무는 다음과 같으며 노인복지명예지도원을 위촉한 때에는 보건복지부령에 따라 노인복지명예지도원증을 교부하여야 한다.

  1. 양로시설·노인공동생활가정·노인복지주택·노인요양시설 및 노인요양공동생활가정 입소노인의 의견수렴 및 수렴된 의견의 복지실시기관에의 건의
  2. 제1호에 따른 시설 운영에 관련된 위법사항의 복지실시기관에의 신고

7. 사업의 정지·폐지 등

① 시·도지사 또는 시장·군수·구청장은 노인주거복지시설·노인의료복지시설이 다음의 어느 하나에 해당하는 때에는 1개월의 범위에서 그 사업의 정지 또는 폐지를 명할 수 있되, 폐지의 경우에는 청문을 실시하여야 한다.

  1. 시설 등에 관한 기준에 미달하게 된 때
  2. 복지시설기관의 수탁을 거부한 때
  3. 정당한 이유 없이 보고 또는 자료제출을 하지 아니하거나 허위로 한 때 또는 조사·검사를 거부·방해하거나 기피한 때
  4. 법 제46조 제5항의 규정[1]에 위반한 때
  5. 해당 시설이나 기관을 설치·운영하는 자 또는 그 종사자가 입소자나 이용자를 학대한 때

② 시장·군수·구청장은 노인여가복지시설 또는 재가노인복지시설이 다음의 어느 하나에 해당하는 때에는 그 사업의 정지 또는 폐지를 명할 수 있되, 폐지의 경우에는 청문을 실시하여야 한다.

  1. 시설 등에 관한 기준에 미달하게 된 때
  2. 복지실시기관의 수탁을 거부한 때(재가노인복지시설의 경우에 한한다)

---

1) 양로시설, 노인공동생활가정 및 노인복지주택, 노인요양시설 및 노인요양공동생활가정을 설치한 자는 그 시설에 입소하거나 그 시설을 이용하는 기초수급권자 외의 자로부터 그에 소요되는 비용을 수납하고자 할 때에는 시장·군수·구청장에게 신고하여야 한다. 다만, 보건복지부령이 정한 비용수납 한도액의 범위 안에서 수납할 때에는 그러하지 아니하다.

3. 정당한 이유 없이 규정에 의한 보고 또는 자료제출을 하지 아니하거나 허
   위로 한 때 또는 조사·검사를 거부·방해하거나 기피한 때
4. 법 제46조 제7항의 규정²⁾에 위반한 때
5. 해당 시설을 설치·운영하는 자 또는 그 종사자가 입소자나 이용자를 학대
   한 때

제 4 절   노인학대의 예방 및 보호

1. 긴급전화의 설치

국가와 지방자치단체는 노인학대를 예방하고 수시로 신고를 받을 수 있도록
노인보호전문기관에 전국적으로 통일된 번호로 매일 24시간 동안 운영되는 긴급
전화를 설치하여야 한다. 긴급전화를 통한 노인학대 신고의 접수 및 상담방법과
그 밖의 세부운영 등에 관하여 필요한 사항은 보건복지부장관이 정하여 고시한다.

2. 노인보호전문기관의 설치

국가와 지방자치단체는 지역 간의 연계체계를 구축하고 노인학대를 예방하기
위하여 중앙노인보호전문기관과 지역노인보호전문기관을 설치한다.

3. 노인학대 신고의무와 절차

누구든지 노인학대를 알게 된 때에는 노인보호전문기관 또는 수사기관에 신고
할 수 있으며, 다음의 해당하는 자는 그 직무상 65세 이상의 사람에 대한 노인학
대를 알게 된 때에는 즉시 노인보호전문기관 또는 수사기관에 신고하여야 한다.
이 경우 신고인의 신분은 보장되어야 하며 그 의사에 반하여 신분이 노출되어서
는 아니 된다.

1. 의료법에 따른 의료기관에서 의료업을 행하는 의료인
2. 노인복지시설의 장 및 그 종사자
3. 장애인복지법의 규정에 의한 장애인복지시설에서 장애노인에 대한 상담·

---

2) 노인여가복지시설 또는 재가노인복지시설을 설치한 자 또는 편의를 제공하는 자가 그 시설을 이
용하는 자로부터 그에 소요되는 비용을 수납하고자 할 때에는 미리 시장·군수·구청장에게 신고하여
야 한다.

　치료·훈련 또는 요양을 행하는 자

4. 가정폭력방지 및 피해자보호 등에 관한 법률의 규정에 의한 가정폭력 관련 상담소의 상담원 및 가정폭력 피해자 보호시설의 종사자

5. 사회복지사업법에 따른 사회복지전담공무원 및 사회복지관, 부랑인 및 노숙인보호를 위한 시설의 장과 그 종사자

6. 노인장기요양보험법에 따른 장기요양기관 및 재가장기요양기관의 장과 그 종사자

7. 119구조·구급에 관한 법률 따른 119구급대의 구급대원

8. 건강가정기본법에 따른 건강가정지원센터의 장과 그 종사자

9. 다문화가족지원법에 따른 다문화가족지원센터의 장과 그 종사자

10. 성폭력방지 및 피해자보호 등에 관한 법률에 따른 성폭력피해상담소 및 성폭력피해자보호시설의 장과 그 종사자

11. 응급의료에 관한 법률에 따른 응급구조사

12. 의료기사 등에 관한 법률에 따른 의료기사

13. 국민건강보험법에 따른 국민건강보험공단 소속 요양직 직원

14. 지역보건법에 따른 지역보건의료기관의 장과 종사자

15. 노인복지시설 설치 및 관리 업무 담당 공무원

4. 응급조치의무 등

　노인학대신고를 접수한 노인보호전문기관의 직원이나 사법경찰관리는 지체없이 노인학대의 현장에 출동하여야 하되, 노인보호전문기관의 장이나 수사기관의 장은 서로 동행하여 줄 것을 요청할 수 있고, 그 요청을 받은 때에는 정당한 사유가 없으면 소속 지원이나 사법경찰관리를 현장에 동행하도록 하여야 한다. 현장에 출동한 노인보호전문기관의 직원이나 사법경찰관리는 피해자를 보호하기 위하여 신고 된 현장에 출입하여 관계인에 대하여 조사를 하거나 질문을 할 수 있다. 이 경우 노인보호전문기관의 직원은 피해노인의 보호를 위한 범위에서만 조사 또는 질문을 할 수 있다. 누구든지 정당한 사유 없이 노인학대 현장에 출동한 자에 대하여 현장조사를 거부하거나 업무를 방해하여서는 아니 된다.

5. 보조인의 선임 등

　학대받은 노인의 법정대리인, 직계친족, 형제자매, 노인보호전문기관의 상담원

또는 변호사는 노인학대사건의 심리에 있어서 보조인이 될 수 있다. 다만, 변호사가 아닌 경우에는 법원의 허가를 받아야 하며, 법원이 학대받은 노인을 증인으로 신문하는 경우 본인·검사 또는 노인보호전문기관의 신청이 있는 때에는 본인과 신뢰관계에 있는 자의 동석을 허가할 수 있다. 수사기관이 학대받은 노인을 조사하는 경우에도 위의 절차를 준용한다.

6. 금지행위

누구든지 65세 이상의 사람에 대하여 다음 사항에 해당하는 행위를 하여서는 아니 된다.
1. 노인의 신체에 폭행을 가하거나 상해를 입히는 행위
2. 노인에게 성적 수치심을 주는 성폭행·성희롱 등의 행위
3. 자신의 보호·감독을 받는 노인을 유기하거나 의식주를 포함한 기본적 보호 및 치료를 소홀히 하는 방임행위
4. 노인에게 구걸을 하게 하거나 노인을 이용하여 구걸하는 행위
5. 노인을 위한 증여 또는 급여된 금품을 그 목적 외의 용도에 사용하는 행위
6. 폭언, 협박, 위협 등으로 노인의 정신건강에 해를 끼치는 정서적 학대행위

7. 학대피해노인 전용쉼터의 설치

국가와 지방자치단체는 노인학대피해노인을 일정기간 보호하고 심신 치유 프로그램을 제공하기 위하여 학대피해노인 전용쉼터를 설치·운영할 수 있되, 그 업무는 다음 각 호와 같으며 쉼터의 운영업무를 노인보호전문기관에 위탁할 수 있다.
1. 학대피해노인의 보호와 숙식제공 등의 쉼터생활 지원
2. 학대피해노인의 심리적 안정을 위한 전문심리상담 등 치유프로그램 제공
3. 학대피해노인에게 학대로 인한 신체적, 정신적 치료를 위한 기본적인 의료비 지원
4. 학대 재발 방지와 원가정 회복을 위하여 노인학대행위자 등에게 전문상담 서비스 제공
5. 그 밖에 쉼터에 입소하거나 쉼터를 이용하는 학대피해노인을 위하여 보건복지부령으로 정하는 사항

8. 위반사실의 공표

보건복지부장관, 시·도지사 또는 시장·군수·구청장은 금지행위에 따른 처벌이과 같이 이 법 제39조의18에 규정에 따른 을 받은 법인 등이 운영하는 시설에 대하여 그 위반행위, 처벌내용, 해당 법인 또는 시설의 명칭, 대표자 성명, 시설장 성명 및 그 밖에 다른 시설과의 구별에 필요한 사항으로서 대통령령으로 정하는 사항을 공표할 수 있다. 이 경우 공표 여부를 결정할 때에는 그 위반행위의 동기, 정도, 횟수 및 결과 등을 고려하여야 한다.

9. 노인학대의 사후관리

노인보호전문기관의 장은 노인학대가 종료된 후에도 가정방문, 시설방문, 전화상담 등을 통하여 노인학대의 재발 여부를 확인하여야 하고, 노인학대의 재발 방지를 위하여 필요하다고 인정하는 경우 피해노인 및 보호자를 포함한 피해노인의 가족에게 상담, 교육 및 의료적·심리적 치료 등의 지원을 하여야 한다. 피해노인의 보호자·가족은 노인보호전문기관의 지원에 성실히 참여하여야 한다.

10. 노인관련기관의 취업제한

법원은 노인학대관련범죄로 형 또는 치료감호를 선고하는 경우에는 판결로 그 형 또는 치료감호의 전부 또는 일부의 집행을 종료하거나 집행이 유예·면제된 날부터 일정기간 동안 이 법 제37조의17 제1항에 규정된 시설 또는 노인관련기관을 운영하거나 노인관련기관에 취업 또는 사실상 노무를 제공할 수 없도록 하는 명령을 판결과 동시에 선고하여야 한다. 다만, 재범의 위험성이 현저히 낮은 경우, 그 밖에 취업을 제한하여서는 아니 되는 특별한 사정이 있다고 판단하는 경우에는 그러하지 아니하다. 취업제한기간은 10년을 초과하지 못하며, 취업제한명령을 선고하려는 경우에는 정신건강의학과 의사, 심리학자, 사회복지학자, 노인학대 관련 전문가, 그 밖의 관련 전문가로부터 취업제한명령 대상자의 재범 위험성 등에 관한 의견을 들을 수 있다.

제 5 절 비   용

1. 비용의 부담

노인일자리 전담기관의 설치·운영 또는 위탁에 소요되는 비용은 당해 노인일자리 전담기관을 설치·운영하거나 위탁한 국가 또는 지방자치단체가 이를 부담하고, 건강진단 등과 상담·입소 등의 조치에 소요되는 비용은 예산의 범위 안에서 국가와 지방자치단체가 이를 부담하되, 그 부담비율은 보조금의 예산 및 관리에 관한 법률 시행령이 정하는 바에 의한다. 노인복지시설의 설치·운영에 소요되는 비용은 당해 노인복지시설을 설치한 국가 또는 지방자치단체가 이를 부담한다.

2. 비용의 수납 및 청구

복지조치에 필요한 비용을 부담한 복지실시기관은 당해 노인 또는 그 부양의무자로부터 대통령령이 정하는 바에 의하여 그 부담한 비용의 전부 또는 일부를 수납하거나 청구할 수 있으며, 부양의무가 없는 자가 복지조치에 준하는 보호를 행하는 경우 즉시 그 사실을 부양의무자 및 복지실시기관에 알려야 한다. 보호를 행한 자는 부양 의무자에게 보호비용의 전부 또는 일부를 청구할 수 있으며, 부담비용의 청구 등에 관하여 필요한 사항은 보건복지부령으로 정한다. 양로시설, 노인공동생활가정 및 노인복지주택, 노인요양시설 및 노인요양공동생활가정을 설치한 자는 그 시설에 입소하거나 그 시설을 이용하는 기초수급권자 외의 자로부터 그에 소요되는 비용을 수납하고자 할 때에는 시장·군수·구청장에게 신고하여야 한다. 다만, 보건복지부령이 정한 비용수납 한도액의 범위 안에서 수납할 때에는 그러하지 아니하다. 노인여가복지시설, 재가노인복지시설을 설치한 자 또는 편의를 제공하는 자가 그 시설을 이용하는 자로부터 그에 소요되는 비용을 수납하고자 할 때에는 미리 시장·군수·구청장에게 신고하여야 한다.

3. 비용의 보조

국가 또는 지방자치단체는 대통령령이 정하는 바에 의하여 노인복지시설의 설치·운영에 필요한 비용을 보조할 수 있다. 국가 또는 지방자치단체가 그 설치·

운영에 소요되는 비용을 보조할 수 있는 노인복지시설은 다음과 같다. 국가 또는 지방자치단체가 노인복지시설의 설치·운영에 소요되는 비용을 보조하는 경우의 부담비율은 보조금의 예산 및 관리에 관한 법률 시행령이 정하는 바에 의한다. 국가 또는 지방자치단체가 노인복지시설의 운영에 소요되는 비용을 보조하는 때에는 사회복지사업법 제43조의 규정에 의한 시설평가의 결과 등 당해 노인복지시설의 운영실적을 고려하여 차등하여 보조할 수 있다.

1. 양로시설·실비양로시설 또는 실비노인복지주택
2. 노인요양시설·실비노인요양시설 또는 노인전문요양시설
3. 노인여가복지시설
4. 재가노인복지시설
5. 노인보호전문기관

4. 유류물품의 처분

복지실시기관 또는 노인복지시설의 장은 장례를 행함에 있어서 사망자가 유류한 금전 또는 유가증권을 그 장례에 필요한 비용에 충당할 수 있으며, 부족이 있을 때에는 유류물품을 처분하여 그 대금을 이에 충당할 수 있다.

5. 조세감면

노인복지시설에서 노인을 위하여 사용하는 건물·토지 등에 대하여는 조세감면규제법 등 관계법령이 정하는 바에 의하여 조세 기타 공과금을 감면할 수 있다.

제 6 절   권리구제 등

1. 심사청구 등

노인 또는 그 부양의무자는 이 법에 의한 복지조치에 대하여 이의가 있을 때에는 당해 복지실시기관에 심사를 청구할 수 있다. 복지실시기관은 위의 심사청구를 받은 때에는 30일 이내에 이를 심사·결정하여 청구인에게 통보하여야 한다. 심사·결정에 이의가 있는 자는 그 통보를 받은 날부터 90일 이내에 행정심판을 제기할 수 있다. 부양의무자가 부담하여야 할 보호비용에 대하여 보호를 행한 자와 부양의무자 사이에 합의가 이루어지지 아니하는 경우로서 시장·군수·구청장

은 당사자로부터 조정요청을 받은 경우에는 이를 조정할 수 있다. 시장·군수·구청장은 조정을 위하여 필요하다고 인정하는 경우 부양의무자에게 소득·재산 등에 관한 자료의 제출을 요구할 수 있다.

2. 권한의 위임·위탁

보건복지부장관 또는 시·도지사는 노인복지법에 의한 권한의 일부를 대통령령이 정하는 바에 의하여 각각 시·도지사 또는 시장·군수·구청장에게 위임할 수 있다. 보건복지부장관, 시·도지사 또는 시장·군수·구청장은 노인복지법에 의한 업무의 일부를 대통령령이 정하는 바에 의하여 법인 또는 단체에 위탁할 수 있다.

3. 국·공유재산의 대부 등

국가 또는 지방자치단체는 노인보건복지관련 연구시설이나 사업의 육성을 위하여 필요하다고 인정하는 경우에는 국유재산법 또는 지방재정법의 규정에 불구하고 국·공유재산을 무상으로 대부하거나 사용·수익하게 할 수 있다.

제 4 장
영유아보육법
(2019.4.30. 법률 제16404호)

제1절 총 설

1. 영유아보육법의 의의

현대사회의 산업화에 따른 여성의 사회참여가 증가하고 가족구조가 핵가족화 되면서 탁아수요가 급증함에 따라 영유아의 보호와 교육에 관한 별도의 입법을 통하여 어린이집의 조속한 확대 및 보육자의 경제적·사회적 활동의 지원을 통하여 가정복지증진을 도모하기 위한 목적으로 1991년 1월 14일 법률 제4328호로 영유아보육법을 제정한 후 수차례의 개정을 해오다가 보육시설 및 보육시설 종사자의 명칭을 어린이집 및 보육교직원으로 변경하여 보육교직원 등의 위상을 높이고, 다문화가족의 자녀에게 국·공립 어린이집에 우선 입소와 무상보육의 특례를 부여함으로써 다문화가족의 자녀가 우리 사회에 더욱 수월하게 적응할 수 있도록, 는 등의 개정을 한 후 또 2019년 4월 30일 법률 제16404호로 국공립어린이집 확충에 기여하기 위하여 국가나 지방자치단체는 주택법에 따른 공동주택에 설치되어야 하는 어린이집을 국공립어린이집으로 운영하고, 국공립어린이집과 중소기업이 공동으로 설치·운영하는 직장어린이집에 대해서는 국·공유재산을 무상으로 사용·대부할 수 있도록 하는 한편, 어린이집 원장에게 예방접종통합관리시스템을 활용하여 매년 정기적으로 영유아의 예방접종 여부를 확인할 의무를 부여하고, 한국보육진흥원 설립, '일시보육서비스'의 명칭을 '시간제보육서비스'로 정비하는 등의 개정을 하였다.

2. 입법목적

영유아보육법은 영유아의 심신을 보호하고 건전하게 교육하여 건강한 사회구성원으로 육성함과 아울러 보호자의 경제적·사회적 활동이 원활하게 이루어지도록 함으로써 영유아 및 가정의 복지 증진에 이바지함을 목적으로 한다.

3. 용어의 정의

1. 영유아란 6세 미만의 취학 전 아동을 말한다.
2. 보육이란 영유아를 건강하고 안전하게 보호·양육하고 영유아의 발달 특성에 맞는 교육을 제공하는 어린이집 및 가정양육 지원에 관한 사회복지서비스를 말한다.
3. 어린이집이란 보호자의 위탁을 받아 영유아를 보육하는 기관을 말한다.
4. 보호자란 친권자·후견인, 그 밖의 자로서 영유아를 사실상 보호하고 있는 자를 말한다.
5. 보육교직원이란 어린이집 영유아의 보육, 건강관리 및 보호자와의 상담, 그 밖에 어린이집의 관리·운영 등의 업무를 담당하는 자로서 어린이집의 원장 및 보육교사와 그 밖의 직원을 말한다.

4. 보육이념

1. 보육은 영유아의 이익을 최우선적으로 고려하여 제공되어야 한다.
2. 보육은 영유아가 안전하고 쾌적한 환경에서 건강하게 성장할 수 있도록 하여야 한다.
3. 영유아는 자신이나 보호자의 성, 연령, 종교, 사회적 신분, 재산, 장애, 인종 및 출생지역 등에 따른 어떠한 종류의 차별도 받지 아니하고 보육되어야 한다.

5. 책   임

(1) 국민의 책임

모든 국민은 영유아를 건전하게 보육할 책임을 진다.

(2) 국가와 지방자치단체의 책임

국가와 지방자치단체는 보호자와 더불어 영유아를 건전하게 보육할 책임을 지고 이에 필요한 재원을 안정적으로 확보하도록 노력하며 보육교직원의 양성 및 근로조건 개선을 위하여 노력하여야 한다.

특별자치도지사·시장·군수·구청장은 영유아의 보육을 위한 적절한 어린이집을 확보하여야 한다.

6. 보육정책조정위원회

보육정책에 관한 관계부처 간의 의견을 조정하기 위하여 국무총리 소속으로 보육정책조정위원회를 두어 국무총리실장인 위원장을 포함 12명 이내의 위원으로 구성하고 위원장은 국무조정실장이 되며 다음 각 호의 사항을 심의·조정한다.
  1. 보육정책의 기본방향에 관한 사항
  2. 보육관련 제도개선과 예산지원에 관한 사항
  3. 보육에 관한 관계부처간 협조사항
  4. 그 밖에 위원장이 회의에 부치는 사항

7. 보육정책위원회

보육에 관한 각종 정책·사업·보육지도 및 어린이집 평가에 관한 사항 등을 심의하기 위하여 보건복지부에 중앙보육정책위원회를, 특별시·광역시·도·특별자치도 및 시·군·구에 지방보육정책위원회를 두되, 그 기능을 담당하기에 적합한 다른 위원회가 있고 그 위원회의 위원이 위원의 자격을 갖춘 경우에는 시·도 또는 시·군·구의 조례로 정하는 바에 따라 그 위원회가 지방보육정책위원회의 기능을 대신할 수 있다. 중앙보육정책위원회와 지방보육정책위원회의 위원은 보육전문가, 어린이집의 원장 및 보육교사 대표, 보호자 대표 또는 공익을 대표하는 자, 관계 공무원 등으로 구성한다.

8. 육아종합지원센터

영유아에게 일시보육 서비스를 제공하거나 보육에 관한 정보의 수집·제공 및 상담을 위하여 보건복지부장관은 중앙육아종합지원센터를, 특별시장·광역시장·특별자치장·도지사·특별자치도지사 및 시장·군수·구청장은 지방육아종합지원센터를 설치·운영한다. 이 경우 필요하다고 인정된 경우에는 영아·장애아 보육 등에 관한 육아종합지원센터를 별도로 설치 운영 할 수 있다. 중앙육아종합지원센터와 지방육아종합지원센터에는 육아종합지원센터의 장과 보육에 관한 정보를 제공하는 보육전문요원 및 보육교직원의 정서적·심리적 상담 등의 업무를 담당하는 상담전문요원 등을 둔다.

9. 보육개발원

보건복지부장관은 보육에 관한 연구와 정보제공, 프로그램 및 교재개발, 평가
척도 개발 및 보육교직원 연수 등의 업무를 위하여 보육개발원을 설치하거나 그
업무를 관련 연구기관 등에 위탁할 수 있다.

10. 한국보육진흥원의 설립 및 운영

보육서비스의 질 향상을 도모하고 보육정책을 체계적으로 지원하기 위하여 한
국보육진흥원을 설립하되, 재단법인으로 하며 보조금, 기부금 및 그 밖의 수익금
으로 운영하며 다음 각 호의 업무를 수행한다.

1. 어린이집 평가척도 개발
2. 보육사업에 관한 교육·훈련 및 홍보
3. 영유아 보육프로그램 및 교재·교구 개발
4. 보육교직원 연수프로그램 개발 및 교재 개발
5. 보건복지부장관으로부터 위탁받은 업무
6. 보육정책과 관련하여 보건복지부장관이 필요하다고 인정하는 업무

11. 보육실태조사

보건복지부장관은 이 법의 적절한 시행을 위하여 보육실태 조사를 3년마다 하
여야 한다. 보육실태조사는 가구조사와 어린이집조사로 구분한다.
① 가구조사에는 다음의 사항이 포함되어야 한다.
1. 가구 및 영유아의 특성에 관한 사항
2. 어린이집 이용현황
3. 어린이집 이용 시 만족도 및 요구사항
4. 그 밖에 향후 어린이집 이용계획 등 어린이집의 이용과 관련하여 보건복지
   부장관이 정하는 사항
② 어린이집조사에는 다음의 사항이 포함되어야 한다.
1. 어린이집의 환경 및 설비
2. 보육교직원의 실태에 관한 사항
3. 어린이집의 지역별·유형별 분포
4. 어린이집의 정·현원에 관한 사항

5. 보육내용 및 보육비용에 관한 사항
6. 그 밖에 어린이집 이용 영유아의 건강·영양 및 안전관리에 관한 사항 등 어린이집 운영에 관하여 보건복지부장관이 필요하다고 인정하는 사항

제 2 절 어린이집의 설치

1. 어린이집의 종류

어린이집의 종류는 다음과 같다.
1. 국공립어린이집: 국가나 지방자치단체가 설치·운영하는 어린이집
2. 사회복지법인어린이집: 사회복지사업법에 따른 사회복지법인이 설치·운영 하는 어린이집
3. 법인·단체 등 어린이집: 각종 법인(사회복지법인을 제외한 비영리법인)이나 단체 등이 설치·운영하는 어린이집으로서 대통령령으로 정한 어린이집
4. 직장어린이집: 사업주가 사업장의 근로자를 위하여 설치·운영하는 어린이 집(국가나 지방자치단체의 장이 소속 공무원을 위하여 설치·운영하는 시설을 포 함한다)
5. 가정어린이집: 개인이 가정이나 그에 준하는 곳에 설치·운영하는 어린이집
6. 협동어린이집: 보호자들이 조합을 결성하여 설치·운영하는 어린이집
7. 민간어린이집: 제1호부터 제6호까지의 규정에 해당하지 아니하는 어린이집

2. 보육계획의 수립 및 시행

보건복지부장관, 시·도지사 및 시장·군수·구청장은 보육사업을 원활히 추 진하기 위하여 보건복지부장관의 경우에는 중앙보육정책위원회, 그 밖의 경우에는 지방보육정책위원회의 심의를 거쳐 어린이집 수급계획 등을 포함한 보육계획을 수립·시행하여야 하며, 이에 따른 보육계획의 수립·시행을 위하여 필요하면 어 린이집, 보육관련 법인·단체 등에 대하여 자료제공 등의 협조를 요청할 수 있으 며, 그 요청을 받은 어린이집과 보육관련 법인·단체 등은 정당한 사유가 없으면 요청에 따라야 한다.

3. 어린이집 또는 어린이집용지의 확보

시·도지사, 시장·군수·구청장은 도시개발법, 도시 및 주거환경정비법, 택지개발촉진법, 산업입지 및 개발에 관한 법률 및 공공주택 특별법 등에 따라 시행하는 개발·정비·조성사업에 어린이집 또는 어린이집용지가 확보될 수 있도록 노력하여야 한다.

4. 국공립어린이집의 설치

국가나 지방자치단체는 국공립어린이집을 설치·운영하여야 하되, 지방보육정책위원회의 심의를 거쳐야 하고 우선적으로 도시 저소득주민 밀집 주거지역 및 농어촌지역 등 취약지역과 산업단지 지역에 설치하여야 한다.

또한 주택법에 따른 공동주택에 어린이집을 국공립어린이집으로 운영하여야 하되, 공동주택관리법에 따른 입주자등의 과반수가 국공립어린이집으로의 운영에 찬성하지 아니하는 경우에는 그러하지 아니하다.

5. 국공립어린이집 외의 어린이집 설치

국공립어린이집 외의 어린이집을 설치·운영하려는 자는 특별자치도지사·시장·군수·구청장의 인가를 받아야 하고, 인가받은 사항 중 중요 사항을 변경하려는 경우에도 또한 같다.

6. 직장어린이집의 설치 및 설치의무 미이행 사업장 명단 공표

영유아보육법시행령 제20조로 정하는 일정 규모 이상의 사업장의 사업주는 직장어린이집을 설치하여야 한다. 다만, 사업장의 사업주가 직장어린이집을 단독으로 설치할 수 없을 때에는 사업주 공동으로 직장어린이집을 설치·운영하거나, 지역의 어린이집과 위탁계약을 맺어 근로자 자녀의 위탁보육을 지원하여야 한다.

보건복지부장관 및 대통령령으로 정하는 조사기관의 장은 직장어린이집 설치 등 의무 이행에 관한 실태 조사를 매년 실시하고 그 결과를 보건복지부장관에게 통보하여야 한다. 보건복지부장관은 실태조사 결과 직장어린이집 설치 등의 의무를 이행하지 아니한 사업장 및 실태조사에 불응한 미이행 사업장의 명단을 공표할 수 있되, 대통령령으로 정하는 사유가 있는 경우에는 그러하지 아니하다. 명단 공표 여부를 심의하기 위하여 보건복지부에 직장어린이집명단공표심의위원회를 둔다.

7. 어린이집의 설치기준

어린이집을 설치·운영하려는 자는 보건복지부령이 정하는 설치기준을 갖추어야 하되, 놀이터, 비상재해대비시설 및 폐쇄회로 텔레비전의 설치는 다음 기준에 따른다.

(1) 놀이터 및 비상재해대비시설 설치

어린이집을 설치·운영하는 자는 놀이터를 설치하여야 하며 설치에 관한 기준은 보건복지부령으로 정하되, 다음의 어느 하나에 해당하는 어린이집은 그러하지 아니한다. 특별자치도지사·시장·군수·구청장은 지방보육정책위원회의 심의를 거쳐 2005년 1월 29일 이전에 인가받은 어린이집이 도심지 및 도서·벽지 등 지역의 여건상 놀이터를 설치하기 곤란한 경우로서 보육상 지장이 없다고 인정하는 경우에는 놀이터를 설치하지 아니하거나 놀이터 설치 기준을 완화하여 변경인가 할 수 있다.
  1. 보육 정원 50명 미만인 어린이집
  2. 100미터 이내에 보건복지부령으로 정하는 기준을 충족하는 놀이터가 설치되어 있는 어린이집

(2) 비상재해대비시설 설치

어린이집을 설치·운영하는 자는 1층과 2층 이상 등 종류별 비상재해대비시설을 설치하여야 하며 보건복지부령으로 정한다. 특별자치도지사·시장·군수·구청장은 2009년 7월 3일 이전에 이미 인가받은 어린이집이 비상재해 대비에 지장이 없다고 판단할 경우 종전 인가당시 기준을 적용할 수 있되, 기인가 어린이집이 비상재해 대비에 지장이 없는지 여부를 판단하기 위해 비상재해대비시설기준심의위원회를 구성·운영하여야 하며 해당 위원회의 심의를 반드시 거쳐야 한다.

(3) 폐쇄회로 텔레비전 설치

어린이집을 설치·운영하는 자는 아동학대 방지 등 영유아의 안전과 어린이집의 보안을 위하여 개인정보 보호법 및 관련 법령에 따른 폐쇄회로 텔레비전을 설치·관리하여야 하나 어린이집을 설치·운영하는 자가 보호자 전원의 동의를 받

아 ①시장·군수·구청장에게 신고한 경우 ②개인정보 보호법 및 관련 법령에 따른 네트워크 카메라를 설치한 경우에는 그러하지 아니한다. 폐쇄회로 텔레비전을 설치·관리하는 자는 영유아 및 보육교직원 등 정보주체의 권리가 침해되지 아니하도록 다음 각 호의 사항을 준수하여야 하고, 폐쇄회로 텔레비전에 기록된 영상정보를 60일 이상 보관하여야 하며, 폐쇄회로 텔레비전의 설치·관리기준 및 동의 또는 신고의 방법·절차·요건, 영상정보의 보관기준 및 보관기간 등에 필요한 사항은 보건복지부령으로 정한다

1. 아동학대 방지 등 영유아의 안전과 어린이집의 보안을 위하여 최소한의 영상정보만을 적법하고 정당하게 수집하고, 목적 외의 용도로 활용하지 아니하도록 할 것
2. 영유아 및 보육교직원 등 정보주체의 권리가 침해받을 가능성과 그 위험 정도를 고려하여 영상정보를 안전하게 관리할 것
3. 영유아 및 보육교직원 등 정보주체의 사생활 침해를 최소화하는 방법으로 영상정보를 처리할 것

(4) 영상정보의 열람금지

① 폐쇄회로 텔레비전을 설치·관리하는 자는 다음 각 호의 어느 하나에 해당하는 경우를 제외하고는 영상정보를 열람하게 하여서는 아니 된다.

1. 보호자가 자녀 또는 보호아동의 안전을 확인할 목적으로 열람시기·절차 및 방법 등 보건복지부령으로 정하는 바에 따라 요청하는 경우
2. 개인정보 보호법에 따른 공공기관이 이 법 또는 아동복지법 등 법령에서 정하는 영유아의 안전업무 수행을 위하여 요청하는 경우
3. 범죄의 수사와 공소의 제기 및 유지, 법원의 재판업무 수행을 위하여 필요한 경우
4. 그 밖에 보육관련 안전업무를 수행하는 기관으로서 보건복지부령으로 정하는 자가 업무의 수행을 위하여 열람시기·절차 및 방법 등 보건복지부령으로 정하는 바에 따라 요청하는 경우

② 어린이집을 설치·운영하는 자는 다음 각 호의 어느 하나에 해당하는 행위를 하여서는 아니 된다.

1. 폐쇄회로 텔레비전을 설피목적과 달리 임의로 조작하거나 다른 곳을 비추는 행위
2. 녹음기능을 사용하거나 보건복지부령으로 정하는 저장장치 이외의 장치 또

는 기기에 영상정보를 저장하는 행위

③ 어린이집을 설치 · 운영하는 자는 영상정보가 분실 · 도난 · 유출 · 변조 또는 훼손되지 아니하도록 내부 관리계획의 수립, 접속기록 보관 등 대통령령으로 정하는 바에 따라 안전성 확보에 필요한 기술적 · 관리적 및 물리적 조치를 하여야 한다.

④ 국가 및 지방자치단체는 어린이집에 설치한 폐쇄회로 텔레비전의 설치 · 관리와 그 영상정보의 열람으로 영유아 및 보육교직원 등 정보주체의 권리가 침해되지 아니하도록 설치 · 관리 및 열람 실태를 보건복지부령으로 정하는 바에 따라 매년 1회 이상 조사 · 점검하여야 한다.

(5) 결격사유

다음의 어느 하나에 해당하는 자는 어린이집을 설치 · 운영할 수 없다.

1. 미성년자 · 피성년후견인 또는 피한정후견인
2. 정신질환자
3. 마약류에 중독된 자
4. 파산선고를 받고 복권되지 아니한 자
5. 금고 이상의 실형을 선고받고 그 집행이 종료되거나 집행이 면제된 날부터 5년이 경과되지 아니한 자
6. 금고 이상의 형의 집행유예를 선고받고 그 유예기간 중에 있는 자
7. 제45조에 따라 어린이집의 폐쇄명령을 받고 5년이 경과되지 아니한 자
8. 제54조에 따라 300만원 이상의 벌금형이 확정된 날부터 2년이 지나지 아니한 사람 또는 아동복지법에 따른 아동학대관련범죄로 벌금형이 확정된 날부터 10년이 지나지 아니한 사람
9. 제23조의3에 따른 교육명령을 이행하지 아니한 자

제 3 절 보육교직원

1. 보육교직원의 배치

어린이집에는 다음의 배치기준에 따라 보육교직원을 두어야 하되, 보육시간을 구분하여 운영하는 어린이집은 보육시간별로 보육교사를 배치할 수 있고, 보육교

사의 업무 부담을 경감할 수 있도록 보조교사 등을 둔다. 휴가 또는 보수교육 등으로 보육교사의 업무에 공백이 생기는 경우에는 이를 대체할 수 있는 대체교사를 배치한다. 보육교직원 및 그 밖의 인력의 배치기준 등에 필요한 사항은 보건복지부령으로 정한다.

2. 보육교직원의 직무 및 책무

어린이집의 원장은 어린이집을 총괄하고 보육교사와 그 밖의 직원을 지도·감독하며 영유아를 보육한다. 보육교사는 영유아를 보육하고 어린이집의 원장이 불가피한 사유로 직무를 수행할 수 없을 때에는 그 직무를 대행한다.

보육교직원은 영유아를 보육함에 있어 영유아에게 신체적 고통이나 고성·폭언 등의 정신적 고통을 가하여서는 아니 되며, 업무를 수행함에 있어 영유아의 생명·안전보호 및 위험방지를 위하여 주의의무를 다하여야 한다.

3. 보육교직원의 임면

특별자치도지사·시장·군수·구청장은 보육교직원의 권익 보장과 근로여건 개선을 위하여 보육교직원의 임면(任免)과 경력 등에 관한 사항을 관리하여야 한다. 어린이집의 원장은 보건복지부령으로 정하는 바에 따라 보육교직원의 임면에 관한 사항을 특별자치도지사·시장·군수·구청장에게 보고하여야 한다.

4. 보육교직원의 결격사유

다음 각 호의 어느 하나에 해당하는 자는 어린이집에 근무할 수 없다.
1. 제16조 각 호의 어느 하나에 해당하는 자
2. 제46조나 제47조에 따라 자격정지 중인 자
3. 제48조 제1항에 따라 자격이 취소된 후 같은 조 제2항에 따른 자격 재교부 기한이 경과되지 아니한 자

5. 어린이집의 원장 또는 보육교사의 자격

어린이집의 원장은 대통령령으로 정하는 자격을 가진 자로서 보건복지부장관이 검정·수여하는 자격증을 받은 자이어야 하며, 보육교사는 다음 각 호의 어느 하나에 해당하는 자로서 보건복지부장관이 검정·수여하는 자격증을 받은 자이어

야 한다. 보육교사의 등급은 1・2・3급으로 하고, 등급별 자격기준은 대통령령으로 정한다.

1. 고등교육법에 따른 학교에서 보건복지부령으로 정하는 보육 관련 교과목과 학점을 이수하고 전문학사학위 이상을 취득한 사람
2. 법령에 따라 고등교육법에 따른 학교를 졸업한 사람과 같은 수준 이상의 학력이 있다고 인정된 사람으로서 보건복지부령으로 정하는 보육 관련 교과목과 학점을 이수하고 전문학사학위 이상을 취득한 사람
3. 고등학교 또는 이와 같은 수준 이상의 학교를 졸업한 자로서 시・도지사가 지정한 교육훈련시설에서 소정의 교육과정을 이수한 사람

6. 어린이집의 원장 또는 보육교사 자격증교부 및 명의대여금지

보건복지부장관은 어린이집의 원장 또는 보육교사의 자격을 검정하고 자격증을 교부하여야 하되, 보육자격증 교부등에 필요한 사항은 보건복지부령으로 정한다. 어린이집의 원장 또는 보육교사는 다른 사람에게 자기의 성명이나 어린이집의 명칭을 사용하여 어린이집의 원장 또는 보육교사의 업무를 수행하게 하거나 자격증을 대여하여서는 아니 된다.

7. 어린이집 원장 및 보육교사의 보수교육

보건복지부장관은 어린이집 원장 및 보육교사의 자질 향상을 위한 보수교육(補修敎育)을 실시하여야 한다. 이 경우 보수교육은 집합교육을 원칙으로 하되, 사전직무교육과 직무교육으로 구분하며 다음 각 호의 내용을 포함하여야 한다.

1. 성폭력 및 아동학대 예방
2. 실종・유괴의 예방과 방지
3. 감염병 및 약물의 오남용 예방 등 보건위생 관리
4. 재난대비 안전
5. 교통안전
6. 인성함양(영유아의 인권보호 교육을 포함)
7. 그 밖에 보건복지부령으로 정하는 사항

제 4 절 어린이집의 운영

1. 어린이집의 운영기준

어린이집을 설치·운영하는 자는 보건복지부령으로 정하는 운영기준에 따라 어린이집을 운영하여야 하여야 한다. 국가나 지방자치단체는 국공립어린이집을 법인·단체 또는 개인에게 위탁하여 운영할 수 있되, 위탁은 보건복지부령으로 정하는 국공립어린이집 위탁체 선정관리 기준에 따라 심의하며, 다음 각 호의 어느 하나에 해당하는 자에게 위탁하는 경우를 제외하고는 공개경쟁의 방법에 따른다.

직장어린이집을 설치한 사업주도 법인·단체 또는 개인에게 위탁하여 운영할 수 있다.

1. 민간어린이집을 국가 또는 지방자치단체에 기부채납하여 국공립어린이집으로 전환하는 경우 기부채납 전에 그 어린이집을 설치·운영한 자
2. 국공립어린이집 설치 시 해당 부지 또는 건물을 국가 또는 지방자치단체에 기부채납하거나 무상으로 사용하게 한 자
3. 주택법에 따라 설치된 민간어린이집을 국공립어린이집으로 전환하는 경우 전환하기 전에 그 어린이집을 설치·운영한 자

2. 어린이집의 운영위원회

어린이집의 원장은 어린이집 운영의 자율성과 투명성을 높이고 지역사회와의 연계를 강화하여 지역 실정과 특성에 맞는 보육을 실시하기 위하여 어린이집에 어린이집운영위원회를 설치·운영할 수 있되, 취약보육(脆弱保育)을 우선적으로 실시하여야 하는 어린이집과 대통령령으로 정하는 어린이집은 어린이집운영위원회를 설치·운영하여야 한다. 어린이집운영위원회는 그 어린이집의 원장, 보육교사 대표, 학부모 대표 및 지역사회 인사(직장어린이집의 경우에는 그 직장의 어린이집 업무 담당자)로 구성하되, 학부모 대표가 2분의 1 이상이 되도록 구성하여 어린이집의 원장은 어린이집운영위원회의 위원 정수를 5명 이상 10명 이내의 범위에서 어린이집의 규모 등을 고려하여 정할 수 있고, 운영위원회는 연간 4회 이상 개최하여야 하며 다음 각 호의 사항을 심의한다.

1. 어린이집 운영 규정의 제정이나 개정에 관한 사항

2. 어린이집 예산 및 결산의 보고에 관한 사항

3. 영유아의 건강·영양 및 안전에 관한 사항

4. 아동학대 예방에 관한 사항

5. 보육 시간, 보육과정의 운영 방법 등 어린이집의 운영에 관한 사항

6. 보육교직원의 근무환경 개선에 관한 사항

7. 영유아의 보육환경 개선에 관한 사항

8. 어린이집과 지역사회의 협력에 관한 사항

9. 보육료 외의 필요경비를 받는 경우 그 수납액 결정에 관한 사항

10. 그 밖에 어린이집 운영에 대한 제안 및 건의사항

3. 보육시간의 구분

어린이집은 다음 각 호와 같이 보육시간을 구분하여 운영할 수 있되, 보육시간 운영기준과 내용에 관한 사항은 보건복지부령으로 정한다.

1. 기본보육: 어린이집을 이용하는 모든 영유아에게 필수적으로 제공되는 과정으로, 보건복지부령으로 정하는 시간 이하의 보육

2. 연장보육: 기본보육을 초과하여 보호자의 욕구 등에 따라 제공되는 보육

4. 부모모니터링단

시·도지사 또는 시장·군수·구청장은 어린이집 보육환경을 모니터링하고 개선을 위한 컨설팅을 하기 위하여 다음 각 호의 직무를 수행하는 10명 이내의 부모, 보육·보건 전문가 등의 점검단을 위촉하여 부모모니터링단을 구성·운영할 수 있다. 부모모니터링단의 구성·운영, 교육, 비용 지원 및 직무 수행 등에 필요한 세부사항은 보건복지부령으로 정한다.

1. 어린이집 급식, 위생, 건강 및 안전관리 등 운영상황 모니터링

2. 어린이집 보육환경 개선을 위한 컨설팅

3. 그 밖에 보육 관련 사항으로서 보건복지부령으로 정하는 사항

5. 보호자의 어린이집 참관

보호자는 영유아의 보육환경·보육내용 등 어린이집의 운영실태를 확인하기 위하여 어린이집 원장에게 어린이집 참관을 요구할 수 있다. 이 경우 어린이집 원장은 특별한 사유가 없으면 이에 따라야 한다. 이에 따른 참관 기준 및 방법

등에 필요한 사항은 보건복지부령으로 정한다.

6. 취약보육의 우선 실시

국가나 지방자치단체, 사회복지법인, 그 밖의 비영리법인이 설치한 어린이집과 대통령령으로 정하는 어린이집의 원장은 영아·장애아·다문화가족지원법에 따른 다문화가족의 아동 등에 대한 취약보육을 우선적으로 실시하여야 하며, 보건복지 부장관, 시·도지사 및 시장·군수·구청장은 취약보육을 활성화하는 데에 필요한 각종 시책을 수립·시행하여야 한다. 취약보육의 종류와 실시 등에 필요한 사항은 보건복지부령으로 정한다.

7. 시간제보육 서비스

① 국가 또는 지방자치단체는 무상보육 및 무상교육 지원을 받지 아니하는 영 유아에 대하여 필요한 경우 시간제보육 서비스를 지원할 수 있다. 이 경우 시간 제보육 서비스의 종류, 지원대상, 지원방법, 그 밖에 시간제보육 서비스의 제공에 필요한 사항은 보건복지부령으로 정한다. 특별자치시장·특별자치도지사·시장· 군수·구청장은 다음 각 호의 어느 하나에 해당하는 시설을 시간제보육 서비스를 제공하는 시간제보육서비스지정기관으로 지정할 수 있다.

1. 육아종합지원센터
2. 어린이집
3. 그 밖에 시간제보육 서비스의 제공이 가능한 시설로서 보건복지부령으로 정하는 시설

② 보건복지부장관, 시·도지사 또는 시장·군수·구청장은 시간제보육서비스 지정기관에 예산의 범위에서 시간제보육 서비스의 제공에 필요한 비용을 보조할 수 있고, 시장·군수·구청장은 시간제보육서비스지정기관이 다음 각 호의 어느 하나에 해당하는 경우에는 지정을 취소할 수 있다.

1. 시간제보육서비스지정기관이 지급받은 보조금 및 비용을 목적 외의 용도에 사용하였을 경우
2. 시간제보육서비스지정기관이 거짓이나 그 밖의 부정한 방법으로 보조금 및 비용을 지급받았을 경우
3. 그 밖에 대통령령으로 정하는 사유가 있는 경우

③ 시간제보육서비스지정기관의 안전사고 예방 및 사고에 따른 영유아 생명·

신체 등의 피해 보상에 관하여는 "어린이집"은 "시간제보육서비스지정기관"으로, "어린이집의 원장"은 "시간제보육서비스지정기관의 장"으로 본다.

8. 보육의 우선 제공

국가나 지방자치단체, 사회복지법인, 그 밖의 비영리법인이 설치한 어린이집과 대통령령으로 정하는 어린이집의 원장은 다음 각 호의 어느 하나에 해당하는 자가 우선적으로 어린이집을 이용할 수 있도록 하여야 하, 고용정책기본법에 따라 고용촉진시설의 설치·운영을 위탁받은 공공단체 또는 비영리법인이 설치·운영하는 어린이집의 원장은 근로자의 자녀가 우선적으로 어린이집을 이용하게 할 수 있다. 사업주는 사업장 근로자의 자녀가 우선적으로 직장어린이집을 이용할 수 있도록 하여야 한다. 보육의 우선제공 대상에 대한 적용 방법·기준 등에 필요한 사항은 보건복지부령으로 정한다

1. 국민기초생활보장법에 따른 수급자
2. 한부모가족지원법에 따른 보호대상자의 자녀
3. 국민기초생활 보장법에 따른 차상위계층의 자녀
4. 장애인복지법에 따른 장애인 중 보건복지부령으로 정하는 장애 정도에 해당하는 자의 자녀
5. 장애인복지법에 따른 장애인 중 보건복지부령으로 정하는 장애 정도에 해당하는 자가 형제자매인 영유아
6. 다문화가족지원법에 따른 다문화가족의 자녀
7. 국가유공자 등 예우 및 지원에 관한 법률에 따른 국가유공자 중 전몰군경 및 상이자로서 보건복지부령으로 정하는 자 와 순직자의 자녀
8. 제1형 당뇨를 가진 경우로서 의학적 조치가 용이하고 일상생활이 가능하여 보육에 지장이 없는 영유아
9. 그 밖에 소득수준 및 보육수요 등을 고려하여 보건복지부령으로 정하는 자의 자녀

9. 보육과정

보육과정은 영유아의 신체·정서·언어·사회성 및 인지적 발달을 도모할 수 있는 내용을 포함하여야 하되, 보건복지부장관은 표준보육과정을 개발·보급하여야 하며 필요하면 그 내용을 검토하여 수정·보완하여야 하고, 어린이집의 원장

은 표준보육과정에 따라 영유아를 보육하도록 노력하여야 하고 보호자의 동의를 받아 일정 연령 이상의 영유아에게 보건복지부령으로 정하는 특정한 시간대에 한정하여 보육과정 외에 어린이집 내외에서 이루어지는 특별활동프로그램에 의한 특별활동을 실시할 수 있다. 이 경우 어린이집의 원장은 특별활동에 참여하지 아니하는 영유아를 위하여 특별활동을 대체할 수 있는 프로그램을 함께 마련하여야 한다. 특별활동 대상 영유아의 연령 및 특별활동의 내용 등에 필요한 사항은 보건복지부령으로 정한다.

10. 어린이집 이용대상 및 어린이집 생활기록

어린이집의 이용대상은 보육이 필요한 영유아를 원칙으로 하되, 필요한 경우 어린이집의 원장은 만 12세까지 연장하여 보육할 수 있다.

어린이집의 원장은 영유아 생활지도 및 초등학교 교육과의 연계 지도에 활용할 수 있도록 영유아의 발달상황 등을 종합적으로 관찰·평가하여 보건복지부장관이 정하는 기준에 따라 생활기록부를 작성·관리하여야 한다.

11. 어린이집 평가

보건복지부장관은 영유아의 안전과 보육서비스의 질 향상을 위하여 어린이집의 보육환경, 보육과정 운영, 보육인력의 전문성 및 이용자 만족도 등에 대하여 정기적으로 평가를 실시하여, 평가등급 등 평가결과를 공표하고 그에 따라 어린이집 보육서비스의 관리, 보육 사업에 대한 재정적·행정적 지원 등 필요한 조치를 할 수 있고, 평가를 받은 어린이집에 다음 각 호의 어느 하나에 해당하는 사유가 발생한 경우에는 그 평가등급을 최하위등급으로 조정하여야 한다.

1. 거짓이나 그 밖의 부정한 방법으로 평가를 받은 경우
2. 어린이집의 설치·운영자가 이 법을 위반하여 금고 이상의 형을 선고받고 그 형이 확정된 경우
3. 보조금의 반환명령을 받았거나 행정처분을 받은 경우로서 보건복지부령으로 정하는 경우
4. 어린이집의 대표자 또는 보육교직원이 아동복지법을 위반하거나 아동·청소년의 성보호에 관한 법률에 따른 아동·청소년대상 성범죄를 저지른 경우

제 5 절 건강·영양 및 안전

1. 건강관리 및 응급조치

어린이집의 원장은 영유아와 보육교직원에 대하여 정기적으로 건강진단을 실시하고, 영유아의 건강진단 실시여부를 어린이집 생활기록부에 기록하여 관리하는 등 건강관리를 하여야 하고, 영유아에게 질병·사고 또는 재해 등으로 인하여 위급 상태가 발생한 경우 즉시 응급의료기관에 이송하여야 한다. 보호자가 별도로 건강검진을 실시하고 그 검진결과 통보서를 제출한 영유아에 대해서는 건강진단을 생략할 수 있다. 건강진단의 구체적인 기준과 내용 등 필요한 사항은 보건복지부령으로 정한다.

2. 어린이집 안전공제사업

어린이집 상호 간의 협동조직을 통하여 어린이집의 안전사고를 예방하고 어린이집 안전사고로 인하여 생명·신체에 피해를 입은 영유아 및 보육교직원 등에 대한 보상을 하기 위하여 보건복지부장관의 허가를 받아 어린이집 안전공제사업할 수 있다. 공제사업을 위하여 설립되는 어린이집 안전공제회는 법인으로 하며, 어린이집의 원장은 공제회의 가입자가 된다. 공제회에 가입한 어린이집의 원장은 공제사업의 수행에 필요한 출자금과 다음 각 호의 공제료 등을 공제회에 납부하여야 하되, 제2호와 제3호의 공제료는 어린이집의 원장이 선택하여 납부할 수 있다.

1. 영유아의 생명·신체에 대한 피해를 보상하기 위한 공제료
2. 보육교직원 등의 생명·신체에 대한 피해를 보상하기 위한 공제료
3. 어린이집의 재산상의 피해를 보상하기 위한 공제료

3. 예방접종 여부의 확인

어린이집의 원장은 영유아에 대하여 매년 정기적으로 감염병의 예방 및 관리에 관한 법률에 따른 예방접종통합관리시스템을 활용하여 영유아의 예방접종에 관한 사실을 확인하여야 하되, 영유아에 대하여 최초로 보육을 실시하는 경우에는 보육을 실시한 날부터 30일 이내에 확인하여야 하며 확인 결과 예방접종을 받지 아니한 영유아에게는 필요한 예방접종을 받도록 보호자를 지도할 수 있으며 필요

한 경우 관할 보건소장에게 예방접종 지원 등의 협조를 요청할 수 있다. 영유아의 예방접종 여부 확인 및 관리를 위하여 어린이집 생활기록에 예방접종 여부 및 내역에 관한 사항을 기록하여 관리하여야 한다.

4. 치료 및 예방조치

어린이집의 원장은 건강진단 결과 질병에 감염되었거나 감염될 우려가 있는 영유아에 대하여 그 보호자와 협의하여 질병의 치료와 예방에 필요한 조치를 하여야 하며, 어린이집의 원장은 건강진단의 결과나 그 밖에 의사의 진단 결과 감염병에 감염 또는 감염된 것으로 의심되거나 감염될 우려가 있는 영유아, 어린이집 거주자 및 보육교직원을 보건복지부령으로 정하는 바에 따라 어린이집으로부터 격리시키는 등 필요한 조치를 할 수 있고, 조치를 위하여 필요하면 지역보건법에 따른 보건소 및 보건지소, 의료법에 따른 의료기관에 협조를 구할 수 있다. 협조를 요청받은 보건소·보건지소 및 의료기관의 장은 적절한 조치를 취하여야 한다. 또한 어린이집의 원장은 간호사(간호조무사를 포함한다)로 하여금 영유아가 의사의 처방, 지시에 따라 투약행위를 할 때 이를 보조하게 할 수 있다. 이 경우 어린이집의 원장은 보호자의 동의를 받아야 한다.

5. 급식 관리 및 차량 안전관리

어린이집의 원장은 영유아에게 보건복지부령으로 정하는 바에 따라 균형 있고 위생적이며 안전한 급식을 하여야 하고, 영유아의 통학을 위하여 차량을 운영하는 경우 도로교통법에 따라 미리 어린이통학버스로 관할 경찰서장에게 신고하여야 한다.

제 6 절 비   용

1. 무상보육

국가와 지방자치단체는 영유아에 대한 보육을 무상으로 하되 그 내용 및 범위, 장애아 및 다문화가족지원법에 따른 다문화가족의 자녀의 무상보육에 대하여는 대통령령으로 정하는 바에 따라 그 대상의 여건과 특성을 고려하여 지원할 수 있다.무상보육 실시에 드는 비용은 대통령령으로 정하는 바에 따라 국가나 지방자치단체가 부담하거나 보조하여야 한다. 보건복지부장관은 어린이집 표준보육비용 등을 조사하고 그 결과를 바탕으로 예산의 범위에서 관계 행정기관의 장과 협의하여 국가 및 지방자치단체가 부담하는 비용을 정할 수 있고, 자녀가 2명 이상인 경우에 대하여 추가적으로 지원할 수 있고, 무상보육을 받으려는 영유아와 장애아 및 다문화가족의 자녀를 보육하기 위하여 필요한 어린이집을 설치·운영하여야 한다.

2. 양육수당 및 보육서비스 이용권

국가와 지방자치단체는 어린이집이나 유치원을 이용하지 아니하는 영유아에 대하여 영유아의 연령을 고려하여 양육에 필요한 비용을 지원할 수 있다. 영유아가 시간제보육 서비스를 이용하는 경우에도 그 영유아에 대하여는 양육에 필요한 비용을 지원할 수 있다. 양육에 필요한 비용을 지원받는 영유아가 90일 이상 지속하여 해외에 체류하는 경우에는 그 기간 동안 양육에 필요한 비용의 지원을 정지한다. 보건복지부장관 및 지방자치단체의 장은 양육수당의 지급을 정지하는 경우 서면으로 그 이유를 분명하게 밝혀 영유아의 보호자에게 통지하여야 한다.

3. 비용지원의 신청 및 조사·질문

보호자에게 통지하여야 한다.영유아의 보호자는 무상보육 및 양육수당에 따른 비용의 지원을 신청할 수 있되, 지원의 신청 방법 및 절차는 보건복지부령으로 정한다.

보건복지부장관 또는 지방자치단체의 장은 비용지원신청에 따른 신청자 및 지원이 확정된 자에 대하여 비용 지원대상 자격확인을 위하여 필요한 서류나 그 밖의 소득활동, 가족관계 등에 관한 자료의 제출을 요구할 수 있으며, 소속 공무원으로 하여금 비용 지원 신청자 및 지원이 확정된 자의 주거, 그 밖의 필요한 장소에 방문하여 서류 등을 조사하게 하거나 관계인에게 필요한 질문을 하게 할 수 있다. 조사·질문의 범위·시기 및 내용에 관하여 필요한 사항은 보건복지부령으로 정한다.

4. 비용의 보조 및 사업주의 비용부담

국가나 지방자치단체는 대통령령으로 정하는 바에 따라 어린이집의 설치, 보육교사(대체교사를 포함)의 인건비, 초과보육(超過保育)에 드는 비용 등 운영 경비 또는 지방육아종합지원센터의 설치·운영, 보육교직원의 복지 증진, 취약보육의 실시 등 보육사업에 드는 비용, 폐쇄회로 텔레비전 설치비의 전부 또는 일부를 보조한다.

어린이집을 설치한 사업주는 대통령령으로 정하는 바에 따라 그 어린이집의 운영과 보육에 필요한 비용의 전부 또는 일부를 부담하여야 한다.

5. 사업주의 비용

어린이집을 설치한 사업주는 그 어린이집의 운영과 보육에 필요한 비용의 전부 또는 일부를 부담하여야 하되, 직장어린이집을 설치(둘 이상의 사업주가 공동으로 직장어린이집을 설치하는 경우를 포함한다)하거나, 지역의 어린이집과 위탁계약을 체결한 사업주는 그 어린이집의 운영 및 수탁 보육중인 영유아의 보육에 필요한 비용의 100분의 50 이상을 보조하여야 한다.

6. 보육료 등의 수납

어린이집을 설치·운영하는 자는 그 어린이집의 소재지를 관할하는 시·도지사가 정하는 범위에서 그 시설을 이용하는 자로부터 보육료와 그 밖의 필요경비 등을 받을 수 있되, 시·도지사는 필요시 어린이집 유형과 지역적 여건을 고려하여 그 기준을 다르게 정할 수 있다.

7. 세제 지원

사업주가 직장어린이집을 설치·운영하거나 보육수당을 지급하는 데에 드는 비용과 보호자가 영유아의 보육을 위하여 지출한 보육료와 그 밖에 보육에 드는 비용에 관하여 조세특례제한법에서 정하는 바에 따라 조세를 감면한다. 직장어린이집을 제외한 어린이집의 운영비에 대하여도 조세를 감면한다.

8. 국·공유재산의 대부 등

국가 또는 지방자치단체는 다음 각 호의 어린이집의 설치·운영을 위하여 필요하다고 인정하는 경우 국유재산특례제한법에 따라 국유재산을, 공유재산 및 물품 관리법에도 불구하고 공유재산을 무상으로 대부하거나 사용하게 할 수 있다.

9. 비용 및 보조금의 반환명령

국가나 지방자치단체는 어린이집의 설치·운영자, 육아종합지원센터의 장, 보수교육 위탁실시자 등이 다음 각 호의 어느 하나에 해당하는 경우에는 이미 교부한 비용과 보조금의 전부 또는 일부의 반환을 명할 수 있고, 보호자가 거짓이나 그 밖의 부정한 방법으로 비용을 지원받은 경우에는 그 비용의 전부 또는 일부를 환수할 수 있다.

1. 어린이집 운영이 정지·폐쇄 또는 취소된 경우
2. 사업 목적 외의 용도에 보조금을 사용한 경우
3. 거짓이나 그 밖의 부정한 방법으로 보조금을 교부받은 경우
4. 거짓이나 그 밖의 부정한 방법으로 비용을 지원받은 경우
5. 착오 또는 경미한 과실로 보조금을 교부받은 경우로서 보건복지부령이 정하는 사유에 해당하는 경우

제 7 절   지도 및 감독

1. 지도·명령·보고 및 감사

보건복지부장관, 시·도지사 및 시장·군수·구청장은 보육사업의 원활한 수행를 위하여 어린이집 설치·운영자 및 보육교직원에 대하여 필요한 지도와 명령을 할 수 있고, 어린이집을 설치·운영하는 자로 하여금 그 시설에 관하여 필요한 보고를 하게 하거나 관계 공무원으로 하여금 그 시설의 운영 상황을 조사하게 하거나 장부와 그 밖의 서류를 검사하게 할 수 있다.

2. 위법행위의 신고 및 신고자 보호

누구든지 다음 각 호의 어느 하나에 해당하는 자를 관계 행정기관이나 수사기관에 신고 또는 고발할 수 있고, 어린이집을 설치·운영하는 자는 보육교직원이 제1항에 따른 신고 또는 고발을 하였다는 이유로 공익신고자 보호법에 따른 불이익조치를 하여서는 아니 된다. 보건복지부장관, 시·도지사 및 시장·군수·구청장은 신고 또는 고발한 사람에게 예산의 범위에서 포상금을 지급할 수 있다. 신고 절차·방법 및 포상금 지급의 기준·방법 및 절차 등에 필요한 사항은 대통령

령으로 정한다.

1. 거짓이나 그 밖의 부정한 방법으로 보조금을 교부받거나 유용한 자
2. 어린이집 운영기준을 지키지 아니한 자
3. 급식관리기준을 지키지 아니한 자
4. 어린이집 차량안전관리 기준을 지키지 아니한 자
5. 아동복지법에 따른 아동학대 행위를 한 자
6. 그 밖에 보건복지부령으로 정하는 자

3. 어린이집의 폐지·휴지·재개 및 휴원명령

어린이집을 폐지하거나 일정기간 운영을 중단하거나 운영을 재개하려는 자는 보건복지부령으로 정하는 바에 따라 미리 특별자치도지사·시장·군수·구청장에게 신고하여야 한다.

보건복지부장관, 시·도지사 또는 시장·군수·구청장은 천재지변이나 감염병 발생 등 긴급한 사유로 정상적인 보육이 어렵다고 인정하는 경우 어린이집의 원장에게 휴원을 명할 수 있고, 명령을 받은 어린이집의 원장은 지체 없이 어린이집을 휴원하여야 하며, 휴원 시 보호자가 영유아를 가정에서 양육할 수 없는 경우 등 긴급보육수요에 대비하여 긴급보육 계획을 가정통신문 등을 통하여 보호자에게 미리 안내하는 등 어린이집 운영에 필요한 조치를 하여야 한다.

4. 시정 또는 변경명령

보건복지부장관, 시·도지사 또는 시장·군수·구청장은 어린이집이 다음 각 호의 어느 하나에 해당하면 어린이집의 원장 또는 그 설치·운영자에게 기간을 정하여 그 시정 또는 변경을 명할 수 있다.

1. 변경인가를 받지 아니하고 어린이집을 운영하는 경우
2. 어린이집의 설치기준을 위반한 경우
3. 폐쇄회로 텔레비전의 설치·관리 및 영상정보의 보관기준을 위반한 경우
4. 보육교직원의 배치기준을 위반한 경우
5. 보육교직원의 임면에 사항을 보고하지 아니하거나 거짓으로 보고한 경우
6. 어린이집의 운영기준을 위반한 경우
7. 어린이집운영위원회를 설치·운영하지 아니한 경우
8. 영유아에게 특별활동을 제공한 경우

9. 특별활동에 참여하지 아니하는 영유아에게 특별활동을 대체할 수 있는 프로그램을 제공하지 아니한 경우

10. 생활기록부를 작성·관리하지 아니한 경우

11. 정당한 이유 없이 제30조 제1항에 따른 평가 또는 같은 조 제5항에 따른 확인점검을 거부·방해 또는 기피하거나 거짓이나 그 밖의 부정한 방법으로 평가 또는 확인점검을 받은 경우

12. 질병의 치료와 예방조치를 하지 아니한 경우

13. 균형 있고 위생적이며 안전한 급식을 하지 아니한 경우

14. 보육료 등을 한도액을 초과하여 받은 경우

15. 보고를 하지 아니하거나 거짓으로 보고한 경우 또는 조사·검사를 거부하거나 기피한 경우

16. 신고를 하지 아니하고 어린이집을 폐지하거나 일정기간 운영을 중단하거나 운영을 재개한 경우

17. 행정기관의 명령에 의한 휴원을 하지 아니하거나 긴급보육수요에 대비한 조치를 하지 아니한 경우

18. 정보의 공시에 관한 사항을 위반한 경우

5. 이행명령 및 이행강제금

시·도지사, 시장·군수·구청장은 사업장의 사업주가 직장어린이집의 설치 등 의무를 이행하지 아니하는 경우에는 상당한 기간을 정하여 그 의무를 이행할 것을 명할 수 있고, 명령을 이행하지 아니한 자에 대하여 그 명령의 이행에 필요한 상당한 기간을 정하여 그 기간 내에 이행할 것을 다시 명할 수 있으며, 이를 이행하지 아니한 경우에는 명령이 있었던 날을 기준으로 하여 1년에 2회, 매회 1억원의 범위에서 이행강제금을 부과·징수할 수 있고, 직장어린이집 미설치 기간·사유 등을 고려하여 100분의 50의 범위에서 가중할 수 있되, 이행강제금을 부과하기 전에 상당한 기간을 정하여 그 기간 내에 이행하지 아니할 때에는 이행강제금을 부과·징수한다는 뜻을 미리 문서로 계고(戒告)하여야 하고 이행강제금을 부과하는 때에는 이행강제금의 금액, 부과사유, 납부기한, 수납기관, 불복방법 등을 적은 문서로 통지하여야 한다. 명령을 받은 자가 그 명령을 이행하는 경우에는 새로운 이행강제금의 부과를 중지하되, 이미 부과된 이행강제금은 징수하여야 한다. 부과처분을 받은 자가 납부기한까지 이행강제금을 납부하지 아니하는 경

우에는 지방세외수입금의 징수 등에 관한 법률에 따라 징수하되, 이행강제금의 부과기준, 부과·징수된 이행강제금의 반환절차 등 필요한 사항은 대통령령으로 정한다.

6. 어린이집의 폐쇄 등

① 보건복지부장관, 시·도지사 및 시장·군수·구청장은 어린이집을 설치·운영하는 자가 다음의 어느 하나에 해당하면 1년 이내의 운영정지를 명하거나 폐쇄를 명할 수 있다.

1. 거짓이나 그 밖의 부정한 방법으로 보조금을 교부받거나 보조금을 유용한 경우
2. 보조금의 반환명령을 받고 반환하지 아니한 경우
3. 시정 또는 변경명령을 위반한 경우
4. 아동학대를 한 경우
5. 보육교직원을 함께 태우지 아니한 채 어린이통학버스 운행 중 발생한 교통사고로 영유아가 사망하거나 신체에 보건복지부령으로 정하는 중상해를 입은 경우

② 특별자치시장·특별자치도지사·시장·군수·구청장은 설치·운영자 또는 보육교직원이 제1항제4호에 따른 아동학대 행위를 한 것으로 의심되는 경우 즉시 보고를 받거나 조사·검사를 실시하고, 지체 없이 아동복지법에 따른 아동권리보장원 또는 아동보호전문기관 등 관계 기관과 협의하여 행정처분 여부를 결정하여야 하고, 어린이집이 운영정지 또는 폐쇄되는 경우에는 어린이집에 보육 중인 영유아를 다른 어린이집으로 옮기도록 하는 등 영유아의 권익을 보호하기 위하여 필요한 조치를 하여야 한다.

7. 어린이집의 원장의 자격정지

보건복지부장관은 어린이집의 원장이 다음의 어느 하나에 해당하면 1년 이내의 범위에서 보건복지부령으로 정하는 바에 따라 그 자격을 정지시킬 수 있다.

1. 어린이집의 원장이 업무수행 중 고의나 중대한 과실로 영유아에게 손해를 입힌 경우
2. 해당 업무수행에 필요한 자격이 없는 자를 채용하여 보육교사·간호사 또는 영양사 등의 업무를 수행하게 한 경우

3. 보수교육을 연속하여 3회 이상 받지 아니한 경우

4. 거짓이나 그 밖의 부정한 방법으로 보조금을 교부받거나 보조금을 유용한 경우

5. 공익신고를 한 보육교직원에게 불이익 조치를 한 경우

8. 보육교사의 자격정지

보건복지부장관은 보육교사가 다음의 어느 하나에 해당하면 1년(아동학대 행위로 해당하게 된 경우) 이내의 범위에서 보건복지부령으로 정하는 바에 따라 그 자격을 정지시킬 수 있다.

1. 보육교사가 업무수행 중 그 자격과 관련하여 고의나 중대한 과실로 손해를 입힘 경우

2. 보수교육을 연속하여 3회 이상 받지 아니한 경우

9. 어린이집의 원장 또는 보육교사의 자격취소

보건복지부장관은 어린이집의 원장 또는 보육교사가 다음의 어느 하나에 해당하면 그 자격을 취소할 수 있다.

1. 거짓이나 그 밖의 부정한 방법으로 자격증을 취득한 경우

2. 자격취득자가 업무수행 중 그 자격과 관련하여 고의나 중대한 과실로 손해를 입히고 금고 이상의 형을 선고받은 경우

3. 아동학대관련범죄로 처벌을 받은 경우

4. 명의대여 금지 등의 의무를 위반한 경우

5. 자격정지처분기간 종료 후 3년 이내에 자격정지처분에 해당하는 행위를 한 경우

6. 자격정지처분을 받고도 자격정지처분 기간 이내에 자격증을 사용하여 자격 관련 업무를 수행한 경우

7. 자격정지처분을 3회 이상 받은 경우

8. 거짓이나 그 밖의 부정한 방법으로 보조금을 교부받거나 보조금을 유용하여 금고 이상의 형을 선고받은 경우

10. 청   문

보건복지가족부장관, 시·도지사 및 시장·군수·구청장은 어린이집의 폐쇄,

행정제재처분의 승계, 어린이집의 원장과 보육교사의 자격정지·자격취소 등의 행정처분을 하려면 청문을 하여야 한다.

11. 어린이집 정보의 공시

어린이집의 원장은 어린이집이 보유·관리하는 다음 각 호의 정보를 매년 1회 이상 공시하고 공시한 정보를 특별자치시장·특별자치도지사·시장·군수·구청장에게 제출하여야 하고, 보건복지부장관은 공시정보와 관련된 자료의 제출을 요구할 수 있다. 공시정보의 구체적인 범위와 공시의 횟수·시기 및 방법 등에 필요한 사항은 대통령령으로 정한다.

1. 어린이집의 시설, 설치·운영자, 보육교직원 등 기본현황
2. 어린이집 보육과정에 관한 사항
3. 수납하는 보육료와 그 밖의 필요경비에 관한 사항
4. 어린이집 예산·결산 등 회계에 관한 사항
5. 영유아의 건강·영양 및 안전관리에 관한 사항
6. 그 밖에 보육여건 및 어린이집 운영에 관한 사항으로서 대통령령으로 정하는 사항

12. 위반사실의 공표

① 보건복지부장관, 시·도지사 또는 시장·군수·구청장은 행정처분을 받은 어린이집으로서 다음 각 호의 어느 하나의 경우에 해당하는 어린이집에 대하여 그 위반행위, 처분내용, 해당 어린이집의 명칭, 대표자의 성명, 어린이집 원장의 성명 및 그 밖에 다른 어린이집과의 구별에 필요한 사항으로서 대통령령으로 정하는 사항을 공표하여야 하되, 보건복지부령으로 정하는 금액 이상인 경우에 한하여 공표하여야 한다.

1. 거짓이나 그 밖의 부정한 방법으로 보조금을 교부받거나 보조금을 유용한 경우
2. 운영기준 및 보건복지부령으로 정한 급식기준을 위반하여 영유아의 생명을 해치거나 신체 또는 정신에 중대한 피해가 발생한 경우

② 보건복지부장관, 시·도지사 또는 시장·군수·구청장은 행정처분을 받은 사람으로서 아동복지법에 따른 아동학대 행위를 하여 영유아의 생명을 해치거나 신체 또는 정신에 중대한 피해를 입힌 어린이집의 원장 및 보육교사에 대하여 법

위반 이력과 명단, 그 밖에 대통령령으로 정하는 사항을 공표하여야 한다.

　③ 보건복지부장관, 시·도지사 또는 시장·군수·구청장은 제1항 및 제2항에 따른 공표를 실시하기 전에 공표대상자에게 그 사실을 통지하여 소명자료를 제출하거나 출석하여 의견진술을 할 수 있는 기회를 부여하여야 한다.

제 **5** 장
성폭력방지 및 피해자보호 등에 관한 법률

(2018.4.17. 법률 제15591호)

제1절 총 설

1. 입법배경

1966년 2월 23일 법률 제4702호로 특정범죄가중처벌특례법을 성폭력범죄의처벌및피해자보호등에관한법률로 전면개정하여, 어린이와 여성을 대상으로 한 성폭행에 대한 수사·재판 등 사법처리절차의 특례규정과 성폭력피해상담소 및 성폭력피해자보호시설에 관한 설치·운영규정을 함께 두었었다. 그러나 성폭력범죄가 날로 흉포화·집단화·지능화·저연령화 되면서 성폭력피해자가 증가하고 있다. 성폭력력피해자에게는 인간으로서의 존엄과 가치, 행복추구권을 상실한 억울하고 분한 신체적·정신적 고통을 완전히 치유할 방법이 없다. 다만 피해자의 고통을 덜어주고 위로할 수 있는 방법이 있다면, 성폭력피해자에 대한 신체적·정신적 손해배상, 성폭력범죄자에 대한 응보적 형사처벌 및 성폭력피해자에 대한 보호·지원적인 사회복지서비스이다. 따라서 성폭력범죄에 대한 응보적 처벌규정과 성폭력피해자의 보호·지원에 관한 규정을 분리할 필요가 있어, 종전의 성폭력범죄의처벌및피해자보호등에관한법률을 폐지하고 2010년 4월 15일 법률 제10258호로 성폭력범죄의 처벌 등에 관한 특례법과 함께 법률 제10261호로 성폭력방지 및 피해자보호등에 관한 법률로 분리 제정되고, 2015년 2월 3일 법률 제13179호로 인권증진, 민간기업의 성교육 및 성폭력예방교육 실시 및 외국인보호시설을 추가 규정된데 이어, 스마트폰이나 소형카메라의 등을 통한 불법 촬영으로 욕망 또는 수치심을 유발할 수 있는 성폭력범죄가 증가하는데 따른 대책으로 2019년 4월 17일 법률 제15591호로 개정되어 현재에 이르고 있다.

2. 입법목적

이 법은 성폭력을 예방하고 성폭력피해자를 보호·지원함으로써 인권증진에 이바지함을 목적으로 한다.

3. 국가 등의 책무

(1) 성폭력방지, 피해자 보호 및 예산조치

국가와 지방자치단체는 성폭력을 방지하고 성폭력피해자를 보호하기 위하여 다음 각 호 조치를 하여야 하고 이에 따른 예산상의 조치를 하여야 한다.

1. 성폭력 신고체계의 구축·운영
2. 성폭력 예방을 위한 조사·연구, 교육 및 홍보
3. 피해자를 보호·지원하기 위한 시설의 설치·운영
4. 피해자에 대한 주거지원, 직업훈련 및 법률구조 등 사회복귀 지원
5. 피해자에 대한 보호·지원을 원활히 하기 위한 관련 기관 간 협력체계의 구축·운영
6. 성폭력예방을 위한 유해환경 개선
7. 피해자 보호·지원을 위한 관계법령의 정비와 각종 정책의 수립·시행 및 평가

(2) 성폭력 실태조사·예방교육·지원기관 및 홍보영상

여성가족부장관은 성폭력의 실태를 파악하고 성폭력 방지에 관한 정책을 수립하기 위하여 3년마다 성폭력 실태조사를 하고 그 결과를 발표하여야 한다.

국가기관 및 지방자치단체의 장, 유치원의 장, 어린이집의 원장, 초중등교육법에 따른 각급 학교의 장, 대통령령으로 정하는 공공단체의 장은 청소년을 건전하게 육성하기 대통령령으로 정하는 성교육 및 성폭력예방교육 실시, 기관 내 피해자 보호와 피해 예방을 위한 자체 예방지침 마련, 사건발생 시 재발방지대책 수립·시행 등 필요한 조치를 하고, 그 결과를 여성가족부장관에게 제출하여야 한다. 교육을 실시하는 경우 성매매방지 및 피해자보호 등에 관한 법률에 따른 성매매 예방교육, 양성평등기본법에 따른 성희롱 예방교육 및 가정폭력방지 및 피해자보호 등에 관한 법률에 따른 가정폭력 예방교육 등을 성평등 관점에서 통합하여 실시할 수 있다. 대통령령으로 정하는 여성관련시설의 사용자는 성교육 및 성

폭력예방교육을 실시하는 등 직장 내 성폭력예방을 위한 교육을 하여야 한다. 여성가족부장관은 교육을 효과적으로 실시하기 위하여 전문강사를 양성하고 관계 중앙행정기관의 장과 협의하여 생애주기별 교육프로그램을 개별보급하여야 하고, 교육실시 결과에 대한 점검을 매년 실시하고 점검결과 교육이 부실하다고 인정되는 기관·단체에 대하여 관리자 특별교육 등 필요한 조치를 하여야 하고, 대통령령으로 정하는 바에 따라 언론 등에 공표하여야 하며, 생애주기별 교육프로그램개발·보급, 전문강사 양성 등의 업무를 수행하고 지원할 지원기관을 설치 운영할수 있고, 성폭력 예방과 방지, 피해자의 치료와 재활 등에 관한 홍보영상을 제작하여 방송편성책임자에게 배포하여야 한다. 또한 성폭력에 대한 사회적 경각심을 높이고 성폭력을 예방하기 위하여 매년 11월 25일부터 12월 1일까지를 성폭력추방 주간으로 한다.

(3) 피해자 등에 대한 취학 및 취업지원

국가와 지방자치단체는 피해자나 피해자의 가족구성원이 초·중등교육법에 따른 학생인 경우 주소지 외의 지역에서 취학(입학, 재입학, 전학 및 편입학 포함)할 필요가 있을 때에는 그 취학이 원활히 이루어지도록 하여야 하고, 취학을 지원하는 관계자는 피해자 등의 사생활이 침해되지 아니하도록 유의하여야 하고, 피해자를 보호하는 자에 대한 직업훈련 및 취업을 알선할 수 있다.

(4) 피해자에 대한 법률상담 및 불이익처분의 금지

국가는 피해자에 대하여 법률상담과 소송대리 등의 지원을 할 수 있고 여성가족부장관은 법률구조공단 또는 그 밖의 기관에 법률상담을 요청할 수 있다. 누구든지 피해자를 고용하고 있는 자는 성폭력과 관련하여 피해자를 해고하거나 그 밖의 불이익을 주어서는 아니 된다.

(5) 신고의무

19세 미만의 미성년자를 보호하거나 교육 또는 치료하는 시설의 장 및 관련 종사자는 자기의 보호·지원을 받는 자가 특수강도강간, 특수강간, 친족관계에 의한 강간, 장애인에 대한 간음, 13세 미만의 미성년자에 대한 강간·강제추행, 강간등 상해·치상, 강간등 살인·치사의 피해자인 사실을 알게 된 때에는 즉시 수사기관에 신고하여야 한다.

(6) 불법촬영물로 인한 피해자에 대한 지원

국가는 성폭력범죄의 처벌 등에 관한 특례법에 따른 촬영물이 정보통신망 이용촉진 및 정보보호 등에 관한 법률의 정보통신망에 유포되어 피해를 입은 사람에 대하여 촬영물의 삭제를 위한 지원을 할 수 있고, 촬영물 삭제 지원에 소요되는 비용은 죄를 범한 성폭력행위자가 부담한다. 국가가 촬영물 삭제 지원에 소요되는 비용을 지출한 경우 성폭력행위자에 대하여 구상권(求償權)을 행사할 수 있다.

제2절   피해자 보호 · 지원시설 등의 설치 · 운영

1. 성폭력피해상담소

국가 또는 지방자치단체는 성폭력피해상담소를 설치 · 원영할 수 있다. 국가 또는 지방자치단체 외의자가 상담소를 설치 · 운영하려면 특별자치도지사 또는 시장 · 군수 · 구청장에게 신고하여야 하고, 신고를 받은 기관은 신고를 받은 날부터 10일 이내(변경신고의 경우 5일 이내)에 신고수리 여부 또는 민원 처리 관련 법령에 따른 처리기간의 연장을 신고인에게 통지하여야 한다. 설치기준과 신고 등에 관한 사항은 여성가족부령으로 정한다. 상담소의 업무는 다음과 같다.

1. 성폭력피해의 신고접수와 이에 관한 상담
2. 성폭력피해로 인하여 정상적인 가정생활 또는 사회생활이 곤란하거나 그 밖의 사정으로 긴급히 보호할 필요가 있는 사람과 성폭력피해자보호시설 등의 연계
3. 피해자의 질병치료와 건강관리를 위하여 의료기관에 인도하는 등의 의료지원
4. 피해자에 대한 수사기관의 조사와 법원의 증인신문 등에의 동행
5. 성폭력행위자에 대한 고소와 피해배상청구 등 사법처리 절차에 관하여 법률구조법에 따른 대한법률구조공단 등 관계기관에 필요한 협조 및 지원
6. 성폭력 예방을 위한 홍보 및 교육
7. 그 밖에 성폭력 및 성폭력피해에 관하여 조사 · 연구

2. 성폭력피해자 보호시설의 설치운영 · 종류 · 업무

(1) 설치 · 운영

피해자보호시설의 설치운영 국가 또는 지방자치단체는 성폭력피해자자보호시설을 설치 · 운영할 수 있고, 사회복지사업법에 따른 사회복지법인이나 그 밖의 비영리법인은 특별자치시장 · 특별자치도지사 또는 시장 · 군수 · 구청장의 인가를 받아 보호시설을 설치 · 운영할 수 있다. 장애인 보호시설 및 장애인 자립지원 공동생활시설을 운영하는 사람이 보호시설의 업무를 할 때에는 장애인의 특성을 고려하여 적절하게 보호 지원될 수 있도록 하여야 한다.

(2) 보호시설의 업무

1. 피해자등의 보호 및 숙식 제공
2. 피해자의 심리적 안정과 사회적응을 위한 상담 및 치료
3. 자립 · 자활 교육의 실시와 취업정보의 제공
4. 피해자의 질병치료와 건강관리를 위하여 의료기관에 인도하는 등의 의료지원
5. 다른 법률에 따라 보호시설에 위탁된 업무
6. 그 밖에 피해자 등을 보호하기 위하여 필요한 업무 · 자활 · 교육의 실시와 취업정보 등의 제공을 하는 시설

(3) 보호시설의 종류

1. 일반보호시설: 피해자에게 보호업무의 각 호의 사항을 제공하는 시설
2. 장애인보호시설: 장애인 피해자에게 보호업무의 각 호의 사항을 제공
3. 특별지원보호시설: 성폭력범죄의 처벌에 관한 특례법에 따른 피해자에게 보호업무의 각 호의 사항을 제공하는 시설
4. 외국인보호시설: 외국인 피해자에게 보호업무의 각 호의 사항을 제공하는 시설(가정폭력피해자 보호시설과 통합하여 운영할 수 있음)
5. 자립지원 공동생활시설: 보호시설을 퇴소한 사람에게 자립 · 자활 · 교육의 실시와 취업정보 등의 제공을 하는 시설
6. 장애인 자립지원 공동생활시설: 장애인보호시설을 퇴소한 사람에게 자립

(4) 보호시설에 대한 보호비용 지원

국가 또는 지방자치단체는 보호시설에 입소한 피해자등의 보호를 위하여 필요

한 경우 다음의 보호비용을 보호시설의 장 또는 피해자에게 지원할 수 있다. 다만 보호시설에 입소한 피해자등이 국민기초생활보장법 등 다른 법령에 따라 보호를 받고 있는 경우에는 그 범위에 따른 지원을 하지 아니한다.

   1. 생계비

   2. 아동교육지원비

   3. 아동양육비

   4. 대통령령으로 정한 퇴소자립지원금

(5) 보호시설의 입소

성폭력피해자보호시설은 성폭력범죄의 피해자로서 ① 본인이 입소를 희망하거나 입소에 동의하는 경우, ② 미성년자 또는 지적장애인 등 의사능력이 불완전한 사람으로서 성폭력행위자가 아닌 다른 보호자가 입소에 동의하는 경우에 입소할 수 있다.

인가받은 피해자보호시설의 장은 입소한 사람의 인적사항 및 입소사유 등을 특별자치시장·특별자치도지사 또는 시장·군수·구청장에게 지체없이 보고하여야 하고, 친족에 의한 피해자나 지적장애인 등 의사능력이 불완전한 피해자로서 상담원의 상담결과 입소가 필요하거나 보호자의 입소동의를 받는 것이 적절하지 못하다고 인정하는 경우에는 동의여부에 불구하고 보호시설에 입소하게 할 수 있되, 관할 특별자치시장·특별자치도지사 또는 시장·군수·구청장의 승인을 받아야 하며, 이 경우 피해자의 권익보호를 최우선적으로 고려하여야 한다.

(6) 보호시설의 입소기간

   1. 일반보호시설: 1년 이내. 다만, 여성가족부령이 정하는 바에 따라 1년 6개월의 범위에서 한 차례 연장할 수 있고, 대통령령으로 정하는 특별한 사유에 해당하는 경우에는 입소기간을 초과하여 연장할 수 있다.

   2. 장애인보호시설: 2년 이내. 여성가족부령이 정하는 바에 따라 피해회복에 소요되는 기간까지 연장할 수 있다.

   3. 특별지원 보호시설: 19세가 될 때까지. 다만, 여성가족부령이 정하는 바에 따라 2년의 범위 내에서 한 차례 연장할 수 있다.

   4. 외국인보호시설: 1년 이내. 다만, 여성사족부령이 정하는 바에 따라 피해회복에 소요되는 기간까지 연장할 수 있다.

   5. 자립지원 공동생활시설: 2년 이내. 다만, 여성가족부령이 정하는 바에 따라

2년의 범위에서 한 차례 연장할 수 있다.

6. 장애인자립지원 공동생활시설: 2년 이내. 다만, 여성가족부령으로 정하는 바에 따라 2년의 범위에서 한 차례 연장할 수 있다.

(7) 보호시설의 퇴소

보호시설에 입소한 사람은 본인의 의사 또는 입소 동의를 한 보호자의 요청에 따라 보호시설에서 퇴소할 수 있다. 또한 보호시설의 장은 입소한 사람이 다음의 각 호의 어느 하나에 해당하면 퇴소를 명할 수 있다.

1. 보호 목적이 달성된 경우
2. 보호기간이 끝난 경우
3. 입소한 사람이 거짓이나 그 밖의 부정한 방법으로 입소한 경우
4. 그 밖에 보호설 안에서 현저한 질서문란 행위를 한 경우

3. 성폭력피해자통합지원센터의 설치 · 운영

국가와 지방자치단체는 성폭력 피해상담, 치료, 그 밖에 피해구제를 위한 지원업무를 종합적으로 수행하기 위하여 성폭력피해자통합지원센터를 설치 · 운영할 수 있다. 설치 · 운영기준은 대통령령, 상담원 등 종사자의 수 등에 관한 사항은 여성가족부령으로 정하는 바에 따른다.

4. 상담원 등의 자격기준

(1) 상담원의 자격 기준

성폭력 상담소, 보호시설 및 통합지원센터에서 종사하려는 사람은 전문 지식이나 경력 등 대통령령(제7조)으로 정하는 자격기준을 갖추어야 한다.

(2) 상담원이 될 수 없는 사람

다음의 어느 하나에 해당하는 사람은 상담소, 보호시설 및 통합지원센터의 장 또는 상담원이 될 수 없다.

1. 미성년자, 피성년후견인 또는 피한정후견인
2. 금고 이상의 형을 선고받고 그 집행이 종료되지 아니하였거나 그 집행을 받지 아니하기로 확정되지 아니한 사람
3. 성폭력범죄의 처벌 등에 관한 특례법에서 규정한 성폭력범죄 또는 아동 · 청

소년의 성보호에 관한 법률에서 규정한 아동·청소년대상 성범죄를 범하여 형 또는 치료감호를 선고받고 그 형 또는 치료감호의 전무 또는 일부의 집행이 종료되거나 집행이 유예·면제된 날부터 10년이 지나지 아니한 사람

(3) 상담원 교육훈련시설

국가와 지방자치단체(특별시·광역시·특별자치시·도·특별자치도에 한함)는 상담원의 자질을 향상시키기 위하여 상담원에 대한 전문적인 교육·훈련을 담당하는 시설을 설치·운영할 수 있다. 여성가족부장관 또는 시·도지사는 상담원에 대한 전문적인 교육·훈련을 대통령령으로 정하는 기관 또는 단체에 위탁하거나 이를 교육훈련시설로 지정할 수 있고, 다음 각 호의 자로서 교육훈련시설을 설치하려는 자는 특별자치시장·특별자치도지사 또는 시장·군수·구청장에게 신고하여야 한다. 신고를 받은 특별자치시장·특별자치도지사 또는 시장·군수·구청장은 신고를 받은 날부터 10일 이내(변경신고의 경우 5일 이내)에 신고수리 여부 또는 민원 처리 관련 법령에 따른 처리기간의 연장을 신고인에게 통지하여야 한다. 교육훈련시설의 설치 및 지정 기준, 교육훈련시설에 두는 강사의 자격과 수, 상담원 교육훈련과정의 운영기준 및 신고절차 등에 필요한 사항은 여성가족부령으로 정한다.

1. 고등교육법에 따른 학교를 설립·운영하는 학교법인
2. 법률구조법인
3. 사회복지법인
4. 그 밖의 비영리법인이나 단체

(4) 보수교육의 실시

여성가족부장관 또는 시·도지사는 상담소·보호시설 및 통합지원센터 종사자의 자성을 향상시키기 위하여 보수교육을 실시하여야 하되, 보수교육에 관한 업무를 고등교육법에 따른 대학 및 전문대학 또는 대통령령으로 정하는 전문기관에 위탁할 수 있다. 보수교육의 내용·기간 및 방법 등에 필요한 사항은 여성가족부령으로 정한다.

5. 폐지·휴지 신고 및 시정명령

성폭력상담소나 피해자보호시설 또는 교육훈련시설을 폐지하거나 유지 또는 대개하려는 경우에는 특별자치시장·특별자치도지사 또는 시장·군수·구청장에

게 신고하여야 한다. 특별자치시장·특별자치도지사 또는 시장·군수·구청장은 상담소 또는 보호시설이 다음의 어느 하나에 해당하는 경우에는 기간을 정하여 시정을 명할 수 있다.

1. 상담소 또는 보호시설의 설치·운영 기준 및 종사자의 수에 미달하게 된 경우
2. 상담소 또는 보호시설의 상담원 등이 자격기준에 미달하게 된 경우
3. 설치·지정기준 또는 운영기준에 미달하게 되거나 강사의 수가 부족한 경우 또는 자격이 없는 사람을 채용한 경우
4. 신고한 휴지기간을 초과하여 운영을 재개하지 아니한 경우

6. 인가의 취소 및 청문

특별자치시장·특별자치도지사 또는 시장·군수·구청장은 상담소 또는 보호시설이 다음의 어느 하나에 해당하는 경우에는 그 업무의 폐지 또는 정지를 명하거나 인가를 취소할 있되, 업무의 폐지를 명하거나 인가를 취소하려면 청문을 하여야 한다.

1. 시정명령을 위반한 경우
2. 영리를 목적으로 상담소 또는 보호시설을 설치·운영한 경우
3. 정당한 사유 없이 보고를 하지 아니하거나 거짓으로 보고한 경우 또는 조사·검사를 거부하거나 기피한 경우

7. 피해자 등의 의사존중

상담소·보호시설 및 통합지원센터의 장과 종사자는 피해자등이 분명히 밝힌 의사에 반하여 이 법에서 규정한 상담소의 업무와 보호시설의 업무 등을 할 수 없다.

8. 상담소·보호시설 및 통합지원센터의 평가

여성가족부장관은 상담소·보호시설 및 통합지원센터의 운영실적을 3년마다 평가하고, 시설의 감독 및 지원 등에 그 결과를 고려하여야 한다.

9. 경비의 보조

국가 또는 지방자치단체는 상담소·보호시설 또는 통합지원센터의 설치·운영에 드는 경비를 보조할 수 있다. 이 경우에는 3년마다 실시 발표한 성폭력 실태조사와 운영평가 및 필요한 보고 등의 결과를 고려하여야 한다.

10. 성폭력 전담의료기관의 지정 및 취소

여성가족부장관, 특별자치도지사 또는 시장·군수·구청장은 국립·공립병원, 보건소 또는 민간의료 시설을 피해자의 치료를 위한 전담의료기관으로 지정할 수 있으며, 지정된 전담의료기관은 상담소·보호시설 또는 통합지원센터의 장이 요청하면 피해자에 대하여 ① 성폭력피해자의 보건상담 및 지도 ② 성폭력피해의 치료 ③ 그 밖에 대통령령으로 정하는 신체적·정신적 치료로서 성병감염여부 검사, 감염성병의 치료, 임신여부의 검사, 폭력피해로 인한 정신질환의 진료를 하도록 하고, 지정한 전담의료기관이 다음의 어느 하나에 해당하는 경우에는 그 지정을 취소할 수 있되, 청문을 하여야 하고 제1호에 해당하는 경우에는 그 지정을 취소하여야 한다.

1. 거짓이나 그 밖의 부정한 방법으로 지정을 받은 경우
2. 정당한 사유 없이 제2항에 따른 의료 지원을 거부한 경우
3. 그 밖에 대통령령으로 정하는 전담의료기관으로서 적합하지 아니한 경우

11. 영리목적 운영의 금지 및 비밀엄수의 의무

누구든지 영리를 목적으로 상담소, 보호시설 또는 교육훈련시설을 설치·운영하여서는 아니되나, 교육훈련시설의 장은 상담원 교육훈련과정을 수강하는 사람에게 여성가족부령이 정하는 바에 따라 수강료를 받을 수 있다.

상담소, 보호시설 또는 통합지원센터의 장이나 그 밖의 종사자 또는 그 직에 있었던 사람은 그 직무상 알게 된 비밀을 누설하여서는 아니 된다.

12. 경찰관서의 협조

상담소·보호시설 또는 통합지원센터의 장은 피해자를 긴급히 구조할 필요가 있을 때에는 경찰관서의 장에게 그 소속 직원의 동행을 요청할 수 있으며, 요청

을 받은 경찰관서의 장은 특별한 사유가 없으면 이에 따라야 한다.

13. 보고 및 검사

여성가족부장관, 특별자치시장·특별자치도지사 또는 시장·군수·구청장은 상담소·보호시설 또는 통합지원센터의 장에게 해당 시설에 관하여 필요한 보고를 하게 할 수 있으며, 관계 공무원으로 하여금 그 시설의 운영 상황을 조사하게 하거나 정부 또는 그 밖의 서류를 검사하게 할 수 있되, 검사를 하는 공무원은 사전에 검사 일시, 검사목적 등에 관한 사항을 그 시설의 장에게 통보하여야 하고, 그 직무를 수행하는 관계 공무원은 그 권한을 표시하는 증표를 지니고 이를 관계인에게 보여주어야 한다.

제 3 절 성폭력범죄의 처벌 등에 관한 특례법

1. 제정목적

이 법은 성폭력범죄의 처벌 및 그 절차에 관한 특례를 규정함으로써 성폭력범죄 피해자의 생명과 신체의 안전을 보장하고 건강한 사회질서의 확립에 이바지함을 목적으로 한다.

2. 성폭력피해자에 대한 보상적 의의

인간으로서의 존엄과 가치, 행복추구권을 상실한 성폭력 피해자들의 정신적·신체적 고통을 완전히 치유할 방법은 없다. 다만 피해자의 고통을 덜어주고 위로할 수 있는 방법이 있다면, 성폭력피해자의 신체적·정신적 손해배상, 성폭력범죄자에 대한 응보적 처벌 및 성폭력피해자에 대한 보호·지원적인 사회복지서비스이다.

(1) 신체적·정신적 피해의 손해배상

성폭력 피해라 함은 성적 자기결정권이나 자기 의사와는 관계없이 강제로 성적행위를 하거나 성적행위를 하도록 강요되거나 위압된 행위로 인하여 성폭력 피해자가 받은 정신적·신체적 상처이다. 정신적·신체적 상처에 대한 고통과 아픔에 대한 응보적인 경제적·재산적 보상은 민법에 따라야 한다. 민법 제750조는 고의 또는 과실로 인한 위법행위로 타인에게 손해를 가한 자는 그 손해를 배상할 책임이 있다고 규정한데 이어, 제751조 제1항은 타인의 신체, 자유 또는 명예를 해하거나 기타 정신상 고통을 가한 자는 재산 이외의 손해에 대하여도 배상할 책임이 있다는 규정을 근거로 성폭력 피해에 대한 정신적·신체적 손해배상청구제도를 규정하고 있다.

(2) 성폭력범죄에 대한 응보적 처벌

성폭력 피해자에 대한 민사상의 보상 외에 또 다른 보상은 성폭력범죄자에 대한 응보적인 형사적 처벌이다. 형사적 처벌은 죄형법정주의에 의하여 법으로 정하여진 죄가 성립되어야 한다. 성폭력범죄에 대하여는 형법상의 죄, 성폭력범죄의 처벌 등에 관한 특례법과 이들 죄와 관련해 다른 법률에 의하여 가중 처벌되는 죄에 따라 형벌이 가해진다. 2011년 1월 1일부터 시행되는 성폭력범죄의 처벌 등에 관한 특례법은 존속에 대한 고소제한의 예외는 물론, 친족관계에 의한 강간·강제추행 등 범죄에 관한 처벌을 강화하고 친족의 범위를 4촌 이내의 인척까지 확대하고, 13세 미만의 미성년자에 대한 성폭력범죄의 공소시효를 성년에 달한 날부터 진행하도록 하고, DNA증거 등 입증 증거가 확실한 경우 공소시효를 10년간 연장하고, 성인대상의 성범죄자까지 확대하여 신상정보를 등록·공개하여 성폭력범죄에 대한 처벌 및 방지제도를 강화하였다.

(3) 피해자에 대한 보호·지원적 사회복지서비스

성폭력피해자를 보호·지원하기 위한 국가와 지방자치단체의 책임과 의무에 대한 근거 법률로서 2011년 1월 1일부터 시행하는 성폭력방지 및 피해자 보호 등에 관한 법률을 제정하여, 성폭력 신고체계의 구축 및 운영, 성폭력 예방을 위한 조사·연구 및 교육·홍보, 성폭력 피해자 보호시설의 설치·운영, 성폭력피해자 보호시설의 입소·퇴소에 관한 사항, 성폭력피해자 등의 취학지원 등에 관한 사회복지서비스적 지원을 규정하고 있다.

3. 범죄의 처벌 기능과 형의 종류

성폭력피해자의 정신적·신체적 고통에 상당하는 응보적 처벌은 국가만이 할 수 있는 공형벌이다. 성폭력범죄자에 대한 처벌이 있을 때면 자주 형량의 시비가 일어나는 것은 성(性)에 대한 가치관이 다르고 폭력에 대한 인식이 다르기 때문에 벌어지고 있는 만큼 시대변화에 따른 문화수준에 상응하는 제도적 보완이 필요하다.

(1) 처벌의 기능

① **예고적 기능** 법정형의 형태로 법전에 명기함으로써 어떠한 행위가 형으로 금지되며 어떠한 범죄에 어떠한 형이 가하여 질 것인가를 일반인과 법관계자들에게 예고하는 것이다.

② **응보적 기능** 보복의 의미를 가져 피해자나 가족, 나아가 사회일반의 응보감정을 완화 충족시키는 반면, 범죄자는 처벌을 받음으로써 자신의 죄과를 보상하는 속죄적 기능이 있다.

③ **보안적 기능** 새로운 범죄를 범할 우려가 있는 범죄자를 사회로부터 격리시켜 사회안전을 보장하는 기능을 수행한다.

④ **예방적 기능** 범죄를 예방하는 기능으로서 일반 예방적 기능과 특별 예방적 기능이 있다. 일반 예방적 기능은 범죄인을 처벌함으로써 일반인들이 범죄를 저지르지 않겠다는 생각이 들도록 하는 측면이고, 특별 예방적 기능은 범인에 대한 작용 즉 교화하여 새로운 범죄를 범하지 않게 하는 것으로서 형의 집행단계에서 이루어지는 것이다.

(2) 형의 종류

① **사형** 수형자의 생명을 박탈하는 생명형으로 가장 중한 형

② **징역** 형무소 내에 구치하여 징역(강제노역)에 복무하게 하여 신체적 자유를 박탈하는 자유형으로 무기와 유기 2종이 있다. 무기는 종신형이며 유기는 1월 이상 15년 이하인데 유기징역에 형을 가중하는 때에는 최고 25년까지 할 수 있음

③ **금고** 형무소 내에 구치하여 신체적 자유를 박탈하는 점에서 징역과 같으나 징역(노역)에 복무하지 않는 점에서 다름(신청에 의하여 노역가능). 무기와 유기가 징역형과 같으나 주로 과실범·정치범·비파렴치범에게 처함

④ **자격상실** 일정한 형의 선고가 있으면 그 형의 효력으로 자격이 상실되는 명예형으로 사형·무기징역·무기금고(공무원자격, 공법상 선거권과 피선거권 등)

⑤ **자격정지** 일정한 자격을 일정기간 동안 정지시키는 명예형으로 범죄의 성질에 따라 과형 또는 병과 형

⑥ **벌금** 일정액의 금전을 박탈하는 재산형. 5만원 이상으로 하되, 경감 할 수 있음

⑦ **구류** 금고와 같은 신체적 자유를 박탈. 구류기간은 1일 이상 30일 미만

⑧ **과료** 벌금과 같은 재산형. 2천원 이상 5만원 미만. 판결확정일부터 30일

이내에 납입하지 아니한 경우에는 1일 이상 30일 미만의 기간 노역장유치, 작업복무

⑨ **몰수** 원칙적으로 타형에 부가하여 과하는 재산형. 범죄행위와 관련 있는 일정한 물건을 박탈하여 국고에 귀속시키는 처분

4. 성폭력범죄에 대한 특례

(1) 고소제한의 특례

형사소송법 제224조(고소의 제한)의 규정에는 자기 또는 배우자의 직계존속을 고소할 수 없도록 되어 있으나, 성폭력범죄에 대하여는 자기 또는 직계존속을 고소할 수 있다.

(2) 형법상 감경규정의 특례

음주 또는 약물로 인한 심신장애 상태에서 성폭력범죄를 범한 때에는 감경규정을 적용하니 아니할 수 있다.

(3) 공소시효의 특례

① 미성년자에 대한 성폭력범죄의 공소시효는 해당 성폭력 범죄로 피해를 당한 미성년자가 성년에 달한 날부터 진행한다.

② 성폭력범죄는 DNA 증거 등 그 죄를 증명할 수 있는 증거가 있는 때에는 공소시효가 10년 연장된다.

③ 13세 미만의 사람과 신체적인 또는 정신적인 장애가 있는 사람에 대하여는 공소시효를 적용하지 아니한다.

④ 성폭력에 의한 강간 등 살인의 죄, 강간 등 살인치사의 죄, 아동·청소년의 성보호에 관한법률에 따라 사람을 사망에 이르게 한때는 공소시효를 적용하지 아니한다.

(4) 형벌의 상한규정 적용

친족관계에 의한 강간, 장애인에 때한 강간·강제추행, 13세 미만의 미성년자에 대한 강간·강제추행 등의 죄에 대하여는 형벌을 "....년 이상으로 한다."와 같이 상한 규정으로 강화하였다.

(5) 보호관찰의 특례

보호관찰이란 범죄인을 교정시설에 구금하여 자유를 제한하는 대신 정상적인 사회생활을 영위하도록 하면서 보호관찰관의 지도·감독 및 원호를 통하여 범죄성이나 비행성을 교정하고 재범을 방지하는 형사정책적 제도로써, 소년범을 중심으로 보호관찰을 실시하면서 보호관찰대상, 사회봉사·수강명령, 갱생보호대상 등으로 구분하여 체계적인 지도 및 원호를 함으로써 건전한 사회복귀를 촉진하고 효율적인 범죄예방 등을 전개하고 있는 제도이다.

보호관찰대상자는 ① 주거지에 상주하고 생업에 종사할 것, ② 악습을 버리고 선행을 하며 범죄성이 있는 자들과 교제·회합하지 아니할 것, ③ 보호관찰관 및 보호위원의 지도·방문에 응할 것, ④ 주거를 이전하거나 1개월 이상의 국내외 여행을 할 때는 보호관할관에게 신고할 것 등이다.

5. 형벌과 수강명령 등의 병과

① 법원이 성폭력범죄를 범한 사람에 대하여 형의 선고를 유예하는 경우에는 1년 동안 보호관찰을 받을 것을 명할 수 있되, 성폭력범죄를 범한 사람이 소년인 경우에는 반드시 보호관찰을 명하여야 한다.

② 법원이 성폭력범죄를 범한 사람에 대하여 유죄판결(선고유예는 제외)을 선고하는 경우에는 300시간의 범위에서 재범예방에 필요한 수강명령 또는 성폭력 치료프로그램의 이수명령을 병과할 수 있다. 다만, 형법 제10조의 심신장애자 등 수강명령 또는 이수명령을 부과할 수 없는 특별한 사정이 있는 경우에는 그러하지 아니하다.

③ 법원이 성폭력범죄를 범한 사람에 대하여 형의 집행을 유예하는 경우에는 제2항에 따른 수강명령 외에 그 집행유예기간 내에서 보호관찰 또는 사회봉사 중 하나 이상의 처분을 병과할 수 있다.

④ 제2항에 따른 이수명령은 형의 집행을 유예할 경우에는 그 집행유예기간 내에, 벌금형을 선고할 경우에는 형 확정일부터 6개월 이내에, 징역형 이상의 실형(實刑)을 선고할 경우에는 형기 내에 각각 집행한다. 다만, 이수명령은 성폭력범죄를 범한 사람이 아동·청소년의 성보호에 관한 법률 제13조에 따른 수강명령 또는 이수명령을 부과받은 경우에는 병과하지 아니한다.

⑤ 제2항에 따른 이수명령이 벌금형 또는 형의 집행유예와 병과된 경우에는

보호관찰소의 장이 집행하고, 징역형 이상의 실형과 병과된 경우에는 교정시설의 장이 집행한다. 다만, 징역형 이상의 실형과 병과된 이수명령을 모두 이행하기 전에 석방 또는 가석방되거나 미결구금일수 산입 등의 사유로 형을 집행할 수 없게 된 경우에는 보호관찰소의 장이 남은 이수명령을 집행한다.

⑥ 제2항에 따른 수강명령 또는 이수명령은 다음의 내용으로 한다.

1. 일탈적 이상행동의 진단·상담

2. 성에 대한 건전한 이해를 위한 교육

3. 그 밖에 성폭력범죄를 범한 사람의 재범예방을 위하여 필요한 사항

⑦ 성폭력범죄를 범한 사람으로서 형의 집행 중에 가석방된 사람은 가석방기간 동안 보호관찰을 받는다. 다만, 가석방을 허가한 행정관청이 보호관찰을 할 필요가 없다고 인정한 경우에는 그러하지 아니하다.

⑧ 보호관찰, 사회봉사 및 수강에 관하여 이 법에서 규정한 사항 외의 사항에 대하여는 보호관찰 등에 관한 법률을 준용한다.

6. 소년의 보호관찰

음란성 비디오, 영화, 컴퓨터, 잡지 등 혼란스럽도록 넘쳐 오는 성문화에 개방되면서 성적 범죄가 10대 초반 정도까지 저연령층화와 함께 집단화·난폭화하는데 문제의 심각성이 커지고 있음에도, 소년인 경우에는 반드시 보호관찰을 명하여야 한다고 규정하고 있다. 사리판단력이 부족하고 단순한 호기심과 충동심에서 야기된 어린 청소년의 성범죄에 대하여는 처벌보다는 재범의 심성이 없도록 교화지도하여 정상적인 사회인으로 성장시키는 것이 더 바람직하기 때문이다. 형법 제9조는 14세 되지 아니한 자의 행위는 벌하지 아니한다고 규정하고 있다. 따라서 14세에 달하지 아니한 소년이 성폭력범죄 행위를 저질렀을 경우, 형사처벌이 불가능하기 때문에 소년법에 의한 소년보호사건으로 송치된다. 소년법에서의 소년은 20세 미만의 자로 규정하고, 소년법상 반사회성 있는 소년의 성행 교정을 위한 보호처분의 대상을 ① 죄를 범한 소년, ② 형벌법령에 저촉되는 행위를 한 12세 이상 14세 미만의 소년으로 하고 있다. 따라서 12세 이상 20세 미만의 청소년인 성폭력범죄자는 보호관찰을 받게 된다. 선고유예나 집행유예는 범인에 대하여 범정(犯情)이나 정상 등을 참작하여, 전자는 판결선고 전에 일정한 기간 형의 선고를 유예하고, 그 유예기간을 사고 없이 지내면 형의 선고를 면하게 하는 것이고, 후자는 판결선고후 일정기간 형의 집행을 유예하여 일정 이상의 죄를 범하지 않

으면 선고된 유죄판결의 효력까지 상실시키는 제도인데 양 제도를 효과적으로 실시하기 위하여 보호관찰제도를 두고 있다.

7. 피해자의 신원과 사생활 비밀 누설 금지

성폭력범죄의 수사 또는 재판을 담당하거나 이에 관여하는 공무원은 피해자의 주소·성명·연령·직업·용모 그 밖에 피해자를 특정하여 파악할 수 있게 하는 인적사항과 사진 등을 공개하거나 다른 사람에게 누설하여서는 아니 되며, 성폭력범죄의 소추에 필요한 범죄구성사실을 제외한 피해자의 사생활에 관한 비밀을 공개하거나 다른 사람에게 누설하여서는 아니 된다. 누구든지 피해자의 인적사항과 사진 등을 피해자의 동의를 받지 아니하고 출판물에 싣거나 방송매체 또는 정보통신망을 이용하여 공개하여서는 아니 된다.

8. 피의자의 얼굴 등 공개

검사와 사법경찰관은 성폭력범죄의 피의자가 죄를 범하였다고 믿을 만한 충분한 증거가 있고, 국민의 알권리 보장, 피의자의 재범 방지 및 범죄예방 등 오로지 공공의 이익을 위하여 필요한 때에는 얼굴, 성명 및 나이 등 피의자의 신상에 관한 정보를 공개할 수 있되, 피의자의 인권을 고려하여 신중하게 결정하고 이를 남용하여서는 아니되며, 피의자가 청소년보호법의 청소년(19세 미만)에 해당하는 경우에는 공개하지 아니한다.

9. 성폭력범죄의 피해자에 대한 전담조사제

(1) 검찰 및 경찰의 전담조사제

검찰총장은 각 지방검찰청 검사장으로 하여금 성폭력범죄 전담 검사를 지정하도록 하여 특별한 사정이 없는 한 이들로 하여금 피해자를 조사하게 하여야 하고, 경찰청장은 각 경찰서장으로 하여금 성폭력범죄 전담 사법경찰관을 지정하도록 하여 특별한 사정이 없는 한 이들로 하여금 피해자를 조사하게 하여야 하며, 국가는 검사 및 사법경찰관에 대하여 성폭력범죄의 수사에 필요한 전문지식과 피해자 보호를 위한 수사방법 등에 관한 교육을 실시하여야 한다.

(2) 전담재판부

지방법원장 또는 고등법원장은 특별한 사정이 없으면 성폭력범죄 전담재판부를 지정하여 성폭력범죄에 대하여 재판하게 하여야 한다.

10. 영상물의 촬영ㆍ보존 등

검사 또는 사법경찰관은 성폭력범죄를 당한 피해자의 나이, 심리상태 또는 후유장애의 유무 등을 신중하게 고려하여 조사과정에서 피해자의 인격이나 명예가 손상되거나 사적인 비밀이 침해되지 않도록 주의하여야 하고, 성폭력범죄의 피해자를 조사할 때 피해자가 편안한 상태에서 진술할 수 있는 조사환경을 조성하여야 하며, 조사 횟수는 필요 최소한으로 하여야 한다. 피해자가 16세 미만이거나 신체적인 또는 정신적인 장애로 사물을 변별하거나 의사를 결정할 능력이 미약한 경우에는 피해자의 진술내용과 조사과정을 비디오녹화기 등 영상물 녹화장치로 촬영ㆍ보존하여야 하되, 피해자 또는 법정대리인이 이를 원하지 않는 의사를 표시한 경우에는 촬영을 하여서는 아니 된다. 촬영한 영상물에 수록된 피해자의 진술은 공판준비기일 또는 공판기일에 피해자나 조사과정에 동석하였던 신뢰관계 있는 사람의 진술에 의하여 그 성립의 진정함이 인정된 경우에 증거로 할 수 있다. 수사기관은 피해자 또는 법정대리인으로부터 신청이 있으면 영상물 촬영 과정에서 작성한 조서의 사본을 신청인에게 발급하여야 한다. 누구든지 촬영한 영상물을 수사 및 재판의 용도 외에 다른 목적으로 사용하여서는 아니 된다.

11. 심리의 비공개

성폭력범죄에 대한 심리는 그 피해자의 사생활을 보호하기 위하여 결정으로 이를 공개하지 아니할 수 있다. 증인으로 소환 받은 성폭력범죄의 피해자와 그 가족은 사생활보호 등의 사유로 증인신문의 비공개를 신청할 수 있고, 재판장은 신청이 있는 때에는 그 허가여부 및 공개, 법정 외의 장소에서의 신문 등 증인의 신문방식 및 장소에 관하여 결정할 수 있다.

12. 전문가의 의견조회

법원은 정신과의사, 심리학자, 사회복지학자 그 밖의 관련전문가로부터 행위자 또는 피해자의 정신ㆍ심리상태에 대한 진단 소견 및 피해자의 진술내용에 관한 의견을 조회할 수 있고, 성폭력범죄를 조사ㆍ심리함에 있어서 그 의견조회의 결과를 고려하여야 하고, 수사기관도 성폭력범죄를 수사하는 경우에는 이를 준용하여야 하도록 하고 있으나, 13세 미만이거나 신체적인 또는 정신적인 장애로 사물을 변별하거나 의사를 결정할 능력이 미약한 경우에는 관련 전문가에게 피해자의 정신·심리 상태에 대한 진단 소견 및 진술 내용에 관한 의견을 반드시 조회하여야 한다.

13. 신뢰관계에 있는 사람의 동석

법원 또는 수사기관은 특수강도강간, 특수강간, 친족관계에 의한 강간, 장애인에 대한 간음, 13세 미만의 미성년자에 대한 강간·강제추행, 강간등 상해·치상, 업무상 위력 등에 의한 추행, 공중밀집 장소에서의 추행, 통신매체를 이용한 음란행위 카메라 등을 이용한 촬영 및 이러한 범행의 미수범(다만, 강간 등 상해·치상의 미수범은 제외)죄의 피해자를 증인으로 신문하는 경우에는 검사, 피해자 또는 법정대리인이 신청할 때에는 재판에 지장을 줄 우려가 있는 등 부득이한 경우가 아니면 피해자와 신뢰관계에 있는 사람을 동석하게 하여야 한다.

14. 비디오등 중계장치에 의한 증인신문

법원은 형법상의 강간, 강제추행, 준강간·준강제추행, 미수범, 강간 등 상해·치상, 강간 등 살인·치사, 미성년자에 대한 간음, 업무상 위력 등에 의한 간음, 미성년자에 대한 간음·추행, 강도강간 및 성폭력범죄의 처벌 등에 관한 특례법 제3조부터 제14조까지의 범죄의 피해자를 증인으로 신문하는 경우 검사와 피고인 또는 변호인의 의견을 들어 비디오 등 중계장치에 의한 중계를 통하여 신문할 수 있다.

15. 증거보전의 특례

피해자나 그 법정대리인은 피해자가 공판기일에 출석하여 증언하는 것이 현저히 곤란한 사정이 있을 때에는 그 사유를 소명하여 해당 성폭력범죄를 수사하는 검사에게 형사소송법 제184조 제1항[1]의 규정에 의한 증거보전의 청구를 할 것을 요청할 수 있다. 이 경우 피해자가 영상물의 촬영·보존의 규정(법 제22조의3 제3항)의 요건에 해당하면 공판기일에 출석하여 증언하는 것에 현저히 곤란한 사정이 있는 것으로 본다. 증거보전 청구를 요청받은 검사는 그 요청이 상당한 이유가

---

1) 증거보전의 청구와 그 절차: 검사, 피고인, 피의자 또는 변호인은 미리 증거를 보전하지 아니하면 그 증거를 사용하기 곤란한 사정이 있는 때에는 제1회 공판기일전이라도 판사에게 압수, 수색, 검증·증인신문 또는 감정을 청구할 수 있다.

있다고 인정하는 때에는 증거보전의 청구를 할 수 있다.

16. 신고의무

성폭력방지 및 피해자보호 등에 관한 법률 제9조의 규정에 의하여 19세 미만의 미성년자를 보호하거나 교육 또는 치료하는 시설의 장 및 관련 종사자는 자기의 보호·지원을 받는 자가 특수강도강간, 특수강간, 친족관계에 의한 강간, 장애인에 대한 간음, 13세 미만의 미성년자에 대한 강간·강제추행, 강간등 상해·치상, 강간등 살인·치사죄의 피해자인 사실을 알게 된 때에는 즉시 수사기관에 신고하여야 한다.

제 6 장
가정폭력방지 및 피해자보호 등에 관한 법률
(2018.3.27. 법률 제15543호)

제1절 총 설

1. 의 의

가정폭력이란 가정구성원 사이의 신체적·정신적 또는 재산상 피해를 수반하는 행위를 말한다. 남편이 아내에게, 아내가 남편에게, 부모가 자식에게, 자식이 부모에게 또는 동거하는 친족에게 가하는 폭력으로 최근에는 부모나 영유아에게까지 폭력을 휘두르는 사람이 늘어나고 있어 사회문제가 되고 있다. 가정폭력은 개인의 인격문제, 부모의 자식에 대한 과잉보호나 과잉기대, 배금주의 및 이기주의에 의한 도덕과 윤리의식이 붕괴된 요인이 크다 할 것이다.

우리는 사회구성의 기본이 되는 가정의 테두리 안에서 성장·발달하게 되고 가정구성원들이 공동생활을 영위하면서 기본적인 인성을 형성하면서 사회가 요구하는 사고와 행동유형을 습득하여 사회구성원으로 성장하게 된다. 그런데 이 가정구성원간의 폭력은 가해자나 피해자 모두에게 자신감·자존심·신뢰성의 상실로 인한 인간의 존엄성의 붕괴를 초래하면서 결국은 가족이 해체되는 지경까지 이르기도 한다. 가족해체로 인한 가정의 붕괴되는 숫자가 증가하면 할수록 사회적공동체의 건전한 유지가 어렵기 때문에 그에 대한 대응책으로 가정폭력의 가해자를 처벌하고, 피해자의 피난 보호 및 생계보장과 함께 신체적·정신적 치료 등을 시행하여 건강한 가정을 가꾸기 위한 제도로서 1997년 12월 31일 법률 제5487호로 가정폭력방지 및 피해자보호 등에 관한 법률이 제정되어, 가정폭력 예방교육과 성폭력, 성매매, 성희롱 예방교육을 성평등 관점에서 통합하여 실시할 수 있도록 하고, 예방교육 강화, 벌칙 규정을 강화하는 등 몇 차례 개정을 거치다가, 신고 민원의 투명하고 신속한 처리와 가정폭력 관련 상담소 또는 가정폭력 관련 상담원

교육훈련시설의 설치신고를 받은 경우 10일 이내, 변경신고를 받은 경우 5일 이내에 신고수리 여부를 신고인에게 통지하도록 규정하는 등 2018년 3월 27일 법률 제15543호로 일부 개정하여 현재에 이르고 있다.

2. 입법목적 및 기본이념

이 법은 가정폭력을 예방하고 가정폭력의 피해자를 보호·지원함을 목적으로 하고, 가정폭력 피해자는 피해 상황에서 신속하게 벗어나 인간으로서의 존엄성과 안전을 보장받을 권리가 있다는 것을 기본이념으로 하고 있다.

3. 용어의 정의

1. 가정폭력이란 가정구성원 사이의 신체적·정신적 또는 재산상의 피해를 수반하는 행위를 말한다.
2. 가정구성원이란 다음 각 목의 어느 하나에 해당하는 사람을 말한다.
   가. 배우자(사실상 혼인관계 포함) 또는 배우자였던 사람
   나. 자기 또는 배우자와 직계존비속관계(사실상 양친자관계 포함)에 있거나 있었던 사람
   다. 계부모와 자녀의 관계 또는 적모(嫡母)와 서자(庶子)의 관계에 있거나 있었던 사람
   라. 동거하는 친족
3. 가정폭력행위자란 가정폭력범죄를 범한 자 및 가정구성원인 공범을 말한다.
4. 피해자란 가정폭력으로 인하여 직접적으로 피해를 입은 자를 말한다.
5. 아동이란 18세 미만의 자를 말한다.

제 2 절   국가 등의 책무

(1) 가정폭력의 예방·방지 및 피해자의 보호·지원

국가와 지방자치단체는 가정폭력의 예방·방지와 피해자의 보호·지원을 위하여 다음과 같은 조치를 취하여야 하고 필요한 자원의 예산상의 조치를 취하여야 한다.

1. 가정폭력 신고체계의 구축 및 운영

2. 가정폭력의 예방과 방지를 위한 조사·연구·교육 및 홍보
3. 피해자를 보호·지원하기 위한 시설의 설치·운영
4. 임대주택의 우선 입주권 부여, 직업훈련 등 자립·자활을 위한 지원서비스 제공
5. 법률구조 및 그 밖에 피해자에 대한 지원서비스 제공
6. 피해자의 보호와 지원을 원활히 하기 위한 관련 기관 간의 협력 체계 구축 및 운영
7. 가정폭력의 예방·방지와 피해자의 보호·지원을 위한 관계 법령의 정비와 각종 정책의 수립·시행 및 평가
8. 피해자와 긴급전화센터, 가정폭력 관련 상담소, 가정폭력피해자 보호시설의 상담원 등 종사자의 신변보호를 위한 안전대책 마련
9. 가정폭력 피해의 특성을 고려한 피해자 신변노출 방지 및 보호·지원체계 구축

(2) 예산상의 조치 및 가정폭력 담당 공무원 배치

국가와 지방자치단체는 책무를 다하기 위하여 이에 필요한 재원을 확보하는 등 예산상의 조치를 취하여야 하고, 특별시·광역시·특별자치시·도·특별자치도 및 시·군·구에 가정폭력의 예방·방지 및 피해자의 보호·지원을 담당할 기구와 공무원을 두어야 한다.

(3) 경비·보조의 지원 육성

국가와 지방자치단체는 가정폭력 관련 상담소와 가정폭력피해자 보호시설에 대하여 경비(經費)를 보조하는 등 이를 육성·지원하여야 한다.

(4) 가정폭력 실태조사

여성가족부장관은 3년마다 가정폭력실태조사를 실시하여 그 결과를 발표하고, 이를 가정폭력의 예방을 위한 정책수립에 기초자료로 활용하여야 한다.

(5) 가정폭력 예방교육 실시

국가기관, 지방자치단체 및 초·중등교육법에 따른 각급 학교의 장, 그 밖에 대통령령으로 정하는 공공단체의장은 가정폭력의 예방과 방지를 위하여 필요한 교육을 실시하여야 하고, 그 결과를 여성가족부장관에게 제출하여야 한다. 가정폭

력 예방교육을 실시하는 경우 성폭력방지 및 피해자 보호 등에 관한 법률에 따른 성교육 및 성폭력 예방교육, 양성평등기본법에 따른 성희롱 예방교육 및 성매매방지 및 피해자 보호 등에 관한 법률에 따른 성매매예방교육 등을 성평등 관점에서 통합하여 실시할 수 있다. 교육 대상이 아닌 국민은 가정폭력 상담소 또는 대통령령으로 정하는 교육기관에서 필요한 교육을 받을 수 있다.

여성가족부장관은 가정폭력 예방교육을 위하여 전문강사를 양성하고 교육프로그램을 개발·보급하여야 하며, 예방교육 실시결과에 대한 점검을 매년 실시하여 교육이 부실하다고 인정되는 기관·단체에 대하여 특별교육, 기관평가, 언론 등의 공표 등 필요한 조치를 하여야 한다.

(6) 아동의 취학지원

국가나 지방자치단체는 피해자 또는 피해자가 동반한 가정구성원이 아동인 경우 주소지 외의 지역에서 취학할 필요가 있는 때에는 그 취학이 원활히 이루어지도록 지원하여야 한다. 가정구성원인 아동이란 자기 또는 배우자와 직계비속관계에 있거나 있었던 자 중 피해자의 보호 또는 양육을 받고 있는 자를 말하며, 취학이란 입학·재입학·전학 및 편입학을 포함한다.

(7) 피해자에 대한 불이익처분의 금지

피해자를 고용하고 있는 자는 누구든지 가정폭력 범죄의 처벌 등에 관한 특례법에 따른 가정폭력범죄와 관련하여 피해자를 해고하거나 그 밖의 불이익을 주어서는 아니 된다.

(8) 긴급전화센터의 설치·운영

여성가족부장관 또는 특별시장·광역시장·도지사·특별자치도지사는 ① 피해자의 신고접수 및 상담, ② 관련기관·시설과의 연계, ③ 피해자에 대한 긴급한 구조의 지원, ④ 경찰관서 등으로부터 인도 받은 피해자 및 피해자가 동반한 가정구성원의 임시보호의 업무를 수행하기 위하여 긴급전화센터를 설치·운영하여야 하되, 외국어 서비스를 제공하는 긴급전화센터를 따로 설치 운영할 수 있다. 여성가족부장관 또는 시·도지사는 긴급전화센터의 설치·운영을 기관 또는 단체에 위탁할 수 있고, 위탁할 경우 그에 필요한 경비를 지원하여야 한다.

(9) 상담소 또는 보호시설의 통합설치 및 운영

국가나 지방자치단체는 이 법에 따라 설치·운영하는 상담소나 보호시설을 대통령령으로 정하는 유사한 성격의 상담소나 보호시설과 통합하여 설치·운영할 것을 권고할 수 있다.

(10) 가정폭력 추방 주간

가정폭력에 대한 사회적 경각심을 높이고 가정폭력을 예방하기 위하여, 성폭력 추방 주간(11월 25일부터 12월 1일까지)의 행사와 통합하여 시행할 수 있다.

제 3 절   가정폭력상담소 및 피해자보호시설

1. 가정폭력상담소

국가 또는 지방자치단체는 가정폭력관련 상담소를 설치·운영할 수 있다. 국가 또는 지방자치단체 외의 자가 상담소를 설치·운영하려면 특별자치도지사·시장·군수·구청장(이하 "시장·군수·구청장"이라 한다.)에게 신고하여야 하고 상담소의 설치·운영기준, 상담소에 두는 상담원의 수와 신고절차 등에 필요한 사항은 여성가족부령으로 정하며, 상담소의 업무는 다음과 같다.

1. 가정폭력을 신고받거나 이에 관한 상담에 응하는 일
2. 가정폭력을 신고하거나 이에 관한 상담을 요청한 사람과 그 가족에 대한 상담
3. 가정폭력으로 정상적인 가정생활과 사회생활이 어렵거나 그 밖에 긴급한 필요로 하는 피해자 등을 임시로 보호하거나 의료기관 또는 가정폭력피해자보호시설로의 인도하는 일
4. 행위자에 대한 고발 등 법률적 사항에 관한 자문을 얻기 위한 대한변호사협회 또는 지방변호사회 및 법률구조법의 규정에 따른 법률구조법인 등에 필요한 협조와 지원의 요청
5. 경찰관서 등으로부터 인도받은 피해자 등의 임시보호
6. 가정폭력의 예방 및 방지에 관한 홍보
7. 그 밖에 가정폭력 및 피해에 관한 조사·연구

2. 가정폭력피해자 보호시설

(1) 보호시설의 설치

국가나 지방자치단체는 가정폭력피해자 보호시설을 설치·운영할 수 있다. 사회복지법인과 그 밖의 비영리법인은 시장·군수·구청장의 인가를 받아 보호시설을 설치·운영할 수 있다. 보호시설에는 상담원을 두어야 하고, 보호시설의 규모에 따라 생활지도원, 취사원, 관리원 등의 종사자를 둘 수 있다. 보호시설의 설치·운영기준·보호시설에 두는 상담원 등 종사자의 직종과 수 및 인가기준 등에 관하여 필요한 사항은 여성가족부령으로 정한다.

(2) 보호시설의 종류

1. 단기보호시설: 피해자 등을 6개월의 범위 안에서 보호하는 시설. 단기보호시설의 장은 보호기간을 여성가족부령으로 정하는 바에 따라 각 3개월의 범위에서 두 차례 연장할 수 있다.
2. 장기보호시설: 피해자 등에 대하여 2년의 범위 안에서 자립을 위한 주거편의 등을 제공하는 시설
3. 외국인보호시설: 배우자가 대한민국 국민인 외국인 피해자 등을 2년의 범위 안에서 보호하는 시설
4. 장애인보호시설: 장애인복지법의 적용을 받는 장애인인 피해자 등을 2년의 범위 안에서 보호하는 시설

(3) 보호시설의 입소·퇴소

1) 입소대상

보호시설의 입소대상은 피해자 등으로서 다음의 어느 하나에 해당하는 경우로 하며, 보호시설의 장은 보호시설에 입소한 자의 인적사항 및 입소사유 등을 시장·군수·구청장에게 지체 없이 보고하여야 하며, 제3호에 해당하는 자를 입소시킨 경우에는 지체 없이 관할 시장·군수·구청장의 승인을 받아야 한다.

1. 본인이 입소를 희망하거나 입소에 동의하는 경우
2. 장애인복지법에 따른 지적장애인이나 정신장애인, 그 밖에 의사능력이 불완전한 자로서 가정폭력행위자가 아닌 보호자가 입소에 동의하는 경우
3. 장애인복지법에 따른 지적장애인이나 정신장애인, 그 밖에 의사능력이 불완전한 자로서 상담원의 상담결과 입소가 필요하나 보호자의 입소동의를 받

는 것이 적절하지 못하다고 인정되는 경우

2) 보호시설의 퇴소

보호시설에 입소한 자는 본인의 의사 또는 동의를 보호자의 요청에 따라 보호시설을 퇴소할 수 있으며, 보호시설의 장은 입소한 자가 다음의 어느 하나에 해당하는 경우에는 퇴소를 명할 수 있다.

1. 보호의 목적이 달성된 경우
2. 보호기간이 끝난 경우
3. 입소자가 거짓이나 그 밖의 부정한 방법으로 입소한 경우
4. 보호시설 안에서 현저한 질서문란 행위를 한 경우

(4) 보호시설의 업무

보호시설은 피해자 등에 대하여 다음 각 호의 업무를 행한다. 다만, 피해자가 동반한 가정구성원에게는 제1호 외의 업무 일부를 행하지 아니할 수 있고, 장기보호시설은 피해자 등에 대하여 제1호부터 제5호까지에 규정된 업무(주거편의 제공업무는 제외)를 하지 아니할 수 있다. 장애인보호시설을 설치·운영하는 사람은 업무를 수행할 장애인의 특성을 고려하여 적절하게 지원할 수 있도록 하여야 한다.

1. 숙식의 제공
2. 심리적 안정 및 사회적응을 위한 상담 및 치료
3. 질병치료 및 건강관리를 위한 의료기관에의 인도 등 의료지원
4. 수사기관의 조사 및 법원의 증인신문에의 동행
5. 법률구조기관 등에 필요한 협조와 지원 요청
6. 자립자활교육의 실시와 취업정보의 제공
7. 다른 법률에 의하여 보호시설에 위탁된 사항
8. 그 밖에 피해자 등의 보호를 위하여 필요한 일

(5) 보호시설에 대한 보호비용 지원

국가나 지방자치단체는 보호시설에 입소한 피해자나 피해자가 동반한 가정 구성원의 보호를 위하여 필요한 경우 다음 각 호의 보호비용을 보호시설의 장 또는 피해자에게 지원할 수 있되, 보호시설에 입소한 피해자나 피해자가 동반한 가정구성원이 국민기초생활 보장법 등 다른 법령에 따라 보호를 받고 있는 경우에는 그 범위에서 이 법에 따른 지원을 하지 아니한다.

1. 생계비
2. 아동교육지원비
3. 아동양육비
4. 직업훈련비
5. 퇴소 시 자립지원금
6. 그 밖에 대통령령으로 정하는 의료비

3. 긴급전화센터, 상담소 및 보호시설 종사자의 자격기준

다음 각 호의 어느 하나에 해당하는 사람은 긴급전화센터의 장, 상담소의 장, 보호시설의 장 또는 그 밖에 긴급전화센터·상담소 및 보호시설의 종사자가 될 수 없다. 긴급전화센터·상담소 및 보호시설에 근무하는 상담원은 가정폭력 관련 상담원 교육훈련시설에서 상담원 교육훈련과정을 마친 사람이어야 하며, 그 밖에 긴급전화센터·상담소 및 보호시설에 종사하는 종사자의 자격기준에 필요한 사항은 여성가족부령으로 정한다.

1. 미성년자, 피성년후견인 또는 피한정후견인
2. 파산선고를 받은 자로서 복권되지 아니한 자
3. 금고 이상의 형의 선고를 받고 그 집행이 종료(집행이 종료된 것으로 보는 경우를 포함)되지 아니하거나 집행이 면제되지 아니한 자

4. 피해자 의사의 존중 의무

상담소나 보호시설의 장은 피해자 등의 명시한 의사에 반하는 보호를 할 수 없다.

5. 가정폭력상담원 교육훈련시설

국가 또는 지방자치단체는 상담원에 대하여 교육·훈련을 실시하기 위하여 가정폭력 관련 상담원 교육훈련시설을 설치·운영할 수 있다. 고등교육법에 따른 학교를 설립·운영하는 학교법인, 법률구조법인, 사회복지법인, 그 밖의 비영리법인으로서 교육훈련시설을 설치하고자 하는 자는 시장·군수·구청장에게 신고하여야 한다.

6. 보수교육의 실시

여성가족부장관 또는 시·도지사는 긴급전화센터·상담소 및 보호시설 종사자의 자질을 향상시키기 위하여 보수교육을 실시하여야 하되, 고등교육법에 따른 대학, 전문대학 또는 대통령령으로 정하는 다음의 전문기관에 위탁할 수 있다.
1. 국가나 지방자치단체가 설치·운영하는 여성정책 관련 기관
2. 법률구조법에 따른 법률구조법인이 설치·운영하는 교육기관
3. 그 밖에 가정폭력 방지 및 피해자 보호를 주된 업무로 하는 비영리법인이나 단체가 설치·운영하는 교육기관

제 4 절 보   칙

1. 임대주택의 우선 입주권 부여

가정폭력 피해자를 위한 임대주택의 우선 입주권 부여 대상자는 거짓이나 부정한 방법으로 입소한 자를 제외한 다음의 어느 하나에 해당하는 사람으로 한다.
1. 보호시설에 6개월 이상 입소한 피해자로서 그 퇴소일부터 2년이 지나지 아니한 사람
2. 여성가족부장관이 지원하는 피해자를 위한 주거지원시설에 2년 이상 입주한 피해자로서 그 퇴거일부터 2년이 지나지 아니한 사람

2. 수사기관의 협조

긴급전화센터, 상담소 또는 보호시설의 장은 가정폭력 행위자로부터 피해자 또는 그 상담원 등 종사자를 긴급히 구조할 필요가 있는 경우 관할 경찰관서의 장에게 그 소속 직원의 동행을 요청할 수 있고, 요청을 받은 경찰관서의 장은 특별한 사유가 없으면 이에 따라야 한다.

3. 홍보영상의 제작·배포 등

여성가족부장관은 가정폭력의 예방과 방지를 위하여 가정폭력의 위해성 및 가정폭력피해자 지원 등에 관한 홍보영상을 제작하여 방송법에 따른 방송사업자에에

배포하고, 비상업적 공익광고 편성비율의 범위에서 송출하도록 요청할 수 있다.

4. 사법경찰관리의 현장출동

사법경찰관리는 가정폭력범죄의 신고가 접수된 때에는 지체 없이 가정폭력의 현장에 출동하여, 피해자를 보호하기 위하여 신고된 현장 또는 사건 조사를 위한 관련 장소에 출입하여 관계인에 대한 조나나 질문을 할 수 있다. 사법경찰관리가 현장 출동시 수사기관의 장은 긴급전화센터, 상담소 또는 보호시설의 장에게 가정폭력 현장에 동행하여 줄 것을 요청할 수 있다. 조사 또는 질문을 하는 사법경찰관리는 피해자, 신고자, 목격자 등이 자유롭게 진술할 수 있도록 가정폭력행위자로부터 분리된 곳에서 조사하는 등 필요한 조치를 하여야 한다.

5. 긴급전화센터 등의 평가

여성가족부장관은 3년마다 긴급전화센터, 상담소 및 보호시설의 운영실적을 평가하고 그 결과를 각 시설의 감독, 지원 등에 반영할 수 있다. 이에 따른 기분과 방법 등에 필요한 사항은 여성가족부령으로 정한다.

6. 인가의 취소 및 청문

(1) 인가의 취소

시장·군수·구청장은 상담소·보호시설 또는 교육시설이 다음 사유에 해당하는 때에는 시설의 폐쇄, 업무의 폐지 또는 6개월의 범위 안에서 업무의 정지를 명하거나 인가를 취소할 수 있다.

1. 상담소·보호시설 또는 교육훈련시설의 설치·운영규정에 따른 설치기준 또는 운영기준에 미달하게 된 경우
2. 상담소·보호시설 또는 교육훈련시설의 설치·운영규정에 따른 상담원 또는 강사의 수가 미달하거나 자격이 없는 자를 상담원 또는 강사로 채용한 경우
3. 정당한 사유 없이 규정에 따른 보고를 하지 아니하거나 허위로 보고를 한 때 또는 관계 공무원의 조사·검사를 거부하거나 기피한 경우
4. 영리를 목정으로 상담소·보호시설 또는 교육훈련시설을 설치·운영한 경우

(2) 청 문

시장·군수·구청장은 인가취소의 규정에 따라 업무의 정지·폐지 또는 그 시설의 폐쇄를 명하거나 인가를 취소하고자 하는 경우에는 청문을 하여야 한다.

7. 영리목적 운영의 금지

누구든지 영리를 목적으로 상담소·보호시설 또는 교육훈련시설을 설치·운영하여서는 아니 된다. 다만, 교육훈련시설의 장은 상담원교육훈련과정을 수강하는 자에게 여성가족부령이 정하는 바에 따라 수강료를 받을 수 있다.

8. 비밀엄수의무

긴급전화센터, 상담소 또는 보호시설의 장이나 이를 보조하는 자 또는 그 직에 있었던 자는 그 직무상 알게 된 비밀을 누설하여서는 아니 된다.

9. 유사명칭 사용금지

이 법에 의한 긴급전화센터·상담소·보호시설 또는 교육훈련시설이 아니면 가정폭력관련 상담소·가정폭력피해자 보호시설 또는 가정폭력관련 상담원 교육훈련시설 그 밖에 이와 유사한 명칭을 사용하지 못한다.

10. 의료기관의 의무

(1) 치료보호

의료기관은 피해자 본인·가족·친지 또는 긴급전화센터·상담소나 보호시설의 장 등의 요청이 있을 경우에는 피해자에 대하여 다음의 치료보호를 실시하여야 한다.

1. 보건에 관한 상담 및 지도
2. 신체적·정신적 피해에 대한 치료
3. 임산부의 심리적 안정을 위한 각종 프로그램의 실시 등 정신치료
4. 임산부 및 태아보호를 위한 검사나 치료
5. 가정폭력피해자 가정의 신생아에 대한 의료

(2) 치료비용

치료보호에 필요한 일체의 비용은 가정폭력행위자가 부담하는 것이 원칙이지만 이 규정에 불구하고, 피해자가 치료보호를 신청하는 경우에는 국가 또는 지방자치단체는 가정폭력행위자를 대신하여 치료보호에 필요한 비용을 의료기관에 지급하여야 한다. 이 경우 국가 또는 지방자치단체는 가정폭력행위자에 대하여 구상권을 행사할 수 있으나, 피해자가 보호시설 입소 중에 치료를 받은 경우나 가정폭력행위자가 다음 사유에 해당하는 때에는 그러하지 아니하다.

1. 국민기초생활보장법에 따른 수급자
2. 장애인복지법에 따라 등록된 장애인

제 7 장
여성폭력방지기본법
(2018.12.24. 법률 제16086호)

제1절 총 설

1. 의 의

성폭력과 가정폭력에 대한 피해자 보호를 위한 법이 시행되고 있음에도 불구하고 여성에 대한 차별과 혐오로 인한 여성폭력·살해사건은 줄어들지 않고 있다. 2015년 통계 자료에도 강력 흉악범죄 피해자 중 여성 비율이 89%나 될 정도인 데다 가정폭력, 성폭력, 성매매, 성희롱, 지속적인 괴롭힘 행위와 그 밖에 친밀한 관계에서 발생하는 데이트폭력, 디지털폭력, 묻지마 폭력 등 여성에 대한 각종 범죄로 여성의 51%가 일상생활에서 불안감을 느끼고 있음에도 여성에 대한 폭력에 대하여 가급적 개입하지 않았고 가해자와 피해자에게 필요한 조치를 취하지 않던 국가가 비로소 여성에 대한 폭력 방지와 피해자 보호 지원에 관한 국가의 책임을 명백히 하고, 여성폭력방지정책의 종합적·체계적 추진을 규정하며, 여성폭력 특수성을 반영한 피해자 지원시스템 및 일관성 있는 통계구축, 교과과정 내 폭력예방교육을 통한 성평등 의식 확산 등 여성폭력 피해자 지원정책의 실효성을 높이기 위하여 2018년 12월 24일 법률 제16086호로 여성폭력방지기본법을 제정하였다.

2. 입법목적 및 기본이념

이 법은 여성폭력방지와 피해자 보호·지원에 관한 국가 및 지방자치단체의 책임을 명백히 하고, 여성폭력방지정책의 종합적·체계적 추진을 위한 기본적인 사항을 규정함으로써 개인의 존엄과 인권 증진에 이바지함을 목적으로 하고, 기본이념은 여성폭력방지정책의 추진을 통하여 모든 사람이 공공 및 사적영역에서 여성폭력으로부터 안전할 수 있도록 하고 이를 지속적으로 발전시킴으로써 폭력 없는 사회를 이루는 것을 기본이념으로 한다.

3. 용어 정의

이 법에서 사용하는 용어의 뜻은 다음과 같다.

1. 여성폭력이란 성별에 기반한 여성에 대한 폭력으로 신체적·정신적 안녕과 안전할 수 있는 권리 등을 침해하는 행위로서 관계 법률에서 정하는 바에 따른 가정폭력, 성폭력, 성매매, 성희롱, 지속적 괴롭힘 행위와 그 밖에 친밀한 관계에 의한 폭력, 정보통신망을 이용한 폭력 등을 말한다.

2. 여성폭력 피해자란 여성폭력 피해를 입은 사람과 그 배우자(사실혼을 포함), 직계친족 및 형제자매를 말한다.

3. 2차 피해란 여성폭력 피해자가 다음 각 목의 어느 하나에 해당하는 피해를 입는 것을 말한다.

   가. 수사·재판·보호·진료·언론보도 등 여성폭력 사건처리 및 회복의 전 과정에서 입는 정신적·신체적·경제적 피해

   나. 집단 따돌림, 폭행 또는 폭언, 그 밖에 정신적·신체적 손상을 가져오는 행위로 인한 피해(정보통신망을 이용한 행위로 인한 피해도 포함)

   다. 사용자(사업주 또는 사업경영담당자, 그 밖에 사업주를 위하여 근로자에 관한 사항에 대한 업무를 수행하는 자를 말한다)로부터 폭력 피해 신고 등을 이유로 입은 다음 어느 하나에 해당하는 불이익조치

   1) 파면, 해임, 해고, 그 밖에 신분상실에 해당하는 신분상의 불이익조치

   2) 징계, 정직, 감봉, 강등, 승진 제한, 그 밖에 부당한 인사조치

   3) 전보, 전근, 직무 미부여, 직무 재배치, 가타 본인의 의사에 반하는 인사조치

   4) 성과평가, 동료평가 등에서의 차별과 그에 따른 임금 및 상여금 등 차별

   5) 교육, 훈련 등 자기계발 기회의 취소, 예산 또는 인력 등 가용자원의 제한 또는 제거, 보안정보 또는 비밀정보 사용의 정지 또는 취급 자격의 취소, 그 밖에 근무조건 등에 부정적 영향을 미치는 차별 또는 조치

   6) 주의 대상자 명단 작성 또는 그 명단의 공개, 집단 따돌림, 폭행 또

는 폭언, 그 밖에 정신적·신체적 손상을 가져오는 행위

7) 직무에 대한 부당한 감사 또는 조사나 그 결과의 공개

8) 인허가 등의 취소, 그 밖에 행정적 불이익을 주는 행위

9) 물품계약 또는 용역계약의 해지, 그 밖에 경제적 불이익을 주는 조치

4. 국가와 지방자치단체의 책무 및 국민의 권리와 의무

국가와 지방자치단체는 여성폭력방지 및 피해자 보호·지원 등을 위하여 필요한 종합적인 시책을 수립·시행하여야 하고, 그에 필요한 법적·제도적 장치를 마련하고 필요한 재원을 확보하여야 한다.

모든 사람은 가족과 사회 등 모든 영역에서 여성폭력으로부터 안전하고 자유로운 생활을 영위할 권리를 가지며, 여성폭력을 방지하기 위하여 노력하여야 한다.

제 2 절 여성폭력방지정책 추진기반

1. 여성폭력방지정책의 기본계획 수립

여성가족부장관은 다음 각 호의 사항이 포함되도록 여성폭력방지 및 피해자 보호·지원정책 기본계획을 5년마다 수립하여야 하되, 미리 관계 중앙행정기관의 장과 협의하여야 하고, 여성폭력방지위원회의 심의를 거쳐 확정하고 확정된 기본계획을 관계 중앙행정기관의 장과 시·도지사에게 알려야 한다.

1. 국내외 여성폭력방지정책 환경의 변화와 전망
2. 여성폭력방지정책의 추진방향과 기본목표
3. 여성폭력방지정책의 추진과제와 추진방법
4. 여성폭력방지정책 추진과 관련한 재원의 조달 및 운용방안
5. 그 밖에 여성폭력방지정책에 필요한 사항으로 대통령령으로 정하는 사항

2. 연도별 시행계획의 수립

여성가족부장관 및 관계 중앙행정기관의 장과 시·도지사는 기본계획에 따라 연도별 시행계획을 매년 수립·시행하여야 하고, 관계 중앙행정기관의 장과 시·도지사는 다음 연도 시행계획 및 전년도의 시행계획에 따른 추진실적을 대통령령으로 정하는 바에 따라 매년 여성가족부장관에게 제출하여야 한다.

여성가족부장관은 전년도 시행계획에 따른 추진실적을 분석·평가하고 그 결과를 관계 중앙행정기관의 장과 지방자치단체의 장에게 알려야 하고, 여성가족부장관 및 관계 중앙행정기관의 장과 시·도지사는 분석·평가 결과를 다음 연도 시행계획에 반영하여야 한다.

3. 여성폭력방지위원회

여성폭력방지정책에 관한 중요사항을 심의·조정하기 위하여 여성가족부에 여성폭력방지위원회를 둔다. 위원회는 다음 각 호의 사항을 심의·조정한다.
1. 기본계획 및 시행계획의 수립·시행에 관한 사항
2. 여성폭력방지정책의 분야별 주요 시책에 관한 사항
3. 여성폭력방지정책의 제도개선에 관한 사항
4. 여성폭력방지정책 관련 사업의 조정 및 협력에 관한 사항
5. 여성폭력방지정책의 분석·평가에 관한 사항
6. 여성폭력방지 관련 대한민국이 체결한 국제조약 이행 점검에 관한 사항
7. 그 밖에 대통령령으로 정하는 사항

위원회는 위원장 1명을 포함한 30명 이내의 위원으로 성별, 연령, 장애, 이주배경 등을 고려하여 구성한다. 위원장은 여성가족부장관이 되며, 위원은 다음 각 호의 사람이 되며, 위원의 임기는 2년으로 하고 위원회에서 심의·조정할 사항을 미리 검토하거나 위임된 사항을 처리하는 등 위원회의 운영을 지원하기 위하여 실무위원회를 둔다.
1. 대통령령으로 정하는 관계 중앙행정기관의 차관 및 차관급 공무원
2. 여성폭력방지정책 등에 관한 전문지식과 경험이 풍부한 사람으로서 여성가족부장관이 위촉하는 사람

4. 지방여성폭력방지위원회(지방위원회)

여성폭력방지에 관한 지방자치단체의 주요 시책을 심의하기 위하여 시·도지사 소속으로 지방위원회를 두되, 지방위원회의 구성·조직 및 운영 등에 필요한 사항은 해당 지방자치단체의 조례로 정한다.

5. 실태조사

여성가족부장관은 관계 법률에 따른 성폭력, 가정폭력, 성매매, 성희롱 실태조

사에서 누락된 여성폭력에 관하여 여성폭력실태조사를 3년마다 실시하여 그 결과를 발표하고, 이를 여성폭력방지를 위한 정책수립의 기초자료로 활용하여야 한다. 시·도지사는 필요한 경우 여성폭력에 관한 실태조사를 실시할 수 있다. 여성폭력실태조사의 방법·내용 등에 필요한 사항은 대통령령으로 정한다.

6. 여성폭력통계 구축

여성가족부장관은 여성폭력 발생 현황 등에 관한 여성폭력통계를 체계적으로 관리하기 위하여 이를 정기적으로 수집·산출하고 공표하여야 한다. 여성가족부장관이 여성폭력통계를 요구하는 경우 관련 중앙행정기관과 지방자치단체 및 공공기관은 여성폭력통계를 제공하여야 하며, 여성폭력통계의 종류, 공표시기 및 방법 등에 필요한 사항은 대통령령으로 정한다.

제 3 절 여성폭력방지정책의 기본시책

1. 피해자의 권리 및 피해자 보호지원

피해자에게는 ① 여성폭력 피해로부터 구제, 보호, 회복 및 자립·자활을 위한 지원을 받을 권리, ② 성별, 연령, 장애, 이주 배경 등의 특성에 따라 필요한 보호와 지원을 받을 권리, ③ 2차 피해로부터 보호받을 권리가 보장되며, 피해자는 성폭력방지 및 피해자보호 등에 관한 법률, 가정폭력방지 및 피해자보호 등에 관한 법률, 성매매방지 및 피해자보호 등에 관한 법률 등에 따른 보호·지원 시설을 이용할 수 있다.

국가와 지방자치단체는 피해자에 대한 상담, 의료 제공, 구조금 지급, 법률구조, 취업 관련 지원, 주거 지원, 취학 지원 및 그 밖에 피해자의 보호, 회복, 자립·자활에 필요한 시책을 마련하여야 하고, 피해자 보호·지원을 위한 시설을 설치·운영할 수 있고, 국가 또는 지방자치단체 외의 자가 관계 법률에 따라 시설을 설치·운영할 경우 행정적·재정적 지원을 할 수 있되, 필요한 경비의 전부 또는 일부를 지원할 수 있다.

2. 협력체계의 구축 및 피해자 정보보호

시·도지사와 시장·군수·구청장은 효율적인 피해자 보호·지원을 위하여 피해자 지원 관련 시설, 의료기관, 교육기관, 법률 및 수사기관 등 관계기관 간의 협력체계를 구축하여야 하고, 국가와 지방자치단체는 피해자 정보를 보호하기 위한 시책을 수립·시행하여야 한다.

3. 2차 피해 방지

국가와 지방자치단체는 2차 피해를 방지하기 위한 2차 피해 방지지침과 업무 관련자 교육 등 필요한 대책을 마련하여야 하고, 2차 피해가 발생한 경우 피해를 최소화할 수 있는 조치를 취하여야 한다.

수사기관의 장은 여성폭력 사건 담당자 등 업무 관련자를 대상으로 2차 피해 방지교육을 실시하여야 한다. 수사기관의 범위와 2차 피해 방지교육에 관하여 필요한 사항은 대통령령으로 정한다.

4. 여성폭력 예방교육

국가와 지방자치단체는 여성폭력 예방교육을 실시하기 위한 시책을 수립·시행할 수 있되, 관계 법률에서 정하는 바에 따라 여성폭력 예방교육을 양성평등 관점에서 통합적으로 실시할 수 있다.

교육부장관과 특별시·광역시·특별자치시·도·특별자치도의 교육감은 유아교육법의 유치원, 초·중등교육법 및 고등교육법의 학교에서 여성폭력에 대한 이해와 예방교육을 실시하기 위한 시책을 수립·시행한다.

5. 여성폭력 예방홍보

국가와 지방자치단체는 여성폭력에 대한 인식을 개선하고 피해자 보호·지원에 관한 홍보사업을 실시하기 위한 시책을 수립·시행하여야 하고, 관계 법률에서 정하는 바에 따라 여성폭력 추방 주간을 운영하여야 하며 이는 성폭력 추방 주간, 가정폭력 추방 주간, 성매매 추방 주간과 통합적으로 실시할 수 있다.

여성가족부장관은 여성폭력방지, 피해자의 치료와 재활 등에 관한 홍보영상을 제작하여 방송사업자에게 배포하여 지상파방송사업자에게 대통령령으로 정하는 비상업적 공익광고 편성비율의 범위에서 홍보영상을 채널별로 송출하도록 요청할 수 있다.

6. 여성폭력정책 관련 단체 등의 지원

국가와 지방자치단체는 여성폭력방지 등을 위하여 활동하는 비영리법인 및 비영리민간단체에 대하여 그 활동에 필요한 행정적·재정적 지원을 할 수 있다.

참고문헌

강희갑, 『사회복지법제론』, 양서원, 2007.

권영성, 『헌법학원론』, 법문사, 2007.

권육상·최정섭 외, 『최신사회복지법제론』, 나눔의 집, 2007.

권육상 외, 『사회복지개론』, 유풍출판사, 2007.

김 훈, 『사회복지법제론』, 학지사, 2008.

김기원, 『사회복지법제론』, 나눔의 집, 2007.

김남진, 『행정법』, 법문사, 2007.

김철수, 『헌법학원론』, 박영사, 2004.

김태성, 『복지국가론』, 나남출판, 2006.

박균성, 『행정법강의』, 박영사, 2005.

박석돈, 『사회복지서비스법』, 삼영사, 2005.

석종현, 『일반행정법』, 삼영사, 2005.

윤창영, 『사회복지법제론』, 나남출판, 2004.

이을형, 『노동법』, 대왕사, 1997.

장인협, 『사회복지개론』, 서울대출판부, 1982.

최일섭·이인재, 『공적부조의 이론과 실제』, 집문당, 1996.

최정섭, 『사회복지법제론』, 법문사, 2013.

현외성, 『한국사회복지법제론』, 양서원, 2005.

Calvert, Hary, *Social Security Law*, London: Sweet & Maxwell, 1987.

Jones, K., Brown, J., & Bradshaw, J., *Issues in Social Policy*, Routledge & Kegan
        Paul Ltd., 1983.

LaFrance, A. B., *Welfare Law*, Minnesota: West Publishing Co., 1979.

찾아보기

저자약력

■ 최 정 섭

>>> 학 력
대소初, 광혜원中, 한성高 졸업
숭실대학교 법학과 법학사
연세대학교 행정대학원 행정학 석사
국제문화대학원대학교 사회복지학 석사
한국해양대학교 대학원 법학박사

>>> 경 력
인천지방해양안전심판원 원장
중앙해양안전심판원 수석조사관(이사관)
국방부, 해운항만청, 국토교통부, 해양수산부
인천선원노동위원회 공익위원, 한국선급위원
국제해사기구(IMO) 제62~68차 해사안전위원회 정부대표
웨스트민스터신학대학원대학교 법인 감사
자연보호총연맹 상임이사, 사랑의전화 복지재단 이사
숭실대 사회복지대학원, 경기대 행정대학원, 성신여대 강사
현재 극동대학교 석좌교수
　　　국회 입법지원위원
　　　건국대·숙명여대 강사

>>> 저 서
사회보장법(공저), 법문사, 2015.
사회복지법제론(제5판 2쇄), 법문사, 2013.
사회복지정책론(공저), 유풍출판, 2012.
사회복지행정론(공저), 유풍출판, 2010.
최신사회복지법제론(공저), 공동체, 2009.
사회복지개론(공저), 공동체, 2009.

사회보장법 [제2판]

2015년 8월 20일 초판 발행
2019년 7월 17일 제2판 1쇄 발행

	저 자	**최**	**정**	**섭**
	발행인	**배**	**효**	**선**
발행처	도서 출판	**法 文 社**		

주 소 10881 경기도 파주시 회동길 37-29
등 록 1957년 12월 12일 / 제2-76호(윤)
전 화 (031)955-6500~6 FAX (031)955-6525
E-mail (영업) bms@bobmunsa.co.kr
        (편집) edit66@bobmunsa.co.kr
홈페이지 http://www.bobmunsa.co.kr

조 판 법 문 사 전 산 실

정가 28,000원   ISBN 978-89-18-09225-6